सर्जन और रसास्वादन : भारतीय पक्ष

सर्जन और रसास्वादन : भारतीय पक्ष

लेखक

योगेन्द्र प्रताप सिंह

पूर्व प्रोफेसर तथा अध्यक्ष

हिन्दी विभाग, इलाहाबाद विश्वविद्यालय

लोकभारती प्रकाशन

लोकभारती प्रकाशन
पहली मंजिल, दरबारी बिल्डिंग, महात्मा गाँधी मार्ग
इलाहाबाद-211 001
वेबसाइट : www.lokbhartiprakashan.com
ईमेल : info@lokbhartiprakashan.com
शाखाएँ : 1-बी, नेताजी सुभाष मार्ग, दरियागंज
नयी दिल्ली-110 002
अशोक राजपथ, साइंस कॉलेज के सामने
पटना-800 006 (बिहार)
36-ए, शेक्सपियर सरणी
कोलकाता-700 017

प्रथम संस्करण : 2009

इण्डियन प्रेस प्रा. लि.
इलाहाबाद द्वारा मुद्रित

SARJAN AUR RASASWADAN :
BHARTIYA PAKSH
by Yogendra Pratap Singh

ISBN : 978-81-8031-343-1

मूल्य : ₹ 295

सहधर्मिणी

श्रीमती अवधेश कुमारी

को

प्रीतिपूर्वक—

भूमिका

भारतीय रस चिन्तन की ओर विश्व की महत्त्वपूर्ण भाषाओं के चिन्तकों का ध्यान प्रायः जाता रहा है। भारतीय नाट्य कला से सम्बद्ध आचार्य भरत कृत नाट्यशास्त्र, जिसमें रस सिद्धान्त का दो अध्यायों में विवेचन है, का सम्पादन ग्रेसेट ल्योन्स ने सन् 1894 में किया था। यही नहीं, **इंडियन थियेटर** पर पहली पुस्तक सिल्वाँ लेवी की है। इसी क्रम में इनके पूर्व सन् 1884 में रेडनाड ने फ्रेंच भाषा में 'रिटोरिक संस्कृत' नाम से पुस्तक लिखी थी। उन पश्चिमी विद्वानों की इस संदर्भ में एक लम्बी तालिका इस प्रकार है–जिन्होंने भारतीय रस चिन्तन की किसी-न-किसी रूप में प्रशंसा की है–ये विद्वान हैं– मेकडानेल, ए० वी० कीथ, के० विन्टरनीत्स, वेबर, वामगार्टनर, रिचर्ड्स पिशेल, सेरमन, हास जार्ज, आर० नोली, आनन्द कुमार स्वामी आदि।[1] योरोपीय भाषाओं में अंग्रेजी, जर्मनी, फ्रेंच, इटैलियन, चेक आदि में संस्कृत काव्यशास्त्र से जुड़ी विविध समस्याओं पर कार्य हुआ है। यही नहीं, उन्नीसवीं तथा बीसवीं शती में इस चिन्तन पर बंगाल, आन्ध्र प्रदेश, उड़ीसा, मध्य प्रदेश, महाराष्ट्र, राजस्थान, बिहार, दिल्ली आदि राज्यों में बराबर कार्य होते रहे हैं। हिन्दी साहित्य के अन्तर्गत इस विषय पर भारतेन्दु युग से आज तक चिन्तन हो रहा है। वैसे, तो हिन्दी साहित्य का आदिकालीन काव्य रसाश्रित था और भक्ति एवं रीतिकाल में एतद् विषयक अनेक ग्रंथों की रचना की गई यी– जिनकी तालिका परिशिष्ट के अन्तर्गत दी जा रही है। आज राष्ट्रीय स्तर पर इस क्षेत्र में कार्य करने वाले विद्वानों में डॉ० कुप्पू स्वामी, डॉ० वी० एम० कुलकर्णी, प्रो० हिरियन्ना, आर० वी० अठावले, जे० एस० मैसन, श्री ए० वी० पट्टवर्धन, डॉ० वी० राघवन्, डॉ० सुरेन्द्र नाथ दास गुप्त, डा० एस० के० डे, श्री पी० वी० कणे, श्री वेडेकर, डॉ० सुरेन्द्र वरिलिंगे, डॉ० नगेन्द्र, डॉ० निर्मला जैन, डा० राममूर्ति त्रिपाठी आदि शताधिक विद्वानों की सूची रखी जा सकती है।

भारतीय मनीषा द्वारा विचारित हजारों-हजारों वर्षों से चले आ रहे इस विश्वविश्रुत रस चिन्तन की पुनर्व्याख्या का यह एक अल्प प्रयास है। इस अल्प

1. संस्कृत साहित्य का इतिहास (ए० ए० मैग्डानेल), अनुवादक—डॉ० रामसागर त्रिपाठी, पृ० 417

प्रयास के पीछे दृष्टि यह रही है कि आज भारतीय चिन्तक पाश्चात्य सैद्धान्तिक समीक्षा की चकम-दमक में अपनी कर्मवादी, आस्थावादी, आध्यात्मिक तथा कृषि व्यवस्था में उपजी मान्यताओं को त्याग करके उद्योग एवं भोगवादी व्यवस्था से उत्पन्न पश्चिमी कविता तथा कला के मानकों की व्याख्याताओं की गोदी में जाकर न बैठ जाएँ और उसे ही सर्वस्व न मानने लगें, यह ग्रन्थ उन्हें फिर से सोचने का एक अवसर प्रदान करना है।

जहाँ तक रस सिद्धान्त की उपलब्धियों का प्रश्न है, इसका सम्पूर्णत: विवेचन इस पुस्तक में निर्दिष्ट है और उसकी ओर अब पृथक् से इंगित करने की आवश्यकता भी नहीं है किन्तु आधुनिक कविता के परिवेश में नई कविता के आलोचकों ने रस के प्रति जो आरोप लगाए थे, उनका समुचित उत्तर दे दिया गया है। नई कविता ने रस चिन्तन का मार्ग अवरुद्ध करके पाठकों को पूरी तरह से विचलित कर रखा था, जिसे दूर करके आचार्य शुक्ल की मान्यताओं का मार्ग प्रशस्त करना भी इस लेखन का मन्तव्य रहा है। नये रस चिन्तकों में डॉ० आनन्द प्रकाश दीक्षित, डॉ० नन्ददुलारे वाजपेयी, डा० रामलखन पाण्डेय, डॉ० प्रेमकान्त टण्डन, डॉ० विद्यानिवास मिश्र, डा० गोविन्दचन्द पाण्डेय, प्रो० निर्वणे, डॉ० गणपतिचन्द्र गुप्त आदि के ग्रन्थों एवं मतों के द्वारा 'रस चिन्तन' को समृद्ध करने में लेखक को जो भी सहायता मिली है, उसके प्रति वह कृतज्ञ है। वैसे आचार्य शुक्ल के रस चिन्तन को और आगे ले जाने की आवश्यकता है क्योंकि आधुनिक साहित्य के आस्वादन पक्ष की भूमिका मात्र शुक्ल जी ने रखी थी। इन्हीं मान्यताओं के विकास क्रम में नाट्य, उपन्यास, कहानी, रेखाचित्र आदि से जुड़ी पाठकों की आस्वादन दशा कैसी है, इस विषय पर आगे फिर से विचार किया जाएगा, अभी मात्र इतना ही सम्भव हो सका है।

आशा है, आगे विचारक इस कृति के मन्तव्य पर विचार करते हुए रस चिन्तन के आस्वादन पक्ष को आनन्दधर्मी बनाने की दिशा में प्रयास करेंगे। हिन्दी साहित्य सम्मेलन के प्रधान मंत्री श्री विभूति मिश्र ने 'सम्मेलन पत्रिका' के क्रमश: आठ अंकों में इसके आठ लेखों को प्रकाशित करके विद्वानों का ध्यान इस ओर आकर्षित कराया था, लेखक उनके गुरुतम दायित्व के प्रति आभारी है।

गंगा दशहरा : शुक्रवार
सन् 2005

योगेन्द्र प्रताप सिंह
15/6
स्टैनली रोड, सिविल लाइन्स, इलाहाबाद

विषय-सूची

सर्जन का पक्ष और तनाव मुक्ति का सिद्धान्त

काव्य सृजन के सन्दर्भ में यह प्रश्न बराबर उठाया जाता रहा है कि सर्जक की कौन-सी विवशता या आन्तरिक छटपटाहट है, जो उसे सर्जन के लिए विवश करती है। इसी के साथ भारतीय चिन्तन में यह दूसरा प्रश्न उठाया जाता रहा है कि इस विवशता से मुक्ति के बाद सर्जक फिर सर्जन प्रक्रिया से किस प्रकार जुड़ता है? तीसरा प्रश्न यह है कि सर्जन की समाप्ति के बाद सर्जक एवं उसके सम्पर्क में आने वाले पाठक की मनःदशा का स्वरूप क्या है? रस के परिप्रेक्ष्य में यहाँ इन्हीं तीन प्रश्नों पर क्रमशः विचार करना अपेक्षित है।

1. सर्जन के पूर्व का क्षण और सर्जक के प्रश्न का उत्त भारतीय साहित्य में वाल्मीकि प्रसंग से दिया जाता है। सत्त्व मुक्त निर्मल चित्त से प्रातः उपासना के लिए तमसा नदी के तट पर जाते हुए वाल्मीकि ने मिथुन-क्रीड़ा में रत क्रौंच युगल को एक निषाद द्वारा वाणविद्ध करता देखा। दूसरे क्षण खून से लथपथ भूमि में तड़पते नर क्रौंच एवं पीड़ा से क्रन्दन करती मादा क्रौंच को भी देखा–

तं शोणितपरीताङ्गं चेष्टमानं महीतले।
भार्या तु निहितं दृष्ट्वा रुराव करुणा गिरम्॥

रक्त से लथपथ अपने सद्यः कामित पति को भूमि पर तड़पते देखकर मादा क्रौंच अत्यन्त पीड़ा से विह्वल करुण स्वर से क्रन्दन करती हुई चीत्कार पड़ी।

एक ओर कामपीड़ा की अपूर्णता से उत्पन्न छटपटाहट दूसरी ओर निषाद के वाण से बुरी तरह बिद्ध और तीसरी ओर पीड़ित क्रौंची की चीत्कार–इन तीनों सन्दर्भों से अभिभूत अत्यन्त निर्मल चित्तवाले वाल्मीकि की अभिभूतता से एक श्लोक आकस्मिक रूप से फूट कर उनके कंठ से निकल पड़ा–

मा निषाद प्रतिष्ठांत्वगमः शाश्वतीः समाः।
यत् क्रौंचमिथुनादेकमवधीः काम मोहितम्॥

"हे निषाद! तुझे नित्य निरन्तर कभी भी शान्ति न मिले क्योंकि इस क्रौंच पक्षी के जोड़े में से एक की जो काम से मोहित हो रहा था, बिना किसी अपराध के ही हत्या कर डाली॥"

शोकावेग की दशा में वाल्मीकि के हृदय से इस श्लोक का प्रगट होना काव्य संरचना की प्रथम शुरुआत थी और इस घटना के तुरन्त बाद जब वे पुनः सत्त्वस्व हुए तो विचार निमग्न हो उठे कि "इस पक्षी के शोक से पीड़ित होकर मैंने क्या कह डाला जो स्वर निकले थे, उसके सम्बन्ध में प्रो० कान्तिचन्द्र पाण्डये अपनी प्रसिद्ध कृति Compartive poetics : भाग 1 में निम्नलिखित प्रश्न उठाते हैं–

(1) How can Valmikis experience to be called Aesthetice experience.

(2) If Valmiki indentified himself with the femele Kraunch, How it is that this identification did not find expresion in words such as female Kraiunch would have spoeken.

(3) Are there any texts, to show that there objections had been anticipated and answered.

इन तीनों प्रश्नों को उठाकर उनका उत्तर उन्होंने क्रमशः दिया है। यहाँ न तो मादा क्रौंच को आधार बनाकर उसकी ओर से शोक व्यक्त है और यह श्लोक न उस घटना की प्रस्तुति है। भावात्मक आवेग की यहाँ वह प्रस्तुति है, जो सभी श्रोताओं को एक जैसी प्रतीत होती है, घटित घटना के दृश्य से चित्त में उत्पन्न भावात्मक घुमड़न से मुक्तिकर्म सन्दर्भ का उत्पन्न होना स्वयं में प्रश्न है। वाल्मीकि के इस साक्ष्य से सर्जन प्रक्रिया के मूल सन्दर्भ को स्पष्ट करते हुए डॉ० कान्ति चन्द्र पाण्डेय कहते हैं कि–

Matterial utterence proceeding from me overpossesed my grief.

एक भौतिक घटना की घटित सत्यता ने व्यक्ति की व्यक्तिगत दुःखभावना के ऊपर सत्त्व का एक आवरण डाल दिया है। **कविता लोक सत्य एवं आत्म यथार्थ के आवरण को तोड़कर स्वतः स्फूर्त होकर व्यंजित होने वाली भाषिक अभिव्यक्ति है।**

आलोचक के रूप में उनके शिष्य भरद्वाज वाल्मीकि के सृजन से निष्पन्न काव्य पर अपनी टिप्पणी देते हुए कहते हैं–

समाक्षरै चतुर्भियः पादै भीतो महर्षिणा।
सोऽनुव्याहरणाद् भूयः शोकः श्लोकत्वमागताः॥

"हमारे गुरुदेव महर्षि वाल्मीकि ने क्रौंच पक्षी के दुःख से दुखी होकर जिन समान अवसरों वाले चार चरणों से युक्त वाक्य का गान किया था, वह तो जुड़ा था उनके हृदय के शोक से किन्तु वह अनुव्याहरण से (निःसंग भाषिक अभिव्यक्ति के कारण) काव्यश्लोक बन गया। यहाँ चार तत्त्व एक साथ आ रहे हैं, वस्तु, प्रेरणा, निःसंग अभिव्यक्ति और श्लोक (कविता)। **यहीं अनुव्याहरण (निःसंग भाषिक अभिव्यक्ति) ही काव्य है।**

कषि का शोक, शोकरत दशा में निःसंग सत्त्वस्व वाणी का स्फुरण, शोक एवं कवि द्वारा बार-बार काव्य पाठ से आनन्द की स्फूर्ति–यह सर्जक का पक्ष है। सर्जक की भावना भी जुड़ा वह पाठक भरद्वाज के रूप में अस्वाद भी ले रहा है और सर्जन की वस्तुस्थिति की भी तलाश कर रहा है।

सर्जक की कविता वहीं नहीं समाप्त होती, उसे रामकथा लिखने का आदेश मिला, पितामह ब्रह्मा की ओर से और उसका वह शोक संतप्त संस्कार उसके हृदय में घुमड़ता रहता है। राम वनवास, दशरथ मृत्यु, प्रजाजनों एवं परिजनों के विलाप के बाद भी वह शान्त नहीं होता–उसकी पूर्ण अभिव्यक्ति क्रौंची रूप सीता के बलात् अपहरण से उत्पन्न शोक में परिपूर्णता प्राप्त करता है–आहत क्रौंच की तरह विलपते राम और क्रौंची (कुररी) की भाँति बिलपती बैदेही का चित्रण प्रकारान्तर से क्रौंचवध की कथा का रामकथा पर अन्तर्छाया है। आनन्दवर्धनाचार्य रामायण के अन्तर्गत 'करुण रस' को उसका अंगिक (मूल) रस बताते हुए कहते हैं कि–

"काव्यस्य स एकार्थः सारभूतः संनिहितसहचरी विरहकातर क्रौंचाक्रन्दजनित शोक एवं श्लोकतत्व परिणतः॥"

अपनी सहचरी के लिए विद्धवाण से घायल तड़पते हुए क्रौंच की भाँति राम और अपने सहचर के लिए तड़पती हुई क्रौंची की भाँति सीता'–वाल्मीकि की रामकथा की केन्द्रीय संवेदना है। इसीलिए वाल्मीकि रामायण का अङ्गिन् रस करुण है।

वाल्मीकि की इस कथा के द्वारा काव्य सृजन की उस चित्तदशा की ओर संकेत किया गया है, जो सृजन का आधार है। सर्जक के संवेग का क्षण सृजन का महत्त्वपूर्ण सन्दर्भ है--किन्तु इस संवेग के सन्दर्भ से आक्रान्त करने वाली शक्ति उसे कहाँ से मिलती है। और क्या है? इस प्रश्न पर भारतीय काव्य चिन्तन में विशेष रूप से विचार किया गया है–'सर्जक मन' के विषय में भारतीय काव्यशास्त्र में 'सहजा प्रतिभा' की चर्चा की गई है। काव्यादर्श में आचार्य दण्डी ने इसे पूर्वजन्म की नैसर्गिक वासना का नाम दिया है–

'जन्मान्तर संस्काराररपेक्षिणी सहजा'

श्री पी० वी० कणे ने एक काव्य साक्ष्य के आधार पर बताया है कि–'कवित्व बीजं जन्मान्तरसंस्कारविशेषः कश्चित्'[1] आचार्य अभिनव गुप्त ने इसे "अनादि प्राक्तन संस्कार" के नाम से पुकारा है। भारतीय आस्थावादी चिन्तन के अन्तर्गत यह भी स्वीकार किया जाता है कि सर्जक संस्कारविहीन होने पर भी देवपूजा से प्राप्त आशीर्वाद, मंत्र-तंत्रादि से यह सर्जन शक्ति प्राप्त कर सकता है। महाकवि कालिदास के विषय में ऐसी ही जनश्रुति है। इस माध्यम से अर्जित रचना-संस्कार शक्ति को 'औपाधिकी के नाम से पुकारा गया है। तीसरी शक्ति 'उत्पाद्या' है। यह सर्जक को शास्त्रान्वेषण एवं अभ्यास आदि से प्रयत्नपूर्वक प्राप्त होती है, किन्तु सर्जन के लिए मूलाधार संस्कारवशात् प्राप्त सहज नैसर्गिकी शक्ति ही सर्वाधिक महत्त्वपूर्ण है। डॉ० कृष्णनाथ जी ने बताया है कि–"जिस प्रतिभा में सृष्टि से सहज तादात्म्य कर लेने की सामर्थ्य हो"[2] वही काव्य के लिए हेतु है। पश्चिमी आलोचकों ने इसे तादात्मिका शक्ति, रचनात्मक सामर्थ्य, कल्पना या कल्पनासामर्थ्य (क्रियेटिव फैकेल्टी, इन्टयुटिव फैक्लटी, पोएटिक सेंस, इमैजिनेशन) आदि नामों से पुकारा है। भारतीय शास्त्र में सर्जक के गुणों में निर्मल चित्त, विमल तादात्मिका शक्ति आदि की चर्चा की गई है। भारतीय काव्यशास्त्र में सहृदय के लिए जिन गुणों की चर्चा की गई है, वे सारे-के-सारे गुण सर्जक मैं हैं किन्तु उसके बाद भी 'विमल या निर्मल तादात्मिका शक्ति' उसमें अपेक्षित है। वह अपनी निर्मल तादात्मिका शक्ति द्वारा विधाता की इस सृजित सृष्टि से भावमयी तादात्म्य करके अपनी भाषिक सृष्टि रच देता है। वस्तुसत्ता का आत्मसत्ता में विलयन कराकर प्रातीतिक सत्य के रूप में उसे अपना निजी देय बना देना ही कविता और कवि का धर्म है। यह सर्जक सम्पूर्ण सृष्टि के गोपनीय रहस्यों का ज्ञाता, जड़ जगत से भी संवाद शक्ति स्थापित कर लेने की सामर्थ्य से युक्त ब्रह्मा की भाँति अपूर्णताभरी सृष्टि का पूर्णतः निर्माणकर्ता एवं स्मृति, मति तथा प्रज्ञा के सहयोग से त्रैकालिक सृष्टि की रचना में समर्थ होता है। इसीलिए उसे 'अपर प्रजापित' के नाम से भी पुकारा गया है, **अपारे काव्य संसारे कविरेव प्रजापतिः।'**

सर्जक की इस प्रकृति के बाद उसकी आन्तरिक शक्ति एवं सामर्थ्य के उन तथ्यों की चर्चा की जाती है–जिनके फलस्वरूप 'काव्यसृजन' जैसा कार्य

---

1. History of Suslkal Poetics, पृ० 350
2. रचना और आलोचनां, इलाहाबाद संग्रहायलय, पृ० 38

सम्पन्न होता है। इन तत्त्वों को काव्य हेतु (Quipment of Poetry) का नाम दिया गया है। ये तत्त्व हैं, प्रतिभा, अभ्यास एवं व्युत्पन्नता। किसी-किसी आचार्य ने समाधि को भी रचना का कारण माना है।

'प्रतिभा क्या है, सवार्धिक विस्तारपूर्वक इसी तत्त्व पर चर्चा की गई है। यह प्रतिभा (Poetic visualization) है–जो अपूर्व निर्माण के लिए सर्जक को उद्यत करती है। यह सर्जक की नवननोन्मेषशालिनी शक्ति के रूप में स्फुरित होकर सृजन करती है। इसे स्पष्ट करते हुए बताया गया है कि–

शक्तिः कवित्वं बीजरूपः संस्कार विशेषः यां बिना काव्यं न प्रसरेत–

अर्थात्, 'शक्ति' ही बीज रूप कवित्व संस्कार है, जो निर्मल गति से समय पाकर काव्य रूप में स्वतः अंकुरित होता है।

इसी शक्ति को किन्हीं-किन्हीं आचार्यों ने 'प्रज्ञा' के नाम से पुकारा है। आचार्य, अभिनव गुप्त कहते हैं कि–

'प्रज्ञा नवोन्मेषशालिनी प्रतिभा मता'

नवनवोन्मेषशालिनी अन्तर्चक्षु ही प्रज्ञा है। यही 'प्रज्ञा' प्रतिभा के रूप में सम्पूर्ण सर्जन का आधार है। यही शिव का तीसरा नेत्र है।

इस प्रकार प्रतिभा अपनी शक्ति या प्रज्ञा के द्वारा अपूर्व निर्माण सक्षम होती है। आचार्य कुन्तल प्रतिभा के सन्दर्भ को स्पष्ट करते हुए कहते हैं–

'लीनं नस्तुति येन सूक्ष्म सुभगं तत्त्वं
गिरा कृष्यते निर्मातुम् प्रभवेन्य नोपरमिदम्।'

ऋत् के सुन्दरतम तत्त्व को वाणी द्वारा खींच कर तथा उसको व्यक्त करके निर्मित करने का दायित्व प्रतिभा का है।

आचार्य राजशेखर इस प्रतिभा को परिभाषित करते हुए इस तरह से उसके स्वरूप को इंगित करते हैं–

या शब्दसामर्थ्य सार्थमलंकार तंत्रमुक्ति मार्ग मन्यरपि तथा विधनधिहृदयं प्रतिभासयति सा प्रतिभा–

शब्दों के समूह को, अर्थ के समुदाय को, अलंकारों एवं सुन्दर उक्तियों को तथा अन्यान्य काव्य सामग्री को जो अपनी सामर्थ्य द्वारा हृदय के भीतर प्रतिभाषित करती है, वह प्रतिभा है।

अप्रतिभावान् को प्रत्यक्ष की भाँति दिखाई पड़ते हुए पदार्थ परोक्ष की भांति लगते हैं किन्तु प्रतिभावान् के लिए अप्रत्यक्ष पदार्थ भी प्रत्यक्ष की भाँति प्रतीत होते हैं–

अभिनवगुप्तपादाचार्य के गुरु आचार्य भट्टतौत ने '**नवनवोन्मेष शालिनी प्रज्ञा**' को ही प्रतिभा का नाम दिया है–

स्मृतिर्वातीत विषया मतिरागाभिगोचरा
बुद्धिस्तात्कालिकी प्रोक्ता प्रज्ञा त्रैकालिकी मता।
प्रज्ञां नवनवोन्मेषशालिनी प्रतिभा विदुः॥

नवनवोन्मेष शालिनी प्रज्ञा से युक्त प्रतिभा ही कवि की सर्जक शक्ति है।

आचार्य अभिनव गुप्त 'प्रज्ञा तथा शक्ति' के बीच सम्बन्ध स्थापित करते हुए

शक्तिः प्रतिभानं वर्णनीमवस्तुविषय नूतनोल्लेख
शालित्वम्-प्रतिभा।

सर्वथा नूतन, सर्वथा मौलिक तथा सर्वथा अद्‌भुत को रचने वाली शक्ति प्रतिभा है।

इस प्रतिभा के अतिरिक्त अन्य दो तत्त्वों की चर्चा की गई है, जिन्हें अभ्यास और व्युत्पन्नता–काव्यसृजन के लिए निरन्तर श्रम एवं सर्जन में उचितानुचित विवेक अर्थात् व्युत्पन्नता कहा गया है। एक का सम्बन्ध काव्य समृद्धि के सर्जन से है तो दूसरे का सम्बन्ध प्रतिबद्ध सर्जन की नैतिक व्यवस्था है।

सर्जन के स्तर पर मुथ्यतः पहली चर्चा सर्जक के स्वभाव की गई है, सर्जन के संस्कारी स्वरूप का व्यक्ति जो तादात्मिका शक्ति से समर्थ हो कवि है। तादात्मिका शक्ति से समर्थ व्यक्ति में प्रज्ञा शक्ति या प्रज्ञा तथा शक्ति के उन्मेष से प्रतिभा काव्य सर्जन के संस्कारों के बीच स्फुरित होकर अपनी सर्जनात्मक शक्ति को प्रसारित करती है। अपनी प्रज्ञा शक्ति के द्वारा सर्जक की तादात्मिका शक्ति को प्रेरित करके वह सर्वथा नूतन, सर्वथा मौलिक, सर्वथा अद्‌भुत या अपूर्व का निर्माण करके वाणी व्यापार द्वारा लोक की प्रतीति का विषय बनती है। इस प्रकार सर्जक की तादात्मिका शक्ति से प्रतिभा का संयोग ही सर्जन का मूल हेतु है।

2. सर्जन की प्रक्रिया

भारतीय चिन्तकों ने विषयवस्तु के चित्त दर्शन एवं उसके वर्णन अर्थात् दोनों के संयोग को कविता के नाम से पुकारा है। दूसरे शब्दों में कवि के 'दर्शन एवं वर्णन' की प्रतिपत्ति का नाम काव्य है–आचार्य भट्टतौत ने दर्शना एवं वर्णना' के सिद्धान्त की स्थापना इन शब्दों में की है–

स तच्वदर्शनादेव शास्त्रेषु पठितः कविः।
दर्शनाद्वर्णनाश्चाथ रूढा लोके कवि श्रुतिः॥
तथापि दर्शने स्वच्छे नित्येप्यादिकवेवन्मुनिः।
नोदिता कवितालोके यावज्जाता न वर्णना॥

ऋषिकवि वाल्मीकि का संदर्भ देकर आचार्य भट्टतौत समझाते हैं कि कवि मुनि ने यद्यपि व्रह्मा का आशीर्वाद प्राप्त करके अपने चित्त में रामकथा का दर्शन कर लिया था किन्तु बिना उसको वाणी प्रदान किए कविता नहीं बनीं। कविता इस प्रकार 'दर्शना एवं वर्णना' का समवेत् व्यापार है। इस प्रकार, भारतीय सन्दर्भ में सर्जन के दो तत्त्व हैं, प्रथम दर्शना (समाधिस्थ, एकाग्रचित्त होकर रचना के पूर्व चित्त द्वारा विषय वस्तु का सम्यक् दर्शन) तथा द्वितीय है, वर्णना अर्थात् शब्दार्थ के सौहित्य से इस रूप में उस विषयवस्तु की अभिव्यक्ति ताकि वह उसी रूप में भावक की प्रतीति का विषय बन सके। संक्षेप में, इनका सन्दर्भ इस प्रकार है–

(क) विषयवस्तु की चित्तासन्नता–अपने संस्कारवशात् सर्जन के प्रति आतुर सर्जक सर्वप्रथम एक क्षण के लिए ही सही सृजन में स्मृति, मति प्रज्ञा' का उपयोग करता है। भूतकाल में घटित विषयवस्तु का अपने चित्त में स्मृति में स्मृति रूप विम्ब देखता है। स्मृति का सम्बन्ध भूतकाल की घटना के स्मृति-विम्ब से है। पुनः उसका चित्त में अपने सामयिक क्षणों में आकलन, परिवर्तन, शोधन आदि करता है। सौन्दर्य के उपादानों से उसे सजाकर सामयिक रूप देता है। यह कार्य मति का है। 'प्रज्ञा' का तीसरा कार्य है, वह जो अघटित है, वह जो भविष्य के गर्त में है–वह सबको देखती है। प्रज्ञा वर्तमान एवं अतीत के सन्दर्भों को भावी परिणति देती है। इस प्रकार, 'दर्शना' के ये तीन सन्दर्भ कवि प्रतिभा से जुड़कर सामने आते हैं, स्मृति, मति तथा प्रज्ञा।

भारतीय कलाओं में इस 'दर्शना' शक्ति की बराबर चर्चा की गई है। डॉ० सुरेन्द्र वारलिंगे, वास्तु सूत्रोपनिषद् के रचयिता पिप्पलाद् ऋषि के मत का उल्लेख इस सन्दर्भ में निम्नवत् किया है–

'कलाकार अथवा वास्तुकार अपने अभिकल्प का चित्र अपने मानस चक्षु में निरखने में सक्षम होता है और इसी से यह निश्चित करना सम्भव होता है कि प्रक्षेपित अभिकल्प सुन्दर है अथवा नहीं–

'ध्यानं प्रयोगे रूप सौष्ठवं भवति'[1]

---

1. भारतीय सौन्दर्यशास्त्र की नी परिभाषा, डॉ० सुरेन्द्र वारलिंगे, पृ० 233 का सन्दर्भ, वास्तु सूत्रोपनिषद् 4,5.143

आनन्द कुमार स्वामी ने इस प्रकरण में शुक्रनीतिसार के मन्तव्य का उल्लेख किया है। सर्जन के पूर्व की स्थिति को यहाँ **चित्तासन्नता** के नाम से पुकारा गया है, अर्थात् सर्जक समाधि द्वारा वस्तु तथ्य का आत्मदर्शन करता है।

राजशेखर काव्य मीमांसा में इसे 'समाधि' के नाम से पुकारते हैं। 'मनसि एकाग्रता समाधिः' अर्थात्, सृजन के पूर्व सर्जक एकाग्र चित्त से (समाधि से) अपने में विषयवस्तु को देखकर तब सर्जन के लिए तत्पर होता है। उनके अनुसार यह उनके पूर्ववर्ती किसी श्यामदेव नामक आचार्य का मत है।

स्वयं राजशेखर 'समाधि एवं शक्ति' को प्रतिभा के नाम से पुकारते हैं–

मनसि सदा समाधिनि विस्फुरण मनेकधाऽभिधेयस्य।
अक्लिष्टानि पदानि च विभान्ति यस्यामसौ शक्ति॥

जिसके होने पर अच्छी तरह से एकाग्र लिए हुए मन में प्रत्येक प्रकार के अर्थों की स्फूर्ति होती है तथा सरल सुबोध पद सर्जक के चित्त में सूझ पड़ते हैं, उसी का नाम शक्ति है। यह काव्य शक्ति समाधि के बाद ही आती है और समाधि के क्षणों में दर्शना अनिवार्य है। अतः काव्य सृजन के पूर्व की प्रथम दशा समाधि–दर्शना है। राजशेखर इसका समर्थन करते हुए कहते हैं कि–

सारस्वतं किमपि तत्सुमहारहस्यं,
यद् गोचरे च विदुषां निपुणैक सेव्यम्।
तत्सिद्धये परमयं परमोऽभ्युपायो,
तच्चेतसो विदितनेद्य विधे समाधिः॥

सरस्वती का रहस्य गहन, गम्भीर और अवर्णनीय है। वह अत्यन्त निपुण विद्वानों के ज्ञान का विषय है किन्तु उसकी प्रगति का एकमात्र उपाय है, मन की समाधि या एकाग्रता।

इसीलिए कहा भी गया है कि समाधिस्थ सर्जक वस्तु और अर्थ दोनों का चित्त द्वारा दर्शन करता है–

'समाहितं चित्तमर्थाः पश्यति'

अर्थात्, कवि समाहित चित्त द्वारा ही वस्तुविषय एवं उससे जुड़े सन्दर्भ एवं उसके अर्थों का दर्शन करता है।'

इस प्रकार सर्जक की सृजन के लिए संकल्पबद्ध होने के पूर्व की

चित्त्यैकाग्रता या समाधि दशा सृजन का आधार है। कवि के इस चित्त समाधि दर्शन का भावक एवं पाठक 'पुर्नचित्तदर्शन' करके स्वात्म-प्रतीति द्वारा रस दशा को प्राप्त करता है। सर्जक तथा भावक या पाठक के बीच परस्पर भावान्तरण की यह प्रक्रिया निरन्तर चलती रहती है। आचार्य रामचन्द्र शुक्ल ने कविता को इसीलिए भावयोग से जोड़ा है जो 'कविता तथा रस' सर्जक एवं कवि' के बीच अनन्यता का सूचक है।

ख. : वाणी व्यापार (वर्णना)—सृजन के क्षणों में समाधि के बाद वाणी की अभिव्यक्ति ही काव्य सृजन है। कवि वर्णना व्यापार को अनेक रूपों में सरल, हृदयग्राही, प्रभावी, भावमय, अलंकृत, वक्रतायुक्त, रसात्मक, गुणमयी बनाकर पाठक के समक्ष प्रस्तुत करता है, और इस वर्णना व्यापार के अन्तर्गत सर्जक का एक पक्ष आत्ममुक्ति का है। काव्य-व्यापार में निष्पत्ति के बाद सर्जक जिस आत्ममुक्ति, आत्मशान्ति, विश्रान्ति, स्वान्तः सुख को प्राप्ति करता है, वह भारतीय काव्य चिन्तन व्यापार का एक महत्त्वपूर्ण सिद्धान्त है। वाल्मीकि ने क्रौंचबध के शोक से ग्रस्त होकर जिस काव्यश्लोक का सृजन किया था, सृजन के बाद तटस्थता के क्षणों में उनकी पीड़ा का बोझ उतर जाता है और कहते हैं—

'शोकार्तेनास्य शकुनेः किमिदं व्याहृतं मया'

"अहो! पक्षी के शोक से पीड़ित होकर मैंने यह क्या कह डाला?" शोक की अनुभूति के क्षणों में वर्णना के बाद कवि का अनुभूति के अन्तर्द्वन्द्व से मुक्ति का क्षण आता है। शिष्य भरद्वाज के कहने पर कि अरे! आपका वाक्य तो श्लोक रूप है, ऋषि को बड़ी प्रसन्नता हुई—

शिष्यस्तु तस्य श्रुवतो मुनेर्वाक्यमनुत्तमम्।

प्रतिजग्राह संतुष्टस्तस्य तुष्टोऽभवत् मुनिः॥

वे ऋषि जो क्रौंच पक्षी के शोक में डुबे थे, श्लोक रचना के बाद आत्मतुष्टि (आत्ममुक्ति) का अनुभव प्राप्त करते हैं।

कवि की यही आत्मतुष्टि या भावात्मक तनाव से मुक्ति उसे काव्य रचना में प्रवृत्त करके बार-बार भोगने और युक्त होने के लिए विवश करती है। कवि की परम विश्रान्ति, स्वान्तः सुख, आत्मशान्ति आदि की मनोदशाएँ सर्जन का परिणाम हैं, जो काव्य वर्णना के बाद कवि के आत्मचैतन्य से जुड़ती है।

सम्पूर्ण भारतीय कविता के सृजन व्यापार की व्याख्या आनन्द कुमार स्वामी ने इस प्रकार की है

(1) An Aethetic intution on the part of the original artist—the poet, the creater.

(2) Thus, the internal expression of this intution—The true creation of vision of beauty.

(3) The indication of this by external bygns (language) for the purpose of communication.

(4) The resulting stimulation of the critic or Rasika or reproduction on original intution.'[1]

इन सूत्रों का रूपान्तरण श्री कृष्ण नाथ ने इस प्रकार किया है–

(1) कवि या सर्जक के मन में सौन्दर्य की अनुभूति होती है

(2) इस अनुभूति का अन्तर में स्फुरण होता है।

(3) भाषा एवं वाह्य उपायों से इसका सम्प्रेषण या संकेत होता है।

(4) आलोचक या रसिक द्वारा उस मूल अनुभूति का अन्तर में पुनरुत्पादन होता है।[2]

मूल सन्दर्भ के प्रकाश में यदि इस अनुवाद को थोड़ा और भी स्पष्ट करना चाहें तो इस आलेख के प्रकाश में इसे इस प्रकार कह सकते हैं कि–

1. चित्तासन्नता की दशा में मूल सर्जक द्वारा मूल सौन्दर्य विम्ब की प्रज्ञात्मक अनुभूति (दर्शन) सर्जन की प्रथम प्रक्रिया है।
2. उस प्रज्ञात्मक चित्तासन्न विम्ब की रूपाकृति की अन्तर्रचना या अभ्यान्तर सर्जन कविता रचना की दूसरी सीढ़ी है।
3. भाषा, ध्वनि, रेखा आदि माध्यमों द्वारा सम्प्रेषण का माध्यम बनाकर उसे रूपायित करना, यह सृजन का तीसरा सोपान है।
4. सर्जक की चित्त समाधि में देखे गए चित्र विम्ब से जुड़े प्रातीतिक अनुभूति की रसिक या पाठक या भावक द्वारा पुनर्प्राप्ति यह फल निष्पत्ति है।

---

1. The Dance of Shiva—पृ० 65
2. रचना और आलोचना, इलाहाबाद संग्रहालय, पृ० 1

कविता में वाणी व्यापार द्वारा सर्जक के चित्तदर्शन की भावमयी प्रतीति की सहृदय द्वारा पुनर्प्रतीति ही काव्यास्वादन है। इसी काव्यास्वादन को भारतीय चिन्तन में 'रस' के नाम से पुकारा गया है और पश्चिमी चिन्तन में इसे अपनी चित्तसमाधि की प्रस्तुति के बाद सर्जक जिस आत्ममुक्ति का अनुभव करता है, ठीक सर्जन सन्दर्भों को भोगकर पाठक भी आनन्द प्राप्ति के द्वारा वैसी ही आत्ममुक्ति का अनुभव करता है। रस सिद्धान्त, इस प्रकार पाठक के भोग या आस्वादन से जुड़कर एक विशिष्ट रचनात्मक मन्तव्य की सूचना देता है। वह, यह कि–

जीवन में आच्छन्न भौतिक संकटों से महत्त्वपूर्ण संकट है, वैचारिक एवं भावात्मक संकट। व्यक्ति तथा समाज दोनों अनेक भौतिक, सामाजिक, राजनीतिक संकटों से त्रस्त होकर मन से टूटते जाते हैं। उनकी व्यक्तिगत या सामूहिक घुटन, टूटन, व्यथा, छटपटाहट, विषमता भरी घुमड़न की मुक्ति के लिए कला और साहित्य सबसे बड़े आधार हैं। सर्जक अपनी इसी घुटन, टूटन, छटपटाहट, विषमता के क्षणों की काव्यमयी वाणी रचना द्वारा स्वयं आत्ममुक्ति का अनुभव प्राप्त करता है–और जब उसके सर्जन के सम्पर्क में पाठक या समाज आता है तो वह भी कवि की सौन्दर्यमयी प्रातीतिक अनुभूति से तादात्म्य स्थापित करके साधारणीकरण (अद्वय) द्वारा जिस आस्वादन को भोगता है, वही रस है। यह आस्वादन रूप रस सर्जक के द्वारा पाठक के चित्त में सम्प्रेषित समाधि दशा जैसी आनन्दभूमि है, जो उसे राग-द्वेष, पीड़ा, बाधा, टूटन-छटपटाहट से मुक्त कर देती है। यह मुक्ति निश्चित ही मूल्यों की सामान्य सामाजिक प्रतिबद्धताओं से जुड़े साहित्य से समाज के सभी वर्णों, जातियों, गरीब-अमीर, राजा-रंक, पंडित-अज्ञ के लिए सहज प्राप्य एवं भारतीय चिन्तन का श्रेष्ठतम दाय है।

साहित्य से जुड़ा भारतीय रस या आस्वादन चिन्तन समग्र विश्व साहित्य में अभी तक इतने सुव्यवस्थित, वैज्ञानिक एवं विस्तारपूर्वक नहीं विचारित किया गया है, जो हमारे देश में हजारों-हजारों वर्षों पूर्व विश्लेषित किया गया था। काव्य सृजन एवं काव्यपाठ से प्राप्त सर्जक की निजी एवं समाज की सामाजिक तनाव मुक्ति से सम्बद्ध रस सिद्धान्त कविता की एक नैसर्गिक तथा देश, काल, परिवेश मुक्त व्यवस्था है। कविता विषमता की पीड़ा में तड़पते हुए मानव समाज की व्यथा मुक्ति का नैसर्गिक साधन है। इस सिद्धान्त के सन्दर्भ में हिन्दी आलोचना तथा कविता के क्षेत्र में जो संकीर्णताएँ व्याप्त हैं, शायद रस विवेचन से उन्हें मुक्ति मिल सके। पूँजीवादी विषमता के मुक्ति-कामी आलोचक जो समाज में आर्थिक समता की स्थापना से उत्पन्न एक

काल्पनिक सुख शान्ति की कामना में आज लगे हैं, उन्हें इस भारतीय आस्थावादी कला चेतना के आनन्दमयी मुक्तिमयी काव्यास्वादन की शरण में पुनः जाने के लिए तैयार रहना चाहिए। सामाजिक तनाव से मुक्ति आर्थिक संसाधनों से नहीं उपजती, भारतीय जीवन एवं विद्या के क्षेत्र में खोजे गए अनेक उपादानों में कविता एवं कला अपने आस्वादन के क्षणों में स्वतः समाज को मुक्ति देकर भावात्मक समाजवाद की चित्तदशा से एक साथ सभी को एक समान मंच पर आसीन कर देती है। यह भारतीय कला और संस्कृति की चिरकालीन विशेषता है।

❑

रस सिद्धान्त की सीमाएँ

रस सिद्धान्त कविता एवं कला से सम्बद्ध पाठक की एक नैसर्गिक समस्या है, कविता या कला के सम्पर्क में आने पर पाठक या सहृदय श्रोता को जो आनन्दानुभूति होती है, वह सर्वकालिक एवं सर्वदेशिक है, किन्तु उसकी अपनी सीमाएँ भी हैं, जिन पर विचार करना अपेक्षित है–

(1) रस इतना ही है, एक सनातन तथ्य नहीं है, वरन् समयानुसार समाज की बदलती हुई भावदशाओं से रस का अनिवार्य सम्बन्ध है। आचार्य भरत ने आठ रसों की सत्ता स्वीकार की थी, उसमें शान्त रस नहीं था–आध्यात्मिक साहित्य के विकास के कारण शान्त रस की सत्ता प्रकाश में आई। स्नेह, लौल्य, वात्सल्य जैसे रसों की परिकल्पना सामाजिक रुचियों के परिवर्तन से सम्बद्ध है। साहित्य में भक्ति की सामाजिक अवधारणा के कारण 'भक्ति रस' के आस्वाद की धारणा आई और लीलाभक्ति से जुड़े साहित्य ने दास्य, सख्य, वात्सल्य एवं मधुर शृंगार रस के चिन्तन के लिए समाज को विवश किया। छायावाद युग में प्रकृति के प्रति मोह को 'प्रकृति रस' के रूप में और भी उन्नीसवीं, बीसवीं शती के आजादी के आन्दोलन ने 'देशप्रेम' जैसे रस की अवधारणा के लिए विवश किया। सामान्यतया ज्ञानात्मक अवधारणा में भावात्मक अवधारणाओं की अपेक्षा शीघ्र परिवर्तन होता है। भावात्मक अवधारणाएँ लोक रुचियों से सम्बद्ध हैं, अतः भावात्मक रुचियों के विकास में समय लगता है और रसास्वादन में परिवर्तन अपेक्षाकृत विलम्ब से होते हैं, किन्तु होते अवश्य हैं–अतः रस का इतिहास समाज की भावात्मक रुचियों की सत्ता से जुड़ा है–और इसीलिए उसमें एक जैसी सनातन स्वाद सत्ता की ऐतिहासिकता की खोज या स्थापना व्यर्थ है।

(2) रसास्वादन के लिए आध्यात्मिक शब्दावलियाँ लाक्षणिक है, अभिधेय नहीं। समाधिजन्य आनन्द, ब्रह्मानन्द, आदि शब्द केवल उसके स्वरूप तथा स्वभाव को समझाने के लिए रखे गए हैं। काव्यास्वादन के क्षणों में पाठक की तन्मयीभूतता उसका एक स्वभाव है, और इस मनःदशा से मानव समाज एक क्षण के लिए अपनी वैयक्तिक समस्याओं से मुक्त होकर भावात्मक निःसंगता या सहजता प्राप्त कर लेता है। यह कला का मनोविज्ञान

है और यह समान रूप से नाटक, उपन्यास, कहानी, रेखाचित्र, संस्मरण, कविता, संगीत, नृत्य, वाद्य, चित्र आदि सभी पर घटित होता है।

(3) मुक्ति की उत्कृष्ट दशा तक के लिए श्रेष्ठतम सृजन एवं सहृदय भावक (पाठक) की अपेक्षा की जाती है–किन्तु लोक प्रतीति का विषय होने के कारण उसके सम्पर्क में आने पर प्रायः सभी उस दशा में पहुँचते हैं। हाँ, भारतीय आचार्यों ने रसविघ्न की सात दशाओं का उल्लेख किया है, जो सर्जक एवं पाठक दोनों के लिए मनोवैज्ञानिक बाध्यताएँ हैं।

(4) शृंगार, हास्य, करुण आदि सभी रस केवल अपनी किसी भी अवस्था में आस्वादन करा सकते हैं, यह सर्जक के मन्तव्य पर निर्भर करता है। केवल शृंगार रस या हास्य रस सम्पूर्णतः नहीं, उसका एक सात्त्विक या केवल एक संचारी भाव मात्र भी आत्ममुक्ति देने में पर्याप्त है।

(5) रस की परिभाषा मात्र इतनी ही है कि कहानी, उपन्यास, काव्यादि कृतियों के सम्पर्क में आकर पाठक का चित्त जिस भावात्मक तन्मयता की प्रतीति एवं प्रीति प्राप्त करता है, वही रस है।

(6) कलात्मक उपादान इस प्रतीति एवं प्रीतिदशा के सहयोगी तत्त्व हैं और सामाजिक प्रचलन एवं देश, काल, परिस्थिति के अनुरूप इनका उपयोग अपेक्षित है।

(7) भारतीय साहित्य में व्यावहारिकता को देखकर रस निष्पत्ति से जुड़े उसके विविध रूपों की चर्चा की गई है, जो प्रासंगिक है। कहीं रस के स्थान पर केवल भाव की ही निष्पत्ति होती है, कहीं भावशक्ति, भावसन्धि, भावोदय या भावप्रकर्ष एवं भावशबलता की स्थितियाँ ही दिखाई पड़ती हैं–उन्हें भी इस दशा के रूप में ग्रहण करना चाहिए।

(8) भरत कृत रससूत्र में 'विभानानुभाव संचारी' का संयोग प्रत्यक्षात्मक भी है और काल्पनिक भी। इनमें से किसी एक के रहने पर भी रस निष्पत्ति सम्भव है।

(9) भाषा तथा काव्यार्थ पूर्णतः काल्पनिक प्रतीति के अंग होने के कारण माध्यम एवं अनुभूति दोनों हैं, अतः भाषा मीमांसा या अर्थ मीमांसा का प्रश्न 'रस प्रकरण' में पृथक् से नहीं उठाया जाना चाहिए–'वागर्थ की प्रतिपत्ति' एवं 'वागर्थ की सिद्धि' दोनों भावनामय हैं और पाठक की चित्तभूमि को अद्वय अवस्था से जोड़ते हैं, जल एवं तरलता की भाँति।

(10) वर्तमान साहित्य के विकास को ध्यान में रखकर पाठक की आस्वादन भूमि की विविधताओं की तलाश आज सैद्धान्तिक समीक्षा का

लक्ष्य होना चाहिए और यह स्वीकार करके चलना चाहिए कि सृजन के सम्पर्क में आने पर पाठक के चित्त को जिस भावात्मक प्रतीति की अनुभूति होती है, तनाव से मुक्ति दिलाने वाले उस प्रीतिकर तत्त्व की व्याख्या की जानी चाहिए क्योंकि वह मानव मनोविज्ञान की अनिवार्यता है। कला तथा कविता का स्वभाव है, उसका मनोविज्ञान भी कि उसके सम्पर्क में आने वाला मन क्षणभर के लिए ही सही निजी एवं वैयक्तिक स्वानुभूति के दायरे से मुक्त हो उठता है।

(11) मानवीय भावानात्मक सन्दर्भों में सामाजिक विकास के साथ-साथ भावनात्मक परिवर्तन भी होते चलते हैं। इस सन्दर्भ में भावनात्मक प्रक्रियाएँ सरलता से जटिलता की ओर बढ़ती जाती हैं जैसे शृंगार एवं रति' भावना से जुड़े सामाजिक परिवर्तन के साथ अनेक रूपों में सामने आने लगते हैं। प्रचलनों से पृथक् होने के कारण उनका पारम्परिक रागात्मक स्वरूप परम्परा विरुद्ध दिखाई पड़ने लगता है–जैसे रति और वासना से जुड़ी विकृतियाँ समलैंगिक प्रेम, हिंजड़ा-प्रेम, खून के पारस्परिक रिश्तों में प्रेम तथा वासनाएँ, वासना की भूखी पीढ़ी आदि-आदि रूप सामाजिक प्रचलन में स्वतः या दबाववश स्वीकृति पाकर व्यक्त होते हैं। एक सर्जक ऐसी समस्याओं को अत्यन्त तत्परतापूर्वक साहित्य से जोड़कर हमारे सामने लाता है–जैसे शेखर एक जीवनी, नदी के द्वीप, आदि भावनाएँ कलात्मक सृजन से सम्बद्ध भावात्मक स्तर पर अपनी दीप्ति से प्रभावित करती हैं।

डॉ० नगेन्द्र ने इसी बात को यों बताई है–"अपरिभाषिक रूप से वह काव्यगत भाव सौन्दर्य का पर्याय है, शब्दार्थ चमत्कार के माध्यम से भाव के आस्वाद का अथवा भाव की भूमिका पर शब्दार्थ के सौन्दर्य का आस्वाद ही वस्तुतः रस है। काव्य के अनुचिन्तन से प्राप्त रागात्मक अनुभूति के सभी रूप और प्रकार सूक्ष्म और प्रबल, सरल और जटिल, क्षणिक और स्थायी संवेदन, स्पर्श, चित्त विकार, भाव विम्ब, संस्कार, मनोदशा, शील–सभी रस की परिधि में आते हैं।[1]

(12) साहित्य के क्षेत्र में यह भ्रम है कि रस सिद्धान्त के सन्दर्भ में प्राचीन नियमवाद (Determinison) ही सब कुछ है। नई कविता के आलाचकों में डॉ० रामस्वरूप चुतर्वेदी तथा डॉ० जगदीश गुप्त आदि इसी नियमवाद के प्रकाश में रस के वर्तमान अनौचित्य की व्याख्या करते हैं–जो कि सर्वथा असंगत है। डॉ० रामस्वरूप चतुर्वेदी बताते हैं कि आज का साहित्य पढ़ने में

---

1. रस-सिद्धान्त, डॉ० नगेन्द्र, पृष्ठ, 310

पाठक के मन में भावात्मक घुमड़न होती है—न कि रस निष्पत्ति—तो वे प्रकारान्तर से काव्यास्वाद की ही व्याख्या कर रहे होते हैं—किन्तु उन्हें इस सन्दर्भ में रस का नियमवाद (Determinatin) याद आ जाता है। श्री लक्ष्मीकान्त वर्मा के मन का भ्रम भी इसी प्रकार का है, जिसकी व्याख्या की गई है। इतिहास एवं वर्तमान के बीच अलगाव आधुनिकता की एक शर्त है और काव्यास्वादन जैसे सृजन के प्रतिफल को आज पुनः विवेचित करने की आवश्यकता है। हमारे आलोचक आधुनिक साहित्य में और आलोचना के अन्तर्गत अनुभूति, पाठक के संदर्भ में शोक, हर्ष, सम्प्रेषण, प्रेषणीयता, आस्वादन, आनन्द, सौन्दर्यानुभूति आदि शब्दों का प्रयोग करते हैं, किन्तु 'रस' शब्दप्रयोग में उन्हें सड़ाँध नजर आती है--यह कौन-सी आधुनिकता है, क्या यह शब्द प्रयोग में अपना अर्थ खो चुका है, ऐसा भी नहीं, क्या इसकी अनुभूति की प्रक्रिया खण्डित एवं विनष्ट हो चुकी है, ऐसा भी नहीं, क्या पश्चिमी आलोचना के विज्ञ श्रेष्ठ समीक्षकों ने इसे वहिष्कृत कर रखा है, वह भी नहीं है—फिर वह, आज के आलोचकों की कौन-सी विवशता है कि वर्तमान सामाजिक काव्यास्वाद की व्याख्या से कतराते हैं। आचार्य रामचन्द्र शुक्ल की दुहाई देने वाले हिन्दी के आधुनिक आलोचकों को सामयिक साहित्यिक परिवेश में सामाजिक या पाठक के काव्यास्वाद की पुनर्निवेचना करनी होगी—अन्यथा वे कैसे कह पाएँगे कि कृति की आत्मिक अभिव्यक्ति सम्पूर्ण समाज की है—और समाज की चित्तभूमि उसको कैसे चख-चखकर आस्वादन लेती है। निष्ठावान की कथनी और करनी में अन्तर नहीं होता फिर हमारे नये आलोचक दो भिन्न-भिन्न बातें कैसे करते हैं?

रस या कलाओं का संसार भावना व्यापार से सम्बद्ध है। मानवीय वृत्तियों (Insticts) के विविध रूपों तथा विविध भाषाओं से बना यह भावात्मक संसार ज्ञान के द्वारा व्याख्यायित नहीं होता। उसके अस्तित्व का प्रभाव अनुभव जगत है।

❑

रस की परिभाषा

''रस स्वाद की अनुभूति नहीं अपितु अनुभूति की वस्तु है। यह सत्य है कि उक्त कथन (भरत का आनुवंश्य श्लोक) अस्पष्ट प्रतीत होता है, परन्तु ऐसा इसलिए कहते हैं कि हम रस को स्वानुभूति के अर्थ में लेने के अभ्यस्त हो चुके हैं। यहाँ कहा गया है कि रस एक प्रकार की वस्तु है तो हम कहेंगे कि यह वह वस्तुनिष्ठ स्वरूप है, जिसका आस्वादन किया जा सकता है।''[1]

इसके आधुनिक विवेचक श्री सुरेन्द्र बारलिंगे के इस वक्तव्य के अनुसार आचार्य भरत के आनुवंश्य श्लोक का आशय यह बताना है कि रस का आस्वादन कैसे किया जा सकता है। रस तो 'आस्वाद्य वस्तु' ही है। इस प्रकार रस क्या आस्वादनवस्तु है या स्वयं आस्वादन हैं, इनका निर्णय करना एक जटिल प्रश्न बन चुका है।

डॉ० नगेन्द्र इन दोनों स्वरूपों को स्पष्ट करते हुए बताते हैं कि 'भरत मुनि के व्याख्याता आचार्यों के विवेचन के फलस्वरूप रस का स्वरूप विषयिगत होता गया और वह 'आस्वाद्य' से 'आस्वाद' बन गया। इस अर्थ परिवर्तन का सर्वाधिक दायित्व अभिनवगुप्त पर है।'[2]

इस परिवर्तन से 'रस' के स्वरूप को समझने में थोड़ी-सी जटिलता अवश्य खड़ी होती है, कारण कि रस का आधान कृति है और वह स्वयं एक वस्तु या विषय भी है। आस्वादनकर्ता का मानसी आस्वादन उसका धर्म है– यदि कृति न हो, कृति में विषयवस्तु का प्रतिपादन प्रतीतियोग्य न हो तो रस की निष्पत्ति सम्भव नहीं है, फिर रस का आधार क्या है? कृति या पाठक का मानसी साक्षात्कार। आचार्य अभिनवगुप्त जब रस को इस प्रकार परिभाषित करते हैं कि–

''अतएव निर्विघ्नं स्वयंवेदनात्मकविश्रान्तिलक्षणेन रसनापरपर्यायेण-व्यापारेण ग्रह्यमाणत्वात् रसशब्देनाभिधीयते।''

---

1. आचार्य भरत नाट्यशास्त्र : छठों अध्याय, श्लोक 33-38 तथा भारतीय सौन्दर्य सिद्धान्त की नयी परिभाषा : सुरेन्द्र वारलिंगे, पृ० 106
2. रस सिद्धान्त, डॉ० नगेन्द्र, पृ० 81

इस टिप्पणी का मन्तव्य यही है कि रस आस्वादन स्वरूप ही है, रस की इस परिभाषा को स्वीकार कर लेने पर रस-सन्दर्भ में सहृदय प्रमुख हो उठता है और कृति या सर्जक का पक्ष पीछे हो जाता है। इस प्रकार रस का सम्बन्ध मानसी साक्षात्कार से जुड़ जाता है।

इसी तथ्य को ध्यान में रखकर आचार्य भट्टनायक ने सहृदय दर्पण के अन्तर्गत रस को परिभाषित करते हुए बताया है कि–

''संवेदनाख्या व्यंग्यस्य परिसंवित्तिगोचरः।

आस्वादनात्मानुभवो रसः काव्यार्थ उच्यते॥''

''कृति के संवेदनात्मक व्यंग्य पर पाठक की प्रत्यक्ष प्रतीति का विषय जो आस्वादन के आत्मानुभव का रूप है, वही रस काव्यार्थ के नाम से पुकारा जाता है।''

आचार्य भट्टनायक की रस विषयक इस परिभाषा को स्पष्ट करते हुए रेनिरो नोली ने बताया है कि–

Rasa, the Aesthetic experience revealed by the power of revelation (भावना) is not noetic in character, is not perception but an experience a fruition (भोग). This frution is character by a state of lysis (लय), of the rest into our own conciousness.''[1]

आचार्य भट्टनायक की यह परिभाषा अपने में आस्वाद्यमानता एवं आस्वादनस्वरूपता दोनों का समन्वय करती है।

कृति विशेष का व्यंग्य जो पाठक के चित्त विशेष के लिए मानसी साक्षात्कारात्मक वृत्ति का हेतु है–वही भोगीकृत (साधारणीकृत) रूप में तादात्म्य को प्राप्त करके आस्वादन बन जाता है। यहाँ 'काव्यार्थ' ही रस है और आचार्य भरत तथा अभिनवगुप्त दोनों का मत है कि–

''उक्तमेवमुनिना तु पूर्वं किंचित्। तथाह्याह–

काव्यार्थान् भावयन्तीति, तत्काव्यार्थो रसः''

आचार्य अभिनवगुप्त अन्ततया काव्यार्थ को ही रस स्वीकार करते हैं– किन्तु काव्यास्वादन प्रक्रिया का विवेचन करते समय पाठक या सहृदय की अनुभूति को भी प्राथमिकता प्रदान करते हैं। उनकी परिभाषा में आचार्य भरत

---

1. The Aesthetic experience According to Abhinav Gupta, Introduction, page XXIII.

का यह वाक्य गौण हो उठता है–

न हि रसादृते कश्चिदर्थः प्रवर्तते।

रस के बिना नाट्य में कोई अर्थ प्रवृत्त नहीं होता–अर्थात्, नाट्यार्थ (काव्यार्थ) एवं रस अभिन्न हैं। यहाँ यह कहा गया है कि नाट्य ही रस है और रस ही नाट्य है। आचार्य अभिनवगुप्त रस को जब परिभाषित करते हैं तो सर्जक के कृतित्व का उल्लेख एक अनिवार्य तत्त्व के रूप में करते हैं किन्तु प्रधानता सहृदय के आस्वाद की है। अभिनव भारती में रस विषयक उनकी परिभाषा इस प्रकार है–

''सर्वथा रसनात्मकवीतविघ्नप्रतीतिग्राह्यो भाव एव रसः।''

प्रत्येक अवस्था में आस्वादनात्मक, विघ्नरहित एवं प्रतीति ग्राह्य भाव ही रस है।

इस परिभाषा में तीन बातें विचारणीय हैं–

1. सर्वथा रसनात्मक
2. सर्वथा वीतविघ्न
3. सर्वथा प्रतीतिग्राह्य

(1) सर्वथा रसनात्मक–रस होने के लिए अनिवार्य शर्त यह है कि जो विषयवस्तु प्रस्तुत हो, वह भावात्मक साक्षात्कार का विषय हो। ज्ञान या योग का विषय ज्ञानात्मक या योगात्मक साक्षात्कार का हो सकता है किन्तु उससे रस प्रतीति सम्भव नहीं है। रस प्रतीति का आधार कवि कल्पना एवं प्रतिभा से सृजित कोई अपूर्व काव्यार्थ विशेष है जिसे चित्त अपने सम्पर्क में आते ही उसे साधारणीकृत (तन्मयीभूत) कर लेता है। यदि विषयवस्तु में यह सामर्थ्य नहीं है तो न काव्यार्थ उत्पन्न होगा और न रस।

(2) सर्वथा वीतविघ्न–आचार्य अभिनवगुप्त ने विघ्नों की संख्या सात बताई है, जिसमें से कुछ काव्यार्थ से सम्बद्ध हैं और कुछ का सम्बन्ध सहृदय से है। ये इस प्रकार हैं–

1. वस्तुविषय का ज्ञान के अयोग्य होना या पाठक का मानसिक स्तर इतना उन्नत न हो कि उसमें आत्मसाक्षारात्मक प्रतीति की शक्ति ही न हो।
2. पाठक का देश–काल का आवेश या सम्बन्ध
3. पाठक का अपने सुख–दुःख में आक्रान्त होना

4. सर्जक द्वारा वस्तुप्रतीति के उपायों में असामर्थ्य
5. काव्यार्थ की अस्फुटता
6. प्रधानविषयवस्तु को अप्रधान एवं अप्रधान विषयवस्तु को प्रधान की भाँति प्रस्तुत किया जाना।
7. विषयवस्तु का संशययुक्त वर्णित होना।

इस प्रकार, ये रस विघ्न कुछ तो सर्जक तथा कृति से सम्बद्ध हैं और कुछ पाठक से।

(3) सर्वथा प्रतीतिग्राह्य–यह सन्दर्भ कृति एवं सर्जक के वैशिष्ट्य से सन्दर्भित है। अरस्तू ने कृति को 'अनुकृति की अनुकृति' कहा है। आचार्य भरत मुनि कृति को 'भावानुकीर्तन' के नाम से पुकारते हैं। इसका अर्थ है कि सर्जक की भावना के अनुरूप उसके चित्त में साक्षात्कृत विषयवस्तु की तदवत् पुनर्प्रस्तुति। लोक की वस्तु जो दर्शक, पाठक या सहृदय के चित्त में आत्मसाक्षात्कार के क्षण लोक की उसी वस्तु की प्रतीति कराए। यदि उसमें अर्थात् सृजित वस्तुविषय में पाठक के चित्त को प्रतीतिग्राह्यता कराने की शक्ति नहीं होती तो वह रस का विषय नहीं है।

इसी सन्दर्भ में डॉ० नगेन्द्र आदि को यह प्रतीत होता है कि रस का विवेचन करते समय कृति के पक्ष को उपेक्षित किया गया है, यह सर्वथा उचित नहीं है। हाँ, यह सत्य अवश्य है कि अभिनवगुप्त के विवेचन में सर्जक के स्थान पर सहृदय को अधिक महत्त्व दिया गया है।

डॉ० कान्तिचन्द्र पाण्डेय तुलनात्मक सौन्दर्यशास्त्र के अन्तर्गत रस की परिभाषा पर विचार करते हुए बताते हैं कि आचार्य अभिनवगुप्त के अनुसार उसके दो अर्थ हैं–

1. रस्यते इति रसः
2. रसनाम् रसः (रस्यते अनया इति रसः)

इनको स्पष्ट करते हुए वे कहते हैं कि–

He uses the Word 'Rasa' in both the cases but with different meaning. In the case of first level in which the universalised basic mental state is realised objectively as it were by the universal subject. Rasa means "The object of Relish" (रस्यते इति रसः)

In the case of second level in which the basic mental state that is the relished and therefore, it is Rasa....Rasa means the act of Relishing

(रसनाम् रसः)।[1]

आचार्य भरत कृत नाट्यशास्त्र के छठें अध्याय की श्लोक संख्या सोलह की व्याख्या करते हुए आचार्य अभिनवगुप्त ने उनके 'रस' शब्द विषयक एकवचन तथा बहुवचन प्रयोगों के आधार पर 'महारस' एवं शृंगार आदि नव रसों को रस विवर्त की संज्ञा दी है। जिस प्रकार, चेतना के स्पन्दन से वर्णादि ध्वनियों का स्फोट होता है, ठीक उसी प्रकार भावात्मक चेतना के स्पन्दन का स्फोट 'महारस' का कारण होता है। वे इस सन्दर्भ में बताते हैं–

"(सहृदय में) जिस नाट्यरस की अभिव्यक्ति होती है, वह मुख्यभूत महारस है–यह (1) यह स्फोट के समान असत्यभूत अथवा (2) अन्वि-ताभिधान के समान उपायात्मक सत्यभूत सत्यरूप या (3) अभिहितान्वय के समान प्रधानरससमुदायरूप है। यहाँ इस प्रकार के अन्य रस प्रधानरस के अंगरूप में अवस्थित से दिखाई देते हैं या वर्णित किये जाते हैं।"

निष्कर्ष यह कि–नाट्य रस के अन्तर्गत अन्य सब रसों की स्थिति पदार्थों के समान अंगभूत हैं और ये प्रधान रस का बोध समुदाय रूप में कराते हैं।"[2] उनके अनुसार काव्य में अभिव्यक्त शृंगारादि विषय के सम्पर्क में आने पर भाव चेतना के स्पन्दन का अस्थायी एवं विशेषकालिक स्फोट ही रस है। इस प्रकार आचार्य अभिवनगुप्त के अनुसार–

"एक एव तावत्परमार्थतो रसः"

डॉ० नोली ने इसे स्पष्ट करते हुए कहा है कि–

Ras is unique. The division into eight or nine Rasas corresponding to the permanent mental states has only an empirical value. "We think" he says—"That what is enjoyed is consciousness itself in full of bliss. What suspiection of pain may be there."[3]

इस प्रकार, रस एक है और काव्य व्यवहार के कारण, विविध परिस्थितियों एवं वर्ण्य विषयों की विविधता तथा भावात्मक विवर्त के कारण हमें लोक में शृंगारादि नौ रसों के रूप में भासित या अनुभूत होने वाला तत्त्व अन्ततया मानव के भावात्मक चैतन्य के स्पन्दन का ही स्फोट है; यही रस है।

आचार्य अभिनव गुप्त की इस व्याख्या से कई निष्कर्ष निकाले जा सकते हैं।

---

1. Comperative Acsthetics. भाग 1, पृ० 142
2. अभिनवभारती : भरत के छठें अध्याय के श्लोक 16 की व्याख्या
3. The Aesthetic Experience According to Abhinav Gupta, भूमिका, पृ० 35-36

प्रथम यह कि साहित्यशास्त्र में आठ, नौ, ग्यारह, तेरह आदि रसभेद में लोक प्रचलित मानवीय भावनाओं की विवर्तात्मक स्थिति मात्र हैं। आस्वादन के रूप में स्थित मानवीय चित्तवृत्ति सामाजिक परिस्थितियों के विकास के फलस्वरूप विवर्त रूप भावना जगत के फैलाव में विश्वास रखती है। आस्वाद्य विषय मानवीय संस्कारों के बाहरी बदलाव के फलस्वरूप अपने स्वरूप में परिवर्तन कर लेता है और मानव जाति भी उसे उसी रूप में स्वीकार करती है। परवर्तीकाल में सख्य, लीला एवं दास्य को रस माना गया तथा भक्ति रस के सन्दर्भ में सख्य, वात्सल्य एवं दास्यभक्ति को रति के रूप में स्वीकार किया गया। 'राष्ट्रप्रेम' को आज रस मानें तो कहीं कोई अनौचित्य नहीं है, क्योंकि मूल वासनाएँ अपना आवरण बदलती रहती हैं।

द्वितीय यह कि रस के परम्परित अर्थ में संशोधन अपेक्षित है। सृजित साहित्य चाहे नाट्य हों, चाहे काव्य, उपन्यास, कहानी आदि कुछ भी, पाठक को आस्वादित करता है। पाठक की मूल चेतना जो सृजन के आस्वादन का आधार है, रस के सन्दर्भ में उसकी खोज तथा व्याख्या की जानी चाहिए। परम्परित रसों तथा मानकों से आज पाठक के आस्वादन संस्कारों की व्याख्या उचित नहीं है और न सम्भव है।

तृतीय यह कि आस्वादन के रूप में रस मानव जाति के वासनात्मक या भावनात्मक चैतन्य का साक्ष्य है और इस भावात्मक चैतन्य के साक्ष्य के सन्दर्भ में मानवीय चेतना की परिपूर्णता के लिए मनुष्य अपने को विविध कलाओं तथा सृष्टि के लयात्मक चैतन्य से जोड़ता है। कलाओं का सृजन उसकी इसी विवशता का परिणाम है। मानव जाति जिस प्रकार ज्ञानार्जन के लिए अपने स्वभाववश विवश है, ठीक उसी प्रकार भावार्जन के लिए भी। वह सुन्दरता के साथ रमता है, सौन्दर्य को अपने भाव चैतन्य से जोड़ता है, उसका सृजन करता है, फिर उसी में मुग्ध तथा विवश दिखाई पड़ता है।

निष्कर्ष रूप से कहा जा सकता है कि सृजन के सम्पर्क में आकर सहृदय के भावात्मक चैतन्य के स्पन्दन से प्रस्फुटित आस्वादन ही रस है।

रस कृति में आस्वादन का विषय है किन्तु जब सहृदय उस आस्वादन के विषय के सम्पर्क में आता है तो उसका चित्त आस्वादन स्वरूप हो उठता है। सहृदय की दृष्टि से आस्वादन ही रस है। कृति के सन्दर्भ में यह इस आस्वादन का विषय है किन्तु सहृदय के सापेक्ष्य में वह आस्वादन ही है। डॉ० नगेन्द्र ने रस को इस प्रकार परिभाषित किया है–

''संस्कृत काव्यशास्त्र के प्रतिनिधि आचार्यों के अनुसार शब्दार्थ के

माध्यम से विशुद्ध भावभूमिका में आत्मचैतन्य के आनन्दमय आस्वाद का नाम रस है।''

यह सत्य है कि भरत के रस सूत्र के आधार पर रस को लक्षणीकृत करने की भी एक परम्परा है और आचार्य मम्मट तथा विश्वनाथ आदि उसी क्रम में रस को परिभाषित करते हैं, किन्तु उस सन्दर्भ में प्रक्रिया पहले आती है, रस का स्वरूप बाद में।

❑

रस वासना

रस सिद्धान्त का प्रश्न सृजन, कलात्मक कौशल तथा कविप्रतिभा से तो जुड़ा ही हुआ है, उसका सीधा सम्बन्ध पाठक की चित्तदशा से भी है। भाव विवेचन के सन्दर्भ में यह स्पष्ट किया जाएगा कि कवि भाषिक माध्यमों से अपने सृजन का संसार रचता है। यह सृजन का संसार क्या है? एक लोक-जगत है, जिसके बीच वह जीवन व्यतीत करता है, जीवन के अनुभवों को भोगता है—और सृजन की प्रेरणा के क्षण उन सम्पूर्ण अनुभवों का अन्तर्दर्शन अपने चित्त में करता है—फिर उन्हीं अनुभवों को शब्दार्थ का माध्याम देकर प्रस्तुत करता है। उसकी प्रस्तुति के बाद उसकी पहचान करके पाठक का चित्त उसको सार्थकता प्रदान करता है। इस प्रकार कविता लोकानुभूति की अनुभूति की पुनर्प्रस्तुति है और उसको सार्थकता पाठक के चित्त द्वारा प्रतीतिग्राह्य अनुभूति से प्राप्त होती है। कवि द्वारा जिस लोकानुकीर्तन को शब्दार्थ द्वारा प्रस्तुत किया गया है, उसका स्वरूप क्या है? संस्कृत आचार्यो द्वारा यह पूर्ण गम्भीरता द्वारा विचारित किया गया है। आचार्य अभिनवगुप्त कहते हैं कि—

सर्वथा तावदेदास्ति प्रतीतिरास्वादात्मा यस्यां रतिरेव भाति। तत एव विशेषान्तरानुपहितत्वात्सा रसनीया सती न लौकिकी न मिथ्या नानिर्वाच्या न लौकिकतुल्या न तदारोपिदिरूपा—

इस संदर्भ की व्याख्या करते हुए एक श्लोक द्वारा आचार्य श्री गोविन्द-चन्द्र पाण्डेय ने अभिनव गुप्त के मन्तव्य को स्पष्ट किया है—

प्रतिबिम्वसमो लोको भावोल्लेखितया स्फुटेत्।
भावश्च विषय : साक्षाद् अनावरणसंविदः॥

भावोल्लेखी रूप से लोक प्रतिबिम्ब के रूप में स्फुटित होता है और भाव अनावरण संविद् का साक्षात् विषय है।"[1]

इस प्रकार, शब्दार्थ माध्यम से प्रस्तुत काव्य में अभिव्यक्त लोक-लोक न

---

1. सौन्दर्य दर्शन विमर्श, पृ० 98 तथा अनुवाद, द्वारा श्री जगन्नाथ पाठक, पृ० 123

होकर भी 'लोक का ही प्रतिबिम्ब है–और वह लोक जैसी प्रतीति से चित्त को विचलित भी नहीं होने देता।

कवि द्वारा सृजित अनुभूति रूप जो काव्य संसार हमारे चित्त के सामने है, वह क्या–

(1) लौकिक यथार्थ का संसार है।

(2) यह न कोई लौकिक यथार्थ से भिन्न कोई मिथ्या संसार है।

(3) यह न कोई अलौकिक संसार है।

(4) यह न लोकतुल्य संसार है।

(5) न लौकिक संसार की अनुकृति है।

इस प्रकार कविता का संसार 'प्रतीतिग्राह्य' होकर पाठक के आत्मचित्त का आस्वाद्य संसार है। यह यथार्थतः संसार जैसा प्रतीत होता हुआ अन्ततया यथार्थ के बन्धन से मुक्त हो उठता है। कवि जिस रचना संसार का निर्माण अपनी प्रतिभा शक्ति के बल पर करता है, वह लोक की वास्तविक प्रतीति कराता हुआ भी पाठक के चित्त को निरपेक्ष बनाकर आनन्दास्वाद से परितृप्त कर देता है। पाठक के चित्त में व्याप्त इस आनन्दात्मक आस्वाद की परितृप्ति को काव्य चिंतन में रस की संज्ञा मिली है।

इस प्रकार, रस का सम्बन्ध पाठक के चित्त से है और उसे मिलने वाले स्वादानन्द का अपना एक मनोविज्ञान है। कलाकृति में सृजित अनुभूति के सम्पर्क में आने पर, सहृदय पाठक की चित्तदशा स्वतः उससे तादात्म्य सम्बन्ध स्थापित कर लेती है। इस स्वतः तादात्म्य का संदर्भ नैसर्गिक है। आचार्य भोज ने शृंगारप्रकाश में इसको कई दृष्टान्तों द्वारा समझाया है–चन्द्र किरणों के संसर्ग में आकर जैसे चन्द्रकांतमणि स्वतः विगलित हो उठती है, सूर्य किरणों के संसर्ग में आकर जैसे सूर्यकान्तमणि विगलित होती है, तथैव कविता के संसर्ग में आकर सहृदय का चित्त स्वतः विवशीभूत होकर भावात्मक तदाकारिता स्थापित करके रसनीय हो उठता है। भावात्मक तदाकारिता की इसी विवशीभूत रसनीयता को 'रस' की संज्ञा दी गई है।

आचार्यों के अनुसार काव्यास्वादन के पूर्व पाठक का चित्त शुष्क काष्ठ के समान है। आचार्य भरत इस शुष्क काष्ठ का दृष्टान्त देते हुए बताते हैं कि–

योऽर्थो हृदयसंवादी तस्यभावो रसोद्भवः।
शरीरं व्याप्यते तेन शुष्क काष्ठमिवाग्निना।

कविता का वह प्रतीतिग्राह्य अर्थ जो हृदयसंवादी स्वभाव का है, उसकी संवेदना (भाव) ही रस को उत्पन्न करने वाली चित्तवृत्ति है। यह भाव जगत

ही क्षण मात्र में सम्पूर्ण चेतना तथा शरीर को अपने आवेश से उसी प्रकार अभिभूत कर लेती है, जैसे शुष्क काष्ठ को अग्नि। इस प्रकार काव्यार्थ की भाव संचेतना से सर्वथा विवशीभूत एवं आवेशित चित्त दशा ही रस है।

आचार्य भरत कृत नाट्य शास्त्र के अन्तर्गत रस क्या है? इसका वे कई तरह से उत्तर देते हैं। एक स्थान पर वे कहते हैं–

ये रसा इति पठ्यन्ते नाट्यै नाट्यविशारदाः।
रसत्वं केन वै तेषामेतदाख्यातुमर्हसि॥

नाट्य कला के मर्मज्ञ नाट्य में जिसे रस कहते (पठ्यन्ते) हैं, वह क्यों रस कहलाता है?

वे पुनः प्रश्न उठाते हैं–

अत्राह रस इति कः पदार्थः

आचार्य भरत इस रस को सर्वप्रथम 'आस्वाद्यमानता' से समझाते हैं

"उच्यते आस्वाद्यत्वात्"

परम्परा में कहा गया है, कृति में निहित आस्वाद्य तत्त्व जो अनुभूत होकर नाटक में पाठक को, या पाठ्य होकर सुमनस् सहृदय के आस्वादन का हेतु बनाता है, वह रस है। अंग्रेजी में इसे कई तरह से समझाया गया है– (Because it is capable of being tasted, the objeet of Relish रस्यते इति रसः) Act of relish (स्वात्म विश्रान्तिः रसः), ।[1] सामान्यतया इस संदर्भ में रस को दो भागों में रखकर विवेचित किया जा सकता है।

(1) आस्वादन स्वरूप रस है और (2) आस्वादन ही रस है। प्रथम के अनुसार कृति में निहित वह तथ्य विशेष जो सम्पर्क में आने वाले सहृदय के चित्त में आस्वादित होकर स्वात्म प्रतीति कराता है किन्तु दूसरे संदर्भ के अनुसार कृति के सम्पर्क में आकर पाठक के हृदय में संचित् वासना का निरपेक्ष आभोग ही रस है। आचार्य अभिनवगुप्त इसी मत के समर्थक हैं और इस चित्तावस्था के लिए वे अनेक नाम देते हैं–सर्वथा **रसनात्मक वीतविघ्न प्रतीति ग्राह्यो भाव एकरसः। तत्र विघ्नापसारकाः विभावप्रवृत्तयः। तथा हि लोके सकलविघ्नविर्निमुक्ता संवितिः** एवं **चमत्कारनिर्वेशरसनास्वादनभोग-समापत्तिलयविश्रान्त्यादि शब्दैरभिधीयते।"**

इस प्रसंग में विघ्नों को दूर करने वाले विभावादि हैं। जैसे लोक में विघ्नों से रहित जो प्रतीतियाँ हैं, उन्हें चमत्कार, निर्वेश, रसन्, आस्वादन, भोग,

---

1. Comprarative Aesthetics, Prof. (Dr.) Kanti Chanda Pandey, पृ० 142, Meaing of Rasa.

समापत्ति, लय, विश्रान्ति आदि नामों से जाना जाता है–यही प्रत्येक अवस्था में आस्वादनात्मक एवं निर्बाध प्रतीति से ग्रहण किया हुआ भाव ही रस है।

इस प्रकार आचार्य अभिनवगुप्त अपनी विशिष्ट स्थिति के सन्दर्भ में भावास्वादन रूप चित्तव्यापार को ही रस कहते हैं।

आचार्य भरत एवं अभिनवगुप्त के अतिरिक्त भी मानस चेतना में स्थित भावदशा की मूल स्थिति की व्याख्या अन्यान्य अचार्यों ने भी की है। आचार्य अभिनवगुप्त ने रस के सन्दर्भ में महारस एवं उसके स्फोट की चेतना के स्पन्दन को रसाधार माना है। उनके ठीक विपरीत आचार्य भोज ने रस को 'अहंकृति' की तृत्ति के नाम से पुकारा है। आचार्य भट्टनायक ने रस को भोगीकृत तृप्ति रूप में स्वीकार किया है। इस प्रकार, रस वासना के सन्दर्भ में तीन मत विशेष महत्त्वपूर्ण हैं–

(1) आचार्य भट्टनायक का भोगीकृत तृप्तिरूप रस

(2) आचार्य भोज द्वारा स्वीकृत अहंकृति का तृप्तिरूप रस

(3) आचार्य अभिनवगुप्त का भावचैतन्य का स्फोटरूप रस

'संक्षेप में, इस प्रश्न पर इनके सापेक्ष्य में इस प्रकार विचार किया जा सकता है–

1. भोगीकृत तृप्तिरूप रस

आचार्य अभिनवगुप्त के साक्ष्य के आधार पर आचार्य भट्टनायक के 'सहृदय दर्पण' में उल्लिखित उनके इस भोगीकृत तृप्तिरूप रस का संदर्भ प्राप्त है। आचार्य अभिनवगुप्त ने अभिनव भारती में उनके 'सहृदय दर्पण' के तीन श्लोकों को उद्घृत किया है–

अभिधा भावना चान्यथा तद्भोगीकृतमेव च।
अविधाधामतां या शब्दार्थलङ्कृती ततः।
भावानाभाव्य एषोऽपि श्रृंगारादिगणे मतः।
तद्भोगीकृतरूपेण व्याप्यते सिद्धिमन्नरैः॥
संवेदनाख्या व्यंग्य (स्व) परसंवित्तिगोचरः।
आस्वादनात्मानुभवो रसः काव्यार्थ उच्यते॥

भरत के रस सूत्र की व्याख्या के सन्दर्भ में भट्टनायक के भोगवाद का उल्लेख करते हुए आचार्य अभिनवगुप्त द्वारा ये श्लोक रखे गए हैं, इनका अर्थ है–

एक अभिधा, दूसरी भावना और तीसरी भोगीकृतरूपा शक्ति (अर्थात् भोजकत्व) ये तीनों शब्द के व्यापार माने गए हैं।

उनसे पहले शब्दार्थ और अलंकार अभिधा के विषय वाच्य रूप में उपस्थित हो जाते हैं। इसके बाद दूसरे (भावना नामक) व्यापार से साधारणीकरण द्वारा जो (चित्त को) भावित होता है, वह श्रृंगारादि समूह भी भोगीकृत रूप में भावुक सामाजिक द्वारा विशेष रूप से अनुभव किया जाता है, (आप्यते) या आस्वादित होता है।

संवेदनात्मक व्यंग्य पर (प्रधान) संवित्ति, एक दूसरे की प्रत्यक्ष प्रतीति का विषय और आस्वादन रूप में साक्षात्कृत (अनुभव किया जाने वाला) रस काव्य का प्रयोजन है।''[1]

अहंकृति की तृप्ति

आचार्य भोज 'अहम्' अर्थात् अहन्तावृत्ति-आत्ममोह या सर्वत्र आत्म संस्थापन या आत्म तृप्ति को रस की केन्द्रीय वासना मानते हैं। रस का मूल संदर्भ है, इस 'अहम् भाव' की आत्यन्तिक तृप्ति और यह अहम् स्वत्व का संस्थापन है। 'अहंकार' इसी 'अहम्' का धर्म है। आचार्य भोज इसी को स्पष्ट करते हुए कहते हैं कि–

अथ आत्मनि प्रतिविम्बद्वारेण अवस्थितस्य अहंकार गुण विशेषस्य धर्मार्थ फलभूत तृतीयपुरुषार्थजीवितस्य श्रृंगार स्थायिमानापर नाम्नो यानि आविर्भावकारणानि यानि च तत्कार्याणि।

वे आगे एक श्लोक देकर अपनी इस मान्यता को सम्पुष्ट करते हैं–

सत्त्वात्मनामलधर्मविशेषजन्मा
जन्मान्तरानुभव निर्मित वासनोत्थः।
सर्वात्मसम्पदुदयातिशैक हेतुः
जागर्ति कोऽपि हृदि मानमयो विकारः॥

यहाँ भोज आत्मरति को ही अहंकार का कारण मानते हैं और उनके अनुसार आत्मरति से अहंकृति और अहंकार से श्रृंगार का भोग यह मानव जाति का वासनात्मक भावचक्र है। आत्मरति से प्रेरित अहंकृति का श्रृंगार भोग ही एक मात्र रस है, शेष उस रस की विकृतियाँ हैं–

'ते तु भाव्यमानत्वात् भाव एव रसः'

आचार्य भोज के अनुसार रस वाह्यवस्तु रूप न होकर चित्तवृति के भोग स्वरूप है–

---

1. नाट्यशास्त्र : अनुवादक, श्री बाबूलाल शुक्ल शास्त्री, पृ० 249, 250

'मनोनुकूलेषु दुःखादिषु आत्मनः सुखाभिमानो रसः, इस प्रकार आचार्य भोज की रस व्यवस्था इस प्रकार है–

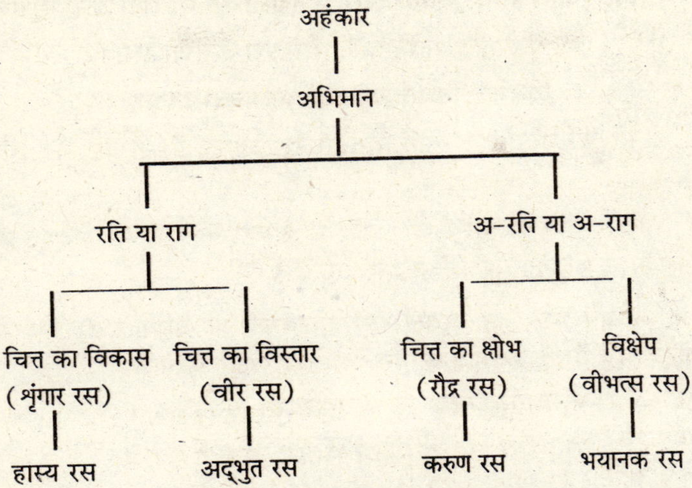

'अ-राग या अ-रति' का अर्थ भावहीनता नहीं, आत्मरति में अवरोध है, इसलिए अहंकार के विक्षोभ एवं विक्षेप की स्थिति दिखाई पड़ती है और वह भी अन्ततया वासना ही है।

अहंकार के स्थापन के लिए विवश सम्पूर्ण प्राणी आत्मतृप्ति (रति तृप्तिः वासना पूर्ति) के लिए निरन्तर कटिबद्ध रहता है। उसकी प्राप्ति से तृप्ति और न प्राप्ति से विक्षोभ के भाव का जन्म होता है। आचार्य भोज रस के संदर्भ में भावसत्ता के साथ चित्त विकास, विस्तार, चित्त क्षोभ तथा विक्षेप की चर्चा करते हैं, उसका संदर्भ वासनात्मक व्यवस्था से है। शृंगार आदि रस इन्हीं चित्तवृत्तियों से जुड़े हैं।

आचार्य भोज का यह सिद्धान्त आचार्य भरत तथा अग्निपुराणकार के मतों के पर्याप्त समीप है।

अहंकृति से विवश व्यक्ति आत्मतृप्ति के लिए निरन्तर विवश रहता है और उसके कामभाव के भोग से शृंगार रस तथा असफलता से उत्पन्न विक्षोभ से रौद्रभाव का जन्म होता है। आचार्य भोज रस के संदर्भ में भावसत्ता की विविध केन्द्रीय स्थितियाँ : चित्त का विकास, विस्तार, क्षोभ तथा विक्षेप की मनःदशाओं को स्वीकार करते हुए उन्हें इनसे जोड़ते हैं। अग्निपुराण भी भोज द्वारा स्थापित इस मान्यता को स्वीकृति प्रदान करता है। आचार्य भोज एवं अग्निपुराण द्वारा स्थापित यह रस सिद्धान्त आचार्य भरत के समीप दिखाई

पड़ता है। एक रस से दूसरे रस के विकारी रूप में उत्पन्न होने का सिद्धान्त आचार्य भरत को भी मान्य है। वे नाट्यशास्त्र के अन्तर्गत बताते हैं कि–

तेषामुत्पत्ति हेतवः चत्वारो रसाः। तद्यथा श्रृंगारो रौद्रो वीरो वीभत्स इति।

शृंङ्गराद्धि भवेद्हास्यो रौद्राश्च करुणो रसः।

वीराच्चैवाद्भुतोत्पत्तिः वीभत्साच्चभयानकः॥

रसों की उत्पति के चार स्त्रोतभूत रस आधार हैं–शृंगार, रौद्र, वीर तथा वीभत्स[1]

इनमें शृंगार से हास्य की , रौद्र से करुणा की, वीर से अद्भुत की और वीभत्स से भयानक रस की उत्तपत्ति होती है।''[2]

आचार्य भरत चार परवर्ती रसों के स्वभाव को उसके मूल उत्स (रस) से जोड़ते हुए उसके स्वभाव का निरूपण इस प्रकार करते हैं–

शृंगारानुकृतिर्या तु स हास्यस्तु प्रकीर्तितः।

रौद्रस्यैव च यत् कर्म स ज्ञेयः करुणे रसः॥

वीरस्यापि च यत कर्म सोऽ्भुतः परिकीर्तितः।

वीभत्स दर्शनं यच्च ज्ञेयः स तु भयानकः॥

शृंगार का अनुकरण करने वाली प्रवृत्ति हास्य कही जाती है, रौद्र का धर्म करुण रस के रूप में जाना जाता है। वीर का अद्भुत एवं वीभत्स को देखने का कार्य (धर्म) भयानक समझना चाहिए।

इस प्रकार आचार्य भोज जिस सिद्धान्त की स्थापना। 'अहंकृति' की तृप्ति से करते हैं, उसमें उनके अनुसार आचार्य भरत के रस स्वरूप विवेचन की सैद्धान्तिक सहमति वर्तमान है।

3. भावात्मक स्फोट से उत्पन्न महारस की चेतना–

आचार्य भरत ने नाट्शास्त्र में 'रस' शब्द का प्रयोग दो रूपों में किया है, प्रथमतः बहुवचन एवं द्वितीयतः 'एक वचन'। इस एक वचन रूप प्रयोग के विषय में आचार्य अभिनवगुप्त ने 'महारस' को इंगित किया है–

'महारसं महाभोग्यं उदात्त वचनान्वितम्'

'ततश्च मुख्यभूतात् महारसात् स्फोटसदृशरिव के आगे बताते हैं कि-

---

1. नाट्यशास्त्र, आध्याय 6, श्लोक 40 की व्याख्या
2. वही, श्लोक 41, 42

काव्य में चित्त स्वयं स्फुरित होकर जिस रस की अभिव्यक्ति होती है, वह मुख्यभूत महारस है—यह—

(क) यह स्फोट के सदृश असत्य भूत

(ख) अन्विताभिधान के समान उभयात्मक सत्यस्वरूप

(ग) अभिहितान्वय के समान प्रधानभूत महारस है।

शब्द ब्रह्म की चर्चा करते हुए भतृहरि ने 'स्फोट' शब्द का प्रयोग वैखरी रूप ध्वनियों के अवतरण के सन्दर्भ में किया है। चैतन्य के स्पन्दन से नादब्रह्म का आवेश सनातन धर्म है—और उस स्पन्दन के स्फोट के पश्चात् उत्पन्न वैखरी रूप वर्ण, शब्द, पद, वाक्यादि नष्टधर्मा हैं। ठीक इसी प्रकार, शैवागम का भावस्पन्दन सिद्धान्त है। आचार्य अभिनवगुप्त ने चेतना के भावात्मक स्पन्दन को महाशिव की दीप्ति बताया है। ये चेतना की तरंगों के रूप में अभिव्यक्त होकर शृंगार, हास्य, करुणादि रूप में वैखरी ध्वनियों की भाँति मिथ्या प्रतीति एवं चित्त विभ्रान्ति के बाद प्रभावशून्य हो जाती हैं। विश्रान्ति ही भावात्मक चैतन्य का अन्तिम सत्य है, शृंगार आदि नहीं। शृंगारादि रस तो भावात्मक चैतन्य की विकृतियाँ या स्फुलिंग मात्र है। मानव की अन्तर्वासना रूप स्थित चित्त की भावात्मक चेतना अवसर पाकर स्वयं स्पन्दित या व्यंजित हो उठती है। कलाएँ, कविता, नाट्यादि इसके प्रमुख हेतु हैं। कलाएँ इस चैतन्य स्पन्दन को नितान्त सहज बना देती है—

वाग्धेर्नुदुग्ध एतं हि रसं यद् बालतृष्णया।
तेन नास्यं समः स स्यादुह्यतेयोगिभिर्हि या॥

जिस महाभाव चैतन्य को साधना के कष्टों द्वारा बड़ी कठिनाई से योगिजन दुहते हैं, वाग्धेनु के उस आस्वादन रूप दुग्ध का पान धेनु शिशु सदृश पाठक नैसर्गिक स्नेहवशात् सहज ही प्राप्त कर लिया करते हैं। यद्यपि यहाँ काव्यास्वाद एवं योगिजन की समाधिदशा के आस्वाद को एक-सा माना गया है—किन्तु वैसा नहीं है। कला तथा काव्यास्वाद मात्र कला या काव्य के सम्पर्क काल तक क्षणिक तथा अनुभवमात्र है—जबकि योगिजनों की समाधि दशा स्थायी एवं स्थिर है। आचार्य अभिनवगुप्त महारस के इस आस्वाद स्वरूप के पर्यायवाची शब्दों तथा प्रकान्तर भाव से उसकी प्रकृति का विवेचन इस प्रकार करते हैं—

तथा हि लोके सकलविघ्नविर्निमुक्ता संवितिरेव चमत्कारनिर्वेशः रस-नास्वादनभोगसमापत्तिलयविश्रान्तिशब्दैरभिधीयते—

उसी प्रकार काव्य में सम्पूर्ण विघ्नों से विर्निमुक्त रस रूप चित्तवृत्ति को—

चमत्कार, निर्वेश, रसन्, आस्वादन, भोग, समापत्ति, लय तथा विश्रान्ति शब्दों से जाना जाता है।

महाचैतन्य के स्फोटरूप इस रस के स्वभाव को इंगित करते हुए वे बताते हैं–

सर्वथा तावदेदास्ति प्रतीतिरास्वादात्मा यस्यां इतिरेव। भाति। तत एव विशेषान्तरानुपहित्वात्सा रसनीया सती न लौकिकी न मिथ्या नार्निवाच्या न लौककतुल्या न तदारोपिदिरूपा।

अर्थात्, भावचैतन्य के स्फोट से दीप्त यह रसानुभूति–

(1) न लौकिक अनुभूति जैसी है।

(2) न मिथ्यानुभूति है।

(3) न ब्रह्मास्वाद जैसी अलौकिक अनुभूति है।

(4) न लौकिक तुल्य (सदृश) अनुभूति है।

(5) और न लोकारोपित अनुभूति है।

इन सबसे भिन्न वह–

सर्वथा विघ्नरहित एवं चित्त की आत्मसाक्षात्कारात्मक प्रतीति से स्फुरित संवित् विश्रान्ति रूप कलास्वाद के काव्य या कलाओं के सम्पर्क में आकर जागृत महाचैतन्य का स्फोट है।

आचार्य अभिनवगुप्त प्रभाकर भट्ट एवं कुमारिल भट्ट के स्फोट सिद्धान्तों के समानान्तर चैतन्य के इस भावस्पन्दन सिद्धान्त की स्थापना करते हैं।

आचार्य प्रभाकर भट्ट का सिद्धान्त अन्विताभिधानवाद है। वे रस को अन्विताभिधानवाद के अनुसार उभयात्मक बताते हैं। अन्विताभिधानवाद शब्दों को भी सत्य मानते हैं और अभिप्राय रूप अर्थ को भी। यदि शब्दादि असत्य होंगे तो सम्पूर्ण वेदवाक्य असत्य हो जायेंगे। ठीक उसी प्रकार आचार्य अभिनवगुप्त शृंगारादि को भी अपनी सीमा में सत्य मानते हुए विश्रान्तिरूप स्वभाव को भी सत्य स्वीकार करते हैं। यदि शृंगारादि को असत्य मान लेंगे तो इसके प्रमाण का आधार क्या होगा? अतः इस आचार्य प्रभाकर के अन्विताभिधान के अनुसार शब्दार्थ की भाँति शृंगारादि भी सत्य रूप है।

मीमांसक कुमारिल भट्ट का मत अभिहितान्वयवाद है। अभिहितान्वयवाद की मान्यता के अनुसार अभिहित (ज्ञान) का मुख्याधार पदान्वय है। पद अपने वाक्यार्थ का बोध कराकर वक्ता की आकांक्षा आदि का परिचय देता है, ततश्च निहितार्थ की प्रतीति होती है–

कविता में ठीक यही स्थिति रस निष्पत्ति के प्रकरण में देखी जाती है– भाव सबसे प्रथम जागृत होकर शृंगारादि का अनुभव कराते हैं फिर ये शृंगारादि महारस में विलीन हो जाते हैं। आचार्य अभिनवगुप्त का यह मत कुमारिल भट्ट के अभिहितान्वयवाद जैसा है।

इन सिद्धान्तों से जुड़े दृष्टान्तों के द्वारा आचार्य अभिनवगुप्त महारस की सत्ता को सिद्ध करने के लिए भावचैतन्य के स्फोट का आश्रय ग्रहण करते हैं। उनके अनुसार भावचैतन्य का स्पन्दित स्फोट ही महारस है।

❑

लोक, सृजन तथा काव्यास्वादन

काव्य के चार पक्ष हैं–

(क) 'लोक पक्ष'

(ख) 'प्रातीकिक यथार्थ का सर्जक : कवि कर्म तथा काव्यभाषा का पक्ष'

(ग) 'पाठक का आस्वादन पक्ष'

(घ) मूल्य का पक्ष

(1) लोक पक्ष–प्रायः पूरब तथा पश्चिम के सभी विद्वान् एवं रस तथा काव्य सौन्दर्य विवेचक यह स्वीकार करते हैं कि सृजन का बुनियादी आधार लोक का यथार्थ ही है। इस यथार्थ से ही मूल्य का पक्ष जुड़ा हुआ है। अरस्तू का अनुकरण सिद्धान्त तथा आचार्य भरत का लोकानुकीर्तन चिन्तन दोनों कमोवेश इस प्रकरण में एक जैसे हैं। अरस्तू के अनुकरण का अर्थ आज पुनर्सृजन किया जाता है ठीक उसी तरह आचार्य भरत के लोकानुकीर्तन का अर्थ लोक की पुनर्प्रस्तुति है। वैसे, पुनर्प्रस्तुति शब्द में 'पुनर्सृजन शब्द से व्याप्ति अधिक है–क्योंकि इस प्रस्तुति में कवि की कल्पनात्मक मुक्ति की व्यंजना अधिक तेजमयता के साथ सामने आती है।' रस-निष्पत्ति' के प्रकरण में आचार्य शंकुक ने कविता की इस लोकात्मक प्रस्तुति की व्याख्या बड़े ही सटीक ढंग से की है–

(1) कवि द्वारा प्रस्तुत वर्ण विषय है तो लोक का ही किन्तु वह ज्यों-का-त्यों-हूबहू लोक जैसा नहीं, उसकी काल्पनिक सृष्टि है। इस प्रकार वह यथार्थतः सत्य नहीं हैं।

(2) वह प्रस्तुति असत्य भी नहीं है क्योंकि उस विषय वस्तु से लोक वस्तु की प्रतीति होती है। यदि विषय वस्तु मिथ्या है तो रसत्व के लिए आधार नहीं बनता।

(3) वह सत्य-असत्य दोनों नहीं हो सकता क्योंकि उसकी लोकात्मक प्रतीति में कहीं बाधा नहीं पड़ती।

(4) वह संशयात्मक नहीं हो सकती क्योंकि काव्यानुभूति के लिए संशयात्मक वस्तुविषय रसविघ्न है।

लोक की यह पुनर्प्रस्तुति साहचर्य सम्बन्ध (Response Aetion) द्वारा काव्य के श्रवण-अध्ययन तथा अभिनय से सम्बद्ध अर्थ प्रतीति के बाद भावानुवेश के क्षण लोक जैसी हो उठती है। पाठक का भावक चित्त इस पुनर्प्रस्तुति में लोकात्मक व्यवस्था की ही प्रतीति तथा भोग करता है। आचार्य भरत से लेकर पण्डितराज जगन्नाथ तक ने इस रसास्वादन एवं उससे सम्बद्ध लोक की अनेक रूपों में व्यास्था की है। पाठक, श्रोता या दर्शक या नाट्क काव्य के श्रवण, अध्ययन एवं अभिनय पुनर्प्रस्तुति की उपेक्षा करके विषय वस्तु को यथार्थ जैसा प्रतीत कराने लगते हैं। पाठक के चित्त पर पुनर्प्रस्तुति की यथार्थ जैसी अनुभूति का संभ्रम क्यों होता है–इसके लिए आचार्य शंकुक का साहचर्य प्रतीति का सिद्धान्त आज के मनोविज्ञान से भी संगत सिद्ध होता है–और कला क: मनोविज्ञान भी इसका समर्थन करता है कि काव्य में अर्थानु-प्रवेश की दशा साधारणीकृत की दशा है। यह साधारणीकरण जैसे कलात्मक मनोविज्ञान (आस्वाद मनोविज्ञान) की खोज हम भारतीयों की ऐसी उपलब्धि है–जिसकी तुलना में विश्व भर के सौन्दर्यशास्त्री न किसी सिद्धान्त का अन्वेषण कर पाए हैं, न काव्यास्वाद की ऐसी व्याख्या ही दी है। इसके होते हुए भी काव्य सृजन के आधार की मूल चर्चा के सम्बन्ध में यही कहा जा सकता है कि काव्यसृजन का आधार लोक ही है।

लोक का यथार्थ काव्य-सृजन या काव्योत्पादन का कच्चा माल (Raw Metterial) है। ज्ञानेन्द्रियों एवं कर्मेन्द्रियों द्वारा लोकानुभूति, साहचर्य प्रतीति द्वारा लोक व्यवहार से चैतन्मयी अन्तरंगता, व्यवहार, बोध, ज्ञान द्वारा वस्तु के रूप, गुण, स्वभाव, व्यवहार के साहचर्य सभी कुछ लोक यथार्थ से सम्बद्ध है। सम्बद्ध आचरण एवं साहचर्य के साथ सामाजिक व्यवस्था, कर्म का सादात्मीकरण, आत्मृप्ति-अतृप्ति, अहन्ता से मिलने वाली अनुकूल तथा प्रतिकूल वेदनीयता–टूटते-बनते रिश्ते, कालप्रवाह एवं सृष्टि की नश्वरता, नियति का अदृश्य कार्य व्यापार–कितनी-कितनी संरचनाओं से यह सारा संसार निर्मित है। सभी कुछ काव्य का विषय है। सर्जक लोक के इस यथार्थ और उससे जुड़े अपने भोग के रिश्ते को कविता का कच्चा माल मानता है। सर्जक को लोक चाहिए, लोकोत्तर नहीं? इसी लोक में ही उसे लोकोत्तर भी मिल जाता है।

सृजन के लोक में मानवीय आचरण के अतिरिक्त प्रकृति के मनोहारी दृश्य नेत्रों को आनन्दानुभूति देते हैं। स्पर्श, श्रवण, घ्राण से विषयों एवं उनके आस्वादक चित्त का गहरा सम्बन्ध है। अपना घर, गाँव, बाहर, कस्बे, क्षेत्र, देश, विश्व, दृश्यमान तथा अनुभूत ग्रह-नक्षत्र सभी कुछ काव्य सृजन के

यथार्थ की सीमा में आते हैं। गोस्वामी तुलसीदास जी इसे और आगे बढ़ाते हुए कहते हैं–**'भये जे अहहिं होइहहिं आगे'**। समग्र सृष्टि व्यापार काव्य की सीमा में है। कवि लोक के यथार्थ से कहीं भी और कभी भी पलायन नहीं कर सकता–चाहते हुए भी वह लोक से बँधा है। काव्यसृजन के लिए लोक सृजन की अनिवार्यता है। आचार्य भरत ने इसकी ओर इंगित करते हुए कहा है कि–

योऽयं स्वभावो लोकस्य सवर्था सुख दुःखात्मक॥
लोकस्वभाव संसिद्ध लोकयात्रानुगामिनः।
अनुभावाविभावाश्च ज्ञेयास्त्वभिनये बुधैः॥[1]

काव्य में लोकसृष्टि के यथार्थ की केन्द्रीय संवेदना एक अनिवार्य तथा आधारभूत समस्या है। इस विषयवस्तु एवं उसकी केन्द्रीय संवेदना को साहित्य में विभाव की संज्ञा की गई। आचार्य भरत बताते हैं कि–

स्वभावोलोकधर्मी तु विभावो नाट्यमेव हि'

लोकधर्मी स्वभाव को जब कविता या नाट्य में पुनर्प्रस्तुत किया जाता है तो उसीको (लोकधर्मी रूप, गुण, स्वभाव) ही हम विभाव के नाम से पुकारने लगते हैं। परवर्ती आचार्यगणों ने इस लोक यथार्थ की उपेक्षा करके उसे सामन्तवाद से जोड़ा है किन्तु नाटक के कतिपय रूपकों जैसे भाण, प्रहसन तथा उपरूपकों तथा प्राकृत एवं मुक्तकों में लोक की समग्रता हमें बराबर दिखाई पड़ती है। भारतीय परम्परित कविता में इस लोक यथार्थ की पुनर्प्रस्तुति का विस्तार नहीं किया गया।

यह 'विभाव' व्यापार ही कविता का एक ओर प्राइमरी स्टीमुल्स (मूल संवेदनाधार) है तो दूसरी ओर लोक के यथार्थ का प्रतिनिधि भी यही सामाजिक मूल्यों की प्रतिबद्धता से जुड़कर सृजन को मानव मूल्यों से जोड़ता है।

हिन्दी साहित्य में आलोचकों ने रस के सन्दर्भ में लोक मनोविज्ञान की व्यापक चर्चा की है। डॉ० नगेन्द्र तथा अन्य रस विशेषज्ञों ने मनोविकारों तथा भावों की चर्चा करके शायद यह सिद्ध करना चाहा है कि लोकानुभूति और काव्यानुभूति का रूप एक जैसा है। लोक के भाव विवेचन का औचित्य मात्र इतना ही है कि सृजन तथा आस्वादन दोनों क्षणों में चित्त को लोक यथार्थ की असंशयात्मक प्रतीति पाठक को होती रहे। ये सृजन में अर्थ प्रक्रिया को समृद्ध बनाते हैं, वैसे रस या कला का मनोविज्ञान इस लोक के मनोविज्ञिान से सर्वथा

1. नाट्यशास्त्रः अध्याय 6, श्लोक 106

भिन्न है। लोक के भोक्ता मन तथा काव्य के भोक्ता मन का स्वरूप भिन्न-भिन्न है। एक का मन यथार्थ के अनुभव को भोगता है और दूसरे का चित्त प्रातीतिक यथार्थ को। एक की सृष्टि का सम्बन्ध विधाता की सृष्टि से है तो दूसरे का सम्बन्ध कवि-विधाता की सृष्टि से। इस प्रकार कविता के आस्वादन की विवेचना के पूर्व इस तथ्य का अन्तर कर लेना आवश्यक है कि काव्य पाठ या श्रवण से श्रोता या पाठक जिस संसार से जुड़ रहा है, वह यथार्थ नहीं प्रातीतिकि यथार्थ का जगत है। इस प्रातीतिक काव्य जगत की अपनी विशिष्टताएँ इस प्रकार हैं–

1. वह शब्दार्थ सर्जक द्वारा निर्मित है।
2. सृजित शब्दार्थ की सीमा में प्रवेश करते ही पाठक या श्रोता के चित्त में भावानुप्रवेश हो उठता है और धीरे-धीरे यह प्रतीतिक यथार्थ पुनः लोक यथार्थ जैसा प्रतीत होने लगता है।
3. जैसे यथार्थ का भोक्ता 'अहम्' की तृप्ति की केन्द्रीयता में सृष्टि से यथार्थ भोग का सुख-दुःख प्राप्त करता है, ठीक उसी प्रकार अहम् का निरपेक्ष भोग चित्तद्रुति, विस्तार, विकासादि के द्वारा काव्य के आस्वादनधर्मी तत्त्वों के प्रकाश में भोगता है।
4. संसार का लोक एक निरन्तर प्रवहमान या विकासमान सन्दर्भों से जुड़ा रहता है–यहाँ कुछ भी स्थिर नहीं है–ठीक यही स्थिति काव्य की है। मानवीय लोक रुचि की ठीक अभिव्यक्ति हमें साहित्य में दिखाई पड़ती है–अतः मानवीय रुचियों एवं लोकात्मक विकास के आचरण का प्रभाव सृजनधर्मी तत्त्वों पर पड़ना आवश्यक है। साहित्य, चिन्तन तथा आस्वादन जड़ प्रक्रिया नहीं है। निरन्तर प्रवहित एवं विकसित होने वाली यह प्रक्रिया लोकधर्मी स्वरूप से जुड़कर हमारे समक्ष बिम्ब-प्रतिबिम्ब भाव से गतिशील होती रहती है। सामाजिक मूल्यों की प्रतिबद्धता के लिए काव्य में स्वीकृत पुनर्प्रस्तुति एक अनिवार्यता है।

इस प्रकार लोकात्मक प्रतीति के तीन सन्दर्भ विशेष महत्त्वपूर्ण हैं–**निरन्तर प्रवहमान लोकात्मक वृत्तियों की गतिशीलता, शब्दार्थ सर्जन द्वारा इस लोक की साहित्य में पुनर्प्रस्तुति तथा लोकास्वादन की आधारभूतता।**

(2) प्रातीतिक यथार्थ का सर्जक : कवि कर्म तथा काव्यभाषा का पक्ष

शब्दार्थ सृजन द्वारा लोकानुभूति की पुनर्प्रस्तुति ही कविता है। इस शब्दार्थ सृजन का सम्बन्ध आस्वादन से प्रतिपल जुड़ा रहता है। कवि के समक्ष सबसे

बड़ी समस्या रहती है, इस प्रातीतिक लोक को शब्दों के द्वारा गढ़ने की और इस गढ़ने के सन्दर्भ में उसे कई प्रक्रियाओं के बीच से होकर गुजरना पड़ता है।

भारतीय कलाशास्त्र एवं काव्यचिन्तन में सर्जक के मनोविज्ञान की बराबर चर्चा की गई है। राजशेखर काव्यमीमांसा में श्यामदेव नामक किसी आचार्य के मत का उल्लेख करते हैं, जो 'समाधि' को काव्य हेतु के रूप में मान्यता देते हैं। उनके अनुसार–मनसि एकाग्रता समाधिः' अर्थात्, वर्णित विषयवस्तु को चित्त में धारण करने की एकाग्रता ही समाधि है। सर्जक के चित्त में वर्ण्यवस्तु की रूपाकृति का दर्शन ही समाधि है। राजशेखर के अनुसार 'समाधि' ही प्रतिभाशक्ति को सुदृढ़ बनाती है। वाल्मीकि रामायण के साक्ष्य के अनुसार ब्रह्मा द्वारा आदेशित किए जाने पर ध्यानस्थ वाल्मीकि ने 'रामकथा' का दर्शन किया। इस दर्शन के अन्तर्गत–उन्हें काव्य कला के तत्त्व भी समाधि में दिखाई पड़े, जिनके विषय में उन्हें कोई पूर्व ज्ञान नहीं था। वाल्मीकि रामायण में इसका साक्ष्य इस प्रकार है–

उपस्पृश्योदकं सम्यङ्मुनिः स्थित्वा कृताञ्जलिः।
प्राचीनाग्रेषु दर्भेषु, धर्मेणान्वेषते गतिम्॥
राम लक्ष्मणं-सीताभिर्राज्ञा दशरथेन च।
सभार्येण सराष्ट्रेण यत् प्राप्तं तत्र तत्त्वतः॥
हसितं भाषितं चैव गतिर्यावच्च चेष्टितम्।
तत सर्वं धर्मवीर्येण यथावत् सम्प्रपश्यति॥
ततः पश्यति धर्मात्मा तत् सर्वं योगभास्थितः।
पुरा यत तत्र निर्वृत्तं पाणावामलकं यथा॥[1]

ब्रह्मा ने वाल्मीकि को आशीर्वाद दिया था कि–

वृत्तं कथय धीरस्य यथा तै नारदाच्छ्रुतम्।
रहस्य च प्रकाशं च यद् वृत्तं तस्य धीमतः।
रामस्य सह सौमित्रे राक्षसानां च सर्वशः।
वैदेह्यश्चैव यदवृत्तं प्रकाशं या वा रहः।
तच्चाप्यविदितं सर्वं विदितं ते भविष्यति।
न ते वागनृता काव्ये काचिदत्र भविष्यति॥

---

1. वाल्मीकि रामायण, बालकाण्ड द्वितीय सर्ग, श्लोक, 32 से 36 तक तथा तृतीय सर्ग, श्लोक, 22 से 9 तक

वाल्मीकि रामायण के इन कथनों से कवि कर्म पर दो साक्ष्य सामने आते हैं–

1. कवि कर्म कभी असत्य नहीं माना जाता
2. कवि ध्यानस्थ होकर सृजन के पूर्व काव्य की विषयवस्तु का समाधिस्थ होकर आत्मदर्शन करता है।

संस्कृत काव्यशास्त्र के अन्तर्गत इसी सन्दर्भ को समाधि ''दर्शन'' के नाम से पुकारा गया है। इस समाधिकरण को काव्य की विषयवस्तु की समाधि में चित्तदर्शन तथा कार्य को ऋषिकर्म कहा गया है। डॉ० राममूर्ति त्रिपाठी ने आचार्य अभिवनगुप्त के गुरु आचार्य भट्टतौत के श्लोकों की ओर ध्यान आकर्षित किया है–

न तत्त्व दर्शनादेव शास्त्रेषु पठितः कविः।
दर्शनाद् वर्णनाच्चाथ रूढ़ालोकेकवि श्रुताः॥
तथाहि दर्शने स्वच्छे नित्येऽप्यादिकर्वेमुनेः।
नोदिता कविता लोकेद्यावज्जाता न वर्णना॥[1]

आचार्य भट्टतौत वाल्मीकि रामायण के साक्ष्य से ही शब्दार्थ रचना (वर्णना) के पूर्व की स्थिति को काव्यदर्शना कहा है और यह है, समाधि दशा में एकाग्र होकर वर्ण्यवस्तु से सर्जक के आत्मसाक्षात्कार की वृत्ति।

शुक्रनीतिसार में सर्जक की इस चित्तदशा को **चित्तासन्नता** के नाम से पुकारा गया है–और बताया गया है कि सृजन के पूर्व सर्जक के चित्त में विषयवस्तु का उपस्थित होना अनिवार्य है। डॉ० सुरेन्द्र वारलिंगे ने वास्तु-सूत्रोपनिषद् के रचनाकार पिप्पिलाद् मुनि के मत का उल्लेख किया है। वे बताते हैं कि–

''कलाकार अथवा वस्तुकला अपने अभिकल्प का चित्र अपने मानस चक्षु से निरखने में सक्षम होता है और इसी से यह निश्चय करना सम्भव होता है कि प्रक्षेपित अभिकल्प सुन्दर है, अथवा नहीं–

ध्यानप्रयोगे रूपसौष्ठवं भवति (वास्तुसूत्रोपनिषद् 4.514.3)[2]

इस आत्मदर्शन के लिए किसी सर्जक को कौन-सी शक्ति प्रेरित करती है? पौराणिक विश्वास के आधार पर ब्रह्मा, सरस्वती की कृपा–जिसने वाल्मीकि

---

1. सहृदय और साधारणीकरण : डॉ० राममूर्ति त्रिपाठी, पृ० 25 (उद्धृत : काव्यानुशासनः अध्याय आठ की वृत्ति से)
2. भारतीय सौन्दर्य सिद्धान्त की नई व्याख्या, पृ० 233

को वस्तुविषय का दर्शन करके काव्य सृजन की प्रेरणा दी, काव्यसृजन का मूलाधार है। सामान्यतया इसी के लिए भारतीय आचार्यों ने 'कविता संस्कार' का भी सन्दर्भ रखा है। 'कवित्व संस्कार' किसी व्यक्ति को कैसे प्राप्त होता है–इसके लिए वृद्ध सेवा, प्रतिभा, दैवी-आशीर्वाद आदि कारण हैं। आचार्य राजशेखर ने इसे 'कृर्त्तत्त्वशक्ति' के नाम से पुकारा है–जो नैसर्गिक है। वह 'शक्ति' को समाधि तथा अभ्यास का संयोग बताते हैं। उनके अनुसार शक्ति वे तत्त्व है–जिसके निवास करने पर साधक के एकाग्र किए हुए चित्त में अनेक प्रकार की सुन्दर कल्पनाओं एवं अर्थतत्त्वों का स्फुरण होता है, सरल सुन्दर पद सूझ पड़ते हैं–

मनसि सदा समेधिनि विस्फुरणमनेकधाऽभिधेयस्य अक्लिष्टानि पदानि च विभान्ति यस्यामसौशक्तिः

इसके अतिरिक्त भी कवि प्रतिभा को ही संस्कार का कारण बताया गया है और कहा गया है कि–

कवित्वस्य बीजं कवित्व बीजम्। जन्मान्तर्गत संस्कारविशेषः कश्चिद्। तस्मद्विना काव्यं न संस्कार निष्पद्यते। निष्पन्नं वा हास्याऽऽ यतनं स्यात्॥

संस्कृत साहित्य में इस विषय में पर्याप्त विवाद है किन्तु 'काव्यप्रतिभा' के सन्दर्भ में सभी प्रायः एकमत हैं कि बिना उसके काव्यसृजन शक्ति का स्फुरण एवं सघनता दोनों का अभाव दिखाई पड़ता है।

डॉ० राममूर्ति त्रिपाठी जी ने काव्य की रचना-प्रक्रिया के सन्दर्भ में आचार्य अभिनव गुप्त का एक बड़ा ही सुन्दर दृष्टान्त प्रस्तुत किया है।

रचना की सोपान प्रक्रिया इस प्रकार है–

विमलप्रतिभानशक्ति हृदय > सहृदय वाल्मीकि का आश्रम > क्रौंच से हृदय-संवाद > तन्मयीभवन > आस्वाद–करुण रसास्वाद > लोकोत्तर आस्वाद का परिपूर्ण कुम्भवत् उच्छलन प्रवाह > प्रवाह में अनायास आवशेवश समुचित शब्द तथा छन्दोवृत्त आदि उपकरणों में सम्मूर्त होकर रचना के रूप में परिणत होना।''[1]

यहाँ काव्य के सन्दर्भ में चित्तासन्नता स्वयं विषयवस्तु के प्रत्यक्ष दर्शन की चित्ताभिभूतता है। यह कविता की परिभाषा एवं सृजन प्रक्रिया का विश्लेषण भी है।

कवि के सन्दर्भ में विभावन व्यापार की प्रस्तुति का सन्दर्भ उसका दूसरा पक्ष है। कवि की प्रतिभा, संस्कार, व्युत्पन्नता तथा अभ्यास इसी प्रस्तुति सन्दर्भ

---

1. सहृदय और साधारणीकरण, पृ० 26 (ध्वन्यालोकलोचन पृ० 86 के उद्धरण की व्याख्या के आधार पर)

के माध्यम के साथ व्यक्त होते हैं। आज इसी सन्दर्भ में भारतीय काव्यशास्त्र के अन्तर्गत काव्यभाषा का भी प्रश्न उठाया गया है।

आचार्य अभिनवगुप्त ध्वन्यालोकलोचन के अन्तर्गत आचार्य भट्टनायक के मत का उल्लेख करते हुए कहते हैं कि–सर्वप्रथम शब्दव्यापार से अर्थ व्यापार तक पहुँचने की एक प्रक्रिया है। सर्जक के लिए यह शब्दार्थ प्रतिपत्ति है और पाठक के लिए निरन्तर काव्य के अध्ययन, अनुशीलन तथा अभ्यास से उत्पन्न विमलता (समझ की निरपेक्ष स्पष्टता)। काव्य व्यापार की प्रक्रिया वाच्य व्यापार से प्रारम्भ होकर पाठक के चित्त को ज्ञान व्यापार से विमुख करके भावव्यापार की ओर ले जाती है। पाठक के चित्त का भाव व्यापार की ओर मुड़ना काव्य की कलात्मक परिणति का परिणाम है–आलोचक उन कारणों की तलाश करता है कि किन सर्जनात्मक तत्त्वों के कारण चित्तवृत्ति भावव्यापार की ओर मुड़ रही है किन्तु पाठक काव्य के आस्वादन का लोभी सीधे-साधे आस्वादन की ओर जाता है और इसीलिए शब्दार्थ की भावनामयता की परिणति उसे अन्ततया काव्यास्वादन (रस) से जोड़ देती है। वे इसे स्पष्ट करते हुए बताते हैं कि–

....शब्दस्य त्र्यंशताप्रसादात्। तत्राभिधाकृत्वं वाच्यविशेषं। भावकत्वं रसादिविषयं भोगकृत्वं सहृदयविषयमिति त्रयोऽशंभूता व्यापारा:॥

मूलत: भाषा ही कवि की कारयित्री प्रतिभा का संसर्ग पाकर उसमें भावमयता से चित्त को आविष्ट कर लेने की विलक्षणता उत्पन्न करती है। कविता में 'प्रतीतिग्राह्यता' के निर्माण में सर्वाधिक योग काव्यभाषा का है और सच पूछा जाय तो भाषा ही काव्यसृजन और लोकानुभूति का सर्वस्व है। इसी के साथ शब्दार्थ प्रयोग या काव्यभाषा प्रस्तुति का प्रयोग या व्यवहार पक्ष भी है। काव्यभाषा देखने, सुनने में व्यवहार में प्रयुक्त जन-सामान्य की भाषा जैसी लगती है किन्तु वह है, नही। वह जन-सामान्य से भिन्न चेष्टया गढ़ी हुई भाषा है और उसमें आदि से अन्त तक कवि की अनुभूति ही वासित है। एक सर्जक की संवेदनात्मक अनुभूति में रची-पची यह काव्यभाषा लोक व्यवहार की भाषा नहीं है।

लोक व्यवहार की भाषा का दृष्टिकोण भिन्न है। वह वक्ता के मन्तव्य का ज्ञानात्मक बोध कराकर शान्त हो जाती है। कविता की भाषा का दृष्टिकोण अलग है। वह शब्दार्थ को भावात्मकता में परिणत करके चित्त को आस्वादधर्मी बनाती है। वह रचने तथा स्वानुभूति के मूल में सौन्दर्य बोध को प्रतिष्ठित करती है। वह अपनी सृजनात्मक प्रकृति से मन को चमत्कृत तथा आवेशित करती है। अलंकृति, गुणदृष्टि, विम्बात्मकता, प्रतीकबद्धता

एवं रूपकविन्यास आदि तत्त्व इसकी अर्थशक्ति का विकास करके इसमें भावात्मक समृद्धि को प्रखर बनाते हैं। कविता की भाषा स्वयं कवि कर्म का साक्ष्य है।

काव्यास्वादन के लिए रची गई यह भाषा कविता के मन्तव्य को पाठक की चित्त दशा तक पहुँचाने के लिए संकल्पबद्ध है। यह काव्यभाषा ही इस दशा तक सम्प्रेषित मन्तव्य को ले जाने का आधार भी है। यह स्वयं माध्यम भी है और अर्थ के रूप में अनुभूतिस्वरूपा भी। काव्यार्थ लोकानुभूति के अतिरिक्त और क्या है–शब्द-अर्थव्यापार-अनुभूतिव्यापार सृजित काव्यभाषा में इतने अभिन्न हैं कि उन्हें पृथक् नहीं किया जा सकता है। भाषा लोकानुभूति भी है और सम्प्रेषण का माध्यम भी। कवि की विलक्षणता यह है कि दोनों का प्रयोग वह इस प्रकार करता है कि अनुभूति की पहचान और उसका प्रभाव तथा विगलन एक साथ हो सके। अनुभूति के लिए भाषा और भाषामयी अनुभूति दोनों अभिन्न हैं। हमारे कराहने की पीड़ा को जब 'कराहने' शब्द द्वारा प्रगट किया जाता है तो यह 'कराहना' शब्द पीड़ा का पयार्य बन जाता है। चित्त की भावात्मक सत्ता की सान्द्रता स्वयं भाषा बनकर प्रगट ही नहीं होती, श्रोता को उस अनुभूति से बाँध भी लेती है। कवि भाषिक सामर्थ्य की जितनी सही तथा सच्ची पहचान तथा पाठक को भावना ही तह से जोड़ने का कार्य करता है, लोक व्यवहार की भाषा से वह सम्भव नहीं है। इसी भाषा कार्य के कारण कविता स्वयं एक कला भी है।

इस प्रकार, कवि कर्म का यह दूसरा पक्ष भाषा सृजन ही कविता का रूप विन्यास धारण करके समाज या पाठक के पास लोक की पुनर्प्रस्तुति के रूप में अवतरित होता है। आस्वादधर्मिता इसका मूलधर्म है और यहाँ तक पहुँचने के लिए चित्त का साधारणीकृत होना आवश्यक है। कतिपय आलोचक यह स्वीकार करते हैं कि भाषा के माध्यम से पाठक के चित्त में उत्पन्न आस्वादनधर्म की व्याख्या नहीं हो सकती। इस प्रसंग की बाद में व्याख्या की जाएगी। काव्य भाषा के माध्मय से उत्पन्न मूलधर्मी तत्त्व आस्वादन के ही परिणाम हैं। काव्यभाषा की तीन परिणितियाँ हैं–

1. **सृजन का वाह्य सौन्दर्यमण्डित पक्ष**–जैसे अलंकार, वक्रताविधान, मिथकीय विन्यास, विम्ब तथा प्रतीक रचना जो सम्प्रेषणधर्मिता को सुकर बनाते हैं।
2. **भाषा में पाठक की प्रतीति** जो भावना में परिणत होकर उसके चित्त में आस्वादनधर्मी हो उठती है। यही रसास्वादन है।
3. **इस आस्वादनभूमि के क्रोड से उत्पन्न मूल्यधर्मिता का एहसास**

कराना जो सृजन का प्रतिफल है। बिना मूल्यास्वाद के कविता का कोई सन्दर्भ नहीं हो सकता।

इस प्रकार भाषिक सृजन की अन्तिम परिणति आस्वादन में होती है और आस्वादन अन्ततया कवि की प्रतिबद्धता को भी अपने में समेट लेता है।

आलोचक का दायित्व है–किसी कविता की व्याख्या के सन्दर्भ में भाषिकविधान से लेकर मूल्यविधान तक में वर्तमान सृजन का विश्लेषण करना। इस तथ्य को निरन्तर ध्यान में रखना भी अपेक्षित है कि भाषिक सृजन से लेकर मूल्य तक एक सर्जक का चित्त सर्वत्र अध्यवसित है।

3. पाठक का पक्ष–पाठक तथा आलोचक के दायित्व भिन्न-भिन्न भी हो सकते हैं, और एक भी। पाठक निरपेक्ष पाठक भी हो सकता है, और ततश्च आलोचक भीं। संस्कृत साहित्य में वर्तमान आलोचना जैसी प्रणाली विकसित नहीं थी, अतः पाठक को ही काव्यास्वादन तथा उसके मूल्यांकन का अधिकार प्राप्त था–और आलोचक मूलतः पाठक ही था।

भारतीय काव्यशास्त्र में प्रतिभा को सर्वाधिक महत्त्व दिया गया है–और इस प्रतिभा के दो पक्षों का निर्देश है–प्रथम, भावयित्री और द्वितीय कारयित्री। कारयित्री प्रतिभा का सम्बन्ध सृजन से है और भावयित्री प्रतिभा भावक (सहृदय पाठक) से सम्बद्ध है। पाठक अपनी भावयित्री प्रतिभा की शक्ति के बल पर कवि द्वारा वर्णित विषयवस्तु की दर्शना से साक्षात्कार करता है। सृजन के पूर्व सर्जक प्रसन्नता की दशा में जैसे विषय से साक्षात्कार करता है, वैसे ही पाठक सृजक के पश्चात् उस चित्तासन्नता का कृति के अन्तर्गत साक्षात्कार करता है। सर्जक की सर्जन के समय उसकी सीमा समग्र लोक है तो पाठक की सीमा वह विषयवस्तु है–जिसे लोक से निकाल कर सर्जक ने कृति के रूप में प्रस्तुत किया है। इसके इसी वैशिष्ट्य के कारण आचार्य भट्टनायक पाठक को 'सिद्धिमान्नरः' अर्थात् सिद्ध योगी' की संज्ञा देते हैं।

संस्कृत काव्यशास्त्र में इस सहृदय के लिए अनेक शब्द प्रचलित हैं। रसज्ञ, रसयिता, रसभोक्ता, ग्राहक, भावक, प्रेक्षक, दर्शक, सामाजिक, सहृदय, चेतस्, पाठक आदि-आदि। उसकी अनेक विशेषताएँ बताई गई हैं–यह विलक्षण भावयित्री प्रतिभा से सम्पन्न, प्राक्तन पुण्य एवं संस्कारों से मण्डित, काव्य के निरन्तर अध्ययन-अनुशीलन तथा अभ्यास से विकसित प्रज्ञा से संयुक्त कवि कृत भावजगत से स्वचित्त द्वारा संवाद (बातचीत) करने में कुशल, तन्मयीभूतता के वैशिष्ट्य से संयुक्त, काव्यास्वादन की सामर्थ्य से परिपक्व तथा दीप्त चित्तयुक्त है। आचार्य अभिनवगुप्त ने इसकी विशिष्टता को इंगित करते हुए बताया है कि–

येषां काव्यानुशीलनाभ्यासवशाद्विशदीभूतेमनो मुकुरे वर्णनीयतन्मयी-भवनयोग्यता तेसहृदयसंवादभाजाः सहृदयाः।

रस के सन्दर्भ में पाठक का दायित्व है, काव्यास्वादन की प्रतीति द्वारा वर्ण्यविषय की प्रामाणिकता की पुष्टि करना। भारतीय काव्यशास्त्र में इसका प्रथम एवं मूल दायित्व रसचर्वणा है। आचार्य अभिनव गुप्त ने इस सहृदय पाठक के चित्त को विघ्नों से मुक्त बताया है। कविता के रस-व्यापार से सम्बद्ध पाठक या सहृदय की तीन भूमिकाएँ महत्त्वपूर्ण हैं–

(1) कृति के काव्यार्थ तथा सहृदय के चित्त के बीच निरन्तर संवादात्मकता रसबोध की पहली सीढ़ी है। काव्यार्थ से सहृदय का चित्त आत्मीयतापूर्वक, बातचीत करता हुआ उसमें अपने को जोड़ लेता है। आचार्य भरत इस सन्दर्भ पर प्रारम्भ से ही बल देते हैं–

योऽर्थो हृदयसंवादी तस्यभावो रसोद्भवः।
शरीरं व्याप्यते तेन शुष्क काष्ठमिवाग्निना॥

काव्यार्थ से सहृदय के चित्त की बतरसता (हृदय संवाद) और फिर उसी में खो जाना–समस्त चैतन्य की काव्यार्थभावमयी दशा में परिणति शुष्ककाष्ठ में अग्नि व्याप्ति की भाँति है। पाठक के सर्वस्व को धधका देना वासना तथा भावना के उद्रेककाल की विशेषता है। कवि की सृजित भाषा, काव्यार्थ, सहृदय द्वारा उस भाषा में सन्निविष्ट अर्थ (सर्जक की चेतना) तथा उस अर्थ में निहित विम्बात्मक शक्ति या हृदय में प्रवेश करता हुआ, चित्त में घुमड़ता हुआ, धुएँ की भाँति वासनाजगत मे़ं फैलता हुआ, आँखों के समक्ष नाचता हुआ, सहृदय के चित्त को तन्मयीभूत करके उसे भावाद्वैत दशा में स्थित कर देता है।

इस प्रकार लोक की प्रस्तुति और कवि द्वारा उस पुनर्प्रस्तुति को काव्यभाषा की सर्जनात्मक शक्ति से जोड़कर इस प्रकार निर्मित कर देना कि उसके सम्पर्क में आते ही पाठक का चित्त भावानुप्रवेश करके तन्मयीभूत हो उठे–यह काव्यसृजन का वैशिष्ट्य है।

आधुनिक हिन्दी के आलोचकों ने रस के सन्दर्भ में यह बड़ी भारी आपत्ति लगाई है कि रस केवल चित्तवृत्ति का विषयमात्र है, आलोचनाकर्म का धर्म नहीं है। ध्वन्यालोककार ने भी अपने युग में इसी प्रकार के मतवाद का उल्लेख किया है। अनिवर्चनीयतावादी रस के विवेचक रस के अस्तित्व को बखूबी स्वीकार करते थे किन्तु वे उसे विवेचन का विशेष नहीं मानते–

'केचिदवाचाविषयम्तत्त्वमूचुः।'

मूलतः रस को अनिवर्चनीय कहना उसके तिरस्कार का एक तरीका मात्र

है। आज के प्रमुख आलोचकों में प्रो० रामस्वरूप चतुर्वेदी का मत विशेष उल्लेखनीय है। वे एक स्थल पर कहते हैं कि–

"भारतीय परम्परा में काव्यास्वाद का मर्म समझने के लिए रस सिद्धान्त की एक महनीय व्यवस्था शताब्दियों से प्रस्तावित रही है। पर उतनी ही गहरी विडम्बना यह है कि कालिदास से लेकर शमशेर तक किसी भी कवि की किसी भी एक कविता की व्याख्या रस सिद्धान्त के सहारे अब तक नहीं हुई....।" आदि-आदि।[1]

प्रो० चतुर्वेदी की ही भाँति अज्ञेय को भी ऐसी ही गलतफहमी है। डॉ० नामवर सिंह ने भी 'नई कविता के प्रतिमान' में महाराष्ट्री विद्वानों द्वारा प्रस्तुत ऐसे ही तर्कों को रखा है।

यहाँ मूल तथ्य यह है कि परम्परा में सहृदय पाठक और आज के आलोचक के धर्म एक नहीं हैं। कविता को सुनने का सम्बन्ध पाठक से रहा है और उसको पढ़कर किन्हीं मूल्यों के आधार पर उसके अन्तवर्ती तत्त्वों या कृति में निहित अन्तवर्ती धर्मों के आधार पर उसके विश्लेषण का कार्य आज आलोचक का है। परम्परा का सहृदय पाठक आलोचक नहीं हो सकता है।

भारतीय परम्परा में कविता एक शब्दार्थ सृजन है–चित्र की भाँति, वस्तुशास्त्र निर्मित या मूर्तिकला रचना की तरह। कविता के स्थापत्य को कवि शब्दों तथा अर्थों की भंगिमाओं द्वारा सजाकर उसे संवेदना के प्राण से जीवन्त बनाता है–शब्दों तथा अर्थों से सिद्ध कवि की संवेदना रूपी व्यंजना से जीवन्त कृति का शरीर अन्तिम फल के रूप में अपने सम्पर्क में आने वाले व्यक्ति को आनन्द प्रदान करता है।

कवि के स्थापत्य की निर्मिति का सजीव प्रतिफल, कविता सज-सँवरकर अन्तिम रूप से जब सहृदय के समक्ष आती है, तब वह आलोचना का विषय न होकर सुदर्शना नारी जैसी पाठक की संचित वासनाओं से तादात्म्य करके भाव विश्रान्तिमयी बना देती है। आलोचना एक विवेक कर्म है। काव्यास्वादन जन्म-जन्मान्तर की संचित् भावनाओं की जागृति का प्रतिफल है–जो सुन्दरतम, आकृति-चित्त को निरखने, मधुर शब्दों के सुनने से कृति में निहित वस्तु की आत्म साक्षात्कारात्मक वासना की स्मृति से चित्त को बिना प्रयास के प्रकृतभाव से विगलित कर देता है किन्तु आलोचना की प्रक्रिया जानने तथा विश्लेषण से शुरू होती है, भोग से नहीं। कवि कर्म का आत्मसाक्षात्कार

---

1. भाषा संवेदना और सर्जन : डॉ० रामस्वरूप चतुर्वेदी, पृ० 102, 103 तथा 12, 13 आदि।

करके उसमें अन्तर्निहित तत्त्वों का विश्लेषण आलोचना है।

जैसा कि, कहा गया है कविता के सृजन की एक विशिष्ट प्रक्रिया है—कला निर्मित कवि की केन्द्रीय संवेदना, पाठक की साक्षात्कारात्मक प्रतीति और आस्वादन व्यापार तथा मूल्यधर्मिता। कविता बिना आस्वादन-धर्मिता के कविता की श्रेणी में नहीं आ सकती। नाटक, उपन्यास, कहानी, रेखाचित्रों आदि सृजित साहित्य की भी यही नियति है। पश्चिमी साहित्य के प्रभाव से भारत में आज यह आलोचना कर्म तथा एतद्विषयक साहित्य सर्वथा नया है। कालिदास से भारतेन्दु युग तक तो इसका अस्तित्व ही नहीं था—कृति के पाठक के साथ उसके गुण-दोष की विचारणा के सन्दर्भ आते हैं, केवल मौखिक या श्रुत। कहीं-कहीं कवि शिक्षा में भी संकेत है कि अमुक करणीय है और अमुक नहीं। इधर हिन्दी में पण्डित महावीर प्रसाद द्विवेदी के बाद आलोचना की सतही शुरुआत हुई और सन् 1930-35 के बाद से इसका व्यवस्थित प्रारम्भ मानना चाहिए। अनेक कृतियों की सौन्दर्यवादी व्याख्याएँ की गई हैं, ये प्रकारान्तर से रसवादी व्याख्या ही है। साकेत एवं कामायनी के अंगरस एवं अङ्गिरस की विवेचनाएँ हुई हैं और कामायनी के विचारक डॉ० रामस्वरूप चतुर्वेदी जी कहते हैं कि हिन्दी में रसवादी व्यावहारिक समीक्षा ही नहीं लिखी गई। आचार्य शुक्ल जो तुलसी की भावुकता के सबसे बड़े प्रशंसक हैं, उनकी यह समीक्षा रस मीमांसा पर आधारित आलोचना है, जहाँ शुक्ल जी चरित्र के शील के साधारणीकरण को रस की संज्ञा देते हैं। नई कविता के सगूफे तथा नया दिखाने और बनने के मोह में 'पुराणमित्थं न साधुसर्वम्' के आधार पर रस सिद्धान्त को पुराना निःस्तत्त्व मानकर बहिष्कृत करना, आधुनिकता के प्रति हमारी अंधास्था है। कवि काव्यसृजन के सन्दर्भ में जिस लोक यथार्थ की पुनर्प्रस्तुति करता है, वह इस प्रक्रिया से भिन्न कैसे है? आज के प्रगतिशील मूल्यवादी समीक्षक सृजन की पूर्णता से निस्पन्न आस्वादन एवं कृति की सार्थकता के बिना साहित्य के मूल्य बोध को सर्वोपरि मानते हैं तो यह उनकी हठधर्मिता है।

आज हम जिस सृजन सन्दर्भ की रसावेश के कारण उपेक्षा कर रहे हैं, उन्हें समझना चाहिए कि किसी कृति की भाषिक संरचना, सृजन के विषय में अन्तर्निहित केन्द्रीय संवेदना, काव्यभाषा के प्रभाव से पाठक के चित्त का भावानुप्रवेश, सौन्दर्यानुभूति और आनन्द एवं मूल्यधर्मिता—सभी से मिलकर एक कविता का स्थापत्य बनता है—और जब हम इनमें से किसी एक तत्त्व को आधार बनाकर आलोचना या समीक्षा के लिए उद्यत होते हैं, तो रस सिद्धान्त स्वयं आलोचना कर्म में प्रवेश कर जाता है। विभाव, अनुभाव, संचारीभाव,

स्थायी एवं सात्त्विक भाव की पुरातन गाथा में आज रस को खोजना चन्द्रमा में अमृत जैसा खोजना माना जाता है। रस कालिदास में ही था और शमशेर में भी है–इस कविता के आस्वादन के बाद अपनी विवेक दृष्टि का इस्तेमाल करके हम उसको विश्लेषित न कर पायें तो इसमें रस का क्या दोष है, न कविता का और न कवियों का। आज पाठक तथा आलोचक पक्षों को एक साथ जोड़ने की चेष्टा की जाती है। कोई आवश्यक नहीं कि पाठक आलोचक ही हो। दोनों के कर्म अपने में भिन्न-भिन्न हैं।

4. मूल्य का पक्ष–सृजन के लोक के पक्ष के साथ मूल्य का भी पक्ष उससे अनिवार्यतः जुड़ा रहता है। कवि जिस वर्ण्यवस्तु को सृजन का विषय बनाता है, वह लोक का पक्ष है और उसी कवि लोक से कवि वर्णित जीवन यथार्थ के उद्देश्य सन्दर्भी मन्तव्य भी जुड़ा रहता है। कवि का उद्देश्य सन्दर्भी मन्तव्य ही मूल्य है, जिसकी प्रतीति काव्य के कलात्मक आस्वादन के बाद होता है। शब्दों द्वारा रचा गया यह काव्य संसार सर्वप्रथम पाठक को अपने कलात्मक स्वभाव के प्रतिफल आस्वादन से जोड़ता है–ततश्च सहज प्रतीति की दशा में सृजन के मन्तव्य एवं सामाजिक मूल्यबोध की प्रतीति कराकर उसमें हलचल उत्पन्न करता है। कालास्वादन एवं मूल्यबोध दोनों सृजन प्रक्रिया के अनिवार्य और अभिन्न सोपान हैं।

❑

आचार्य भरत : भाव तथा सृजन का संदर्भ
(कवि का पक्ष)

भारतीय काव्यशास्त्र के अन्तर्गत भाव शब्द का प्रयोग अनेक अर्थों में किया गया है, किन्तु भरत के नाट्यशास्त्र में मनस् विकार, काव्यानुभव के रूप में भासित होनेवाला मनोभाव, काव्यास्वादन का मूल तत्त्व आदि रूपों में उसकी चर्चा की गई है। काव्य के अन्तर्गत लोक की अनुकृति या पुनर्सृजन के द्वारा अभिव्यक्त सम्पूर्ण भावात्मक व्यापार भाषिक प्रक्रिया का आधार ग्रहण करके सृजन के रूप में पाठक को साक्षात्कृत होते हैं। आचार्यों ने सृजित साहित्य को भावानुकीर्तन का नाम दिया है। 'अनुकीर्तन' का अर्थ है, कृति में लोकभावों की अनुकृति, लोक में जैसा है, वैसी ही पुनर्प्रस्तुति। आचार्य भरत ने नाट्यशास्त्र के अन्तर्गत लोकान्वयी भावजगत् की परिव्याप्ति को ही सृजन का आधार स्वीकार किया है।

वैसे, आचार्य भरत काव्य के भाव का आधार लोक का भाव-व्यापार ही मानते हैं। वही काव्य में रूपायित होकर पाठक की चित्तदशा के लिए प्रतीति के विषय बनते हैं। आचार्य भरत कृत भाव प्रयोग निश्चित ही दो रूपों में है। प्रथम, लोक में व्याप्त मानव की यथार्थपरक अनुभूति के रूप में और द्वितीय काव्य में स्वीकृत भाव के रूप में। यथार्थतः 'भाव' शब्द लोकानुभूति के लिए ही समझा जाना चाहिए–और अभिधा व्यापार से यही भाव-व्यापार है। काव्य में प्रयुक्त 'भाव' शब्द अभिधाव्यापार से नहीं लक्षणा व्यापार से 'भाव' के अर्थ में प्रयुक्त है। दोनों स्वभाव से भिन्न-भिन्न होते हुए भी एक-दूसरे के लिए प्रतीति के विषय हैं।

लोक में 'चित्तवृत्ति' एवं 'मनोविकार' सूचक भाव शब्द को 'भू' धातु होने के अर्थ में 'अच्' प्रत्यय लगाकर बनाया गया है और इसका अर्थ है–मनस् विकार, मनोविकृति, अनुभूति का यथार्थ–जबकि काव्य में प्रयुक्त 'भाव' शब्द 'भू' धातु में करण (तृतीया विभक्ति) के अर्थ में 'धञ्' प्रत्यय लगाकर बनाया गया है–जिसका अर्थ है–भावन करानेवाला भाव शब्द।

'भावन' शब्द का अर्थ है, प्रतीतिमूलकता से सम्बद्ध भाव।[1]

आचार्य भरत नाट्यशास्त्र के छठे तथा सातवें अध्यायों में भाव एवं उसकी विविध अवस्थाओं का विस्तारपूर्वक विवेचन करते हैं। अध्याय 7 के श्लोक सं० एक के पूर्व वार्तिक के अन्तर्गत वे भाव का विवेचन इस प्रकार करते हैं–

भावानिदानीं व्याख्यास्यामः। अत्राह–भावा इति कस्मात् कि भवन्तीति भावाः कि भावयन्तीति भावाः उच्यते–वागंङ्ग सत्त्वोपेतेन् काव्यार्थान्भाव-यन्तीति भावाः इति।

भू करणे धातुस्तथा च भावितं वासितं कृतमित्यनर्थान्तरम्। लोकोऽपि च सिद्धं–अहो ह्यनेन गन्धेन रसेन वा सर्वमेवभावितमिति। तच्च व्याप्त्यर्थम्।[2]

"अब मैं भावों को बतलाता हूँ। इस विषय में प्रष्टव्य है कि इन्हें भाव क्यों कहा जाता है–इसलिए कि वे भावदशा के रूप में होने या भाव उत्पन्न किये जाने या भाव उत्पन्न करने (भावयन्तीति इति भावा) की व्युत्पत्ति के अनुसार भाव कहे जाते हैं, यहाँ प्रश्न है कि वे किसको उत्पन्न करते हैं– उत्तर–वे शब्दों (वाणी) के द्वारा (दृश्य) काव्य के अभिप्राय को दर्शक (पाठक) को बताते हैं।

भाव शब्द 'भू' धातु करण (हेतु) के अर्थ में निष्पन्न शब्द है। भावित, वासित, कृत भी इसी अर्थ को प्रकट करनेवाले समान शब्द हैं। लौकिक व्यवहार में भी ये एक-दूसरे की सुगन्ध से या रस को भावित (उत्पन्न करने) इत्यादि प्रयोग में देखे जाते हैं। यहाँ भाव शब्द व्यापन, शासित करने, अपने द्वारा अपने में रचा-बसा लेने के अर्थ में प्रयुक्त है।

आचार्य भरत ने नाट्यशास्त्र के अध्याय छः के अन्तर्गत इस भाव का विवेचन करते हुए इसके सम्बन्ध में दो प्रश्नों को उठाया है–

भावाश्चैव कथं प्रोक्ता किं वा ते भावयन्त्यपि॥[3]

(भाव को भाव क्यों कहा जाता है और क्या ये किसी को भावित करते हैं।)

भरत के इस श्सोक के सन्दर्भ में दो प्रश्न स्वयं उभरकर सामने आते हैं–

1. भाव को भाव क्यों कहा जाता है?
2. क्या वे किसी भाव को उत्पन्न करते हैं?

---

1. वाचस्पत्यम् : श्री तारानाथ तर्क वाचस्पति भट्टाचार्य, पृ० 4663, दे० 'भाव शब्द'
2. नाट्यशास्त्र : आचार्य भरत–टीका–श्री बाबूलाल शुक्ल शास्त्री, पृ० 363–अध्याय-7।
3. नाट्यशास्त्र : आचार्य भरत : अध्याय-6, श्लोक 3

नाट्यशास्त्र के व्याख्याता आचार्य अभिनवगुप्त ने आचार्य भरत के मत को स्पष्ट करने के निमित्त भाव के विषय में दो के स्थान पर चार प्रश्नों को उठाया है। इन प्रश्नों में से दो प्रश्न नाट्यशास्त्र के अध्याय छह से सम्बन्धित पूर्वकथित अर्थ श्लोक से है तथा शेष दो सातवें अध्याय से सम्बद्ध है।

1. **कथं प्रोक्ता**–मनस विकार को काव्यभाव क्यों कहा गया?
2. **किं या ते भावयन्तीति**–क्या वे भावित करते हैं।
3. **भवन्तीति भावाः**–क्या लोक की चित्तवृत्तियाँ ही तो भाव नहीं है।
4. **काव्यर्थान् भावयन्तीति भावा**–काव्यास्वादन के कारण होने के फलस्वरूप क्या ये भाव कहे जाते हैं।

यद्यपि आचार्य भरत के दो ही प्रश्नों में वे चारों प्रश्न आ जाते हैं फिर भी, ये प्रश्न आचार्य भरत के मन्तव्य को और भी स्पष्ट बनाते हैं।

1. कथं प्रोक्ता–मनोविकार को काव्यभाव क्यों कहा गया है क्योंकि लोक में घटित भाव तथा काव्यभाव अपने-अपने भिन्न स्वभाव के हैं। यदि हर्ष है, तो उल्लास का अनुभव होगा और यदि शोक है, तो पीड़ा का अनुभव। यह लोक का यथार्थ है। किन्तु काव्य लोक का यथार्थ होता हुआ भी सृजनवृत्ति के कारण (कला तथा कल्पना के कारण) सर्वथा आनन्दमूलक भाव से सम्बद्ध है। यहाँ शोक भी अन्ततया हर्ष आदि वृत्ति में परिणत होकर दर्शकों तथा पाठकों को आनन्दित करता है–लोक यथार्थ से सम्बद्ध भाव और कविता के भाव शब्द के मन्तव्यों के इस अन्तर को देखकर आचार्य अभिनवगुप्त ने यह प्रश्न उठाया है कि जब काव्य में प्रयुक्त भाव शब्द भिन्न परिणामधर्मी है तो उसके लिए 'भाव शब्द' का प्रयोग क्यों किया जाय? काव्यभाव शब्द की स्थिति अभिधा की न होकर लक्षणा की है।

इस प्रश्न के तीन उत्तर हैं–

प्रथम यह कि 'भू' धातु में 'घञ्' प्रत्यय लगाकर इस शब्द का प्रयोगार्थ बदल दिया गया है और वह 'भाव' शब्द होता हुआ भी सामान्य प्रयोग के अर्थ से भिन्न है जबकि मनोविकार सूचक 'भाव' शब्द में 'भू' धातु के साथ होने के अर्थ में 'अच्' प्रत्यय लगाया गया है, जिसका अर्थ है, मनोविकार। दूसरा उत्तर यह है कि काव्य लोकानुकरण या लोक का पुनर्सृजन है, यदि लोक की प्रस्तुत्ति काव्य या नाट्य में करते हैं तो लोक के साथ ही नैसर्गिक रूप से लोक में व्यवहृत मनोविकार आयेंगे। लोक में व्यवहृत मनोविकार ही अन्ततया काव्य में व्यवहृत होते हैं। बिना इन लोक मनोविकारों के न तो लोक भाव की प्रतीति सम्भव है और न काव्य भाव की। इसलिए आचार्य भरत

लोकभावों को ही आधार बनाकर विभिन्न लोकावस्थाओं की अनुकृति रूप नाट्य-काव्य की भाववृत्तियों को भाव के रूप में ही मान्यता प्रदान की है। आचार्य भरत के युग तक लोकभावों की संख्या 49 (आठ स्थायीभाव + 8 सात्त्विक भाव + 33 संचार भाव) ही निर्धारित की गयी थी और आचार्य भरत ने काव्य में भी लोक की प्रतीतिग्राह्यता के लिए उनचास भावों की आधारशिला तैयार की। सृजन के स्तर पर लोक के भाव ही सृजन के आधार हैं–और लोकानुकरण की स्थिति में उनका चित्रांकन लोक यथार्थ की ही भाँति होगा–इसीलिए आचार्य भरत ने व्यंजनादि का उदाहरण दिया है। अनेक व्यंजनादि मूलतः लोक में व्यवहृत पदार्थ ही हैं, किन्तु अन्तर आस्वादन काल में उत्पन्न होता है, ठीक उसी प्रकार पाठक के आस्वादन के समय उनकी चर्वणा का स्वरूप बदल जाता है। इसीलिए–आचार्य भरत ने नाटक का प्रथम लक्षण दिया है–'अवस्थानुकृति नाट्यम्'–अर्थात्, विभिन्न अवस्थाओं में पड़े हुए विभिन्न व्यक्तियों के आचरण, व्यवहार एवं भाव दशाओं की अनुकृति। यदि आचार्य भरत ने 'लोकभाव एवं काव्यभाव' के लिए दो भिन्न शब्दों का प्रयोग किया होता तो काव्य में अभिव्यक्त जीवन तथा व्यवहार की प्रतीति सम्भव नहीं थी–और बिना प्रतीतिग्राह्यता के काव्य में वर्णित जगत् की व्याख्या, अनुभव, साक्षात्कार तथा आस्वादन न हो पाता। आचार्य अभिनवगुप्तपादाचार्य का ही वाक्य है–

एवं वीतविघ्नं प्रतीतिग्राह्यो भाव एव रसः यदि आचार्य भरत लोकभाव के लिए काव्य के भाव का प्रयोग न करते तो पाठक कभी 'वीतविघ्न' न होता और न उसे प्रतीतिग्राह्यता होती। आचार्य ने स्पष्ट शब्दों में कहा है–'भाव एव रसः'–भाव ही रस है और यह काव्य में वर्णित लोक-भाव के लोकावरण को छिन्न करके पाठक के हृदय में आस्वादन रूप में उत्पन्न होता है।

2. किं वा ते भावयन्ति–'भू' धातु में णिच् प्रत्यय लगाने के बाद फिर 'अच्' प्रत्यय लगाकर 'भावय' पद बनाया गया है और जिसका अर्थ है–लोकभाव की परिव्याप्ति, उत्पत्ति तथा अनुभूति–

'भावयति ज्ञापयति हृदय विकारम्'

इस प्रकार, भावयन् शब्द का अर्थ है, हृदयगत विकार का ज्ञान या अनुभव या प्रतीति।

आचार्य भरत यहाँ भाव के संवर्ग में दूसरा प्रश्न करते हैं–क्या काव्य के भाव वे हैं–जो लोक के भावग्रस्त व्यक्तियों को देखकर द्रष्टा लोकजनों में दिखायी पड़ते हैं। आचार्य भरत ने यहाँ पुनः लोक के ही हृदयगत भावों के

भावरूप होने का प्रश्न पुनः उठाया है। क्या भाव इसलिए भाव है कि लोक में हर्षादि भावों को उत्पन्न करते हैं या हर्षादि भाव लोक में उत्पन्न कराते हैं। लोक में शोक से ग्रस्त व्यक्ति को देखकर अन्य दर्शक उसके शोक से प्रभावित होकर शोकग्रस्त हो उठते हैं–आचार्य भरत कहते हैं कि–किं वा ते भावयन्ति भावाः। क्या दर्शक के लोक को काव्य का भाव माना जा सकता है। आचार्य भरत का वाक्य है–

किं भवन्तीति भावा किं वा भावयन्तीति भावाः वे उत्तर देते हैं, दोनों काव्य के भाव नहीं हैं। "आचार्य भरत का सूत्र इंगित करता है कि यद्यपि लोक व्यवहार में भाव स्वयं तो उत्पन्न होते हैं और उत्पन्न होकर दूसरे को अपने भाव में ढाल लेते हैं, अपने भाव में दूसरे के चित्त को भावित या वासित कर लेते हैं, क्या काव्य में इन दोनों अवस्थाओं को भाव कहेंगे–उनका स्पष्ट उत्तर है, नहीं।"[1] लोक में शोक से रोते व्यक्ति को देखकर अन्य किसी का शोक ग्रस्त होकर रोने लगना काव्य के भाव का सन्दर्भ नहीं है।

कभी-कभी शोक में प्रभावित होकर काव्य प्रणयन या लोक में सौन्दर्यादि से अभिभूत होने के बाद सृजनात्मक अभिव्यक्ति या काव्य प्रणयन के दृष्टान्त मिलते हैं। महाकवि वाल्मीकि का क्रौंचवध प्रसंग इसी सन्दर्भ का है। आधुनिक युग में निराला जी के साथ 'सरोज स्मृति' कविता भी शोक से श्लोकत्व के उद्‌भूत होने का साक्ष्य है। प्रेम, सौन्दर्य तथा विरह की अभिभूतता भी व्यक्ति को विह्वल करके सृजन के लिए प्रेरित करती है।

लोकभाव की अभिभूतता से यह अभिभूतता जो सृजन के लिए चित्त को प्रेरित करती है, भिन्न है। यह एक प्रकार से उस लोकभाव शोक, हर्ष, पुलक आदि से आत्ममुक्ति का सन्दर्भ है। अपने ही शोक के द्वन्द्व से अभिभूत होकर सृजन को जोड़ना एक प्रकार का भावात्मक विरेचन है–जो लोक सन्दर्भ में नहीं दिखायी पड़ता।

संस्कृत साहित्य में आचार्य रामचन्द्र गुणचन्द्र रस की इस सत्ता को काव्य के अन्तर्गत स्वीकृति प्रदान करते हैं। उनका प्रसिद्ध वाक्य है–

उपचयं प्राप्य रसरूपेण रत्यादि भवतीति भावाः[2]

अर्थात्–वास्तविक लोक की सुख-दुःख की स्पर्श्यमाण वासना ही रस है।

---

1. रस सिद्धान्त : डॉ० नगेन्द्र, पृ० 217-218
2. नाट्यदर्पण : रामचन्द्र गुणचन्द्र, सम्पादक—डॉ० नगेन्द्र, पृ० 598

इस प्रकार, लोकवासना की गहन अनुभूति सृजन के लिए प्रेरित करती है, किन्तु वह भावित करने के क्षण लोकवासना के ही रूप में प्रतीति होती है और वह जब सृजन के लिए प्रेरणा बनती है तो सर्जक तन्मयता से अभिभूत सृजन के द्वारा उनसे मुक्ति प्राप्त कर लेता है। **स्पर्श्यमाण** शब्द का अर्थ भावित (उत्पन्न) करना या वासित कराना ही है।

3. भवन्तीति भावा–लोक में प्रचलित, वर्तमान तथा प्रतिक्षण उपस्थित चित्तवृत्ति रूप में भाव सर्वत्र वर्तमान है और अपना प्रसंग प्राप्त करके जागृत होते हैं। पतंजलि ने अपने महाभाष्य, में इस जगत् को चित्तवृत्तिमय कहा है।[1] ये मनोविकार मनुष्य को बाँधते हैं–मुक्ति नहीं देते। आचार्य भरत ने नाट्यशास्त्र के अन्तर्गत इन्हें मनस् विकार कहा है–और इन्हें जड़ता का प्रतीक माना है। आचार्य भरत ने इन्हें लोकभाव के नाम से पुकारा है। डॉ० नगेन्द्र भाव के इस स्वरूप पर टिप्पणी देते हुए कहते हैं कि–''प्रत्यक्ष, परोक्ष, स्वगत, परगत, सुखद-दुःखद किसी प्रकार की भावानुभूति रसानुभूति नहीं है। भावानुभूति के इन सभी रूपों में व्यक्तिगत रागद्वेषों का संसर्ग अनिवार्यतः बना रहता है। यह संसर्ग तब तक बना रहेगा, जब तक चित्त की मुक्तत्तावस्था सम्भव नहीं है और उसके बिना आनन्द की अनुभूति में बाधा रहती है।[2] यद्यपि आचार्य पं० रामचन्द्र शुक्ल ने भी लौकिक मनोविकारों को काव्य-सृजन का आधार माना है, किन्तु वे भी उसका स्पष्टीकरण करते हुए कहते हैं कि सृजन के सन्दर्भ में 'हृदय की मुक्तावस्था' अर्थात् भाव योग अनिवार्य है। हृदय की यह मुक्तावस्था लोक में प्रचलित चित्तवृत्ति रूप जड़भाव में सम्भव नहीं है क्योंकि ये बाँधते हैं, मुक्त नहीं करते।

आचार्य भरत ने भाव के सन्दर्भ में यह प्रश्न नाट्यशास्त्र में सबसे पहले उठाया था, किन्तु आचार्य अभिनवगुप्त ने भाव की प्रतीति दशा तथा लोक भाव की काव्यभाव से स्पष्टता को ध्यान में रखकर उसे इस रूप में रखा है।

4. काव्यार्थन् भावयन्तीति भावा–जो काव्यार्थ का भावन्, विस्तार, उत्पत्ति, आस्वादन, कराते हैं, क्या वे भाव हैं? भाव के सन्दर्भ में यह आचार्य भरत का चौथा विकल्प है। यह शब्द भाव विस्तार, भावित तथा वासित करने; काव्यास्वादन को उत्पन्न करनेवाला तथा स्वयं काव्यास्वादन का पर्याय है।

काव्यभाव के अर्थ में जो शब्द प्रयुक्त होता है, 'भू' धातु करण के अर्थ में 'घञ्' प्रत्यय लगाकर बनाया गया है और णिच् प्रत्यय लगने से 'भाव' अर्थ

---

1. महाभाष्य—समाधिपाद : सूत्र 4
2. रस सिद्धानत : डॉ० नगेन्द्र, पृ० 93

से वह भिन्न अर्थ का द्योतक बन जाता है। आचार्य अभिनवगुप्त ने '**भावो रसः**' का भी प्रयोग इसी भाव के प्रकरण में किया है। काव्यास्वादन या रस स्वयं में एक भावानुभूति ही है। इस भाव शब्द को स्पष्ट करने के लिए आचार्य ने तीन श्लोकों का साक्ष्य दिया है, जो परम्परा के हैं–

विभावैराहृतो योऽर्थो अनुभावैस्तु गम्यते।
वागङ्गसत्त्वाभिन्नैः स भाव इति संज्ञितः॥

किसी नाटक या काव्य के अन्तर्गत विभाव (विषय वस्तु तथा उसके प्रेरकों) द्वारा जो अर्थ प्रस्तुत हो और सात्त्विक अनुभावों द्वारा जो समझा जा रहा हो, वाणी-अर्थ तथा सात्त्विक अनुभावों द्वारा जो अभिपुष्ट हो रहा हो– वह भाव है। ये विभावादि के द्वारा उत्पन्न या वासित किये जाते हैं।''

आचार्य भरत काव्य में प्रचलित 'भाव' के अर्थ को स्पष्ट करने के लिए अपने युग में प्रचलित दूसरा श्लोक इस प्रकार रखते हैं–

वागंगमुख रागेण सत्वेनाभिनयेन स।
कवेरन्तर्गत भावं भावयन्भाव उच्यते॥

सृजन के सन्दर्भ में कवि जिन भावों को भोगता है, जिन-जिन मनः दशाओं को आत्मसात् करके उन्हें काव्य या नाट्य पटल पर रखता है–वही भाव काव्य के लिए आधार हैं। नाट्य के अन्तर्गत वाणी, शरीर के विविध अवयवों तथा सम्बद्ध चेष्टाओं तथा चेहरे पर लक्षित विविध भावों की अभिव्यक्तियों द्वारा जिन भावों को उत्पन्न कराया गया हो, प्रदर्शन किया गया हो अभिनय के माध्यम से दिखाया गया हो, वही काव्य के भाव हैं। काव्य के अन्तर्गत कवि के द्वारा सृजित होकर उत्पन्न वह भाव जो पाठक में तद्वत् उत्पन्न होता है, उसकी तद्वत् प्रतीति तथा आस्वादन कराता है, वह भाव है।

इस सम्बन्ध में आचार्य भरत परम्परा में प्रचलित एक तीसरा श्लोक रखते हैं–

नानाभिनय संवद्धान्भावयन्ति रसनिमान्।
यस्मात्तस्मादमी भावा विज्ञेयानाट्य योक्तृभिः॥[1]

नाना प्रकार के अभिनवों से परिपूर्ण ये भाव ही रसों का भावन (आस्वादन : रसास्वादन) कराते हैं, इसीलिए नाट्य प्रयोक्तागण इन्हें भाव की संज्ञा देते हैं। ये भाव ही, अभिनय व्यापार में अभिनय के द्वारा स्वतः को व्यक्त करते हैं, दर्शक नाटककार द्वारा सृजित भाव्यव्यापार का भावन करके

---

1. नाट्यशास्त्र : अध्याय-7, श्लोक 1, 2, 3

स्वयं उसको तन्मयादशा तक पहुँचकर भाव तादात्म्य करते हैं तथा विभावानुभाव का सात्त्विक अनुभाव द्वारा स्थायी भावत्व को प्राप्त करके आनन्द प्रतीति के हेतु या स्वयं काव्यास्वादन स्वरूप बन जाते हैं। इस प्रकार, काव्य तथा नाटक के अन्तर्गत सृजित होकर ये भाव ही दर्शक तथा पाठक में तद्वत् (कवि प्रतीतिवत्) प्रतीति के विषय बनकर आस्वादन स्वरूप बन जाते हैं। नाट्य के अन्तर्गत अभिनव व्यापार भावाभिव्यक्ति के माध्यम हैं और काव्य के अन्तर्गत अर्थ रचना या भावात्मक परिवेश जिनके सम्पर्क में आकर पाठक के चित्त में विषयवस्तु तथा मन्तव्यादि की सम्पूर्ण भूमिका सहजज्ञान द्वारा चित्त में स्वयं निर्मित हो उठती है, आचार्य भरत उसी को भाव स्वीकार करते हैं। उनके अनुसार कवि द्वारा सृजित एवं पाठक द्वारा उसी रूप में स्वीकृत तथा आत्मसाक्षात्कृत भाव ही भाव है। मूलतः भाव सर्जक द्वारा सृजित भाव ही है और वही काव्य के अन्तर्गत काव्यभाव स्वीकार किया जाता है। इस प्रकार, सम्पूर्ण कृति सर्जक की ही सृजनधर्मिता का प्रतिफल है और काव्य के सम्पूर्ण उपादान, कवि प्रतिभा, अभ्यास, व्युत्पन्नता, सृजन की समाधि दशा, भाषा, शिल्पादि इसी तन्मय कर देनेवाली भावसत्ता की स्थापना काव्य के अन्तर्गत करते हैं। आचार्य भरत नाट्यशास्त्र के सातवें अध्याय में अपने इसी मन्तव्य को बार-बार व्यक्त करते हैं–

कवे अन्तर्गतं भावं भावयन् भावमुच्यते।

× × ×

वागङ्गसत्त्वोपेतान् काव्यार्थन्भावयन्तीति भावा

आचार्य भरत के ये दोनों वाक्य काव्य-सृजन की सम्पूर्ण प्रकृति, उसके स्वभाव तथा कलात्मक मर्म की व्याख्या के सूत्र वाक्य हैं। उनका काव्यसृजन सम्बन्धी यह मत, कालमुक्त, काव्य-सृजन के स्वभाव का द्योतक तथा सम्पूर्ण कलाओं पर एक साथ लागू होता है। चित्र, मूर्ति, स्थापत्य, संगीत, वाद्य आदि कलाएँ आचार्य भरत के इसी मत से सम्बद्ध हैं। काव्य तथा अन्य कलाएँ चाहे लोकानुभूति हो या लोक का पुनर्सृजन दोनों मतों पर आचार्य भरत के उक्त वाक्य समान रूप से चरितार्थ हैं। भावात्मक सृजन रूप इन वाक्यों की संक्षिप्त व्याख्या इसलिए आवश्यक है ताकि काव्य-सृजन सम्बन्धी उठनेवाले विवादों पर एक बार इस प्रकाश में पुनः विचार हो सके।

'शुक्रनीति सार' के अन्तर्गत कला-सृजन की विस्तृत व्याख्या की गयी है। यहाँ सृजन की पूर्व भूमिका को 'चित्तासन्न' दशा कहा गया है। काव्य-मीमांसाकार राजशेखर काव्य हेतुओं में प्रतिभा, व्युत्पन्नता तथा अभ्यास के पूर्व समाधि हेतु की चर्चा करते हैं, जिस पर महामहोपाध्याय पण्डित गोपीनाथ

कविराज जी ने भी विचार किया है और अपने 'स्वयं सेवद्य' ग्रन्थ में चित्त की इस दशा पर प्रकाश डाला है।

इस सिद्धान्त के अनुसार सृजन के लिए तत्पर सर्जक सृजन के पूर्व सृज्यमाण विषयवस्तु का जिसे वह सृजन के फलक पर लाना चाहता है, चित्त में भावरूप में दर्शन करता है–इसी चित्त रूप में भावदर्शन की एकाग्र चित्तासन्नता को राजशेखर ने समाधि के रूप में स्वीकार किया है। विषयवस्तु वस्तु के इस मानसी साक्षात्कार को सृजन का मूलाधार माना गया है। अमूर्तकलाओं में तो इसकी अत्यधिक आवश्यकता है। अपने देखे गए इसी स्वप्न की सम्पूर्णता की अभिव्यक्ति के लिए सर्जक अपनी सम्पूर्ण निष्ठा, सम्पूर्ण कलात्मक कुशलता, तन्मयता, समर्पण तथा अर्जित एवं भोगे गये अनुभव को लगा देता है। सर्जक की कोई कृति आकस्मिक अभिव्यक्ति नहीं है, चित्तासन्न दशा में उसके देखे गये सत्य को प्रकाशित करना बड़ा ही श्रमपूर्ण प्रयास है। आचार्य भरत इसी के लिए–'कवे अन्तर्गतं भावं' पद का प्रयोग करते हैं। भारतीय वाङ्मय में मंगलाचरण का विधान सृजन के लोक में प्रवेश करने का श्रीगणेश है।

कविता के अन्तर्गत जिसे भाव कहा जाता है, वह यही भाव है, जिसका दर्शन कवि ने सृजन की समाधि के रूप में किया है। यह विषयवस्तु (आलम्बन तथा उद्दीपन), भावाभिव्यक्ति के समग्र कलात्मक माध्यमों एवं सृजन की कवि चेष्टांओं द्वारा अभिव्यक्त होता है। आचार्य भरत ने इसी भाव की प्रतीति के लिए 'विभावानुभाव' आदि की शब्दावलियाँ गढ़ी थीं जो युगानुरूप थीं, आज हम इस पर विचार करते समय चाहे जो शब्दावली रख लें।

कृति तथा नाटक आदि कलाओं का कार्य है, कवि के चित्त दर्शन को प्रतीति का विषय बनाना। नाटक में अभिनय का दायित्व है, उसी भावसत्य को तद्वत् प्रेक्षक के चित्त से साक्षात्कार करा देना। पाठक भी अपनी क्षमता के अनुसार कवि के उसी भावसत्य का तादात्म्य करता है। कविता का सहृदय पाठक कविता के सम्पर्क में आते ही कवि के उस भावसत्य को अपनी भावात्मक चित्त ग्राह्यता तथा योग्यता एवं सामर्थ्य के आधार पर आत्मसात् या अपनी चित्त प्रतीति का विषय बना लेता है। आचार्य भरत ने इसी के लिए 'भावयन्' पद प्रयुक्त किया है। इस भावयन् का अर्थ है–कवि के भावसत्य का पाठक द्वारा तादात्म्य। इस तादात्म्य के पश्चात् 'अभिभूतता' की स्थिति आती है। यह 'अभिभूतता' किसी सर्जक के भावसत्य के सम्पर्क में आकर पाठक के मन की संस्थिति है, जिसके लिए भारतीय काव्यशास्त्र में आज अन्य

पारिभाषिक शब्दों के न मिल पाने के कारण रस के नाम से पुकारा गया है। 'रस' के आलोचकों को यह स्मरण रखना चाहिए कि यह 'रस' कोई अभिधेय व्यापार का शब्द नहीं है, यह एक लाक्षणिक शब्द है, जो काव्यास्वाद के लिए प्रयुक्त किया गया है–जैसा कि आचार्य भरत ने नाट्यशास्त्र के छठे अध्याय के प्रारम्भ में ही यह सवाल उठाया है–

"रस इति को पदार्थः"–

जैसा कि, अभी ऊपर कहा गया है, 'भाव' शब्द का प्रयोग कवि के भावित होने के अर्थ में और 'भावयन्' शब्द का प्रयोग पाठक के हृदय में उसके तद्वत् उतर जाने के अर्थ में है। कवि और पाठक के पारस्परिक भावाद्वैत का नियोजक तत्त्व भाव है। इस सीमा तक पाठक एवं सर्जक एक जैसे रहते हैं। आचार्य भट्टनायक इसीलिए इसे भोगीकृत दशा भावदशा कहते हैं और उन्होंने इसी भावदशा का नाम साधारणीकरण दिया है। इसका सम्बन्ध–रस दशा से नहीं है। रस दशा तो इसके बाद का प्रतिफल है–जो केवल पाठक से ही सम्बद्ध है। कवि को भी अपनी कृति का रसास्वादन करना होगा तो यह पाठक बनकर रसास्वादन कर सकता है, और कोई अन्य उपाय नहीं है।

इस प्रकार भाव कवि के सृजन की अनुभूति की अनुभूति है–जिसका तादात्म्य पाठक करता है। प्रो० रामस्वरूप चतुर्वेदी ने 'कविता का पक्ष' शीर्षक पुस्तक में ठीक ही लिखा है–

"इस एक ही निबन्ध को बार-बार लिखना है, बार-बार के सभी अर्थों में कविता का अर्थ क्या है; कविता क्या है–......................................एक रूप में अनुभूति कह सकते हैं, दूसरे रूप में भाषा। सहजवृत्तियों (इंस्टिक्ट्स) और सहजानुभूति (इण्टुइशन) को छोड़कर भाषाविहीन अनुभूति सम्भव नहीं है। इस दृष्टि से सहजानुभूति शब्द बड़ा ही सटीक है, यहाँ स्पष्टीकरण के लिए हम जोड़ सकते हैं कि–

अनुभव होने का अनुभव होना अनुभूति है।[1] आचार्य भरत भी यही बात कहते हैं–सर्जक तथा पाठक के माध्यम से–

"कवे अन्तर्गतंभावं भावयन् भावमुच्यते।"

लोक का एक अनुभव विशेष है, उसी का, उसी भावसत्य का आत्म-साक्षात्कार करके भाषा के माध्यम से या भाषामय बनाकर रखा गया है–नामकरण किया गया, काव्य के पाठक ने अपने अध्ययन के क्षणों में उसका

---

1. कविता का पक्ष : प्रो० रामस्वरूप चतुर्वेदी, पृ० 15

तादात्म्य किया। किसी भी माध्यम द्वारा कवि द्वारा आत्मसात् भावसत्य की अभिव्यक्ति ही कला है। विख्यात सौन्दर्यशास्त्री आनन्दकुमार स्वामी अनुभूति की अनुभूति को इन शब्दों में इंगित करते हैं–

We have invented an aesthetics and think of Art as a kind of feeling.

Greek original of the word. Aesthetic' means the perception by the senses, speciaΙly of feeling''[1]

माध्यम के रूप में काव्य में प्रयुक्त भाषा तथा संरचना के अन्य तत्त्व अनुभूति के ही प्रकारान्तर भाव से कल्पित, सत्ता के रूप में प्रतीति योग्य एवं भावार्थ सत्ता की प्रतिकृति हैं। आचार्य भरत अर्थ को ही भावरूप में परिणत होने की सत्ता को स्वीकृति प्रदान करते हैं। वे अपने मन्तव्य को स्पष्ट करते हुए कहते हैं कि–

न हि रसादृते कश्चिदर्थः प्रवर्तते।

अर्थात्, अर्थमयी काव्य प्रतीति ही काव्य का मूल सन्दर्भ है और वही रस युक्त (आस्वादन से परिपूर्ण) है। आचार्य आनन्दवर्धन ने सहृदय श्लाघ्य अर्थ को ही काव्यात्मा माना है। आचार्य महिम भट्ट अर्थ को सम्पूर्णतः भाव व्यापार एवं आस्वादन रूप रस प्रतीति स्वीकार करते हैं–

भाव संयोजना व्यंग्यो व्यंग्यपरसंवित्ति गोचरः।
आस्वादनात्मानुभवो रसः काव्यार्थं उच्यते॥

आचार्य भरत भी विभाव तथा अनुभाव के प्रकरण में अर्थ को उसका मूलाधार मानते हैं–

'**बहवोऽर्थो विभाव्यन्ते या अस्मादर्थोऽनुभाव्यते**' इसी के सूचक हैं। इसी सन्दर्भ को ध्यान में रखकर अभिनवपादाचार्य ने कहा है–'**तत्काव्यार्थो रसः**'

किसी कविता या नाटक में लोक सत्य, कवि के द्वारा आत्मसाक्षात्कृत भाव सत्य, किसी कृति में सृजित अर्थभाव के रूप में अभिव्यक्त तथा पाठक या सामाजिक सहृदय की भावचित्त दशा द्वारा तादात्म्य इस प्रक्रिया का एक सामान्य क्रम है। यही तादात्म्य काव्यास्वादन (रस) की भूमिका है। आचार्य धनंजय ने इसीलिए भावदशा का वर्णन करते हुए बताया है कि–

सुख दुःखादिकै भावैर्भावितद्भाव भावनम्।

काव्य या नाटक में वर्णित अनुकार्य राम के) सुख-दुःखादि भावों के

1. Figures of speech or figures of thought, Anand Kumar Swami, Page 9.

द्वारा सहृदय के अन्तःकरण को भावित करना ही भाव है। इसको स्पष्ट करते हुए टीकाकार ने वताया है कि–

अनुकार्यश्रमत्वेनोपाय निबद्धमानैः सुख दुःखादि रूपैः तद्भावस्य भावचेतसो भावनं वासनं भावः। तदुक्तम् अहो ह्ययनेन रसेन गन्धेन ना सर्वमेतद्भावितं वासितं इति।[1]

इस प्रकार आचार्य भरत के मन्तव्य की ही प्रकारान्तर भाव से यहाँ पुष्टि की गयी है। आचार्य अभिनवगुप्त इसे इस प्रकार कहते हैं–सृजन का भाव पाठक को अपने सम्पर्क में पाकर उसे क्षणभर में ही पूर्णतः भावित या भावनाबद्ध कर लेता है। आचार्य रामचन्द्र शुक्ल रस मीमांसा के अन्तर्गत इस तादात्म्यभूतता का अनेक बार उल्लेख करते हैं। एक स्थल पर वे कहते हैं–

"भाव योग की सबसे उच्च कक्षा पर पहुँचे हुए मनुष्य का जगत् के साथ पूर्ण तादात्म्य हो जाता है, उसकी अलग भावसत्ता नहीं रह जाती–उसका हृदय विश्व हृदय हो जाता है।" एक अन्य स्थल पर वे पुनः कहते हैं कि–

"जो वस्तु हमसे अलग है, हमसे दूर प्रतीत होती है, उसकी मूर्ति मन में लाकर उसके सामीप्य का अनुभव करना ही उपासना है। साहित्यवाले उसी को भावना कहते हैं।"[2]

आचार्य भरत का मत यद्यपि पूरी तरह से नाट्यशास्त्र से जुड़ा हुआ है, फिर भी, वह काव्य के आस्वाद एवं सृजन सन्दर्भ को पूरी तरह से विवेचित करता है। हमारे यहाँ कला, काव्य तथा नाटक के मन्तव्य में बहुत अन्तर नहीं किया गया है और पश्चिम भी ऐसा ही है। इसको स्पष्ट करते हुए डॉ० कान्तिचन्द पाण्डेय ने बड़ी ही स्पृहणीय टिप्पणी दी है–

"Pertry in the highest form of art, Drama is the highest form of poetry, Tragedy is the highest form of Drama"[3]

यहाँ प्रश्न, दुःखान्तकी का नहीं है, कविता के सृजन का है, जिसकी तुलना संगीत, चित्र, मूर्ति आदि कलाएँ नहीं कर सकतीं क्योंकि अन्य कलाओं के माध्यम संकेत हैं–जिनकी व्याख्या प्रतीकात्मक एवं संश्लिष्ट है, किन्तु भाषिक माध्यम के कारण कविता तथा नाटक आशुग्राह्य हैं फिर भी, आचार्य भरत अपनी भाव की परिभाषा द्वारा समर्थ कलाओं सहित काव्य एवं नाटक

---

1. दशरूपक : चतुर्थ अध्याय : श्लोक 3
2. रस मीमांसा : आचार्य रामचन्द्र शुक्ल, पृ० 25
3. Comparative Aesthetics. Vol. 1-भूमिका।

को एकसूत्रीय वाक्य में बाँधते हैं और उनका यह सूत्र वाक्य है–

"कवे अन्तर्गतं भावं भावयन् भावमुच्यते।"

यह सूत्र कविता सहित समस्त कलाओं से जुड़ी भावमयता एवं सृजन दृष्टि को शाश्वत् रूप से विवेचित करता है। इस सूत्र द्वारा मानव जाति के भावकोश, उसकी सृजन एवं तादात्म्य शक्ति, कला के सम्पर्क में आने के बाद आस्वादन-सामर्थ्य आदि का स्पष्ट निर्देशन किया गया है। आचार्य भरत का यह सूत्र सृजन कर्म में निहित कवि के मनोविज्ञान, पाठक की मनः दशा तथा कलाओं के आस्वादन की मनः संस्थिति का स्पष्ट विवेचन करता है। भारतीय कलाओं के चिन्तन का यह शाश्वत् आधार है और अभी तक हजारों-हजारों वर्षों से स्वीकृत इसके स्वरूप पर कोई प्रश्न चिह्न नहीं लगा है।

❑

आचार्य भरत : भाव
(काव्यास्वादन की प्रकृति का पक्ष)

आचार्य भरत ने नाट्यशास्त्र के अन्तर्गत नाट्यास्वादन (रस) के स्वभाव के सम्बन्ध में इतस्ततः जो टिप्पणियाँ दी है, वे आज भी नितान्त महत्त्वपूर्ण है। इन टिप्पणियों में से कुछ आनुवंश्य (परम्परा से) सम्बद्ध हैं तो कुछ आचार्य भरत से जुड़ी प्रतीत होती है। आचार्य भरत रस शब्द का अर्थ लाक्षणिक सन्दर्भ में लेते हैं–जिसका अर्थ उनके अनुसार–आस्वाद्यमानता, आस्वाद्य, आस्वादित होना, आस्वादन आदि है और नाट्य से जुड़कर यही आस्वादन, हर्ष आदि का व्यंजक या कारक बन जाता है। वे कहते हैं कि–

'सुमनसः पुरुषा हर्षादींश्चाधिगच्छन्ति'

यहाँ 'हर्षादीन्' एक विचारणीय वाक्यांश है। इस पदांश का अर्थ 'हर्ष को प्राप्त होते हैं', होता तो ठीक रहता–जटिलता उत्पन्न करता है–'आदिन्' पद सामान्यतया इसका अर्थ किया जाता है–'हर्षादि' को प्राप्त होते हैं। आदि शब्द का अर्थ हर्ष के साथ 'शोक' आदि को लगाकर क्या इसका मन्तव्य यह निकाला जाए कि 'हर्ष तथा शोकादि' को प्राप्त करते हैं, यह उस पद का लोकानुभवमूलक अर्थ है। इसी के साथ ही, एक दूसरा अर्थ यह भी हो सकता है कि हर्षादि की विविधता तथा उससे सम्बद्ध प्रगाढ़ता या तन्मयता–जो लोकेतर हर्षादि से भिन्न है, उसे प्राप्त करते हैं। आचार्य अभिनवगुप्त, आचार्य भरत के मन्तव्य को स्पष्ट करते हुए अभिनव भारती में कहते हैं कि–

अन्य तु 'आदि' शब्देन शोकादीनामत्र संग्रहः
स च न युक्तः सामाजिकानां हि हर्षफलं हि नाट्यम्॥

अर्थात्, अन्य कुछ विचारक हर्ष में लगे, 'आदि' शब्द का अर्थ शोक आदि के रूप में करते हैं, किन्तु 'हर्षादीन्' शब्द 'हर्षफल' के लिए प्रयुक्त है और वही नाट्य का भी प्रतिफल है। आचार्य भरत नाट्यास्वादन (रस) के स्वभाव को स्पष्ट करते हुए नाट्यशास्त्र के अन्तर्गत तीन प्रकार की टिप्पणियाँ देते हैं–

यथा बहुद्रव्ययुतै व्यंजनै बहुभिः युतम्।
आस्वादयन्ति भुंजानां भक्तं भक्तविदो जनाः॥
भावाभिनय सम्बन्धान्स्थायि विभावांस्तथा बुधाः।
आस्वादयन्ति मनसा तस्मान्नाट्य रस स्मृताः॥

आचार्य भरत बताते हैं कि ये दोनों श्लोक आनुवंश्य परम्परा के हैं। इन श्लोकों के अनुसार–

''जैसे भोजन रस के भोक्ता अनेक पदार्थों से युक्त व्यंजनों का आस्वादन करते हैं, उसी प्रकार अनेक भाव तथा अभिनय से युक्त भाव दशाओं का सहृदय जन मानस (हृदय) द्वारा आस्वादन करते हैं। इसी मानस आस्वादन के कारण आस्वादित स्थायीभाव नाट्य रचनाओं में रसास्वादन के रूप में स्वीकार किया जाता है।''[1]

आचार्य भरत परम्परा से हटकर भी नाट्यशास्त्र के अन्तर्गत स्थल-स्थल पर निम्नलिखित टिप्पणियाँ देते हैं–

1. **''यथागुडादिर्भिद्रव्यै व्यंजनैशेषधिमिश्चवाऽवादयोरसानिर्वतन्ते।''**
2. **यथा हि नानाव्यंजनौषधिद्रव्यसंयोगाद्रसनिष्पत्तिः भवति।**
3. **नानाभावार्थसम्पन्नाः स्थायिसत्त्वव्यभिचारिणः।**
   पुष्पावकीर्णाः कर्त्तव्याः काव्येषु हि रसाबुधैः॥

1. यथा गुडादि एवं अन्य द्रव्यों के संयोग से षाडवादि पेय रस का विलक्षण आस्वाद प्राप्त होता है तथैव विभावादि के संयोग से विलक्षण आस्वाद रूप रस की निष्पत्ति होती है।
2. जैसे, नाना प्रकार के व्यंजनों, द्रव्यों एवं औषधियों के संयोग से विलक्षण भोग्यास्वादन रूप रस (आनन्द) की निष्पत्ति होती है, ठीक उसी प्रकार विभावादि के संयोग से काव्यास्वादन (रस) की निष्पत्ति होती है।
3. बिखरे हुए पुष्पों को सजाकर जैसे सुन्दर मालाकारिता में परिणत करके आनन्द की वृद्धि की जाती है, ठीक उसी प्रकार, नाना प्रकार के भावों तथा अर्थों से समृद्ध व्यभिचारी, सात्त्विक तथा स्थायी भाव सन्दर्भों से जोड़कर कुशल सर्जक को रस निष्पत्ति के लिए सृजनरत होना चाहिए। आचार्य भरत द्वारा कथित पूर्वोक्त आनुवंश्य श्लोकों

---

1. नाट्यशास्त्र : अध्याय-6, व्याख्याकार श्री बाबूलाल शुक्ल, पृ० 287

तथा उनके कथनों से उनके मन्तव्य को भलीभाँति समझा जा सकता है। आनुवंश्य श्लोक से यह स्पष्ट है कि षड् रस युक्त व्यंजनों के संयोग से जैसे भोजनवेत्ता विलक्षण आस्वादन का भोग करते हैं, वैसे ही, अनेक भावों से संयुक्त विलक्षण भावास्वादन का आनन्द स्थायी भावों के संयोग से सहृदय करते हैं। उनके अनुसार सहृदय का मानस आस्वादनकर्त्ता है और स्थायीभाव परिपक्व भोजन की भाँति आस्वाद्य है। स्थायीभाव आठ हैं, और ये आठों चित्त द्वारा आस्वाद्य होकर रस में परिणत होते हैं।

आचार्य भरत के आनुवंश्य श्लोकों तथा अन्य कथनों से तीन प्रश्न उठ खड़े होते हैं–

1. क्या लोक भाव से सम्बद्ध विविध काव्यसंदर्भ भोग्य पदार्थों के आस्वादन की भाँति लोकात्मक है। लोक व्यंजनों तथा लोकात्मक भावों से व्यंजित काव्यरस लोकास्वादन की भाँति है?
2. क्या स्थायीभाव का मानस भोग लाक्षणिक पद है? स्थायीभाव रूप में या उनके द्वारा चित्त में जो भोगा जाता है, वह लोकात्मक भोग से यदि विलक्षण है, तो किस अर्थ में?
3. क्या स्थायीभाव के भोग के बाद भोक्ता के मानस को मिलनेवाली तृप्ति जो लोक से उपजी, किन्तु लोक तृप्ति से विलक्षण या लोकोत्तर है, उस भाव को रस कहा जाए?

आचार्य भरत द्वारा दिए गए तीन वाक्यों से निकलने वाले अर्थ क्या इन्हीं कथनों से सन्दर्भित है, या उनका कुछ अन्य प्रसंग भी है? यदि भरत के आनुवंश्य श्लोकों तथा उनके कथनों के आधार पर व्याख्या की जाए तो इन प्रश्नों के उत्तर इस प्रकार हैं–

1. गुडादि के संयोग से निर्मित व्यंजनों या षाडवादि रस केवल गुडादि या द्रव्यों का ही स्वाद नहीं देते, उनके संयोग से निर्मित पदार्थ के स्वाद मूल पदार्थ के आस्वाद से भिन्न तथा विलक्षण है–उसी प्रकार लोक में काव्यादि से जुड़े विभावानुभाव संचारी आदि कवि की कला तथा कल्पना से संयुक्त होकर लोकभाव का आस्वादन न कराकर लोक-विलक्षण स्वाद देते हैं। काव्य के शृंगार तथा करुण की प्रतीति के लिए लोक ही साक्ष्य है।
2. नाना प्रकार के व्यंजनों तथा औषधियों के संयोग से जिस प्रकार विलक्षण व्यंजन रस का आस्वादन भोजनकर्त्ता या भोक्ता को

मिलता है, तथैव विभावादि के संयोग से सहृदय भी विलक्षण काव्यास्वाद रूप रस का भोग करता है। भोजन का स्वाद तो काव्यास्वादन के मर्म को व्यंजित करने का एक बहाना मात्र है, इस बहाने या लक्षणा के द्वारा वह काव्य रस इंगित किया जाता है। दोनों में निहित 'स्वाद की पदार्थ से विलक्षणता' सन्दर्भ रस के लिए दृष्टान्तधर्मी है। भोग्य पदार्थ का रस या आस्वादन अभिधेय है, काव्य का आस्वादन लाक्षणिक शब्द है। दोनों में प्रत्यक्षतः कोई संगति नहीं है।

3. आचार्य भरत का तीसरा मन्तव्य स्वयं स्पष्ट हो उठता है, वह यह कि जब काव्यास्वादन लोकास्वादन से भिन्न है तो वह लोक से सम्बद्ध होकर भी लोक विलक्षण है। काव्यास्वादन का आधार निश्चित ही आचार्य भरत के अनुसार लोकानुकरण या लोकवृत्ति का अनुकरण है—क्योंकि बिना लोकास्वादन के उसकी प्रतीति सम्भव नहीं है—और आश्चर्यपूर्ण यह कि वह लोकास्वाद न होकर लोकास्वादन से विलक्षण आस्वादन है। भारतीय चिन्तन जगत् में आस्वादन को तीन भागों में बाँटा गया है—

1. लोकास्वाद 2. कलास्वाद 3. आध्यात्मिक आस्वाद

लोकास्वाद का सम्बन्ध भौतिक यथार्थ की अनुभूति से है, आध्यात्मिक आस्वाद का सम्बन्ध योगादि अध्यात्मिक साधनाओं से है और कलात्मक आस्वाद लोक तथा अध्यात्म से विलक्षण कलाकार की कलात्मक प्रस्तुति की विदग्धता, प्रतिभा, अभ्यास, व्युत्पन्नता एवं समाधि से सम्बद्ध है। लोकास्वाद के पक्ष में जाकर कई चिन्तक काव्यानुभूति को लोकात्मक बताते हैं। दूसरी ओर कला को आध्यात्मिकता की ओर ले जाने वाली कलाओं का विभाजन इस प्रकार करते हैं—**1. रस ब्रह्मवाद 2. नाद ब्रह्मवाद 3. वस्तु ब्रह्मवाद**।[1] किन्तु कलात्मक अनुभूति दोनों से विलक्षण है। आस्वादन के सन्दर्भ में इस प्रकार तीन प्रश्न उठाए गए हैं—

1. **काव्यानुभूति या आस्वादन क्या लोकात्मक है?**
2. **काव्यानुभूति या आस्वादन क्या आध्यात्मिक है?**
3. **क्या काव्यानुभूति का आस्वादन लोकानुभूति एवं आध्यात्मिक अनुभूति दोनों से विलक्षण है?**

---

1. भारतीय सौन्दर्य शास्त्र—कान्तिचन्द पाण्डेय, भमिका, पृ० 2

1. क्या काव्यानुभूति लोकानुभूति जैसी है–आचार्य भरत ने काव्य या नाट्य के आस्वादन को स्पष्ट करने के लिए लोक के भोग्यपदार्थपरक, औषधिपरक या जिन अन्य सन्दर्भों को रखा है, उनको ध्यान में रखकर यदि विचार करें तो यह यहां नितान्त स्पष्टतापूर्वक प्रतीत होता है कि–लोक में प्रयुक्त 'आस्वादयन्ति' तथा काव्य में प्रयुक्त 'आस्वादयन्ति' शब्द एक होते हुए भी भिन्नार्थ के सूचक हैं। लोक के अर्थ में आस्वादन का अर्थ भोग्य-पदार्थ का स्वाद–यह अभिधा शब्द है–क्योंकि ज्ञानेन्द्रियाँ तथा तन्मान्नाएँ उससे प्रत्यक्षतः जुड़ी हैं, किन्तु 'काव्य का आस्वादन' शब्द लाक्षणिक है। जिह्वादि इन्द्रियों से इसका प्रत्यक्ष सम्बन्ध नहीं है–स्मृति आदि वृत्तियों द्वारा चित्त इस आस्वादन को ग्रहण करता है। एक लोकवाची है और दूसरा भावनाचक्र है।

भरत के नाट्यशास्त्र में यद्यपि लोकात्मकता के अनेक साक्ष्य भरे पड़े हैं–किन्तु उनकी निष्पत्तियाँ लोकानुभूति से नहीं जुड़ी है–

नानाभावोपसम्पन्नं नानावस्थान्तरात्मकम्।
लोकवृत्तानुकरणं नाट्यमेतन्मयाकृतम्॥
योऽयं स्वभावो लोकस्य सुख दुःख समन्वितम्।
सोऽङ्गाद्यभिनयोपेतो नाट्यमित्यभिधीयते॥[1]

"लोक के अनेकानेक प्रकार के भावों, उनकी अनेकानेक प्रकार की अवस्थाओं, अनेक प्रकार के लोक व्यवहारों से सम्पन्न तथा नाना प्रकार के सुख एवं दुःख से समन्वित लोकस्वभावों की आंगिक अभिनय द्वारा प्रकट की जाने वाली प्रवृत्तियों से परिपूर्ण होने के कारण यह नाटक कहा जाता है।"[2]

इस प्रकार जगत् की सम्पूर्ण सुख-दुःखात्मक अभिव्यक्तियों से संयुक्त यह नाट्य क्या लोकानुभूति की भाँति ही सुख-दुःखात्मक नहीं होगा? भारतीय काव्यशास्त्र में इस दिशा में भी पर्याप्त रूप से विचार किया गया है।

इस दिशा में आचार्य रामचंद्र गुणचंद्र का विशेष प्रमुखता के साथ स्मरण किया जाता है। वे काव्य रस को लोकानुभूति के रूप में स्वीकार करते हुए कहते हैं कि–आचार्यगण भ्रमवश काव्यास्वादन को लोकोत्तर कहते हैं। उनका कथन है कि–

---

1. नाट्यशास्त्र—अध्याय 1, पृ० 112
2. वही, अध्याय-1, पृ० 121

'अनेनैव च सर्वाङ्गह्लादकेन कवि नटशक्ति जन्मना चमत्कारेण विप्रलब्धाः परमानन्दरूपतां दुःखात्मकेष्ववि करुणादिषु सुमेधसः प्रतिजानते। कवयस्तु सुखदुःखात्मक संस्कारानुरूपेण रामादि चरितं निबध्नतः सुख दुःखात्मक रसानुविद्धमेव पश्यन्ति।

उनके अनुसार, इस प्रकार काव्य एवं नाटक दोनों सुख-दुःखात्मक है–

काव्य का रसिक सर्वसाधारण रसिक है। लोकभाव का भोक्ता नियत व्यक्तिविशेष तथा सामान्य व्यक्तिविशेष है। लोक भाव का भोक्ता अर्थात् नियतव्यक्ति विशेष अपने संस्कार से स्वकीय रति का भोगादि भाव, स्मृति आदि के द्वारा संचित रखता है। सामान्य व्यक्ति विशेष परकीया आदि से सम्बद्ध रति सुख का भोग करता हुआ स्मृति में उसे सुरक्षित रखता है; किन्तु काव्य का रसिक या सर्वसाधारण रसिक नियत विषय के विद्यमान न रहने पर भी स्मरणादि के माध्यम से दोनों रूपों में घटित रत्यादि की स्मृति करता हुआ काव्य में अभिव्यक्त भाव विशेष का सुख-दुःखात्मक भोग करता रहता है।

सामाजिक काव्यास्वाद के क्षण सीता विषयक श्रृंगारानुभूति का आस्वादन न करके सामान्य नारी विषयक श्रृंगारानुभूति का आस्वादन करता है–

न हि रामस्य सीतायां श्रृंगारेऽनुक्रियामाणे सामाजिकस्य सीता विषयः श्रृंगारसमुल्लसति अपितु सामान्यस्त्रीविषयः॥

आचार्य रामचन्द्र गुणचन्द्र के पूर्व उत्पत्तिवाद के समर्थक आचार्यगण भी काव्यास्वादन को लोकानुभूति जैसा स्वीकार करते हुए उसे लोकानुकरण मात्र मानते हैं। उनके मत के अनुसार भी रसानुभूति लोकानुभूति की भाँति सुख दुःखात्मक है। आचार्य भट्ट लोल्लट का उत्पत्तिवाद इसी सिद्धान्त का समर्थन करता है। आचार्य दण्डी आदि भी इसी मत के समर्थक रहे हैं, ऐसा आचार्य अभिनवगुप्त का मत है–

चिरन्तरानाम् चायमेवः पक्षः। तथा हि दण्डिना स्वालंकार लक्षणेऽभ्यधामः।

''यह चिरन्तन पक्ष है और दण्डी आदि आलंकारिक भी इसी पक्ष के हैं।''

आचार्य अभिनवगुप्त ने रस की लोकात्मक सुख दुःखात्मकता के सन्दर्भ में सांख्यदर्शन के पक्ष का भी उल्लेख किया है–

''सांख्याद्दृशा सुख दुःख स्वभावो रसः। तस्याश्च सममयां दलस्थनीया विभावः संस्कारका अनुभाव व्यभिचारिणः रूपायिनस्तु तत्सामग्रीजन्या आन्तराः हि सुख दुःख स्वभावा इति।''

सांख्य दर्शन के अनुसार रसानुभूति इसलिए लोकभाव की भाँति सुख दुःखात्मक है, क्योंकि समग्र सृष्टि त्रिगुणात्मक होने के कारण सुख दुःखात्मक है, और रसानुभूति भी इसी सृष्टि के अन्तर्गत होने के कारण पूर्णतः सुख दुःखात्मक है। आधुनिक आलोचकों में पं० रामचन्द्र शुक्ल एक सीमा तक रस की लोकात्मक सुख दुःखात्मकता को स्वीकार करते हैं। यह उनका, फिर भी, अन्तिम मत नहीं है। वे इसकी सुख दुःखात्मकता को इंगित करते हुए कहते हैं कि–

''रसानुभूति प्रत्यक्ष या वास्तविक अनुभूति से सर्वथा पृथक् कोई अन्तर्वृत्ति नहीं है।''

वे एक अन्य स्थल पर कहते हैं कि–

''क्या क्रोध, शोक, जुगुप्सा आदि आनन्द का रूप धारण करके ही श्रोता के हृदय से प्रगट होते हैं, अपने प्राकृत रूप का सर्वथा विसर्जन कर देते हैं। उसे कुछ भी लगा नहीं रहने देते, क्या दुःख के भेद सुख के भेद से प्रतीत होने लगते हैं....क्या कोई दुःखान्त कथा पढ़कर उसमें बहुत देर तक उसकी चिन्ता नहीं बनी रहती? चित्त का यह द्रुत होना क्या आनन्दगत है?''[1]

संस्कृत साहित्य में आचार्य भोज की टिप्पणी भी इसी रूप में है–

रसा हि सुखदुःखरूपावस्था

प्रो० वी० राधवन् ने बताया है कि आचार्य रुद्रट ने अपनी कृति 'रस कलिका' में भी रसानुभूति को सुख-दुःखात्मक माना है–

रसस्य सुख-दुःखात्मतया तदुभय लक्षणेन उपपद्यते।

आचार्य वामन भी दण्डी की ही भाँति रस को सुख-दुःखात्मक मानते हैं–

करुणरस

प्रेक्षणीयेषु सम्पन्नः सुखदुःखयोः।
यथानुभवः सिद्धः तथैवोज प्रसादतः॥

''करुण रस से सम्बन्धित नाटकों को देखने पर जिस प्रकार सुख-दुःखात्मकता का अनुभव होता है, उसी प्रकार सहृदय जनों के लिए ओज तथा प्रसाद के मिश्रण का भी अनुभव होता है।''

---

1. रस मीमांसा, पृ० 275

भक्ति रस के विवेचक आचार्य मधुसूदन सरस्वती इसको स्वीकृति देते हुए कहते हैं कि–

''सत्त्वगुणस्य सुखरूपत्वात् सर्वेषां भावानां सुख रूपत्वेऽपि रजस्तमोऽंश मिश्रणात् तारतम्यम् अवगन्तव्यम्। अतो न सर्वेषु–

रस की लोकात्मकता मूलतः सुख दुःखात्मकता से सन्दर्भित बताई गई है, क्योंकि रसानुभूति को लौकिकता से जोड़ने पर इस प्रकार के दृष्टिकोण का बनना सम्भव है। रसानुभूति लोकात्मक नहीं है और न सृजन पक्ष से, न पाठक के पक्ष से, न कलानुभूति के स्वभाव के पक्ष से। इसमें लोकात्मक सुख-दुःखात्मकता सम्भव नहीं है।

2. काव्यानुभूति या आस्वादन क्या आध्यात्मिक अनुभूति है–आस्वादन के स्वरूप को आध्यात्मिक आनन्द के रूप में स्वीकृति देनेवालों की भारतीय चिन्तन में एक भिन्न परम्परा मिलती है। इस संदर्भ में अग्निपुराणकार का नाम सबसे पहले लिया जाता है। यहाँ इस सम्बन्ध में निम्नलिखित श्लोक है–

अक्षरं परमं ब्रह्मं सनातन अजं विभुः।
वेदान्तेषु वदन्येकं चैतन्यं ज्योतिरीश्वरम्॥
आनन्दसहजस्तस्य व्यंजते स कदाचन्।
व्यक्तिः सा तस्य चैतन्य चमत्कार रसाह्वया॥[1]

व्यक्ति में चमत्कार रूप में अभिव्यक्त आनन्दधर्म ही रस है। इस प्रकार, ब्रह्म के सत्, चित् से पृथक् उसके आनन्दधर्म की व्यक्ति चेतना में अभिव्यक्ति ही काव्यास्वादन या कलास्वादन की अनुभूति है।

आचार्य महिम भट्ट भी 'व्यक्ति-विवेक' के अन्तर्गत स्वीकार करते हैं कि रसानुभूति आध्यात्मिक आनन्द है–

पाठ्यादथ ध्रुवागानात् ततः सम्पूरिते रसः।
तदास्वादधिरेकायो तृप्यत्यन्तुर्मुखः क्षमम्॥
ततो निर्विषयस्यस्य स्वरूपावस्थितौ निज।
व्यंजतेऽह्लाद निष्यन्दो येन तृप्यन्ति योगिनः॥

पं० केशवप्रसाद मिश्र जैसे हिन्दी के कतिपय आचार्य साधारणीकरण की चित्तदशा में रसास्वादन की भूमिका को ब्रह्मस्वाद जैसा इंगित करते हुए योग की मधुमती दशा के समानान्तर बताते हैं। योग में इसे मधु प्रतीका दशा कहा

---

1. अग्निपुराण : अध्याय-339, श्लोक 1, 2

गया है, जो समाधिजन्य आनन्द तक मन को ले जाने का कारण है। शैव दर्शन के अन्तर्गत समाधि की दशा में चित्त के भोग को मधुमती भूमिका के नाम से पुकारा गया है, जो साधना की अन्तिम उपलब्धि है। कला और कल्पना विलास के आनन्द से उत्पन्न आनन्दानुभूति को इससे उपमित करना साधना का उपहास है। काव्य पूर्णतः भोग व्यापार है और संसक्ति उसका मुख्य लक्षण है, किन्तु योग की समाधि दशा तो पूर्णतः लोक के प्रपंचों से मुक्ति तथा विषयों के अंकुरण की पूर्णतः दग्धता है। काव्यास्वाद को ब्रह्मस्वाद या आध्यात्मिक आनन्द से उपमित करना निरर्थक है, क्योंकि साधक साधना की प्रक्रिया से जुड़कर समस्त वासनाओं के बीजों तथा उनके संस्कारों को दग्ध करता हुआ लोक राग एवं क्लेश से मुक्ति पाता है। कविता की राग तथा द्वेषमयी सृष्टि में पाठक के चित्त विस्तार, द्रुति, विक्षोभ तथा विक्षप का प्रतिफल है। योग साधना के अन्तर्गत 'भाव प्रत्यय' उसकी सर्वश्रेष्ठ तथा सर्वोच्च भूमिका विदेह तथा प्रकृतिलीन जैसी दशा में साधक केवल भावबोध मात्र बचते हैं—यही उनका कैवल्य पद है, और उनकी वृत्ति उसी में निरन्तर लीन रहती है। काव्य के सहृदय साधक की चित्त दशा लोक संसक्त एवं रागानुविद्ध की है—और काव्य के सन्दर्भ काल तक भावकारिता की चित्त दशा में लीन वह बार-बार लोकास्वाद तथा काव्यास्वाद के बीच दोलायमान होता रहता है। 'साधारण्योपाय बलात्' से उत्पन्न काव्यास्वादन तथा उसका आनन्द लोक के भोग का फल है—किन्तु इतना सत्य है कि काव्यास्वादन तथा कलात्मक आस्वादन में तन्मयीभूत करने की अद्भुत क्षमता है और इस क्षमता की योगिजन भी प्रशंसा करते हैं। सामान्यतया आध्यात्मिक साधनाओं में इसीलिए साधक एवं भक्तगण मूर्ति, चित्र, वाद्य, संगीत, काव्य तथा नृत्यादि कलाओं का प्रायः उपयोग करते हुए अपनी समाधिस्थ चित्तासन्न दशा की ओर उन्मुख होते हैं—फिर भी, यह काव्यानुभूति लोकानुभूति से विलक्षण होते हुए भी आध्यात्मिक अनुभूति से भी विलक्षण तथा पृथक् है।

3. क्या काव्यानुभूति या आस्वाद (रस) लोकानुभूति तथा आध्यात्मिक अनुभूति से विलक्षण है?

रसानुभूति लोकानुभूति से उत्पन्न होकर लोक की सुख-दुःखात्मक अनुभूतियों से विलक्षण है। यही नहीं, आचार्यों ने काव्यास्वादन को 'रसब्रह्मवाद' जैसा स्वीकार करके उसके स्वरूप को आध्यात्मिक आस्वाद जैसा माना है, किन्तु काव्यास्वादन दोनों से विभिन्न, विशिष्ट तथा विलक्षण है।

लोक के भाव की तीन विशिष्टताएँ हैं, प्रथम, यह कि वह लोक यथार्थ

से सम्बद्ध है, जबकि काव्यास्वादन का सम्बन्ध कल्पना मंडित एवं कलात्मक अनुभूति से सँजोए हुए संसार से है। इस संसार का सर्जक स्वयं कवि ही है।

दूसरा यह कि लोक में लोकात्मक दु:ख से निरन्तर मुक्ति पाने के लिए प्रयास मिलता है। दु:ख से मुक्ति पाने का उपक्रम मानव स्वभाव का अंग है, किन्तु काव्य के शोक, करुण एवं तथाकथित दु:खात्मक प्रसंग को भोगने की प्रवृत्ति निरन्तर पाठक में बनी रहती है। लोक का करुणात्मक सन्दर्भ मर्मान्तक है, किन्तु काव्य में अभिव्यक्त शोक, कला, कल्पना एवं कवि की सर्जनात्मक प्रतिभा का संयोग पाकर बार-बार आस्वादन के लिए स्पृहणीय हो उठता है। नाट्य तथा काव्य में शोक आदि के प्रसंग की समाप्ति के बाद पीड़ा नहीं, ये भाव चित्त को शान्तिदायक काव्यफल की भाँति हर्षव्यंजक होते हैं। हाँ, यह सत्य है कि यह हर्षफल श्रृंगार, हास्य आदि से भिन्न स्वभाव के कारण चित्त विशष से जुड़े रहते हैं। इसमें भोक्ता का स्व पूर्णत: विसर्जित नहीं होता, अपितु वह काव्य के द्वारा अपने स्वात्म का रंजन करता है। लोक शोक का भोक्ता उस शोक से मुक्ति चाहता है, किन्तु यहाँ काव्यास्वादन या नाट्यास्वादन का आस्वादन बार-बार लेना चाहता है।

लोक शोक की तीसरी विशषता संतप्त के प्रति सहज तथा आत्मीय अनुभूति की है। लोक में शोक से सन्तप्त व्यक्ति को देखकर दूसरा भी दुखी मन से उसके प्रति सहानुभूति व्यक्त करता है। एक शोक सन्तप्त व्यक्ति को देखकर दूसरे का यहाँ शोक सन्तप्त हो उठना स्वाभाविक है; किन्तु नाट्यादि में शोक सन्तप्त जन या अभिनेता को देखकर पाठक उसके शोक को शोकावरण के रूप में स्वीकारता है। नट राम है, रामत्व की समाप्ति के बाद वह पुन: नट है। जितनी देर नट राम है, उतनी देर राम के शोक से अभिभूत है; किन्तु उस अभिनय क्षण के बाद वह हर्षादि से विह्वल प्रशंसा करता है कि इस नट ने राम के शोक की कितनी अच्छी भूमिका निभाई है। वह दर्शक उस अभिनय की कुशलता से हर्षित शोक को केवल एक काल्पनिक प्रसंग मानता है। काव्य का शोक लोक के शोक का ही कला, कल्पना तथा कवि कुशलता द्वारा पुनर्सृजित सन्दर्भ है। इस सन्दर्भ में पुनर्सृजन के अन्तर्गत महत्त्वपूर्ण वह है—जो कृति की सम्पूर्णता को अपने में बाँधे रहता है।

यही नहीं, काव्य की अनुभूति जिस प्रकार लोकात्मक नहीं हो सकती, उसी प्रकार आध्यात्मिक भी नहीं। काव्य का सम्बन्ध लोक के प्रकृत मानव से है। लोक के पुनर्सृजन के लिए वह लोक की पुनर्प्रस्तुति के प्रति सचेष्ट रहता है। लोक के मनुष्य, उनकी मूल वासनाएँ (स्थायीभाव), हर्ष, विषाद, जीवन के अनेक सन्दर्भ एवं उनसे सम्बद्ध विकार, सामाजिक एवं प्राकृतिक वातावरण

आदि सभी को आधार बनाकर कुशलतापूर्वक उसकी पुनर्प्रस्तुति करता है। सृजन के सन्दर्भ में इस लोकात्मक संसक्ति को आध्यात्मिकता से नहीं जोड़ा जा सकता है। आध्यात्मिक आनन्द के दो सन्दर्भ हैं—एक है, लोकनिरूद्धता से सम्बद्ध आत्म-केन्द्रित होना और दूसरा है, स्व का स्व में विलयन का। योगिजनों का आनन्द इससे सम्बद्ध है—कविता का नहीं। भारतीय आध्यात्मवाद का दूसरा सन्दर्भ, लोक का प्रभु में समर्पण है। इस समर्पण से मिलनेवाली तृप्ति भी वैयक्तिक एवं साधनात्मक है। काव्यानुभूति एक सामाजिक आनन्दानुभूति है—यदि हजारों दर्शक किसी एक नाट्य प्रस्तुति को देख रहे हैं—या काव्य पाठ को सुन रहे हैं तो एक ही प्रकार के आनन्द का अनुभव करेंगे।

आचार्यों ने रस को न तो लोकात्मक अनुभूति कहा है और न आध्यात्मिक। उन्होंने इन दोनों अनुभूतियों से विलक्षण या लोकोत्तर अनुभूति के नाम से पुकारा है। लोकोत्तर का अर्थ, आध्यात्मिक न होकर लोकानुभूति से विशिष्ट और विलक्षण होना है। आचार्य भट्टनायक इस दिशा में सर्वप्रथम बार कहते हैं कि—

''अपितु काव्ये नाट्ये चाभिधातो द्वितीयांशेन विभावादि साधारणीकरणात्मना भावकाल व्यापारेण भाव्यमानः स्थायी सत्त्वोद्रेक प्रकाशानन्दमय संविद्विश्रान्ति सतत्त्वेन भोगेन भुज्यते॥''

अपितु काव्य और नाट्य में अमिधा के बाद विभावादि के साधारणीकरण रूप भावकत्व नामक व्यापार से भाव्यमान स्थायीभाव सत्त्व के उद्रेक से प्रकाश और संवित् विश्रान्ति (ब्रह्मस्वाद) जैसे भोग से आस्वादित किया जाता है।

आचार्य अभिनवगुप्त भट्ठनायक के इस मत को स्पष्ट करते हुए कहते हैं कि—

''द्वितीयांशेन भावकत्व व्यापारेण भाव्यमानो रसोऽनुभवस्मृत्यादि विलक्षणेन सत्त्वोद्रेक प्रकाशानन्दमय निजसंविद्विश्रान्ति लक्षणेन परमब्रह्मस्वाद संविधेन परं भुज्यते इति।''

अमिधाशक्ति के पश्चात् द्वितीय अंश पर होनेवाले भावकत्व व्यापार के द्वारा भाव्यमान (साधरणीकृत) होकर अनुभव, स्मृति आदि भावों से भिन्न रजोगुण तथा तमोगुण के मिश्रण के वैचित्र्य बल के कारण चित्तद्रुति, विकास तथा विस्तार स्वरूप सत्त्वगुण के प्राधान्य द्वारा आनन्दमय साक्षात्कार से संयुक्त विश्रान्त स्वरूपवाला एवं परमब्रह्म के स्वाद सदृश होकर यह रस भोजकत्व व्यापार द्वारा भोग किया जाता है।

आचार्य भट्टनायक की इस व्याख्या में काव्यास्वादन को 'परं ब्रह्मस्वाद संविधेन' कहा गया है, जिसका अर्थ–ब्रह्मास्वादन नहीं, ब्रह्मास्वादन के समान है। यहाँ समानता के लिए काव्यास्वादन में तत्पर पाठक के मनोविज्ञान का अंकन किया गया है, जो इस प्रकार है–

आचार्य भट्टनायक के कथन का तात्पर्य इतना ही है कि काव्यास्वादन के समय चित्त की दशा सत्त्वरूप होती है। काव्य या कलाओं के सम्पर्क में पूरी तरह आ जाने पर सहृदय का चित्त एक क्षण के लिए वैयक्तिक सुख-दुःख, आत्मगत-परगत तथा शत्रु-मित्र एवं मध्यस्थगत आदि से सम्बद्ध भावनाओं को विस्मृत कर देता है। पाठक के चित्त की लोक राग से मुक्ति काव्यास्वादन के लिए पहली शर्त है। इस चित्त दशा को इन आचार्यों ने चित्त का सत्त्वरूप होना कहा है।

इस सत्त्वावस्था के बाद पाठक या सहृदय का चित्त विषयवस्तु में वर्ण्य भाव निरपेक्ष स्थायीभाव (न मेरी रति भावना है, न दुष्यन्त की रति भावना है) केवल रति भाव का आस्वादन करता है, क्योंकि उसका चित्त आत्म और परत्व के बन्धन से मुक्त हो उठा है।

लोक के आत्मरूप तथा परत्व भाव से मुक्त चित्त दशा का आत्मभाव का आस्वादन ब्रह्मास्वादन जैसा ही बताया गया है, क्योंकि ब्रह्मानुभूति की भाँति काव्यानुभूति सत्त्वदशा में उत्पन्न, अखण्डित, स्वयं के आत्मावेश से उत्पन्न केवल चिन्मय, ज्ञान की कक्षा से पूर्णतः अस्पृश्य है। काव्यानुभूति का यह विलक्षण स्वभाव लोकास्वादन के स्वभाव तथा ब्रह्मानन्द दोनों के स्वभाव से भिन्न है, इसीलिए इस आस्वादन को लोकोत्तर कहा गया है। संक्षेप में कह सकते हैं कि–

1. कृति के सम्पर्क में आने पर पाठक की नितान्त निजता तथा स्वार्थमयता की चित्त दशा की समाप्ति के होने पर

2. कृति के वर्ण्य-विषय के भाव से पाठक की चित्तदशा का भावाद्वैत स्थापित हो जाने पर

3. भाव की उस अद्वैत चित्तभूमि पर पाठक के मनस् द्वारा जो निरपेक्ष आस्वादन का उद्रेक है, वही काव्यास्वादन का पक्ष है।

आचार्य रामचन्द्र शुक्ल ने कृति के वर्ण्य विषय एवं पाठक की चित्तदशा के एकात्म्य के लिए 'अभेद भाव' शब्द का प्रयोग किया है। उन्होंने आस्वादन के इस स्वरूप को स्पष्ट करते हुए बताया है कि–"रसानुभूति काल में अपने व्यक्तित्व के सम्बन्ध की भावना का परिहार" अभेद भाव है। वे आगे कहते

हैं कि–"इसी दशा को पाश्चात्य समीक्षा पद्धति में 'अहं का विसर्जन' और नि:संगता (Impersonal and detachment) कहा गया है।"

आचार्य शुक्ल इसी प्रकरण में आस्वादन के स्वरूप पर टिप्पणी देते हुए कहते हैं–

"इसी को चाहे रस का ब्रह्मानन्द सहोदर कहिये, चाहे विभावन व्यापार का अलौकिकत्व।अलौकिकत्व का अभिप्राय इस लोक से सम्बन्ध न रखने वाली कोई स्वर्गीय विभूति नहीं है।"[1]

काव्यास्वादन की अनुभूति के सन्दर्भ में आचार्य अभिवनगुप्त ने और अधिक गम्भीरता से विचार किया है। उन्होंने काव्यास्वादन को निर्विघ्नचर्वणा गोचर (आस्वादन काल में ही चित्त को प्रतीत होने वाला), अलौकिक (लोकानुभूति से विलक्षण), आस्वादनात्मक अनुभूति ही जिसके लिए एकमात्र प्रमाण है, प्रत्यक्ष, अनुमान, आगम तथा उपमान के ज्ञान प्रमाण से भिन्न, स्वयं संवेदन स्वरूप प्रमाण (कृति तथा पाठक के चित्त की अद्वैत भूमि की दशा में स्वयं प्रकाशित होने वाला) आदि-आदि विशेषणों से संयुक्त बताया है। आचार्य अभिनवगुप्त की इस व्याख्या में काव्यानुभूति का आस्वादन पक्ष और भी स्पष्ट होता है। इस स्पष्टता के सन्दर्भ में भी यही निष्कर्ष निकलता है कि काव्यानुभूति आध्यात्मिक नहीं है। उनके अनुसार तीन ऐसे तर्क हैं, जिनके द्वारा योग या साधनाजन्य आध्यत्मिक अनुभूति को काव्यानुभूति से पृथक् किया जा सकता है–

1. काव्य में रति आदि स्थायी भावों से पाठक के चित्त के परोक्ष तादात्म्य से उत्पन्न होने के कारण काव्यास्वादन समाधिजन्य आध्यात्मिक आनन्द नहीं हो सकता।

2. लौकिक प्रमाणजन्य अर्जनादि रूप अन्य विघ्नों के आ जाने पर अर्थात् प्रतीतिकाल के पूर्व या पश्चात् अहन्ता ज्ञानादि, स्वगततत्व-परगतत्व विघ्नों के उत्पन्न हो जाने पर, यह अनुभूति आध्यात्मिक नहीं है।

3. विषयावेश की विवशता पर आस्वादन काल में आह्लाद के न उत्पन्न होने पर काव्यास्वादन सम्भव नहीं है, जबकि समाधिजन्य आनन्द में इस प्रकार का विघ्न सम्भव नहीं है।

योगादि की समाधि दशा सर्वथा लोक के संस्कार बीजों की दग्धता के बाद शुरू होती है, जो काव्य सृजन तथा काव्यास्वादन दोनों में सम्भव नहीं

---

1. रस मीमांसा, पृ० 269-70

है। काव्य में लोक वासनाएँ ही आस्वादन के रूप में प्रतीति का विषय बनती हैं–भले ही ये लोकानुभव की रूपान्तरित अनुभूति हों फिर भी, इतना तो सत्य है कि यह अनुभूति आध्यात्मिक नहीं है। पण्डितराज जगन्नाथ इसे स्पष्ट करते हुए कहते हैं–

"चिद् का अर्थ है, प्रमा अर्थात् अज्ञानादि से आच्छन्न ज्ञान।"

काव्यास्वादन काल में चित्त की वृत्ति के आनन्दमय होने पर ही इसे चर्वणा समझना चाहिए। यह चर्वणा परमब्रह्म के स्वादरूप समाधि में उत्पन्न आनन्द से विलक्षण है क्योंकि इसका आलम्बन सांसारिक पदार्थों से मुक्त आत्मानन्द से है। समाधि के आनन्द के साथ यह रह नहीं सकता। यह चर्वणा केवल काव्य व्यापार व्यंजना से उत्पन्न होता है।[1] आचार्य मम्मट तथा कविराज–विश्वनाथ ने भी अत्यन्त विस्तारपूर्वक इस पक्ष पर अपने और कई तर्क दिए हैं।

कलास्वादन तथा पाठक का मनोविज्ञान–कला या काव्यास्वादन का यह परम्परित विवेचन जिस तथ्य की ओर इंगित करता है, वह है, कला या काव्य के संसर्ग में आने पर पाठक की चित्त दशा की शाश्वत् स्थिति। कवि या कला सर्जक अपनी प्रतिभा, साधना (अभ्यास), व्युत्पन्नता द्वारा सृजन के पूर्व क्षण में समाधि द्वारा जिस विषयवस्तु का दर्शन करता है–उस चित्तासन्न बिम्ब को वह कृति के रूप में उतारता है। पाठक या सहृय का यह मनोविज्ञान है कि जब वह उस कृति के सम्पर्क में आता है तो सब कुछ भूलकर, आत्मत्व एवं परत्व का त्याग करके–आत्मसत्ता (भावसत्ता) और वस्तुसत्ता (काव्य या कला के विषय वस्तु) को सहज ही एकीकृत करके वस्तुसंवेदन से अद्वैतमूलक साहचर्य स्थापित करता है। सहृदय की भावात्मक चित्तदशा द्वारा एकात्म स्थापित करना उसकी विवशता उसी प्रकार है–जैसे चन्द्रकान्तमणि चन्द्र के संसर्ग में आकर या सूर्यकान्त मणि सूर्य के सम्पर्क में आकर पिघलने और विगलित होने लगती है, और उन्हें कोई रोक नहीं पाता। काव्य या कला के संसर्ग में आकर नैसर्गिक तथा सहज रूप में पाठक का चित्त उस संवेदना से एकात्म स्थापित करके आस्वादनीय हो उठता है। कला के संसर्ग में आने पर पाठक के भाव जगत् को यह निष्पत्ति तथा आस्वादन एक मनोवैज्ञानिक तथ्य है और इस मनोवैज्ञानिक घटना के घटित होने के संदर्भ में आचार्य अभिनवगुप्त ने दो अनिवार्य शर्तों की ओर संकेत किया है–

1. हिन्दी रस गंगाधार, पृ० 55

1. वीतविघ्नता 2. प्रतीति ग्राह्यता

कला का काव्य के सम्पर्क में आने पर सर्जक द्वारा समाधिदशा में देखे गए तथा कृति की वस्तु के साथ संवेदना के रूप में अवतरित उस दृश्य बिम्ब को पाठक का चित्त आत्मसात् करने के लिए विवश है। **कलाकृति के प्रभाव में आकर नैसर्गिक रूप से स्व प्रतीति को विषय बनाकर पाठक द्वारा अपनी चित्तदशा के भावाद्वैत से भोगा गया आस्वादन ही रस है।** कलाओं में मानव को ही नहीं, सचराचर के समस्त चेतन जगत् को अभिभूत करके भावाद्वैत की दशा में तन्मय करने की नैसर्गिक शक्ति होती है। आध्यात्मिक आस्वाद तथा कलास्वाद में इतना साम्य अवश्य है कि दोनों में प्रतीति ग्राह्यता के बाद चित्त की एक ऐसी दशा उपस्थित होती है--जो उन्हें देश, काल, स्व, पर, अहन्ता तथा लोकात्मक प्रतीति–इन सारे भावों से मुक्त कर देती है। आचार्यों ने इसे संवित् विश्रान्ति दशा कहा है। जैसा कि आचार्य अभिनवगुप्तपादाचार्य ने कहा है कि–**'तेन विभावादिसंयोगाद्रसना यतो निष्पद्यतेऽतस्तवाविधरसना गोचरो लोकोत्तरोऽर्थो रस इति।'**

"आस्वादनरूप रसना विभावादि के संयोग से निष्पन्न होकर लोकोत्तर अर्थ में रस्यमान होकर रस कहलाती है।"

इसीलिए संस्कृत के आचार्यों ने आस्वादन की इस विलक्षणता को पूर्णरूपेण न सही, अँशरूप में आध्यात्मिक जैसा अवश्य माना है। निष्कर्ष रूप से हम कह सकते हैं कि–कलास्वादन मानव जाति की चित्त दशा की एक अनिवार्य स्थिति है और काव्य तथा कला के सम्पर्क में आने पर इस दशा का घटित होना (कतिपय शर्तों के साथ) मानवीय अपरिहार्यता है।

इस काव्यास्वादन की दूसरी विशेषता यह है कि चित्तदशा में आस्वादन का उद्रेक होने पर मानव सम्पूर्ण मानवीय क्षुद्रताओं से मुक्त हो उठता है। लोभ, क्रोध, मोह, मात्सर्य, अहम्, स्वार्थ ही नहीं उसकी वस्तुगत संसक्तियाँ उससे मुक्त होकर उसे सत्त्वस्थ बना देती है। कलाकृतियों तथा काव्यजगत् से जुड़कर मानव समाज थोड़ी देर के लिए ही सही, भौतिक तथा स्वार्थपरक क्षुद्रताओं से मुक्त होकर आनन्द तथा शान्ति की क्रोड में अपने को स्थित कर लेता है। कला के आस्वादनपक्ष की समाज को यह एक बहुत बड़ी देन है। कलाएँ तथा काव्य दोनों मानवीय चेतना के लिए आध्यात्मिक आनन्द तथा शान्ति की स्थापना के लिए महत्त्वपूर्ण माध्यम है–इसीलिए तो भारतीय आध्यात्मिक साधकों के एक बहुत बड़े वर्ग ने आध्यात्मिक चेतना की प्राप्ति के लिए मूर्ति, चित्र, नृत्य, वाद्य, संगीत तथा काव्य आदि कलाओं को अपनी साधना का अभिन्न तथा अनिवार्य अंग बनाया है। संवित् विश्रान्ति की साक्ष्य ये

कलाएँ मानव जाति को पाशविक क्षुद्रताओं से ऊपर ले जाती है। ये रस द्वारा मानव जाति का रेचन भी करती हैं, विरेचन भी।

आस्वादन की तीसरी विशेषता सर्वाधिक महत्त्वपूर्ण है। यह सृजन में व्याप्त मूल्यों को निश्चेष्ट तथा सचेष्ट दोनों भावों को सामाजिक से जोड़ती है। कलास्वादन की परिनिवृत्ति के बाद सामाजिक की चित्तवृत्ति योगियों जैसी शान्त नहीं दिखाई पड़ती। आस्वादन के बाद कलाकृति के मूल्य सामाजिक से जुड़कर उनकी अन्तर्प्रज्ञा के धर्म हो उठते हैं। इसे आचार्यों ने कान्तासम्मित-उपदेश के रूप में इंगित किया है। वाल्मीकि अपनी रामायण में कहीं भी नहीं कहते कि राम की भाँति आचरण करो या रावण की भाँति–किन्तु जब काव्यास्वादन के बाद सामाजिक से प्रश्न पूछा जाता है कि तुम किस तरह का आचरण करना चाहते हो–तो वह राम का ही नाम लेता है। काव्यास्वाद और मूल्यधर्मिता की यह अभिन्नता रसधर्मी स्थिति है। रस का मधुस्वाद मूल्यबोध की नीरसता को आत्मसात् करके सामाजिक की अन्तश्चेतना का अभिन्न धर्म बन जाता है? यह कहना कि आस्वादन कृति का अन्तिम धर्म बनकर कृतित्व की दीप्ति का कारण बनता है, यह सर्वथा असगंत है। सृजन का यह एक अनिवार्य धर्म है किन्तु अन्तिम धर्म नहीं है। कवि सृजित समाज रचना का सन्दर्भ कृति की अभिव्यक्त व्यजना के रूप में अन्तिम फल है। सृजन अनिवार्यः मूल्य सापेक्ष्य ही है, ऐसा ही, आई० ए० रिचर्डस का भी मत है। कृति का आस्वादन मूल्यबोध निरपेक्ष नहीं है, अन्यथा कृतित्व और इन्द्रजाल में कोई अन्तर नहीं होता। यदि वाल्मीकि रामायण के सामाजिक से पूछा जाए कि जिस राम की भाँति तुम आचरण करना चाहते हो, वाल्मीकि ने उसे कैसे बनाया है? फिर सामाजिक की अन्तर्प्रज्ञा से एक आलोचक का जन्म स्वतः हो उठेगा। सामाजिक की अन्तर्प्रज्ञा जितनी ही तादात्मिका होगी, उसका आलोचक भाव उतना ही प्रखर होगा।

मराठी के कतिपय चिंतक तथा हिन्दी साहित्य के प्रखर आलोचकगण यह बताते हैं कि रस के माध्यम से कृतित्व के सृजन की व्यापक व्याख्या सम्भव नहीं है। यह दृष्टिकोण सर्वथा उचित नहीं है। सम्पूर्ण कलात्मक सृजन कृतित्व के आस्वादन की भूमिका से ही सम्भव है, और सम्पूर्ण मूल्यबोध रसबोध का उत्तरवर्ती प्रतिफल है। इन दोनों के केन्द्र में है, पाठक, सामाजिक तथा आलोचक की अन्तश्चेतना। सामाजिक की अन्तश्चेतना से जुड़कर कलाबोध आस्वादन से आत्मसात् कराकर उसे मूल्यबोध से जोड़ देता है। यही सामाजिक फिर आलोचक बनकर अपनी अन्तश्चेतना के तादात्म्यीकृत मूल्यबोध की यथासामर्थ्य व्याख्या करता है। आस्वादन ही कृतित्व के

विश्लेषण का पूर्ण तथा स्थापित मानक है। सम्पूर्ण कृतित्व के विश्लेषण के लिए यही केन्द्रीय तथा कृति में कलाबोध से लेकर मूल्यबोध तक व्याप्त एकमात्र तत्त्व है। अतः 'रस' सिद्धान्त पर यह आरोप कि इससे कृतित्व की सम्यक् व्याख्या सम्भव नहीं है, सर्वथा असंगत है। ये आलोचक रस को विभाव, अनुभाव एवं संचारी की नलकियों से बहा हुआ 'द्रव' मात्र मानते हैं, जो सर्वथा उचित नहीं है।

❑

रस संदर्भ और काव्यार्थ
(अर्थ मीमांसा[1] का पक्ष)

रस सिद्धान्त का विवेचन करते समय संस्कृत के शास्त्रकारों तथा आचार्यों की दृष्टि उसकी भावात्मक आस्वाद्यमानता की ओर ही उन्मुख दिखाई पड़ती है, और सम्भवतया इसी के कारण आधुनिक समीक्षा काल में भी पं० रामदहिन मिश्र से लेकर डॉ० नगेन्द्र तक हिन्दी के रस विवेचकों की दृष्टि में यही अनुभूतिपरक आस्वाद्यमानता प्रमुखता के साथ दिखाई पड़ती है। यही स्थिति, नई कविता के पक्षधर कवि-आलोचकों की भी रही है। श्री लक्ष्मीकांत वर्मा तथा डॉ० जगदीश गुप्त जैसे कवि-आलोचक अनुभूति, अनुभूति के भोग की चर्चा तो करते हैं, किन्तु रस को पूरी तरह से नकारते हैं और इस नकारने में उनकी केन्द्रीय दृष्टि इसकी आस्वाद्यमानता पर टिकी हुई है। डॉ० नामवर सिंह स्वीकार करते हैं कि नई कविता तथा आधुनिक आलोचना में रस विमर्श की उपेक्षा का मूल कारण रस की अर्थ मीमांसा के प्रति बरती गई नामसझी भरी लापरवाही है–जिसके फलस्वरूप आलोचकों ने उधर ध्यान नहीं दिया।

'भाव तथा रस' केवल चित्तवृत्ति के ही पक्ष नहीं है, कलाकृति में अभिव्यक्ति होने के कारण वह सृजन के भी अभिन्न साक्ष्य है। इस साक्ष्य की व्यवस्था में कवि कौशल, उसकी ऊर्वर कल्पना शक्ति, अभिव्यक्ति सामर्थ्य, कला-निवेश की सजगता, प्रतिभा, व्युत्पन्नता तथा अभ्यास आदि-आदि कितने ऐसे तत्त्व हैं, जो सृजित सन्दर्भ में रसनात्मक अर्थ को गढ़ते हैं, आचार्य भरत जब नाट्यशास्त्र के रसाध्याय (छठे अध्याय) के अन्तर्गत इस प्रक्रिया का वर्णन प्रारम्भ करते हैं तो वे इस 'काव्यार्थ तथा रस' की अभिन्नता को एक साथ रखते हैं, ताकि नाट्य या काव्यकृति के अर्थसृजन को रस व्यापार के साथ जोड़कर देखा जा सके–

---

1. कविता के नये प्रतिमान, डॉ० नामवर सिंह, पृ० 42-52, नाट्यशास्त्र अध्याय, 6 तथा अर्थ रस : भारतीय काव्यशास्त्र, डॉ० योगेन्द्र प्रताप सिंह, पृ० 252

तत्र रसानेव तावदादावभिव्याख्यामः।
न हि रसादृते कश्दिर्थ प्रवर्तते।
तत्र विभावानुभावव्यभिचारि संयागाद्रस निष्पत्तिः॥

(सर्वप्रथम हम रस की ही विशेष व्याख्या करेंगे? क्योंकि रस के बिना (रसात्मकता के अभाव में काव्यार्थ जो कि इसका मुख्य धर्म है) काव्यार्थ के प्रति पाठक, श्रोता या दर्शक की प्रवृत्ति नहीं होती। कविता या नाट्य का किसी कलाकृति में विभाव अनुभाव तथा संचारी भाव के संयोग से ही रस की निष्पत्ति होती है।)

आचार्य भरत का मन्तव्य है–कविता या नाट्य या मूर्ति, चित्र आदि की किसी भी कलाकृति में यदि रस है, आस्वादित होने या किये जाने की सामर्थ्य है, प्रकारान्तर से कृति यदि आस्वादनधर्मी है तो उस कृति में निहित अभिप्राय रूप (ध्वनि रूप) अर्थ ही रसमयता के लिए आधार है, क्योंकि उसी से पाठक या दर्शक की चित्तदशा की एकतानता उससे जुड़ती है। रस तथा अर्थ और अर्थ एवं रस प्रकारान्तर से सृजन में निहित मन्तव्य और उनका चित्तद्रावी होकर प्रभाव डालना और उस प्रभाव के कारण अर्थासक्ति का विकास कृति तथा पाठक के बीच एक नैसर्गिक प्रक्रिया है। यहाँ अर्थ शब्द का तात्पर्य केवल अर्थ मात्र नहीं है, वरन् विभावादि के संयोग से वह आशय है–जो भावार्थ के नाम से पुकारा गया है। यह भावार्थ 'विभावानुभाव संचारि' का प्रतिफल है और ये सब मिलकर स्थायीभाव से जुड़ते हैं। आचार्य भरत 'रस तथा अर्थ' की इस अभिन्नता को नाट्यशास्त्र के सातवें अध्याय (भावाध्याय) में अत्यंन्त विस्तारपूर्वक बताते हुए संकेत करते हैं कि–

योऽर्थो हृदयसंवादी तस्यभावो रसोद्भयः।
शरीरं व्याप्यते तेन शुष्काष्ठभिवाग्निना॥[1]

"जो काव्यार्थ हृदय स्पर्शी है, उसमें निहित भावों द्वारा ही रस की निष्पत्ति होती है। उस वस्तुनिष्ठ काव्यार्थ में भावरूप में निहित यह भाव (अर्थ प्रभाव) पाठक या नाट्य दर्शक के चित्त को इस प्रकार समग्रता से अभिभूत कर देता है, जैसे सूखे काष्ठ को अग्नि।"

जैसा कि कहा जा चुका है, आचार्य भरत ने इस विवेचन के सन्दर्भ में नाट्यशास्त्र के छठें अध्याय में अस्वाद्यमानता का प्रशन रखा है–और यह रस की अनुभूतिपरता काव्य से सम्बद्ध है। परम्परा के इन विवेचकों के लिये यही रसाध्याय ही आधार रहा है, इसीलिए अध्याय सात अर्थात् भावाध्याय में

---

1. नाट्यशास्त्र : अध्याय 6, श्लोक 6

विवेचित काव्यार्थ मीमांसा का पक्ष नाट्यशास्त्र के रसनिष्पत्ति से जुड़े छठें अध्याय में उपेक्षित रह गया। संस्कृत के काव्यशास्त्र विवेचक आचार्यों ने अधिकांशतया 'विभावानुभावव्यभिचारि' का अर्थ लोकानुभूति से जोड़कर काव्यास्वादन तक उसे पहुँचने की चेष्टा की है, जबकि नाट्यकृति या काव्यकृति का सृजित अर्थ लोकानुभूति न होकर लोकानुभूति का अनुकीर्तन है। लोक की अनुभूति नहीं, अनुभूति की प्रतिकृति (काव्यकृति) के माध्यम से समझी जाती है, चित्त से साक्षात्कृत होकर आस्वादित होती है, और वही आस्वादनस्वरूप रसनावृत्ति या रस भी है।

आचार्य भरत जब कृति (कलाकृति) की आस्वाद्यमानता का प्रश्न उठाते हैं तो पहला सवाल यही उठता है कि कृति में यह आस्वाद्यमानता कहाँ से आती है। इसका स्पष्ट उत्तर है, सर्जक के कलात्मक अर्थसृजन से। इस अर्थसृजन में स्वरूप तथा माध्यम दोनों सम्पृक्त हैं—पार्वती-परमेश्वर की भाँति। यह सृजित अर्थ क्या है, कैसे सृजित होता है—सम्पूर्ण भारतीय काव्यशास्त्र इसी की शतियों से व्याख्या करता रहा है। इसके अनेक सन्दर्भ हैं—कला-कौशल, कौशल की विविध भंगिमाओं के प्रति सर्जक का झुकाव, लोकानुभूति का प्रभावी परिवेश (क्रौंचवध जैसा), आदि-आदि। आचार्य आनन्दवर्धन ने इसे 'सहृदय-श्लाध्य अर्थ' कहा है, आचार्य कुन्तक ने 'वैदग्धभंगीभणिति कहा' है—और इसी अर्थ की ओर इंगित करते हुए भरत ने इसे 'योऽर्थो हृदय संवादी' अर्थात् 'हृदयसंवादी' अर्थ कहा है। आचार्य भरत के 'हृदयसंवादी' अर्थ की व्याख्या करते हुए अभिनवगुप्तपादाचार्य ने बाद में बताया कि—

'तत्काव्यार्थो रसः'[1]

अर्थात्, कविसृजित हृदय-संवादी अर्थ ही रस है।

काव्यार्थ क्या है, ऊपर बताया गया है कि लोकानुभव को आत्मसात् करके कलाधर्मी अभिव्यक्ति से दीप्त अर्थ ही काव्यार्थ है। यह विलक्षण अर्थसृजन कविप्रतिभा द्वारा व्यक्त नवोन्मेषित अनुभूति के अतिरिक्त और क्या है? सृजित अर्थात् प्रकारान्तर भाव से अनुभूति व्यापार या अनुभव और फिर प्रकारान्तर से रस व्यापार ही तो है। इस प्रकार अर्थ व्यापार या अनुभूति व्यापार प्रकारान्तर से रस व्यापार अर्थसृजन का ही धर्म है। कविता भाषिक माध्यम से रची गयी अर्थानुभव को सम्प्रेषित करनेवाली एक कला है और जिसे हम अर्थानुभव कहते हैं, वह कवि द्वारा अनुभूत लोक व्यवहार से

---

1. नाट्यशास्त्र-प्रकाशित-चौखम्भा संस्कृत संस्थान, वाराणसी, पृ० 253

सम्बद्ध लोकानुभूति की अंतरंगता है। इसे यदि कहना चाहें तो कह सकते हैं कि काव्यसृजन की शृंखला इस प्रकार बनती है–

लोकानुभूति > भाषामाध्यम > अर्थसृजन > भावाभिव्यक्ति > रसास्वादन

आचार्य भरत ने इस विवेचन के लिये केवल नाट्यशास्त्र के छठें अध्याय को आधार नहीं बनाया है। रस निश्चित रूप से नाट्यफल है। वे इसकी ओर विवेचकों का ध्यान आकर्षित करते हुए कहते हैं कि–

भवतां देवतानांश्च शुभाशुभविकल्पकः।
कर्मभावान्वयापेक्षी नाट्यवेदोमयाकृतम्॥
नैकान्तकोऽत्र भवतां देवानां चानुभानुवम्।
त्रैलोकस्यास्य सर्वस्य नाट्यं भावानुकीर्तनम्॥

लोक में जो भी कर्म घटित हो रहे हैं, सृजन के माध्यम से उनकी भावानुभूति और उन त्रैलोक्य घटित भावों का भावानुकीर्तन (शब्दार्थ द्वारा सृजन तथा अभिनय व्यापार द्वारा उनकी पुनर्प्रस्तुति) ही नाट्य का लक्ष्य है। यदि इसको स्पष्ट शब्दों में कहा जाये तो लोक की व्यापक अनुभूति को वाणी देना ही प्रकारान्तर भाव से अर्थ रचना है। आचार्य भरत इस तथ्य से भलीभाँति परिचित हैं कि अर्थ-सृजन और कुछ नहीं–काव्य का माध्यम जीवन्त शब्द व्यापार है, जो अनुभव स्वरूप ही है। शब्द या भाषा सम्पूर्ण चैतन्य का स्पन्दन है। सर्जक लोकानुभूति द्वारा परम्पराओं के ज्ञानात्मक साक्षात्कार द्वारा, अपनी विलक्षण प्रतिभा द्वारा एक-एक शब्द को प्रतिक्षण कविता में रखने के प्रति सजग मिलता है। एक-एक शब्द का अर्थ है–द्रष्टा भाव से सजग, अपने मानवीय चैतन्य से आवेशित तथा कर्तृत्व व्यापार से उत्कंठित शब्दों तथा उनसे व्यंजित अर्थों द्वारा अनुभूतिव्यापार की एवं रसनात्मक भाव की साक्षात्कारात्मक वृत्ति के समीप पहुँचाकर पाठक की चित्तवृत्ति से जोड़ना। इस प्रकार अर्थ या प्रकारान्तर भाव से अनुभूतिव्यापार की प्रस्तुति ही काव्यसृजन है। आचार्य भरत नाट्यशास्त्र के सातवें अध्याय (भावाध्याय) में नितान्त सजगतापूर्वक शब्दार्थ रचना की आस्वादनधर्मी वृत्ति को इस प्रकार स्पष्ट करते हैं–

स्थायी भाव

योऽर्थो हृदयसंवादी तस्यभावो रसोद्भवः।
शरीरं व्याप्यते तेन शुष्क काष्ठमिवाग्निना॥

इस श्लोक की व्याख्या करते हुए भारतीय सौन्दर्य शास्त्र के समीक्षक श्री सुरेन्द्र एस० वारलिंगे कहते हैं कि–"स्थायी भाव तथा काव्यार्थ के अनिवार्यतः

समान होने की बात को दृष्टि में रखने पर भरत के ग्रन्थ के कुछ स्पष्ट-विरोधाभास निःशेष हो सकते हैं।[1]

आचार्य भरत स्थायीभाव की ही भाँति विभाव तथा अनुभाव की भी अर्थानुभवपरक परिभाषा करते हैं। वे बताते हैं कि–

विभाव

वहवोऽर्थो विभाव्यन्ते वागङ्गाभिनयाश्रया:।
अनेन यस्येतेनामं विभाव: इति संज्ञित:॥

अनुभाव के द्वारा वाणी, अंग तथा अभिनय में काव्य के वर्णन व्यापार द्वारा पाठक के चित्त में अनेक अर्थों का अवबोध होता है (चित्त प्रतीति, भाव प्रतीति-विभाव्यन्ते) इसलिए इसे विभाव कहते हैं। आचार्य भरत एक अन्य स्थल पर विभाव को लोकधर्मी अनुभूति की अनुकृति (अभिनयरूप) मानते हैं–

'स्वभावोलोकधर्मो तु विभावो नाट्यमेव तु'।

अर्थात्, लोक का स्वभाव जो लोक में है, यह-अनुकीर्तन द्वारा नाट्य या काव्य में प्रतीतियुक्त होकर अभिव्यक्त होता है। काव्य या नाट्य में इस रूप में प्रयुक्त होने के कारण यह 'विभाव' है।

अनुभाव

वागङ्गभिनयेनेह यतस्त्वर्थोऽनुभाव्यन्ते।
शाखाङ्गोपाङ्ग संयुक्तनुभावस्तत: स्मृत:।

वाणी तथा अङ्गों के अभिनय द्वारा नाटक में (या काव्य में वर्णित विविध पात्रों की कथोपकथनों, भंगिमाओं तथा चेष्टावर्णनों द्वारा) जिस अर्थ (अनुभूति) का ज्ञान कराया जाता है, उसे शाखा अंग तथा उपांगों (वाणी तथा अंगों एवं सहायक अंगों की भंगिमाओं) द्वारा संयुक्त होने के कारण अनुभाव कहा जाता है।

व्यभिचारिन् स्थायी के अंग हैं, अत: उनकी अर्थ सामर्थ्य कारण रूप में है। मुक्तकादि में ये कार्यरूप में आकर भावों या रसाभिव्यक्ति के आधार बनते हैं।

काव्य के आस्वादन के मूलाधार अर्थ ही है। आचार्य अभिनवगुप्त आचार्य भरत के रस सूत्र का प्रारम्भ इसी प्रकरण से करते हुए कहते हैं कि–

1. सौन्दर्य सिद्धान्त की नई व्याख्या, पृ० 54-55

उक्तमेव मुनिना न त्वपूर्वं किंचित्। तथाह्याह 'काव्यार्थान् भावयन्तीति' तत्काव्यर्थो रसः।

''रस क्या है, यह तो आचार्य भरत पहले ही बता चुके और अब वह कोई विलक्षण बात नहीं रह गई है। 'काव्य के अर्थ को जो प्रकाशित करते हैं।' (भरत के इसी मन्तव्य से यह अर्थ निकलता है कि) काव्यार्थ ही रस है।''

आचार्य अभिनवगुप्त **'न त्वपूर्वं'** अर्थात् आचार्य भट्टनायक आदि द्वारा इसको जो अर्थेतर विलक्षणता दी जा रही है, उनके अनुसार उस विलक्षणता का कोई अन्य प्रयोजन नहीं है—क्योंकि आचार्य भरत प्रकारान्तर से परिभाषित कर चुके हैं कि काव्यार्थ ही रस है।

आचार्य भरत ने नाट्यशास्त्र के सप्तम अध्याय के प्रारम्भ में ही अर्थमीमांसा के सन्दर्भ की स्पष्ट शब्दों में व्यवस्था दे रखी है कि—

उच्यते 'वागङ्गसत्त्वोपेतान् काव्यर्थान् भावयन्ति इति भावा'

'अभिनय व्यापार के अन्तर्गत या (काव्य में वर्णन के रूप में) वाणी, अंग तथा सत्त्व के द्वारा जिस भाव की अनुभूति करायी जाती है, वह भाव है। इस अनुभूति का आधार अर्थ व्यापार की समझ है। आचार्य अभिनवगुप्त अर्थ तथा भाव को परस्पर पर्याय के रूप में स्वीकार करते हैं और उनके अनुसार अर्थ ही भाव है और भाव ही प्रकारान्तर से रसत्व को प्राप्त होते हैं।

आचार्य अभिनवगुप्त के अनुसार सृजित काव्यार्थ सहृदय के हृदय में अपनी साक्षारात्मक सक्षमता द्वारा चमत्कृत करके जन्म-जमान्तर की स्थित वासना को जागृत (अभिव्यक्त) करते हैं। वे इस सन्दर्भ में कालिदास कृत 'अभिज्ञान शाकुलन्तलम्' का वह वाक्य दृष्टान्त के रूप में रखते हैं; जहाँ कालिदास कहते हैं कि मधुर वचनों को सुनकर ऐसा प्रतीत होता है कि उनसे सम्बद्ध अर्थो का सम्बन्ध जन्म-जन्मान्तर से है। जन्मजन्मान्तर की हृदय में संचित् वासनाओं को जागृत करने वाले विभावादि रसना व्यापार को जागृत कर किस प्रकार आस्वादित बनाते हैं, इसे इंगित करते हुए वे कहते हैं कि—

''तेन विभावादि संयोगाद्रसना यतो निष्पद्यतेऽतस्तथाविध रसनागोचरो लोकोत्तरोऽर्थो रस इति तात्पर्याः।''

विभावादि के संयोग से निष्पन्न होने पर आस्वादन स्वरूप रसना (रस्यमान वासना वृत्ति) स्वयं उस प्रकार की प्रतीति का विषय बनकर लोकोत्तर अर्थ में रस्यमान होने के कारण रस कहलाती है। इस प्रकार लोक-अर्थ-संदर्भ रूप विभावादि का लोकोत्तर अर्थ संदर्भ में बदल जाना रस की

मूल प्रकृति है। समस्त विभावादि व्यापार प्रकारान्तर से काव्यार्थ या नाट्यार्थ व्यापार ही है।

काव्यार्थ की रचना स्वयं में, जैसा कि पहले कहा जा चुका है, सर्जक की सृजनगत विलक्षणता है, किन्तु पाठक के लिए उस मूल अर्थ का बोध भी बहुत आसान नहीं है। मूल अर्थरस का बोध सहृदय को ही होता है और इस सहृदय की चार विशेषताएँ होनी चाहिए।

(1) निरन्तर काव्याभ्यास

(2) पूर्व जन्म का संस्कार

(3) प्राक्तन पुण्य

(4) सर्जक सदृश प्रतिभा सम्पन्नता

इन चारों कारणों द्वारा क्रमशः काव्यार्थ रूप रस भी साक्षारात्मक प्रतीति **(1) अत्यन्त प्रत्यक्ष (2) स्पष्ट तथा व्यापक (3) पूर्णतः साक्षारात्मक (4) सर्जक की चित्तासन्नता से सिद्ध पूर्णतादात्म्य एवं अर्थ स्फुरण होता है।** काव्यार्थ की निर्वाध प्रतीति ही वासनावृत्ति के प्रस्फुटन का आधार है–

''तेन ये काव्याभ्यास प्राक्तन पुण्य हेतु वलादिभिः हृदयास्तेषां विभावाद्यन्मीलतेऽपि परिस्फुट एवं साक्षात्कार कल्पः काव्यार्थ स्फुरति।''

इसलिए जो सहृदय पुरुष काव्य के अभ्यास तथा पूर्वजन्म के संस्कार से परिमार्जित हैं, उन्हें (मुक्तादि) काव्य में भी सीमित रूप से व्यक्त विभावादि अधिक प्रत्यक्ष स्पष्ट तथा साक्षारात्मक हो जाते हैं–जिनसे उन्हें (पाठक को) काव्यार्थ रूप रस की प्रतीति होती है।

अपनी 'अर्थ रस' पर दी गयी टिप्पणी के संदर्भ में आचार्यपाद इस सूत्र का सम्पादन तथा स्पष्टीकरण इस प्रकार करते हैं–

''तत्र च नटो ध्यायितामिव ध्यानपदम्। न हि तत्र। अयमेव सिन्दूरादिमयो वासुदेवः इति स्मरणीय प्रतिपत्तिः तदुपायद्वारेणातिस्फुटीभूतसंकाय गोचरो देवताविशेषो ध्यायिनां फलकृत्। तद्वन्नाट्यप्रक्रिया द्वारोदितादि स्फुटाध्यवसाय देशकालाद्य स्पष्टः विधि स्थानीयोऽर्थो अथ इदं फलम् इति व्युत्पत्ति वितरति।''

''जैसे आराधक मूर्ति के समक्ष ध्यान करते हुए उस मूर्तिध्यान के द्वारा स्पष्ट संकल्पित होकर फलसिद्धि प्राप्त करता है, तथैव सहृदय काव्य तथा नाटकादि में कलात्मक प्रमुख एवं उसकी प्रक्रिया द्वारा उदित स्पष्ट ज्ञान से उस नट रूप रामादि के प्रति साक्षारात्मक प्रतीति द्वारा विश्रान्तिचित्, देशकाल की सीमा से मुक्त होकर अर्थ की व्यंजना से निरन्तर आस्वादन प्राप्त करता

रहता है। यहाँ अर्थ प्रतीति की विलक्षणता के कारण ही 'नट' में रामत्व से भिन्न कोई अर्थ चित्त में नहीं आने पाता।

इस प्रकार, सहृदय के चित्त की अर्थवासना ही रसत्व के लिए आधार है। आचार्य भरत पाठक की दृष्टि से तथा दूसरी ओर सर्जक की दृष्टि से और तीसरी ओर काव्य के रचनात्मक तथा चौथी ओर कलात्मक वैशिष्ट्य की दृष्टि से अर्थ रस की व्याख्या करते हैं। मूलतः उनकी दृष्टि में सृजन के यही चारों पक्ष हैं– सर्जक, कलासृजन तथा उसका आस्वादन–आस्वादन से सम्बद्ध पाठक या सहृदय। वे कहते हैं कि–

''विभावैराहृत योऽर्थो अनुभावैस्तु गम्यते।

वागङ्गसत्त्वाभिनयैः स भाव इति संज्ञितः।

कवि कलासृजन के अन्तर्गत विभावों के द्वारा जिस अर्थ को प्रस्तुत करता है, वही अर्थ अभिनय व्यापार या काव्य पाठ के समय सहृदय को विभावों द्वारा प्रतीत (भावात्मक रूप से गम्य) होता है। अभिनय व्यापार के अन्तर्गत यही अर्थ वाणी, अंग संचालनादि मुद्राओं तथा सात्विक भाव की चेष्टाओं द्वारा अनुभूत कराया जाता है। सहृदय पाठक काव्यपाठ द्वारा इन अर्थों की साक्षारात्मक प्रतीति करता है और दर्शक नटाभिनय के माध्यम से। भाव की यही साक्षारात्मक प्रतीति रस है। काव्यार्थ एवं भाव पयार्यवाची हैं–परस्पर एक दूसरे के कार्यकारण नहीं। आचार्य भट्टनायक की रस व्याख्या में यही दोष है कि वे 'अभिधा व्यापार के अन्तर्गत काव्यार्थ के सौन्दर्य की प्रणाली तथा अर्थ दोनों को एक कर देते हैं–यहाँ तक तो किसी प्रकार से विसंगति बचाई जा सकती है–किन्तु इस काव्यार्थ व्यापार को कारण तथा रस प्रतीति को उसका कार्य मानते हैं। उनके अनुसार रस साधारणीकरण का फल है। इस प्रकार काव्यार्थ, साधारणीकरण, रस निष्पत्ति उनके अनुसार यह क्रमिक प्रतिक्रिया है–जबकि आचार्य भरत काव्यार्थ को रस मानते हैं और भट्टनायक का मत भरत के मत से पर्याप्तरूप से भिन्न हो जाता है–इसीलिए आचार्य अभिनवगुप्त ने उसे संशोधित करते हुए सिद्ध किया कि–

'तत्काव्यार्थो रसः'

काव्यार्थ साधारणीकरण तथा आस्वादनव्यापार एक-ही प्रक्रिया की विभिन्न प्रतिकृतियाँ हैं, किन्तु आचार्य भट्टनायक इसके विषय में बताते हैं कि–

अमिधा भावना चान्या तद्भोगीकृत मेव च।

अभिधाधामतां याते शब्दार्थलंकृती ततः

भावनाभाव्य एषोऽपि शृंगारादि गुणे मतः
तद्भोगीकृतरूपेण व्याप्यते सिद्धिमान्नरैः ॥

"आस्वादन के तीन व्यापार हैं, अभिधा भावना तथा भोगीकृत दशा। काव्य में आस्वादन के पूर्व शब्दार्थ और अलंकृति आदि कलात्मक सृजन व्यापार अभिधा के रूप में उपस्थित होते हैं, इसके पश्चात् भावनाव्यापार से जो साधारणीकृत होता है, वह सामाजिक (पाठक द्वारा) शृंगारादि रस रूप में भोग किया जाता है।"

आचार्य भट्टनायक के इस मन्तव्य का खण्डन करते हुए अपने पूर्वाचार्यों के मत का उल्लेख करते हुए आचार्य अभिनवगुप्त अभिनवभारती में बताते हैं कि–

संवेदनाख्यया व्यंग्यस्व परसंवित्तगोचरः।
आस्वादनात्मानुभवो रसः काव्यार्थ उच्यते।[1]

व्यंग्यार्थ की आस्वादनीयता ही सामाजिक (पाठक) के हृदय में साक्षात्कारात्मक प्रतीति आस्वादन के रूप में अनुभूत होती है–वही रस है– इस प्रकार व्यंग्यार्थ रूप काव्यार्थ की परिणतियाँ भले ही कालान्तराल में हों, वस्तु एवं विषयि रूप में एक ही है। काव्यार्थ ही रस है। आचार्य भरत द्वारा कथित 'हृदयसंवादी' अर्थ सहृदयश्लाध्य ही है।[2]

इस प्रकार, काव्यार्थ ही भाव है और कवि-सृजन में ही वह वाच्यरूप, व्यंग्यरूप, प्रतीतियोग्यता रूप, लोक-समाज के व्यापक अनुभव रूप, नाना प्रकार की सम्प्रेष्य कलाओं की सामर्थ्य से मंडित अभिप्रायास्वादन रूप पाठक के भावात्मक चित्त से साक्षात्कार करके भावाद्वैत रूप में पाठक के चित्त का विषय बन जाता है। कवि द्वारा सृजित कलान्वयी कविता प्रकारान्तर भाव से भावान्वयी या रसान्वयी कविता है। यदि कविता को शब्दार्थ सृजन के रूप में स्वीकार करते हैं, कवि और पाठक के बीच का अंतरंग सम्बन्ध स्वीकार करते हैं, यदि सृजनात्मक अभिव्यक्ति में आये सामाजिक मन्तव्यों की प्रतीति को उसका धर्म मानते हैं, तो सृजन के आस्वादन (रस) को स्वीकार करना पड़ेगा। सामाजिक अनुभव के विस्तार तथा बदलाव से सृजनात्मक साहित्य का मात्रात्मक तथा गुणात्मक विस्तार हुआ है। उपन्यास, कहानी, एकांकी,

---

1. देखिए—नाट्यशास्त्र की टीका, चौखम्भा संस्कृत संस्थान, वाराणसी, पृ० 148–250
2. Outline of Abhinava Gupta's Aesthetics, श्री वि० एण० कुलकर्णी, पृ० 19–20

नाट्य, काव्य, गीति नाट्य आदि-आदि सृजनात्मक साहित्य रूपों की परिणति 'आस्वादन' में ही होती है और गुणात्मक बदलाव से उत्पन्न काव्यार्थ स्वाद को आज का पाठक भलीभाँति चख रहा है। इसलिए नई कविता (जिसका अब प्राय: समापन काल उपस्थित हो रहा है) के दिवंगत आलोचक कवियों–यथा (आदरणीय) डॉ० जगदीश गुप्त, श्री लक्ष्मीकान्त वर्मा, श्री अज्ञेय आदि को छोड़ दीजिये, किन्तु जो आज वर्तमान हैं, उन्हें आस्वादन विषय पर टिप्पणी देते समय इसका ध्यान अवश्यक रखना चाहिए–

भाव संयोजना व्यंग्यव्यापार संवित्तिगोचरः।
आस्वादात्मानुभवोरसः काव्यार्थ उच्यते।
(व्यक्तिविवेकः आचार्य महिमभट्ट)

❑

आस्वादनधर्मी रस और कविता की समग्रता

रस सिद्धान्त का मूल प्रश्न सृजन, कलात्मक कौशल, कविप्रतिभा और सर्जक की अन्तदृष्टि से जुड़ा हुआ है। ये सम्पूर्ण तत्त्व जुड़कर कृति में संवेदनावर्ती वातावरण का निर्माण करते हैं। सर्जक द्वारा निर्मित उसकी प्रपंचात्मक काल्पनिक सृष्टि सत्य न होते हुए भी चित्त को सत्य होने की प्रतीति कराते है। **इस निर्माण को प्रतीति से जोड़कर पाठक संचित् संस्कारों के द्वारा अपने चित्त में जिस आस्वादन की अनुभूति करता है, आचार्यों ने उसी को रस का नाम दिया है।** यह कृति के आस्वादन की भूमि है और आस्वादयिता को सहृदय पाठक के नाम से पुकारा गया है। यह आस्वादनवृत्ति देश-काल-व्यक्ति आदि से परे एक मनस्वृत्ति है–जिसका आधार सृजित कृति है। यह निर्मित कृति भाषामाध्यम से कविता कहानी, उपन्यास, नाटक कुछ भी हो सकती है। अन्य माध्यमों से यह चित्र, संगीत, वाद्य, नृत्यादि कोई भी कलाकृति भी हों सकती है–ये सभी-की-सभी कलाएँ सहृदय के लिए आस्वादनधर्मी है। सहृदय की निजत्व तथा परत्व की अहन्ता के त्याग के बाद मूल संवेदना से तादात्म्यप्रतीति कराना कलाओं का स्वभाव है। इस तादात्म्यप्रतीति की भूमिका में पाठक के चित्त को प्राप्त होने वाले आस्वादन को भारतीय चिन्तन में 'रस' का नाम दिया गया है। हम उसे आस्वादन कहें या रस, किन्तु यह कृति के सन्दर्भ में एक मूलभूत समस्या है। आस्वादनरूप रस के प्रश्न को भारतीय चिन्तन में इस प्रकार उठाया गया है–

1. आस्वाद्यते इति रस, अर्थात् आस्वादन ही रस है।
2. आस्वादनस्वरूपो रस:, अर्थात् कविता में जो तत्त्व आस्वादित है, वह रस है–अर्थात् रस आस्वादन का विषय है।

रस आस्वादन स्वरूप है या आस्वाद्य वस्तु है–इस प्रश्न पर पर्याप्त चर्चा की जा चुकी है।

अनेक आचार्यों ने रस को आस्वादन का विषय या अधिष्ठान माना है। उनके अनुसार रस आस्वाद्य है–अर्थात् वह वस्तु-तत्त्व जिसका आस्वादन किया जाता है। मराठी विद्वान् इसी अभिमत के हैं। यदि इसे स्वीकार कर

लिया जाता है तो रस-निष्पत्ति के सन्दर्भ में कार्य-कारण, विषय-विषयि, विषय तथा अधिष्ठान जैसे अनेक प्रश्न उठ खड़े होंगे।

आचार्य भरत इसे स्पष्ट करते हुए कहते हैं कि–

आस्वाद्यत्वात् रसः, अर्थात् रस स्वतः आस्वादधर्मी है, वह आस्वाद्य का अधिष्ठान जैसा नहीं है।

किसी भी कृति के दो पक्ष हैं–प्रथम है, सृजन का पक्ष और दूसरा है, आस्वादन का पक्ष। सृजन पक्ष के केन्द्र में है, सर्जक का चित्त और आस्वादन पक्ष के केन्द्र में है, पाठक की चित्तभूमि। सर्जक का मनोविज्ञान भिन्न है और पाठक का मनोविज्ञान एकदम भिन्न है। सर्जक रसानुभूति प्राप्त करता है या नहीं, यह विवाद का विषय है, किन्तु वह उस भावभूमि का दर्शन चित्त में अवश्य करता है। पाठक सर्जक के इस चित्त दर्शन का तादात्म्य करके ही रसानुभूति करता है। कवि और दर्शक, साथ ही साथ अभिनेता तीनों एक चित्तभूमि से होकर अवश्य गुजरते हैं। तीनों की चित्तभूमि उस दर्शन से सम्बद्ध अवश्य होती है अन्यथा सर्जक न कृति प्रस्तुत कर सकेगा और न अभिनेता में तद्रूपतानुसंधान की वृत्ति जाग्रत होगी और न पाठक या दर्शक उस चित्तभूमि से तादात्म्य के अभाव में आस्वादन प्राप्त कर सकेगा। सर्जक की स्वचित्तासन्नता में वर्ण्यविषय का आत्मसाक्षात्कार, अभिनेता का 'मैं ही वह हूँ', यह अभिमान एवं पाठक की मूल संवेदना के साथ तादात्म्य एवं उसके चित्त का आस्वादनभूमि पर अवतरण इन तीनों में एकात्म्य है। आचार्य भट्टतौत ने इसीलिए कहा है कि–

''नायकस्य कवे श्रोतुः समानानुभवो भवेत्''

रस का सम्बन्ध इस प्रकार पाठक के उस मन से है–जो कृति की संवेदनाभूमि के सम्पर्क में आता है। कृति के सम्पर्क में आने पर यदि सम्पूर्णतः स्थितियाँ व्यवस्थित है तो निश्चित रूप से संवेदनाभूमि से पाठक के चित्त का तादात्म्य होगा। संवेदनाभूमि पाठक के चित्त को तदाकारपरिणति के लिए विवश करती है या स्वयं कृति की संवेदनाभूमि में आकर उसका चित्त तदाकारपरिणति के लिए विवश हो उठता है। आचार्य भोज ने इस मनःदशा को अनेक दृष्टान्तों द्वारा स्पष्ट किया है–

''यथा लवण (रस)–आम्लादयः....आत्मरूपतां नयन्तः उपचीयन्ते तथा रत्यादीनि विभावादीनप्यात्मरूपतां नयन्ति उपचीयन्ते''[1] साहित्य में इसी एकात्म्य के स्वाद को रस दशा के नाम से पुकारा गया है। आचार्य भरत ने पाठक के आस्वादनपूर्व चित्त को शुष्क काष्ठ से उपमित किया है, शुष्क काष्ठ अर्थात्

वह सहृदय चित्त जिसमें अग्नि रूपी काव्य भाव के सम्पर्क में आकर धधकने की पूर्ण क्षमता हो। जिस प्रकार, अग्नि के सम्पर्क में आकर शुष्क काष्ठ जलने लगता है–जलना उसकी अपनी विवशता है, ठीक ऐसी ही विवशता भावग्रहीता के चित्त की है। तादात्म्य के बाद विगलन को छोड़कर उसके चित्त के पास अन्य कोई विकल्प नहीं रहता। कृति के भाव के सम्पर्क में वीतविघ्न भाव से चित्त की भावाकारिता की दशा ही रस दशा है। आचार्य भरत ने इसके लिए 'सामान्यगुणयोग' सम्बन्ध की चर्चा की है। शुष्क काष्ठ का सहज ही अग्नि-गुण में परिणत हो जाना–दूसरे शब्दों में सहृदय पाठक के चित्त का स्वतः वर्ण्य-विषय की भाव संवेदना के अनुरूप परिणत हो जाना सामान्य गुण योग है। इसी को महर्षि पतंजलि ने 'साधारण्यबलात्' कहा है और फिर आचार्य आनन्दवर्धन, भट्टनायक एवं अभिनव गुप्तपादाचार्य आदि ने रस के साधारणी-करण की दशा निर्दिष्ट की–जो महर्षि पतंजलि का 'साधारण्यवलात्' ही है। हजारों-हजारों श्रोताओं के चित्त को एक प्रकार से प्रतीतिगम्य, देश-काल के अवरोध की उपेक्षा करके समान भाव से एकात्मभूत और यह एकात्मभूतता कृति की संवेदनाभूमि एवं पाठक, दर्शक तथा श्रोता के चित्तभूमि के परस्पर जुड़ने से उत्पन्न होती है। बीसवीं शती में टी० एस० इलियट का कालान्तराल सिद्धान्त भी ऐसा ही है–जिसे भारत में हजारों वर्षों पूर्व स्थापित किया गया है।

वक्ता की कुशलता या अभिनय व्यापार के द्वारा हजारों श्रोताओं का एक साथ, प्रत्येक क्षण, एक जैसी भाव-दशा से तादात्म्य करते हुए एक जैसे आह्लाद का अनुभव करते हैं, कवि का असाधारण कृतित्व इस क्षण सर्वसाधारण के लिए एक-सा हो उठता है। पाठक के लिए सर्जक एवं विषयवस्तु के देश, काल का बोध एक क्षण में ही टूट जाता है। इस प्रकार आचार्य भरत का सामान्यगुण योग या भट्टनायक का साधरणीकरण सिद्धान्त काव्यास्वादन की प्रक्रिया के सिद्धान्त को इंगित करने के लिए प्रतिपादित किया गया है।

काव्यास्वादन की यह प्रक्रिया सहृदय पाठक को सरस्वती की कृपा से प्राप्त होती है। कविता गो माता की भाँति है। एक स्थल पर कहा गया है कि–

वाक् काव्यात्मतया परिणमानाः धेनुः

अपने वत्स सहृदय पाठक के लिए काव्य सरस्वती धेनु का रूप ग्रहण कर लेती है और जैसा कि भट्टनायक कहते हैं–

वाग्धेनुर्दुग्ध एतं हि रसं यद्बालतृष्णया।
येन नास्य समः स स्यादुह्यते योगिभिः यः

ध्वन्यालोकलोचन में भी बताया गया है–

तदावेशेन निवाप्याक्रान्तया हि योगिभिर्दुह्यते॥

वाग्धेनु वत्सप्रीतिवश अकारण रसिक सहृदय के चित्त में काव्यास्वादन रूप रस की स्वतः सहज ही वर्षा कर देती है–जिसे योगिजन अनेक यम, नियम, प्रत्याहार आदि कठिनतर प्रयत्नों के बाद बड़े मुश्किल से प्राप्त करते हैं।

इस प्रकार के कथनों की व्यंजना यही है कि काव्य-संदेवना और रसिक चित्त के बीच एक नैसर्गिक-प्राकृतिक सम्बन्ध है और कलाकृतियों में व्यक्त भाव-संवेदन सहृदय के चित्त में भावनास्वाद बनकर सहज ही आस्वाद्य है। रसत्व का प्रमाण सहृदय के अतिरिक्त अन्य कोई काव्य-विधेयक या व्याख्याकार नहीं हो सकता–

काव्येरसयिता सर्वो न बोद्धा न नियोगभाक्

कविता के सौन्दर्यास्वादन की प्रतीति का भोक्ता चित्त (सहृदय-चित्त) ही उसका प्रमाण है।

आचार्य भरत से नाट्यशास्त्र के छठें अध्याय में अत्रेय आदि ऋषियों ने प्रश्न किया–

ये रसा इति पठ्यन्ते नाट्यै नाट्य विलक्षणैः।
रसत्वं केन वै तेषामेतदारव्यातुमर्हसि॥

नाट्यशास्त्र के मर्मज्ञ नाट्य में जिसे रस कहते हैं, वह क्यों रस कहलाता है। हे भरतमुनि! इसका कारण बतलाने का कष्ट करें। आचार्य भरत ने कहा है–

1. **अत्राह–रस इति कः पदार्थः**

   आचार्य भरत स्वयं उत्तर देते हैं–

   उच्यते आस्वाद्यात्वात्

अर्थात्–रस किस वस्तु को कहा जाय। वह उत्तर देते हुए कहते हैं–चित्त में आस्वाद्य होनेवाला पदार्थ रस है। इसी को इस तरह समझाया गया है–(Because it is capabale of being tasted) अर्थात्, रस इसलिए है कि वह चित्त द्वारा आस्वाद्य है। आचार्य भरत इसे विविध रूपों में स्पष्ट करते हुए कहते हैं–

यथा हि नाना व्यंजनौषधिद्रव्यसंयोगात् रसनिष्पत्तिः तथा नाना भावोपगमाद्रसनिष्पत्तिः यथाहिगुडादिभिद्रव्यै व्यंजनैरौषधिभिष्ट षाडवादयो रसा निर्वर्न्त्यन्ते तथा नानाभावोपगता अपि स्थायिभावाः रसत्वमाप्नुवन्ति इति।

जैसे नाना प्रकार के व्यंजनों, औषधियों एवं द्रव्यों के संयोग से आस्वाद्य रस भी निष्पत्ति होती है, उसी प्रकार नाना प्रकार के भावों (विभाव, अनुभाव, सात्त्विक एवं संचारियों) के संयोग से काव्यरस की निष्पत्ति होती है, जैसे गुडादि द्रव्यों, व्यंजनों एवं औषधियों से षाडवादि रस का आस्वादन होता है, तथैव नाना प्रकार के भावों से सिद्ध (उपगत) स्थायी भावों के संयोग से रसत्व प्राप्त होता है।

इस दृष्टान्त के माध्यम से आचार्य भरत दो तथ्यों की ओर ध्यान आकर्षित करना चाहते हैं–प्रथम यह कि गुडादि द्रव्यों के संयोग से बना हुआ षाडव रस सर्वथा विलक्षण स्वभाव का है और गुडादि के होने पर भी उसका स्वाद उनसे सर्वथा भिन्न है–ठीक उसी प्रकार विभावानुभाव सात्त्विक एवं संचारी के संयोग होने पर उससे निष्पन्न रस सर्वथा लोकानुभव से विलक्षण है। काव्य के रूप में अभिव्यक्त, कबि की अनुभूति से निःसृत काव्यास्वाद लोकानुभूति से भिन्न एवं विलक्षण है।

दूसरा यह कि, अनेक कविवर्णित लोकानुभूतियों से पुष्ट विभावादि स्थायी भाव ही रसत्व को प्राप्त होते हैं। लोक की शृंगार भाव प्रतीति के लिए आवश्यक है कि पाठक का हृदय 'रति' से उत्कंठित हो–यदि वैराग्यादि के कारण उसकी रति वासना दमित हो तो वह रसत्व को नहीं प्राप्त होगा। स्थायी भाव तो प्रकृत मनुष्य या पाठक के अपने धर्म से सम्बद्ध है और वही स्थायी भाव रसत्व को प्राप्त होता है। रस स्थायी भाव नहीं, स्थायी भाव विलक्षण है, क्योंकि मूलवासना के रूप में 'रति' आदि शृंगारिकता की ओर चित्त को प्रवृत्त करती है, किन्तु रसास्वाद में यह रति भाव उस सहृदय पाठक को लोकनिरपेक्ष बनाती है। रस के आस्वादन का आधार स्थायी भाव की निरपेक्षरूपता है–संसंक्तिरूपता नहीं। लोक का स्थायी भाव संसक्ति की ओर ले जाता है, किन्तु काव्य में स्थायी भाव लोकमुक्ति की ओर। रस, इस प्रकार कृति के सम्पर्क में आने पर पाठक की वह मनोदशा है–जो विवश होकर आस्वादनमयता प्राप्त करने के लिए प्रवृत्त हो उठती है। जिस प्रकार, हँसी आने पर उसे रोका नहीं जा सकता और शोक होने पर करुणा का विसर्जन सम्भव नहीं है, ठीक उसी प्रकार किसी कलाकृति के सम्पर्क में चित्त के आ जाने पर तन्मयीभूत होकर आस्वाद ग्रहण करने की उसकी सहज प्रवृत्ति रोकी नहीं जा सकती। कलाकृति एवं सहृदय के चित्त की इसी भावाद्वैत दशा में प्राप्त आस्वादन ही रस है। रस सामाजिक प्रवृत्ति का एक स्वरूप (Socail Instinct) है, जो कला के संसर्ग में आने वाले प्रकृत मन को तन्मयीभूत एवं आनन्दित करता है। पश्चिमी कला तथा काव्य चिंतन में इस सामाजिक प्रवृत्ति

(Socail Instinct) का बीसवीं शती में नितान्त सतही विवेचन मिलता है। आचार्य भरत ने हजारों वर्षों पूर्व इसे अनेक दृष्टान्तों से समझाने की चेष्टा की है–

कथमास्वाद्यते रसः

यथा हि नाना व्यंजन संस्कृतमन्नं भुञ्जानां रसना स्वादयन्ति सुमनसः पुरुषाः हर्षादीञ्चधिगच्छन्ति तथा नानाभावाभिनय व्यंजितान् वागंग सत्त्वोपेतान् स्थायिभावानास्वादयन्ति सुमनसः प्रेक्षकाः हर्षादींश्चाधिगच्छन्ति तस्मान्नाट्य रसा इति व्याख्याताः।

अथ आनुवंश्यौ श्लोकौ भवतः

यथा वहुद्रव्ययुतै व्यंजनैः वहुभिर्युतम्।
भावयन्ति भुंजानां भक्तंभक्तविदो जनाः॥
भावाभिनयसम्बन्धान् स्थायिभावास्तथा बुधै।
आस्वादयन्ति मनसा तस्मान्नाट्यरसाः स्मृताः॥

यहाँ भरत आस्वादन के सम्बन्ध में संकेत करते हुए कहते हैं कि विभावानुभावसंचारि से युक्त भावों के अभिनय का स्थायिभावों से सहज सम्बद्ध हो जाने के कारण बुधजन अपने चित्त में जिसका आस्वादन करते हैं, उन्हें नाट्य (के अन्तर्गत) रस कहा जाता है–यह उसी प्रकार है, जैसे गुडादि अनेक द्रव्यों के संयोग से अनेकों प्रकार के व्यंजनों के स्वाद के जानकार भोक्ताजन स्वाद का आस्वादन ग्रहण (भावनः आस्वादन : सम्बद्ध आनन्द) करते हैं।

वे अपने वार्तिक भाग को इन्हीं दो आनुवंश्य श्लोकों से समर्थित करते हैं। प्रथम दृष्टान्त में सुमनसः पुरुषाः (आस्वादमर्मी) नाना प्रकार से रींधे हुए व्यंजनों को खाते हुए हर्ष प्राप्त करते हैं तथैव सहृदय प्रेक्षक नाट्य (काव्य) में नाना प्रकार के विभावानुभावादि से व्यंजित और वाणी तथा सात्त्विकों, अभिनयों से परिपुष्ट अभिनय व्यापार से स्थायी भावों के द्वारा उनका आस्वादन ग्रहण करते हुए हर्षादि का अनुभव करते हैं।

आचार्य भरत सर्वप्रथम रसना रस तथा चित्त द्वारा रसास्वादन के दृष्टान्त द्वारा आस्वादन साम्य प्रस्तुत करते हुए इस स्वभाव (वृत्ति) का आख्यान करते हैं। आचार्य भरत नितान्त सरलतापूर्वक यहाँ दो प्रश्नों को उठाते हैं–

1. पाठक के चित्त में आस्वाद्य तत्त्व ही रस है, अर्थात् रस आस्वादन स्वरूप है, क्योंकि चित्त द्वारा जिसका आस्वादन किया जाता है, वह रस है। यह नाट्य के अभिनय, काव्यादि के श्रवण का परिणाम है। इस प्रकार रस की परिभाषा बनती है–आस्वाद्यते इति रसः (Taste, itself Rasa)।

2. इसका विद्वानों ने एक और भी अर्थ निकाला है–चित्त द्वारा आस्वादित वस्तु (जिसके आस्वादन का हेतु चित्त है) ही रस है। इसका अर्थ निकाला जाता है–रस आस्वादन स्वरूप या चित्त का एक विषय है और फिर उसका अर्थ निकाला जाता है–आस्वाद्यते इति रस, अर्थात् जो (वस्तु) आस्वादित की जा रही है, वह रस है। इस सन्दर्भ के अनुसार आस्वाद्यते इति रसः। (Which is tasted, is Rasa), अर्थात् रस एक वस्तु (Object) है, जो आस्वादित की जाती है।

रस की यह दो परिभाषाएँ आचार्य अभिनवगुप्त एवं आचार्य भट्टनायक से जुड़ी है। आचार्य भट्टनायक के अनुसार, 'रस आस्वादनस्वरूप' है, क्योंकि प्रथम स्थिति में यह साधारणीकृत (चित्त प्रतीति का विषय) होता है, ततश्च आस्वादित साधारणीकरण तथा आस्वादन की दो प्रक्रियाएँ हैं, किन्तु आचार्य अभिनवगुप्त इन दो प्रक्रियाओं को नहीं स्वीकार करते। उनके अनुसार साधारणीकरण स्वयं में आस्वादन प्रक्रिया है और जो आस्वादित होता है, वह रस है। विस्तारपूर्वक यहाँ इन दोनों प्रश्नों पर विचार आवश्यक है–

आस्वाद्यते इति रसः–जो आस्वादित है, जो स्वयं आस्वाद्य है, उसको आचार्य भरत ने अनेक दृष्टान्तों के माध्यम से समझाया है। उनके दृष्टान्त इस प्रकार हैं–

(क) जिस प्रकार नाना प्रकार के व्यंजनों, औषधियों और द्रव्यों के संयोग से भोक्ता को विलक्षण प्रकार का रसना रस प्राप्त होता है।

(ख) जिस प्रकार गुडादि द्रव्यों से निर्मित मिश्रित योग्य पदार्थों से तैयार भोजनादि से अतीव आनन्दमयी आस्वादन प्राप्त होता है।

(ग) जिस प्रकार बिखरे हुए पुष्पों (भावों) को एक निश्चित क्रम में सजाकर तथा मालाकारिता का स्वरूप देकर आनन्दित देनेवाला बना दिया जाता है और उसके सम्पर्क में आकर जन आनन्दित होते हैं; ठीक उसी प्रकार, भोग्य पदार्थों से आस्वादन जैसा उत्पन्न आस्वाद, षाडवादि रस जैसा उत्पन्न आनन्द तथा भावों की व्यवस्थित क्रमबद्धता से उत्पन्न चित्त में आनन्दाभिभूतता जैसा तत्व विभावानुभावव्यभिचारी द्वारा संयोजित किये जाने पर पाठक के चित्त में स्थित संस्कार रूप में वर्तमान स्थायी भाव द्वारा रसत्व को (आस्वादन को) प्राप्त होता है। यही रसत्व आस्वादन है।

यहाँ भोग्य पदार्थों, षाडवादि रस तथा मालाकारिता के दृष्टान्त को इस रूप में रखने का तात्पर्य यह समझना मात्र है कि रस विभावादि के स्वाद से विलक्षण है, तथा उसकी प्रतीति इन दृष्टान्तों द्वारा की जा सकती है। यही नहीं, काव्यास्वाद एक सूक्ष्म, कलाजन्य तथा अन्तःप्रज्ञात्मक प्रतीति है। लोक

की आस्वादन प्रतीति यथार्थ मूलक है, किन्तु उसका स्वरूप अभिधेयात्मक है। काव्यास्वादन की प्रतीति भी है, किन्तु यह है–लक्षणात्मक कलास्वाद स्वयं में चित्त का प्रतीतिमूलक आस्वाद है–और उसे विवेचनगम्य बनाने के लिए लोकपदार्थों की रसनानुभूति का दृष्टान्त मात्र दिया है–रसनानुभूति एवं काव्यास्वादन से इसका कुछ लेना-देना नहीं है। काव्य में प्रयुक्त रस लक्षणासिद्ध शब्द है, जिसका अर्थ औषधि रस, भोग्य पदार्थ आदि का भोग तथा आस्वादन न होकर कला के संसर्ग में आने पर सहृदय के चित्त का आस्वादन तथा उसका आनन्द है। आचार्य अभिनवगुप्त ने इस आस्वादन तथा आनन्द के लिए अनेक नाम दिये हैं–

तत्र विध्नापसारकाः विभावप्रभृतयः तथा हि लोके सकलविघ्न-विनिर्मुक्ता संवितिः एवं चमत्कारः निर्वेश रसन् आस्वादन भोग समापत्तिः लय विश्रान्तादिशब्दैरभिधीयते॥

आचार्य अभिनव गुप्त ने इस कथन के माध्यम से आचार्य भरत के 'रस इति को पदार्थः' को स्पष्ट करते हुए उसके स्वरूप का निर्देश किया है। यदि रस से उत्पन्न आनन्द (रसास्वादन) शब्द का प्रयोग न किया जाय तो काव्य से मिलनेवाले आनन्द के लिए चमत्कार, निर्वेश, रसन्, आस्वादन, भोग, समापत्ति, लय, विश्रान्ति आदि शब्दों का उस अर्थ में प्रयोग कर सकते हैं। वस्तु विषयादि की जटिलताओं का निवारण करके पाठक की चित्त-दशा, वस्तु-विषय एवं अर्थ से ज्यों-ही-तादात्म्य उत्पन्न करता है, रसास्वादन की प्रक्रिया प्रारम्भ हो जाती है। आचार्य भरत एवं अभिनवगुप्त के अनुसार यही रस है।

आस्वादनस्वरूपो रसः–यह जो चित्त द्वारा आस्वादित किया जाता है, उसका स्वरूप क्या है और इसे क्या हम रस से भिन्न अन्य किसी शब्द से पुकार सकते हैं? इसका उत्तर देते हुए आचार्यों ने बताया है कि नहीं, वही अनुभूतिस्वरूप विशिष्ट चित्त दशा ही रस है। मूलतः इस मत के अनुसार रस आस्वादन न होकर आस्वादन का विषय है। वह तत्त्व जिससे आनन्द उत्पन्न होता है। आस्वादन को स्वयं आनन्द रूप बताया जाता है, किन्तु इस मत के समर्थक कहते हैं कि रस वह वस्तु है, जो आस्वादनधर्मिता के भाव को उत्पन्न करता है। महाराष्ट्री विद्वान् इसे आस्वादन का विषय या अधिष्ठान ही मानते हैं। यह बताते हैं कि रस एक वस्तु है, जिसका आस्वादन किया जाता है। डॉ० सुरेन्द्र एस० वारलिंगे की इस सन्दर्भ में टिप्पणी द्रष्टव्य है–"भरत का मूल सिद्धान्त विस्मृति के गर्त में चला गया और वह पुनः प्रकाश में तब आया जब डी० के० बेडेकर, वारलिंगे, तथा कंगले ने यह इंगित किया कि मूलतः

रस आस्वाद न होकर आस्वाद्य (आस्वाद की वस्तु या उसका अधिष्टान) है।'' आचार्य अभिनवगुप्त रस को आस्वाद ही मानते हैं तथा आधुनिक विवचकों में डॉ० नगेन्द्र को यही मत स्वीकार्य है। नाट्यशास्त्र के मूलपाठ के अभाव में भरत के नाट्यशास्त्र में कतिपय ऐसे पाठरूप तथा सन्दर्भ मिलते हैं, जिनमें रस के आस्वाद की वस्तु होने का भी साक्ष्य मिलता है।

दूसरे सन्दर्भ में भी आचार्य भरत रस को आस्वादनधर्मी मानते हैं। उनके अनुसार-काव्य, नाट्य एवं अन्य कलाओं के सम्पर्क में आने पर पाठक के चित्त की भावात्मक अधिभूतता एक अनिवार्य दशा है और यही रस है। इस सम्बन्ध में तीन अन्य सन्दर्भ भी विचारणीय है। इसका सामान्य उल्लेख पूर्व किया जा चुका है।

1. भट्टनायक का भोगीकृत तृप्ति रूप रस
2. आचार्य भोज द्वारा स्वीकृत अहंकृति की तृप्ति रूप रस
3. भावात्मक स्फोट से उत्पन्न महारस एवं विभिन्न (शृंगारादि) रूप में उसकी अन्य दशाएँ

भट्टनायक द्वारा स्वीकृत भोगीकृत तृप्ति रूप रस या अभिनव गुप्त द्वारा स्वीकृत सम्पूर्ण प्राणियों के अन्तर्गत तृप्तिमूलक वासनाओं के भोग की आकांक्षा, इच्छा, ललक और भोग के क्षण मिलनेवाली तृप्तिकर आनन्दातिशयता में स्व-पर आदि की अभिभूतता तथा स्वानन्द की केन्द्रीयता, का महत्त्वपूर्ण स्वभाव देखा जाता है। जिस प्रकार मनोनुकूल भोग व्यापार में चित्त का विकास एवं विस्तार दिखायी पड़ता है, ठीक उसके विपरीत इस भोग में व्यवधान के कारण अतृप्तिकर विक्षोभ तथा विक्षेप की मनःदशाएँ मिलती है। सम्पूर्ण मानव जाति की भोगीकृत या व्यवधानित वासनाएँ तृप्ति एवं अतृप्ति, राग एवं राग के व्यवधान के रूप में देखी जाती है।

पदार्थ के भोग की भाँति ही कला का भोग है, किन्तु प्रकृति की दृष्टि से दोनों में अन्तर है। लोक के पदार्थों का भोग यथार्थमूलक है और ग्राह्यता तथा आग्राह्यता की दो समानान्तर सूचियाँ तैयार करते हैं, किन्तु कला जगत् में सभी कुछ कल्पना विलास द्वारा सृजित है। कल्पना विलास तथा लोक के यथार्थ जगत् के सम्पर्क में आनेवाली पाठक की चेतना कला के लीला विलास का प्रतिक्षण आनन्द भोगती हैं, किन्तु यथार्थ का भोग एवं तृप्ति भावात्मक दृष्टि से आनन्दमूलक एवं निषेधात्मक रूप में विक्षोभमूलक होगी। कला द्वारा सृजित संसार एक प्रकार का क्रीड़ा-विलास है। इसके सम्पर्क में आने के बाद सहृदय नैसर्गिक रूप में तन्मयीभूतता की दशा में प्रविष्ट होकर आनन्द का ही भोग करता है।

आचार्य भट्टनायक ने यद्यपि साधारणीकरण के बाद की दशा को चेतना की विश्रान्ति जैसी स्थिति स्वीकार की है और उसे तमस्, रजस् से मुक्ति के बाद सत्त्वस्था दशा में चित्त के प्रवेश को भावात्मक प्रक्रिया के रूप में देखा है–किन्तु उनका 'साधारणीकरण' शब्द अधिक महत्त्वपूर्ण है। आचार्य अभिनव गुप्त ने यहाँ इसे–'भावकत्व व्यापारेण भाव्यमानो' शब्द का प्रयोग किया है, जिसका अर्थ है–भावकत्व व्यापार के द्वारा साधारणीकृत। यहाँ भावक का अर्थ है–'आस्वादन रूप में साक्षात्कृत करनेवाला' और भोग का अर्थ है–आस्वादन रूप में सहृदय के चित्त द्वारा साक्षात्कृत-क्षण अर्थात् भोजकत्व का क्षण। यही भोग दशा है। भोग के अर्थ को स्पष्ट करते हुए अभिनव गुप्त के विश्वप्रसिद्ध व्याख्याता आर० नोली का मत इस प्रकार है–

"Rasa, the Aesthetic experience reveled by the power of revelation (भावना) is not noetic in character, is not a perception but an experience, a fruition (भोग) this fruition is characterized by a state of hysis (लय). The rest into our own consciousness.'[1].

यह भोग अपनी 'मैं' सत्ता की 'आत्ममयता' है। इसी भोग के आत्म-विलयन को जीव और ब्रह्म, आत्मा और ब्रह्म, अहम् का तत् में विलयन माना जाता है। भोग का सन्दर्भ अद्वैतता की सिद्धि से है और वह भोग चाहे जो भी हो और चाहे जैसा भी हो। भोग में अद्वैतता से जुड़ा तृप्ति का क्षण अद्वितीय है–जिसकी शैव, अद्वैतवेदान्ती, वैष्णवमतावलम्बी, कामसूत्रकार वात्स्यायन आदि अपनी व्याख्या भिन्न-भिन्न ढंग से करते हैं।

आचार्य भट्टनायक भोग, आत्मलयता, तृप्ति और उससे मिलनेवाली विश्रान्ति (Restness) की व्याख्या आध्यात्मिक परिवेश में करते हैं, किन्तु 'भोग और सहृदय की लयता' सर्वत्र एक जैसी है। भोगीकृत रूप में आस्वादन रूप अनुभूति रस है–और यही भट्टनायक का मत है–

''संवेदनाख्या व्यंग्यस्व परसंवित्ति गोचरः।
आस्वादनात्मानुभवो रसः काव्यार्थ उच्यते॥[2]

आचार्य अभिनव गुप्त 'भोग' का सन्दर्भ बदलकर उसके लिए सहृदय की 'मानसी साक्षात्कारात्मक प्रतीति' शब्द का प्रयोग करते हैं, किन्तु 'मानसी

---

1. The Aestheitic experience according to Abhinav Gupta Introduction. P. XXIII
2. अभिनव भारती में भट्टनायक का दिया गया उद्धरण

साक्षात्कारात्मक प्रतीति' के बाद साधारणीकृत दशा की स्थिति आती है। उनके अनुसार मानसी साक्षात्कारात्मक वृत्ति के ठीक बाद साधारणीकृत दशा और यह दशा संस्कार रूप में स्थित चित्त में वासना के जागरण का है– उत्पन्न होती है। वासना के जाग्रत होने के बाद सहृदय में पुलकादि (चमत्कार अर्थात् रसावेश का भाव) जाग्रत होता है। उनके अनुसार चमत्कार से चमत्कृत (पाठक की पुलकादि) विह्वलता की दशा ही रसभोग की दशा है।

आचार्य अभिनव गुप्त 'साधारणीकृत' दशा को पाठक की निरपेक्ष वासना-दशा की जागृति कहते हैं और इस रस दशा को चमत्कृत मानस की साक्षात्कारात्मक दशा ही मानते हैं। चमत्कृत मानस दशा से उनका तात्पर्य संस्कार रूप में वर्तमान पूर्वसंचित् भावनात्मक प्रतीति की स्मृति है।

काव्य के सम्पर्क में आकर सहृदय पाठक का चित्त अपने पूर्वानुभूत वासनाओं के संस्कारों का स्मरण ततश्च आत्मसाक्षात्कार करके आस्वादन रूप रस की चित्त में आत्मप्रतीति करता है। यह आत्मप्रतीति एक प्रकार से भोग ही है क्योंकि आस्वादन भोगरूप है। आचार्य भट्टनायक भोग की आस्वादन की प्रक्रिया मानते हैं, जो अभिनव गुप्त को अस्वीकार्य है किन्तु आचार्य अभिनव गुप्त द्वारा भोगवादी मत का स्पष्टतः खण्डन नहीं हो पाता। रस के आस्वाद के सन्दर्भ में अपने जिस भोग सिद्धान्त की व्याख्या आचार्य भट्टनायक करते हैं, उससे उन्हें विशेष आसंगति नहीं दिखाई पड़ती है, क्योंकि यह सम्पूर्ण प्राणियों में सहज तथा नैसर्गिक प्रक्रिया के रूप में दिखायी पड़ती है। काव्य का सहृदय पाठक ही नहीं, सामान्य पाठक भी काव्य के सम्पर्क में आकर, इस भोगीकृत चित्त द्वारा एक सीमा तक पूर्णतः विश्रान्ति का अनुभव करता है। कलाओं का प्रभाव तो पशु-पक्षियों पर भी दिखायी पड़ता है– जिसका आधार 'भोगवाद' ही है।

अहंकृति की तृप्ति–भारतीय रस चिन्तन में अभी तक यही विचार किया गया है कि भावनाओं की भोगीकृत दशा या वासनाओं के निरपेक्ष साक्षात्कार से उत्पन्न चमत्कृति (पाठक की अभिभूतता) ही रस है। इस मत के ठीक विपरीत आचार्य भोज ने अपना तीसरा मत स्थापित किया है। उनके अनुसार 'अहंकृति की तृप्ति ही' रस है।

आचार्य भोज का यह 'अहंकृति की तृप्ति' का सिद्धान्त मनोवैज्ञानिक फ्रायड के सिद्धान्त के समीप है। आचार्य भरत के अनुसार 'अहन्ता' व्यक्ति की मूल चेतना है और वह व्यक्ति की आत्मचेतना को नियंत्रित करके उसे अपने स्वाभावानुसार कर्म में प्रवृत्त होने के लिए विवश करती है। आचार्य भोज 'अहंकार' अहं भाव की स्वीकृति का यही अर्थ बताते हैं–

अथ आत्मनि प्रतिबिम्वद्वारेण अवस्थितस्य अहंकार-गुण-विशेषस्य धर्मार्थफलभूत तृतीय पुरुषार्थ जीवितस्य शृंगारस्या-भिन्नापरनाम्नो यानि आविर्भाव कारणानि यानि च तत्कार्याणि तान्यनन्तर श्लोके निदर्शयति। भोजकृत शृंगार प्रकाश में यह श्लोक इस प्रकार है–

सत्त्वात्मनाममलधर्म विशेषजन्मा
जन्मान्तरानुभवनिर्मित वासनोत्थः।
सर्वात्मसम्पदुदयातिशैक हेतुः
जागर्ति कोऽपि हृदि मानवतो विकारः॥

आचार्य भोज व्यक्ति में जन्म-जन्मान्तर से वर्तमान वासना की भोगवृत्ति को आत्मरति बताते हैं। इसी आत्मरति से अहंकृति का भाव और इसी अहंकार से शृंगार का भोग मानव जीवन के साथ निरन्तर चलता रहा है। 'वासना-आत्मरति-आत्मभोग और आत्मतृप्ति' यही मानव जीवन का चरम है। 'काम भाव' इसी आत्मभाव से जुड़ा मनुष्य की आत्मतृप्ति का हेतु है। व्यक्ति संसार को 'आत्मतृप्ति' सो जुड़ा हुआ 'तृप्ति' का अनुभव करता है। इसीलिए उनके अनुसार कामभाव का भोग ही शृंगार का अर्थ काम की भोगवासना नहीं आत्मरति की तृप्ति है। वह इसके माध्यम से अपनी अहंकृति का ही आस्वादन करता है–

यो भावनापतथमीत्य निर्वत्यमानः
साहङ्कृतौ हृदि परं स्वदते रसोऽसौ।

उनके अनुसार–

आत्मरति से प्रेरित अहंकृति का भोग ही रस है। वे इसे स्पष्ट करते हुए कहते हैं कि–

'ते तु भाव्यमानत्वात् भाव एव रसः'

उनके अनुसार यह रस वाह्य एवं वस्तु रूप न होकर, चित्तवृत्ति के भोग-रूप है–

"मनोनुकूलेषु दुःखादिषु आत्मनः सुखाभिमानो रसः"

काव्यादि में वर्णित या चित्रादि में चित्रित मनोनुकूल कष्ट एवं दुःखादि के सन्दर्भ आत्मा को तृप्ति देने के कारण या अहं को सन्तुष्ट करने के फलस्वरूप 'रस' है।

आत्मरति आत्माभिमान से वशीभूत इन रसों का आस्वादन करती हुई व्यक्ति के 'अहम्' को सन्तुष्ट करती रहती है। प्रत्येक व्यक्ति भिन्न-भिन्न होते हुए भी जन्म-जन्मान्तर के संस्कार से प्राप्त आदिम वासनाओं तथा भोग की एक जैसी संसक्ति के कारण रसों का आस्वादन एक जैसा ही करता

है। इस प्रकार, रस की उत्पत्ति का आधार 'अहम्' से जुड़ी आत्मरति की भोगवृत्ति है।

भावचेतना का स्फोट–सामान्यतया स्फोट सिद्धान्त को प्राणियों या मनुष्यों के चैतन्य के स्पन्दन से जोड़ा जाता है। आत्मचेतना का स्वसंवेदन स्फोट काल के पूर्व होता है और चेतना अपनी नैसर्गिक शक्ति द्वारा स्फोट को आधार बनाकर तीन रूपों में प्रकट होती है–भावरूप, ज्ञानरूप और क्रियारूप। 'ज्ञान-दशा तथा भाव-दशाएँ प्राय: समानान्तर ही हैं और अपनी पराकाष्ठा पर दोनों स्वसंवेदन में ही विलीन हो उठती हैं किन्तु ज्ञान-बोध और भाव-बोध की प्रकृति भिन्न-भिन्न है। काव्य तथा कलाओं का सम्बन्ध भावस्पन्दन से है। रस मानव चेतना के भावस्पन्दन से उद्‌बुद्ध स्फोट का प्रतिफल है। आचार्य अभिनव गुप्त का शैवागम से अनुमोदित रस सिद्धान्त इसी की पुष्टि करता है। वे आचार्य भरतकृत नाट्यशास्त्र के छठें अध्याय की श्लोक संख्या सोलह की व्याख्या करते हुए कहते हैं–

"नाट्य के अन्तर्गत जिस 'रस' की अभिव्यक्ति होती है, वह मुख्यभूत महारस है।"

यह **'महारस' महाभाव** का मूल रूप है और शृंगार, करुणादि रसों की निष्पत्ति इसी से होती है। आचार्य भरत ने नाट्यशास्त्र में रस शब्द का दो रूपों में प्रयोग किया है–एकवचन रूप तथा बहुवचन रूप। यह एकवचन, महारस के लिए प्रयुक्त है तथा बहुवचन महारस के उच्छिष्ट शृंगारादि के लिए।

काव्यरस (शृंगारादि) को स्फोट की अभिव्यक्त होने के कारण अस्थायी तथा असत्यभूत विवर्तमात्र मानते हैं। वे इस सम्बन्ध में अपने मत को इस प्रकार रखते हैं–

नाट्य के अन्तर्गत जिस 'महारस' की निष्पत्ति होती है, उसके सापेक्ष्य में उसके विवर्त के रूप में अभिव्यक्त शृंगारादि–

1. स्फोट के समान या असत्य भूत है।
2. अन्विताभिधान के समान या फिर उपायात्मक सत्य रूप है।
3. अभिहितान्वय के समान या फिर प्रधानरस के समुदायस्वरूप है।[1]

इसको स्पष्ट करते हुए डॉ० सुरेन्द्र एस० वारलिंगे कहते हैं कि–

"अभिनव गुप्त द्वारा प्रस्तुत उद्धरण के अनुसार, उनका कथन है कि यह एकवचन का प्रयोग है। वे इसे महरस मानते हैं और उनके अनुसार यह न

---

1. नाट्यशास्त्र : छठा अध्याय, श्लोक 16 की अभिनव गुप्त द्वारा व्याख्या (अभिनव भारती)

केवल पूर्वकल्पित होता है अपितु यही आधारभूत प्रत्यय है। इसी रस (जैसा कि इसे एकवचन में समझा या पूर्व कल्पित किया जाता है।) से स्फोट के द्वारा हमें बहुवचन में रसों की प्राप्ति होती है। वे काव्यार्थ (स्फोट से प्राप्त शृंगारादि रस) की प्रकृति के होते हैं अर्थात् उनके ही माध्यम से काव्य और कला को अर्थ प्राप्त होता है। फिर भी, बहुवचन में यह रस एक प्रकार से किसी एकवचन की अभिव्यक्ति हैं–जो बहुवचन में रसों द्वारा पूर्व कल्पित होते हैं।''[1]

इस सम्बन्ध में डॉ० निर्मला जैन तथा अभिनवगुप्त के पाश्चात्य विचारक नोली का मत भी द्रष्टव्य है। डॉ० निर्मला जैन महारस के सम्बन्ध में अपनी टिप्पणी देती हुई बताती है–

''इस सन्दर्भ में भरत के द्वारा प्रयुक्त एकवचन और बहुवचन के अन्तर को तर्क से समझाते हुए उन्होंने कहा है कि भरत ने बहुवचन और एकवचन का प्रयोग इसलिए किया है कि वे भी परमार्थतः एक ही रस की सत्ता मानते थे–'एक एव तावत्परमार्थतो रसः।' ध्यान देने की बात है कि अभिनव गुप्त ने भी स्वयं इस परमरस या महारस की प्रतिष्ठा करते हुए रस का विवेचन दो रूपों में किया है. विभावादि के भेद से विभाजित नवरसों की दृष्टि से और इस आदर्शमयी परम अनुभूति की दृष्टि से, जिसे वे महारस की संज्ञा देते हुए परम आदर्श स्वायत्त और अखण्ड मानते हैं। यह महारस स्फोट सदृश होता है–**ततश्च मुख्यभूतात् महास्मसात् स्फोटसदृशव**''[2] अभिनवगुप्त की इटैलियन विवेचक आर० नोली ने कहा है कि–

"Rasa is unique. The divisiion into Eight or Nire Rasa as correspondings the permanent states has only on emplireal value"[3]

हिन्दी में रस की आलोचना पर नयी समालोचना तथा नये काव्य पर विचार करनेवाले श्री लक्ष्मीकांत वर्मा, डॉ० जगदीश गुप्त, अज्ञेय, डॉ० रामस्वरूप चतुर्वेदी आदि रस का तात्पर्य शृंगारादि से लेते हैं और सामयिक परिवेश में आये बदलाव के कारण उत्पन्न भावात्मक परिवेश में शृंगारादि की

---

1. भारतीय सौन्दर्य सिद्धान्त की नयी परिभाषा, पृ० 88
2. रस सिद्धान्त और सौन्दर्यशास्त्र, पृ० 128
3. एक एव परमार्थतो रस; A. G. (अभिनव गुप्त) say in another passage (अभिनव भारती-1, पृ० 267). That all the various Rasas derived from one great Rasa only. Page XXXV. The Aesthetic experience according to Abhinav Gupta.

की विकृति के कारण रस की निरर्थकता की स्थापना करते हैं। शृंगारादि रस तो महारस (मानव की भावात्मक चेतना) के विकार हैं और उन विकारों को आधार मानकर आज के सहृदय काव्य की आस्वादधर्मी वृत्ति की व्याख्या करके उनके द्वारा काव्यास्वादन जैसी भावात्मक मानवीय वासना (संस्कार) की जैसी उपेक्षा करते हैं, वह बार-बार विचारणीय है।

आस्वादनवृत्ति रूप रस काव्य के पाठक, चित्र तथा स्थापत्य के दर्शक, वाद्य के श्रोता, नाट्य तथा नृत्य के प्रेक्षक आदि की रसनात्मक चेतना की प्रतीति-ग्राह्यता का प्रतिफल है। विशेषकर, कविता में कवि की भूमिका (अन्य कलाओं में भी सर्जक की सृजनधर्मी प्रवृत्ति) का विशेष महत्त्व है।

कवि विधाता के रूप में लोक से समानान्तर लोकधर्मी वृत्ति को अपने स्वप्नों के आधार पर गढ़ता है। डॉ० सुरेन्द्र एस० वारलिंगे वस्तुसूत्रोपनिषद् के रचनाकार पिप्पलाद के मत का उल्लेख करते हुए कहते हैं कि–(पिप्पलाद के अनुसार) ''कलाकार अपने मन के भाव को ही किसी स्वरूप अथवा आकृति में आरोपित या रूपान्तरित करता है।....''

कलाकार एक प्रकार से वस्तुनिष्ठ स्वरूप पर भावों की कलम लगाता है और रस को इन भावों का पात्र कहा जा सकता है। इससे उनका आशय उस वस्तुष्ठि स्वरूप से ही है। एक निश्चित रूप धारण करते समय रस सम्पूर्ण स्वरूप पर फैल जाता है–

''तथा मूले रसा सर्वे तेभ्यो भावा व्यवस्थिता।''

कवि का सृजन उसकी प्रतिभा, समाधि दर्शन, कल्पना सामर्थ्य तथा सृजनशक्ति का प्रतिफल है। यह सृजन चाहे भोगे जाते हुए आज का हो या अतीत का, उसकी सम्पूर्ण कल्पना भाषा के माध्यम को अपनाकर एक स्वरूप धारण करके हमारे समाने अवतरित है। कवि ने जिस सत्य का दर्शन किया है उसकी वह भाषिक प्रस्तुति करता है जो सर्जक के चैतन्य संस्कार की भावात्मक आवृत्ति के साथ व्यक्त हो रहा है, वह पाठक के लिए 'हृदय संवादी' है और वह सीधे पाठक के हृदय से जुड़ता है–

'कवे अन्तर्गतं भावं भावयन् भावमुच्यते।'

कवि के भाषिक संरचनात्मक कौशल द्वारा उत्पन्न भाव (अर्थ विशेष) के सम्पर्क में आकर सहृदय की निर्विशेषत्वयुक्त मनस्‌वृत्ति प्रकृतया तन्मयीभूतता को प्राप्त करती है, यह एक नैसर्गिक प्रवृत्ति है। भारतीय चिन्तकों ने इस तादात्म्य की मनस् प्रकृति के लिए 'साधारण्यबलात्' साधारण्य, साधारण या साधारणीकरण, जैसा पारिभाषिक शब्द रखा है। यह साधारणीकरण का सिद्धान्त सम्पूर्ण कलाओं की विशेषता है, जो मानवीय

मानस को तन्मयीभूत करती है। इस तन्मयीभूतता की कोई काल-सीमा निर्धारित नहीं है–कला या काव्य में यह एक पल के लिए भी सम्भव है और थोड़े अधिक काल तक भी। यह प्रवृत्ति देश, काल, परिवेश की सीमा से मुक्त होती है। अमेरिका का कोई कला चित्र भारत में अभिभूत करता है तो हजार वर्ष के पूर्व कालिदास के काव्य के सम्पर्क में आकर हम आज भी उससे तन्मयीभूत होते हैं। काल तथा परिवेश के अनुसार स्वाद के संस्कारों में थोड़ा बहुत परिवर्तन होता है, किन्तु आस्वाद्यता तथा तन्मयीभूतता की प्रवृत्ति मानव स्वभाव तथा उसके मनोविज्ञान का अनिवार्य अंग है। कविता में 'बौद्धिकता, यथार्थ तथा भाषिक लयात्मक शिथिलता के बावजूद भी कवि के द्वारा देखा गया तथा स्थापित सत्य पाठक से जुड़ेगा। आज की नयी कविता में जहाँ भावुकता, विमुग्धता, कौतूहल, रंजन, चमत्कृति, अभिभूतता, आवेगमयता, चित्त दीप्ति जैसे भावों की सत्ता वर्तमान है तथा भाषिक लयात्मकता का अभाव है किन्तु वह जो कुछ भी है, जिसके कारण हम उसे कविता कहते हैं, वह भी अर्थ (भाव) सृजन की क्षमता तथा कवि द्वारा देखा गया सत्य–जो भाषिक वितान के प्रत्येक अंग-प्रत्यंग में परिव्यापत है–पाठक के चित्त को निर्वैयक्तिकता प्रदान करता है, चाहे वह एक पल के लिए ही क्यों न हो, अर्थ तथा उसकी समझ ततश्च उसका आस्वादन, कविता के पाठ एवं पाठक की अनिवार्य समस्या है। कला के सम्पर्क में आने पर पाठक का मन जिस प्रकार की प्रतिक्रिया व्यक्त करता है, वह कला का मनोविज्ञान है–मानव तथा कला के पारस्परिक आत्मसात् की यह एक सनातन स्थिति है। आस्वादन प्रक्रिया इस प्रकार एक सनातन सत्य है–आज से लगभग दो हजार वर्ष पूर्व आचार्य भरत ने इस आस्वादन प्रक्रिया के लिए कोई नाम न मिल पाने के कारण उसे 'रस' के नाम से पुकारा था–

'रस इति को पदार्थः'

'आस्वाद्यत्वात् रसः।'

हम आज इस आस्वाद्यधर्मिता को फैशनवश 'रस' न कहें, फिर भी आस्वादन या काव्यास्वादन या कलास्वादन जैसा कुछ तो उन्हें कहना पड़ेगा ही।

❑

भाव तथा रस का मनोविज्ञान

मनोवैज्ञानिकों ने प्राणियों के संसद्ध भाव का विवेचन अनेक रूपों में किया है; सामान्यतया सभ्यता के विकास के साथ-साथ कवियों की अभिव्यक्ति और उसकी बोधमयी तीव्रता तथा पाठकों के अनुभव करने के तरीकों में थोड़ा-बहुत बदलाव होता रहा है किन्तु भाव जगत की मूल सत्ता तथा उसके स्वरूप में परिवर्तन सम्भव नहीं है। ज्ञानेन्द्रियों द्वारा अनुभूत भाव प्रभावों की चित्त द्वारा प्रगट की गई प्रतिक्रियाएँ ही उसकी प्रामाणिकता के लिए आधार हैं। भारतीय सन्दर्भ में इन्हें चित्तवृत्तियों की विकृति या विकार कहा गया है। चित्त द्वारा प्रगट की गई प्रतिक्रियाओं का सन्दर्भ लोक यथार्थ से है।

साहित्य की स्थिति लोक यथार्थ से कुछ बदली हुई है। साहित्य में वर्णित विषय या लोक यथार्थ से जुड़ता तो है किन्तु वह **सामान्य प्रतीति** का विषय है। आचार्य भरत उसे सामान्य प्रतीति ही कहते हैं। डॉ० विद्यानिवास मिश्र ने इसे 'साधु प्रस्तुति' नाम से पुकारा है। यह प्रस्तुति सत्य है किन्तु प्रतीतिक सत्य है। इसे एक उदाहरण द्वारा समझा जा सकता है—जैसे—सीता के अपहरण के बाद वाल्मीकि रामायण में राम का विलाप है, हनुमन्नाटक में राम का विलाप है, रामचरितमानस में भी राम विलाप है—ये तीनों सीता के अपहरण से जुड़े राम विलाप ही हैं किन्तु पढ़ने पर तीन तरह से दिखाई पड़ने वाले ये विलाप अन्ततया 'विलाप' ही हैं और पाठक लोक सामान्य की प्रतीति से राम के उस विलाप को कवियों की पारस्परिक भिन्नता के बाद भी उसे विलाप ही मानता है। इसे एक प्रतीतिक सत्य की सामान्य प्रतीति कहा गया है जो केवल अपनी सीमा में यथार्थ है। इस सामान्य प्रतीति का सन्दर्भ सम्पूर्ण लोक यथार्थ से है किन्तु इसका आधार कवि कल्पना का प्रतीतिक सत्य है। इस प्रकार, लोक की अनुभूति और काव्यात्मक अनुभूति के बीच एक प्रत्यक्ष और स्पष्ट अन्तर वर्तमान है—लोकानुभूति=वस्तु का प्रत्यक्ष › इन्द्रियों द्वारा बोध होना › भाव निष्पत्ति।

लोकानुभूति के विपरीत, काव्य की अनुभूति का क्रम इससे भिन्न है—

लोक यथार्थ › कवि द्वारा उसकी अनुभूति और साक्षात्कर › अनुभूति का

सृजन> पाठक के चित्त द्वारा उसका एहसास > एहसास के बाद चित्त द्वारा भाव से तादात्म्य एवं हर्षादि भावों की निष्पत्ति यह एक प्रक्रिया है।

लोक की अनुभूति जहाँ प्राणियों के प्रत्यक्ष भोग का फल है, वहीं कविता में प्रबुद्ध पाठक द्वारा प्रत्यक्ष अनुभूति की कवि द्वारा भोगी हुई अनुभूति की पुनरानुभूति है। इसलिए आचार्यों ने काव्यानुभूति को अनुभूति की अनुभूति की अनुभूति कहा है। इसमें प्रथम अनुभूति का सम्बन्ध लोकानुभूति से है, द्वितीय अनुभूति कवि की काव्यानुभूति है, एवं तृतीय अनुभूति काव्यास्वादन के क्षणों में पाठक की भोगी हुई अनुभूति है। भारतीय चिन्तन में पाठक की इस भोगी हुई अनुभूति को ही काव्यास्वादन या रस के नाम से पुकारा गया है। लोकानुभूति के स्तर पर न रस है और न कवि की अनुभूति के स्तर पर रस है, रस पाठक की चित्त दशा का एक प्रतिफल है जो लोकानुभूति को आधार बनाकर कवि प्रतिभा द्वारा किसी भी कृति में अवतरित है।

इस प्रकार लोकानुभूति एवं काव्यानुभूति दोनों सामान्यतया एक जैसे प्रतीत होते है किन्तु दोनों के बीच एक लम्बा अन्तराल वर्तमान है। यह केवल सर्जक की अनुभूति एवं आस्वादन की ही अनुभूति का अन्तराल नहीं है, वरन् कवि की सृजन प्रक्रिया में भी लोक की यथार्थ अनुभूति एवं सर्जक की सृजित अनुभूति के बीच का अन्तराल है। कवि के द्वारा अनुभूत सत्य एवं भाषा के द्वारा उसकी अभिव्यक्ति दोनों मिलाकर वस्तुविषय के लोक यथार्थ को नहीं, उसके भावात्मक यथार्थ का चित्र प्रस्तुत करते हैं–जिसे आचार्य भरत आदि ने 'सामान्य यथार्थ' का नाम दिया है। लोक यथार्थ की विशेषता है कि वह एक घटित या वर्तमान यथार्थ है किन्तु सर्जक का यथार्थ केवल प्रतीतिक यथार्थ है। उदाहरण के लिए–यदि तीन शिल्पियों से कहा जाए कि पर्वत उठाए हुए हनुमान की मूर्ति गढ़ दें–तो गढ़े जाने के बाद वे तीनों मूर्तियाँ भिन्न-भिन्न होती हुईं भी अन्ततः हनुमान के यथार्थ के आधार पर तीनों एक ही मूर्ति कहलाएँगी। आचार्य भरत इस 'काव्य प्रस्तुति' को **लोक का सामान्य स्वभाव** कहते हैं जबकि लोक का **यथार्थ** प्रकृत यथार्थ है। लोक यथार्थ रस निष्पत्ति का कारण नहीं है, सामान्य प्रातीतिक यथार्थ ही रस निष्पत्ति का कारण है–

'एभ्यश्च समान्यगुणयोगेन रसा निष्पद्यन्ते' आचार्य भरत कहते हैं कि लोक आठ स्थायी, आठ सात्त्विक एवं तैंसीस संचारी भावों अर्थात् 49 भावों से आबद्ध है। यह एक लोक का यथार्थ है किन्तु कवि सृजन के सन्दर्भ में इस यथार्थ को पूरी तरह से स्वीकृति प्रदान करता हुआ इसे 'सामान्य गुणत्व' में परिवर्तित करता है और यथार्थ के ऊपर कवि प्रतिभा द्वारा सामान्य गुणत्व उसे आस्वादन योग्य बनाता है।

आचार्य भरत ने नाट्यशास्त्र के अन्तर्गत अनुभूति (भाव) का विवेचन करते हुए सृजन के मनोविज्ञान को अनेक रूपों में स्पष्ट किया है। वे बताते हैं कि लोक में घटित यथार्थ कवि की कविता के या काव्यास्वादन के विषय नहीं होते, काव्यास्वादन के विषय तो काव्यार्थ हैं—जिनमें प्रातीतिक यथार्थ अभिव्यक्त हुआ है—

अत्राह—भावा इति कस्मात्

किं भवन्तीति भावा, किं वा भावयन्तीति भावा। उच्यते वागङ्ग सत्त्वोपेतान् काव्यार्थान् भावयन्तीति भावा।

पाठक द्वारा प्रतीतिक यथार्थ की अनुभूति काव्यार्थ द्वारा होती है और कवि प्रातीतिक यथार्थ के लिए अपनी कल्पना तथा प्रतिभा द्वारा उस काव्यार्थ का निर्माण करता है—जो वहाँ तक पाठक को पहुँचा सके। जो जीवन में भोगा जा रहा है, वर्ण्यविषयक अर्थप्रतीति (को-रिलेशन) सिद्धान्त द्वारा पाठक में लोक की वास्तविक अनुभूति जैसा उसका एहसास करा देता है। आचार्य अभिनव गुप्त इस प्रतीति का आधार 'पुर्नस्मृति' मानते हैं। भाव का (को-रिलेशन) सिद्धान्त इसे पुनर्स्मृति न मानकर मानव का भावस्वभाव ही बताता है।

इस प्रकार, इतना सत्य है कि कवि द्वारा सृजित काव्यार्थ प्रातीतिक यथार्थ का वातावरण निर्मित करता है। आचार्य भरत बार-बार इस अर्थसृजन की काव्यास्वादन के सन्दर्भ में चर्चा करते हैं। एक अन्य स्थल पर वे पुनः कहते हैं कि—

विभावैराहृतो योऽर्थो अनुभावैस्तु गम्यते।
वागङ्गसत्त्वाभिनयैः स भाव इति संज्ञितः॥

विभाव के द्वारा, अनुभावों के द्वारा प्रतीतियोग्य एवं वाणी तथा सात्त्विक भावों के अभिनय द्वारा (कथन द्वारा) पाठक या दर्शक के चित्त में आस्वाद्य काव्यार्थ ही भाव है।

काव्यार्थ भाव है, और यही भाव ही रस है—अर्थात् आचार्य भरत काव्यार्थ को लोकयथार्थ को प्रतीतिगम्यता एवं बोध को हेतु मानते हैं।

इसको और स्पष्ट करते हुए वे काव्यसृजन से जुड़े कवि पक्ष से सन्दर्भित भाव को इस प्रकार बताते हैं—

कवेरन्तर्गतं भावं भावयन्भावमुच्यते।[1]

सर्जककवि के चित्त में आसन्न अर्थ सन्दर्भ (भाव) जो अभिनय या

---

1. नाट्यशास्त्र : अध्याय 7, श्लोक 1.2.3

काव्यपाठ के क्षणों में पाठक की चित्त प्रतीति के विषय बनते हैं, वे भाव हैं। यहाँ भी, आचार्य भरत सृजनकाव्य में कवि के हृदय में स्थित प्रतीतिगम्य भाव को ही रस (काव्यार्थ) का आधार बताते हैं।

आचार्य भरत के मन्तव्य से भिन्न आचार्य धनिक-धनंजय ने दशरूपक के अन्तर्गत 'चित्तवृत्ति विशेष' को भाव कहा है। यह चित्तवृत्तिविशेष प्रकृत अनुभूति एवं यथार्थपरक भाव सत्ता है। आचार्य भरत **चित्तवृत्तिविशेष** की सत्ता का निषेध नहीं करते क्योंकि वह तो काव्यभाव के लिए मूलाधार है–किन्तु यह 'प्रकृत अनुभूति' तब तक कविता में 'भाव' विशेष नहीं हो सकती जब तक सर्जक के बोध से गुजरकर पाठक के बोध तक न पहुँच जाए। इस प्रक्रिया में उस भाव की स्थिति प्रकृत भाव की न होकर सामान्य प्रतीति ग्राह्य भाव की होती है। प्रथम लोक विधाता के द्वारा सृजित है तो द्वितीय सर्जक द्वारा।

एक में लोक का यथार्थ है और दूसरा कवि का यथार्थ। लोक का सृजन समवेत् सुखदुःखात्मक है किन्तु काव्य में सृजित भावजगत् सर्वथा रंजक। काव्य के इस प्रतीतिगम्य सर्जन के स्वभाव को स्पष्ट करने के सन्दर्भ में चार मत विशेष रूप से महत्त्वपूर्ण हैं। ये इस प्रकार हैं–

1. आचार्यभट्ट लोल्लट – तद्रूपतानुसंधान् बलात्
2. आचार्य शंकुक – अनुमान बलात्
3. आचार्य भट्टनायक – भोग बलात् (साधारण्य बलात्)
4. आचार्य अभिनवगुप्त – स्वसंवेद्याभिव्यक्ति बलात्।

लोक यथार्थ है, लोकानुभूति यथार्थ से सम्बद्ध है किन्तु कवि सृजन द्वारा जिस लोक की पुनर्प्रस्तुति कर रहा है, वह केवल आभासिक यथार्थ है, अतः रस के मनोविज्ञान के अध्ययन के सन्दर्भ में यह आवश्यक नहीं कि हम संवेग, भाव, शील आदि की दशाओं का लोक यथार्थपरक अध्ययन प्रस्तुत करें, वह अध्ययन तो हम मनोविज्ञान के सन्दर्भ में करते हैं और साहित्य के ज्ञान के सन्दर्भ में उनका भी अध्ययन अपेक्षित है–किन्तु मूल प्रश्न है–यथार्थ की पुनर्प्रस्तुति से उसमें जो भी कलात्मक सन्दर्भ उत्पन्न हो उठता है, उसके विवेचन के लिए हमें कलामानकों के प्रकाश में मानव मन का अध्ययन करना पड़ेगा जो उसे आनन्दधर्मी जैसे स्वभाव के रूप में ग्रहण करता है। भारतीय रस सिद्धान्त के चिन्तकों ने इसी सन्दर्भ में उसे ग्रहण किया है। इस सन्दर्भ में सर्जक की उस चित्तदशा का भी अध्ययन अपेक्षित है–जो उसके सृजन की टेकनीक को असरदार बनाने में सहायक हैं। रस मूलतः द्विमुखी

प्रक्रिया है। वह कृतिकार में कृति सापेक्ष्य से उत्पन्न होकर एक वस्तु (object) के रूप में सामने आती है, जिसे अर्थ रस कहा जाता है और फिर उस वस्तु के सम्पर्क में पाठक का चित्त आकर किस प्रकार का व्यवहार करता है, यह कला मनोविज्ञान की समस्या है। भारतीय काव्यशास्त्र में दोनों दशाओं के विषय में चर्चाएँ मिलती हैं।

जहाँ तक सर्जक का सृजन के मनोविज्ञान का प्रश्न है, सर्वप्रथम संकेत हमें शुक्रनीतिनिसार में मिलता है, सर्जक समाधि दशा (चित्त की एकाग्रता) में कला के मन्तव्य एवं रूप-वस्तु का दर्शन करता है। इसे 'चित्तासन्नता' की मनोदशा के नाम से यहाँ पुकारा गया है। चित्तासन्नता अर्थात् सर्जक की तन्मयीभूतदशा में वर्ण्यविषय तथा उसके मन्तव्य एवं समस्त अर्थ से साक्षात्कार करने के बाद जिसे वह चित्त द्वारा जिसे देखता है, वह है, समाधिदर्शन। यह विषयवस्तु और उसके सम्पूर्ण मन्तव्य का चित्त द्वारा आत्म साक्षात्कार है। इस दर्शन के लिए ब्रह्मा ने वाल्मीकि को आदेश दिया था कि वह समाधि में रामकथा देखे और इस समाधि दर्शन में सम्पूर्ण रामकथा जिसे वह जानता भी नहीं, सबका साक्षात्कार होगा। वाल्मीकि समाधि में जाकर सम्पूर्ण रामकथा से चित्तासन्नता स्थापित करते हैं।

आचार्य वामन रस चित्तासन्नता की दशा को अवधान की संज्ञा देते हैं। इस अवधान से उत्पन्न चित्त की एकाग्रता ही सृजन की समाधि है। इस सृजन समाधि में कवि अपने सम्पूर्ण सृजन का 'अर्थ दर्शन' करता है।

आचार्य राजशेखर ने काव्यमीमांसा के अन्तर्गत आचार्य श्यामदेव के समाधि सिद्धान्त का उल्लेख किया है। उनके अनुसार सृजन समाधि की परिभाषा इस प्रकार है–

'मनसि एकाग्रता समाधिः'

सृजन के पूर्व सर्जक की चित्त-एकाग्रता ही समाधि है। गोचर जगत का जो भी दृश्यमान स्वरूप है, उसको चित्तासन्न करके उसका वस्तुदर्शन ही सर्जक का धर्म है। वह जिस वस्तु का दर्शन करता है, वह 'अर्थ दर्शन' के नाम से भी पुकारा जाता है। भरत ने नाट्यशास्त्र में उसे मूल तत्त्व के नाम से पुकारा है। इस सम्बन्ध में उनका प्रसिद्ध श्लोक है–

यथाबीजाद्भवेत् वृक्षो वृक्षात् पुष्पंफलं यथा।
तथा मूल रसा सर्वे तेभ्यो भावा व्यवस्थिता॥

डॉ० नगेन्द्र नहीं मानते हैं कि रस से भाव की निष्पत्ति होती है किन्तु आचार्य भरत स्पष्टतः कहते हैं कि 'तेभ्यो भावा व्यवस्थिता' जिसका अर्थ है, कवि चित्तासन्नता की दशा में रस का दर्शन करता है–अभिव्यक्ति के क्षणों में

वही भाव का रूप धारण करके क्रमशः व्यक्त होता है। इससे पहले भावों की उत्पत्ति होती है—यह सर्जक का मनोविज्ञान है और भावों से रस की निष्पत्ति होती है—यह पाठक का मनोविज्ञान है। चित्तासन्नता की दशा में कवि अन्तर्दर्शन या समाधि के अन्तर्गत देखे गए रूप को अर्थान्तरित या भावान्तरित करता है। डॉ० सुरेन्द्र एस० वारलिंगे ने वस्तुसूत्रोपनिषदकार आचार्य पिप्पलाद के मत को उद्‌धृत करते हुए बताया है कि—

"सर्जक (कलाकार) अपने मन के भाव को ही किसी स्वरूप अथवा आकृति में आरोपित या रूपान्तरित करता है।"[1]

इस प्रकार प्रत्येक सर्जन के दो पक्ष हैं—सर्जक का पक्ष एवं आस्वादक का पक्ष। काव्यास्वाद को निष्पन्न कराने का श्रेय सर्जक को है, उसका मनोविज्ञान भिन्न है। काव्यास्वाद ग्रहण करने का श्रेय पाठक को है, उसका मनोविज्ञान भिन्न है। एक रचनाकार है, दूसरा भावक है। एक की प्रतिभा कारयित्री है, दूसरे की भावमित्री किन्तु दोनों समान प्रतिभा सम्पन्न हैं।

जहाँ तक पाठक, आस्वादयिता या आस्वादक के मनोविज्ञान का प्रश्न है। इस सम्बन्ध में कई धारणाएँ हैं और आचार्य भट्टलोल्लट से लेकर आचार्य अभिनव गुप्त तक इस सम्बन्ध में कई सिद्धान्त प्रतिपादित हैं। इन सिद्धान्तों का नामोल्लेख किया जा चुका है।[2] आचार्य अभिनवगुप्त का मत इस सम्बन्ध में इस प्रकार है—"(सृजित) काव्य वाक्य के द्वारा (पाठक के चित्त में) वाक्यार्थ प्रतीति के पश्चात् चित्त में मानसी साक्षात्कारात्मक प्रतीति उत्पन्न होती है—जो तत्काल देश-कालादि की संकीर्णता को स्वतः नष्ट कर देती है और साधारणीकृत हो जाने के कारण तात्कालिक (रस) प्रतीति करती है—

वाक्येभ्यो वाक्यार्थ प्रतिपत्तेरनन्तरम् मानसी साक्षात्कारात्मिका-पहसिततत्तवाक्योपात्तकालादि विभागातावत्प्रतीतिरूप जायेत्।"[3] आस्वादन का सम्बन्ध कलाओं के दर्शक, पाठक, श्रोता सभी से है क्योंकि सभी कलाएँ काल आयामी होती हैं। सभी में कला तथा लय के उपादानों द्वारा काल को नियंत्रित किया जाता है। कला में काल के अवरोध से उत्पन्न चित्त स्पन्दन का नाम ही रस है, चाहे वह रूपधर्मी हो, ध्वनिधर्मी या क्रियाधर्मी हो। इन सभी कलाओं में सर्जक काल को अपनी व्यवस्था के अनुसार स्तम्भित तथा स्पन्दित करता है—इसीलिए सर्जक अपने रचना-संसार का विधाता है। इनके द्वारा जो

---

1. सौन्दर्यशास्त्र की नई परिभाषा, पृ० 242
2. विस्तार के लिए देखिए—लेखक कृत—भारतीय काव्यशास्त्र 'रस' प्रकरण
3. नाट्यशास्त्र, पृ० 252

सृष्टि निर्मित की जाती है, वह सहृदय पाठक या दर्शक को प्रतीतिरूप में बोध होती है—प्रतीति रूप का अर्थ है, यह यही है, और ऐसा ही है। अतः यह कहना कि रस केवल नाट्य सापेक्ष्य है, सर्वथा उचित नहीं है। डॉ० कान्तिचन्द पाण्डेय, डॉ० हिरियन्ना एवं आनन्द कुमार स्वामी जैसे श्रेष्ठ कला-समीक्षकों का भी ऐसा ही मत है।

रस के मनोविज्ञान को समझने के लिए सर्जक एवं आस्वादक दोनों की सृजन एवं आस्वादन में लगी मनोदशाओं का विश्लेषण आवश्यक है।

सर्जक चित्त की समाधिदशा में वस्तुविषय के एक सन्दर्भ का साक्षात्कार करके उसे प्रस्तुत करता है। अपनी समाधि दशा में सर्जक ने जिस वस्तु का दर्शन किया है, उसको वह नाना प्रकार के भाषिक सौन्दर्यविधान के उपकरणों तथा अपनी सर्जनात्मक प्रतिभा आदि के द्वारा प्रस्तुत करता है और उसका प्रयास यही रहता है कि उसके चित्त द्वारा किए गए विषयवस्तु का दर्शन सहृदय पाठक के चित्त तक पहुँचे। इस प्रकार, जहाँ तक पाठक के मनोविज्ञन का प्रश्न है, उसको हम सहृदय की उस चित्त दशा से जोड़कर देखने का प्रयास करते हैं—जहाँ वह सर्जक के वस्तुविषय एवं अर्थानुभव का तादात्म्य करके उसी समाधिदशा तक पहुँच जाता है। सहृदय की अनेक योग्यताएँ बताई गई हैं, जैसे पूर्वजन्म के सहृदय सापेक्ष्य संस्कार। यदि व्यक्ति संस्कारी सहृदय नहीं है तो काव्य का आस्वादन उसके लिए सुकर नहीं होगा। आचार्य वामन जन्म-जन्मातर के संस्कार विशेष पर अधिक बल देते हैं। ध्वनिकार आनन्दवर्धन ने काव्य के अध्ययन, अभ्यास, अनुशीलन से उदीप्त तथा प्रखर मेधा सम्पन्न पाठक को सहृदय माना है—आदि-आदि। कवि के सृजित भावात्मक मन्तव्य से तादात्म्य स्थापित करने की सामर्थ्य पाठक की सबसे बड़ी विशिष्टता है। रस के मनोविज्ञान की व्याख्या पाठक के चित्त के पक्ष से करते हैं तो उसकी तादात्म्य सामर्थ्य ही उसकी अपनी विशेषता है। सर्जक का मनोविज्ञान वस्तुविषय की चित्तासन्नता एवं समाधिदर्शन से जुड़ता है और पाठक की मनोदशा उससे तादात्म्य स्थापित करने की सामर्थ्य से सम्बद्ध है।

हिन्दी के आलोचकों ने रस के मनोविज्ञान का अध्ययन करते हुए उसे लोक के मनोविज्ञान के रूप में देखा है। डॉ० छैल बिहारी गुप्त राकेश, आचार्य रामचन्द्र शुक्ल, डॉ० नगेन्द्र, डॉ० गणपित चन्द्र गुप्त आदि ने रस के मनोविज्ञान का अध्ययन करते समय लोक भावना व्यापार के भौतिक स्वरूप का अध्ययन किया है। भावों का स्वरूप, उत्पत्ति, भावना, शीलदशाएँ, सहज प्रवृत्तियाँ तथा वासनाएँ एवं मानवीय सापेक्ष्य में भावों की अभिव्यक्ति तथा

स्वभाव का अध्ययन आदि इनके लिए प्रमुख विषय हैं। इस अध्ययन की, रस के सापेक्ष्य में, मात्र इतनी ही आवश्यकता है कि ये कविता के लिए कच्चे माल की तरह उत्पादन प्रमुख आधार हैं किन्तु उत्पादित वस्तु अर्थात् रस लोक भाव के मनोविज्ञान में प्रत्यक्षतः सम्बद्ध नहीं है।

आस्वादन का स्वयं एक अपना मनोविज्ञान है। उसका सम्बन्ध सहृदय की चित्त दशा के निरपेक्ष धर्म से जुड़ा हुआ है। उसका आस्वादन भले ही लोकधर्मी प्रतीत होता हो किन्तु वह लोक विलक्षण है। उसे भौतिक जगत के भावों से विवेचित नहीं किया जा सकता। कविता के आस्वाद (रस) का विवेचन सहृदय की कलाधर्मी आस्वादन वृत्ति के आधार पर किया जाना चाहिए और परम्परा के संस्कृत आचार्यों ने वैसा ही किया है—जिसकी ओर हमारा ध्यान तो जाता है, फिर भी, हमारे द्वारा उसकी उपेक्षा की जाती है। आचार्य लोल्लट ने इसके लिए **तद्रूपतानुसंधान** प्रवृत्ति का उल्लेख किया है, आचार्य शंकुक ने **अनुमिति सम्बन्ध** बताया है। आचार्य भट्टनायक ने 'साधारण्यबलात्' सिद्धान्त को आधार माना है तो अभिनवगुप्तपादाचार्य ने 'स्वात्म की वासना का तादात्म्य' का सिद्धान्त दिया है।[1]

1. तद्रूपतानुसंधान सिद्धान्त—उनके अनुसार नट में 'तद्रूपतानुसन्धान' के सिद्धान्त से आस्वादन की अनुभूति होती है। 'अनुसंधान' शब्द का अर्थ है, कवि द्वारा सृजित पात्र तथा उससे जुड़े अर्थबोध के साथ एकमेव हो जाने या एक बन जाने की मनःदशा या मनोभाव या अहंकार और इस प्रकार 'तद्रूपता' का अर्थ है, जैसा पात्र है, उसकी प्रतिकृति रूप में बनना। इसको इस प्रकार स्पष्ट किया जा सकता है। अभिनय के क्षणों में नट में ऐतिहासिक पात्र 'राम' आदि जैसे बन जाने तथा ठीक राम जैसा अभिनय करने के अहम्भाव से उत्पन्न तादात्म्य के कारण वह रसास्वादन करता है। अभिनय काल में इतना तो सत्य है कि पात्र अभिनीत पात्र से पूर्णतः तादात्म्य स्थापित करता है और लेशमात्र भी उस रूप में न होने के स्खलन से वंचित नहीं रहना चाहता। अभिनय में नट के इस मनोविज्ञान की आज व्याख्या अपेक्षित है। सर्जक जो राम बनाना चाहता है, नट जिस राम का अभिनय करना चाहता है, दोनों में तादात्म्य है—किन्तु पाठक या दर्शक के मनोविज्ञान से—यही राम सचमुच राम है—मन के द्वारा इसकी पूर्ण प्रतीति रसास्वादन का हेतु है। इन सबका मनोवैज्ञानिक उत्तर बाद में दिया गया है। इसका आस्वादन स्वयं में एक

---

1. विशेष के लिए देखिए, लेखक कृत—भारतीय काव्यशास्त्र तृतीय संस्करण, लोकभारती प्रकाशन, इलाहाबाद

मनोवैज्ञानिक घटना है—और आज कला के मनोविज्ञान के विकास के सन्दर्भ में कला तथा काव्य के सम्पर्क में आने पर मन की प्रतिक्रिया के रूप में इसका विश्लेषण अपेक्षित है।

आचार्य शंकुक आस्वादन के इस अनुसंधानवृत्ति को न स्वीकार करके **अनुमिति सिद्धान्त** द्वारा इसकी व्याख्या करते हैं। उनके अनुसार लोक में सत्यता-असत्यता के ज्ञान की चार स्थितियाँ हैं—

1. राम का अभिनय करता हुआ नट सचमुच राम नहीं है।
2. राम का अभिनय करता हुआ नट मिथ्या राम नहीं है।
3. राम का अभिनय करता हुआ नट सन्देहास्पद राम नहीं है।
4. राम का अभिनय करता हुआ नट मिथ्या और सत्य दोनों नहीं है।

दर्शक अभिनय प्रसंग में बार-बार नट को राम बना हुआ देखते-देखते **चित्त की विवशीभूत दशा** के कारण—**यः सुखी रामः असौ नटः** जैसा मानने लगता है। आधुनिक मनोविज्ञान में पॉवलोव सिद्धान्त भी इसी प्रकार मानता है। रोटी न होने पर भी रोटी के तादात्म्य से सम्बद्ध कुत्ते का चित्त प्रभाव विशेष से घंटी की ध्वनि मात्र से लार का टपकाना—**कन्डीशन्ड रिफ्लेक्श** चित्त की एक नैसर्गिक दशा है। भर्तृहरि ने काव्य की इस प्रक्रिया को इंगित करते हुए बताया है कि—

शब्दोपत्ति रूपांस्तान्बुद्धि विषयतान् मतान्।
प्रत्यक्षमिव कंसादि साधनत्वेन गम्यते॥

"शब्द की सामर्थ्य से रूप को धारण करने वाली बुद्धि के विषयभाव को प्राप्त हुए (अर्थात् बुद्धि के विषय बने हुए) दर्शक (नाट्यादि में) कंस को प्रत्यक्ष कारक के रूप में समझ लेता है।" मूर्त, चित्र एवं शब्दार्थ कला की परिणतियाँ इसी प्रकार की हैं। इसी को धर्मकीर्ति ने अवभास के नाम से समझाया है और शंकराचार्य जी ने उसे मिथ्या प्रतीति कहा है। कला का आस्वाद क्या अवभास या आभास की भाँति मिथ्या प्रतीति है, यह आज के कला मनोविज्ञान के लिए यह एक विचारणीय प्रश्न है।

3. साधारण्यबलात्—यह एक प्रकार से समूह मनोविज्ञान (Group psychology) की समस्या है। हमारे यहाँ योगशास्त्र में इस शब्द को स्पष्ट करते हुए बताया गया है कि—

'बहुचित्तालम्बवनीभूतमेकंवस्तु साधारणम्'

अनेक चित्तों में आलम्बन बने हुए ज्ञान के एक विषय को **साधारण** कहा जाता है।

किसी नाटक को देखते समय या कवि सम्मेलनों में काव्यपाठ सुनते हुए हजारों व्यक्तियों के चित्त से कवि के वर्ण्य विषय का एक ही सन्दर्भ आलिंगित होता है। भावना का यह समूहालम्बन, साधारण है और चित्त की इसी दशा से 'साधारणीकरण' सिद्धान्त का जन्म होता है, जहाँ एक व्यक्ति या एकाधिक जनसमूह का मन विषय से भावात्मक तादात्म्य स्थापित करता है। **पाठक के आत्म एवं पर भाव की विरोध समाप्ति तथा सम्पूर्ण समूह के चित्त का एक ही भाव दशा से आ जाना** इसकी सबसे बड़ी शर्त है—और यही शर्त पाठक को आस्वादन भूमि पर ले जाती है, ऐसा भारतीय रस चिन्तन के सन्दर्भ में आचार्य भट्टनायक का मत है। यह व्याख्या भी एक प्रकार से कला के मनोविज्ञान की ही एक पृथक् व्याख्या है। आज यह सिद्धान्त भी कला के मनोविज्ञान के प्रकाश में व्याख्या की अपेक्षा करता है।

4. स्वात्म की वासना का तादात्म्य—काव्य एवं कला के आस्वादन की व्याख्या आचार्य अभिनवगुप्त ने भिन्न प्रकार से की है। 'वासना' को उन्होंने आस्वादन का मूलाधार बताया है—यह जन्म-जन्मान्तरगत, अपरिवर्तित आस्वादन काल में स्वात्म में चित्त को वशीभूत करने वाली सचराचर में व्याप्त समस्त प्राणियों की भावात्मक चेतना का आधार है। आज के मनोवैज्ञानिकों ने मूल प्रवृत्ति (Instict) का यही लक्षण दिया है और जब वे कहते हैं कि 'न वासनाशून्य कश्चित् प्राणी' तो उसका तात्पर्य मूल प्रवृत्ति (Instict) से ही लगाना चाहिए।

वे बताते हैं कि काव्य के सम्पर्क में आने पर पाठक का चित्त विषयवस्तु का अर्थबोध करते ही सांस्कारिक स्मृति (स्मरण शक्ति नहीं) के साथ-साथ मानसिक साक्षात्कारात्मक प्रतीति करता हुआ स्वयं को देशकालादि से विमुक्त कर आस्वादधर्मी हो उठता है। जैसे गाय बछड़े को दूध पीना नहीं सिखाती, वरन् सहजप्रवृत्तिवश वह उसके स्तनों को वह स्वयं खोज लेता है और वात्सल्य वासनावशात् गाय पयवहा होकर विवशीभूत तथा तन्मय हो उठती है। उस बिन्दु पर 'गाय और बछड़े' का एकात्म्य नैसर्गिक वासना का स्पन्दन एवं स्फोट है। ठीक उसी प्रकार काव्य के सम्पर्क में आने पर पाठक की वाक्यार्थ की प्रतिपत्ति, मानसी साक्षात्कारात्मक वृत्ति का उदय, साधारणीकरण एवं विश्रान्तिमयी तन्मयीभूतता रूप आस्वादन सभी एक हो उठते हैं। यह एकात्म नैसर्गिक है—और कला तथा कविता के संसर्ग में आने पर यह पाठक के चित्त की नैसर्गिक वृत्ति है। यह कला के मनोविज्ञान का धर्म है। भरत सूत्र में जहाँ निष्पत्ति शब्द प्रयुक्त है, उसके समानान्तर आस्वादन शब्द भी प्रयुक्त हुआ है। वैसे, भरत का यह सूत्र परम्परा का है,

भरत ने उसे उद्धृत करके अनेक सन्दर्भों द्वारा उसके आस्वादन स्वरूप को ही समझाने का प्रयास किया है।

इस प्रकार, सृजन के आस्वादन के मनोविज्ञान का विश्लेषण करते समय लोकभावना के मनोविज्ञान तथा आस्वादन के मनोविज्ञान दोनों को एक साथ नहीं मिलाना चाहये। रस लोकभाव तथा सृजित भाव (जो प्रतीतिमूलक या साधु प्रयोग है) दोनों के समन्वय का फल है। कवि प्रतिभा तथा काव्यात्मक आवेग के संस्पर्श से लोकभाव लोक का होता हुआ भी कविता का संसार लोक का नहीं रह जाता। लोकधर्मी एवं सृजनधर्मी भाव एक होते हुए भी अपनी दो भूमिकाएँ रखते हैं। रस के मनोविज्ञान का विवेचन करते समय हमें एक नई मनोवैज्ञानिक अवधारणा की खोज, अन्वेषण तथा विश्लेषण करना पड़ेगा–जिसे सृजन या कला का मनोविज्ञान कहा जा सकता है। लोक मनोविज्ञान अपने आपमें एक भिन्न मनोविज्ञान है–कला तथा आस्वादन का जगत तदवत् होते हुए भी तदवत् नहीं है। यद्यपि मनोवैज्ञानिकों ने सृजन को क्रीडावृत्ति या रंजनवृत्ति से भी जोड़ा है किन्तु कला सृजन क्रीड़ा तथा रंजन वृत्ति भी नहीं है। भारतीय दार्शनिकों ने इसे भाव चैतन्य के स्पन्दन का स्फोट नाम दिया है–जिसकी व्याख्या महारस के सन्दर्भ में द्रष्टव्य है। कला मनोविज्ञान को मनोविज्ञान की एक पृथक् शाखा के रूप में स्वीकार करना चाहिए क्योंकि कलासृजन एवं कलात्मक आस्वादन दोनों सामान्य मनोविज्ञान द्वारा विवेचित नहीं किये जा सकते।

❑

भाव तथा रस का अन्तर्सम्बन्ध

आचार्य भरत ने नाट्यशास्त्र में इससे सम्बद्ध कई समस्याओं को इंगित किया है—फिर भी, दो समस्याएँ विशेष महत्त्वपूर्ण हैं—रस निष्पत्ति की समस्या तथा आस्वादन की समस्या। भाव तथा रस के अन्तर्सम्बन्ध की समस्या इस निष्पत्ति की समस्या से जुड़ी हुई है।

जैसा कि आचार्य भरत ने स्वीकार किया है, कवि के सृजन का सम्बन्ध भाषिक संरचनात्मक कौशल द्वारा कृति में लोकधर्मी स्वरूप को सम्पूर्णतः सजगता के साथ प्रस्तुत करने से है। भाव अर्थात् विभाव, अनुभाव (सात्त्विक भाव भी) एवं संचारीभाव ये सभी लोक जगत के यथार्थ के प्रातीतिक सत्य हैं। महाराष्ट्रीय विद्वान श्री वेडेकर मानते हैं कि सबके सहयोग से कवि कृति में जिस केन्द्रीय संवेदना को स्थापित करता है—वह स्थायीभाव जैसा ही है—जो सहृदयसंवादी होकर पाठक के स्थायीभव से तादात्म्य करता है। यहाँ स्थायीभाव के सन्दर्भ में यदि कुछ सन्देह भी हो तो भी स्थायीभाव (आलम्बन तथा उद्दीपन) अनुभाव एवं संचारी इन तीनों का सम्बन्ध लोक से ही है। ये रस नहीं है, रस के कारक हैं और ये लोक के यथार्थ के चित्तवृत्तिमूलक सन्दर्भ तथा उसकी कतिपय दशाएँ ही हैं।

साहित्य की स्थिति लोक यथार्थ से काफी कुछ भिन्न दिखाई पड़ती है। साहित्य लोक की तद्वत् प्रस्तुति नहीं वरन् उसकी पुनर्प्रस्तुति है। इसे कतिपय विद्वानों ने अनुकरण तथा पुनसृर्जन माना है, यह पुनर्सृजन नहीं है। इस स्थिति को डॉ० विद्यानिवास मिश्र कालिदास आदि के प्रयोगों के आधार पर कृति के विषय को 'साधु-प्रस्तुति' कहते हैं।[1] इसे समझाने के लिए जीवन के एक यथार्थ की घटना लें—एक गुलाब के फूल को देखकर हम हर्षित हैं—किसी कविता में भी गुलाब के एक पुष्प का वर्णन है, उसे पढ़कर हम हर्षित हैं। दोनों सन्दर्भों में उत्पन्न 'हर्षभाव' क्या एक जैसा है। लोक के यथार्थ में गुलाब के रंग, उसकी रचना, उसकी आकृति, ताज़गी, सुवासित गंध की प्रतिक्रिया

---

1. राग बोध और रस, पृ० 10

का प्रभाव चित्त की प्रकृति की अनुकूलता से है–उससे हमें हर्ष मिल रहा है। यहाँ राग वासना की प्रत्यक्षत: सन्तुष्टि से हमारा चित्त जुड़ा हुआ है।

किन्तु कविता पढ़ते समय आपके सामने एक भाषा है–उस भाषा की शक्ति तथा सामर्थ्य से कवि गुलाब के यथार्थ रूप से आपके मन को प्रभावित करना चाहता है। भाषा की सामर्थ्य अर्थात् अर्थ के सहयोग से आपकी स्मृति में गुलाब का रूप रचता है, फिर भोगे हुए अतीत की गुलाबविषयक संगतता स्मृति के साथ आपको एक सुख देती है। यह भोगे हुए अतीत का अनुभव-स्फोट है। पाठक को जो भी अनुभव हो रहा है, उसका मूल कारण वस्तु नहीं कवि का सृजन है, कवि द्वारा लोकधर्मी गुलाब की पुनर्प्रस्तुति या कवि की साधु प्रस्तुति है–जो आपकी स्मृति एवं चित्तसंगता से सीधे जुड़ती है। इस प्रकार लोक की अनुभूति तथा काव्यानुभूति के बीच एक विशेष अन्तर वर्तमान है।

लोकानुभूति का सम्बन्ध वस्तु के प्रत्यक्षीकरण से है जो इन्द्रियबोध तथा वासनाओं से जोड़कर कवि को आनन्दित करती है। कविता का सृजन-सन्दर्भ इससे प्राय: भिन्न है। एक लोक एवं उसका यथार्थ है, कवि उसकी अनुभूति भी करता है। पुन: माध्यमों द्वारा उसकी पुनर्प्रस्तुति करता है। इस पुनर्प्रस्तुति का अर्थ यह नहीं है कि ज्यों-का-त्यों वह उसे रचना चाहता है। उसका सृजन अपने मन्तव्य के अनुसार, अपनी कल्पना शक्ति तथा सामर्थ्य से मंडित है–किन्तु उससे जुड़ी पाठक की प्रतीति लोकात्मक भावात्मक प्रतीति है।

लोक में जहाँ अनुभूति का प्रत्यक्ष भोग है, वहाँ कविता प्रत्यक्ष अनुभूति की भोगी हुई अनुभूति की अभिव्यक्ति की पुनर्प्रस्तुति है।

लोकानुभूति तथा काव्यानुभूति के बीच स्थित इस अन्तराल को ध्यान में रखे बिना रस के मनोविज्ञान का विवेचन सम्भव नहीं है।

भारतीय रस सिद्धान्त के चिन्तक इस तथ्य को प्राय: स्वीकार करते हैं कि लोक की यथार्थ अनुभूति और काव्य में वर्णित वस्तु और उसकी अनुभूति में अन्तर है। कवि की अनुभूति एवं लोकानुभूति के बीच एक लम्बा अन्तराल वर्तमान है, क्योंकि प्रथम की अनुभूति में दर्शक प्रत्यक्षत: अपनी ज्ञानेन्द्रियों से जोड़कर उसे चित्त संवेदन का रूप देता है। काव्य में ऐसा कुछ भी नहीं है। काव्य में वर्णित सब कुछ लोक का सामान्य यथार्थ है। उदाहरण के लिए रावण द्वारा अपहरण किए जाने के अनन्तर राम ने सीता के लिए प्रकृत व्यक्ति की भाँति विलाप किया होगा, यह सत्य है–किन्तु यह विलाप कैसा रहा होगा–कौन जानता है। काव्य में इसे 'सामान्य' विलाप कहा जाएगा–केवल विलाप और यदि वाल्मीकि रामायण, अध्यात्म रामायण एवं

श्रीरामचरितमानस के तीनों विलापों को देखें तो विलाप का रूप भिन्न-भिन्न दिखते हुए भी 'सामान्य विलाप' ही सत्य दिखेगा। लोक के यथार्थ का यही सामान्य गुण कविता के अन्तर्गत कवि द्वारा प्रस्तुत किया जाता है। आचार्य भरत कहते हैं कि इसी सामान्य गुण के संयोग से कवि रस की निष्पत्ति कराता है–

'एभ्यश्च सामान्यगुणयोगेन रसा निष्पद्यन्ते'

आचार्य भरत कहते हैं कि सम्पूर्ण लोक के प्रसंग (वस्तु विषय) आठ स्थायी, आठ सात्त्विक भाव एवं तैंतीस संचारी भावों से जुड़कर उनचास की संख्या में है और यही अपने वर्णन सन्दर्भों के अनुसार भाषिक सृजन द्वारा अर्थ के रूप में व्यक्त होकर सामान्य गुणयोग से रस की निष्पत्ति कराते हैं। लोक यथार्थ को 'सामान्य गुणत्व' में परिवर्तित करना कवि का धर्म है–क्योंकि रस निष्पत्ति का आधार 'सामान्य गुणत्व' ही है–विशेष गुणत्व नहीं।

लोक में घटित 'भाव समुदाय' का जैसा कि बताया गया है–मात्रात्मक तथा गुणात्मक रूप भिन्न है। ये सुख-दु:खात्मक हैं क्योंकि ये मानवीय वृत्ति की अनुकूलता तथा प्रतिकूलता की वेदना से सम्बद्ध सुख-दु:खात्मक है। कविता में सबकुछ सामान्यता से जुड़ा है। वह सृजनवृत्ति के चमत्कारी प्रभाव से जुड़ा उसका सुखात्मक रूप ही है, दु:खात्मक नहीं। लोक के भाव लोक यथार्थ से सम्बन्धित हैं, जबकि कविता के भाव कवि सृजित हैं, उसके बाद उनका सामान्यीकृत रूप है। इस तथ्य की ओर ध्यान न देकर, डॉ० छैलबिहारी गुप्त राकेश, आचार्य रामचन्द्र शुक्ल, डॉ० नगेन्द्र, डॉ० गणपति चन्द्र गुप्त आदि लोक के यथार्थमूलक मनोविज्ञान का विवेचन 'रस प्रकृति' की व्याख्या के लिए करते हैं। रस को विवेचित करने के लिए कवि द्वारा सृजित सामान्य भाव विवेचन का स्वरूप कल्पना मण्डित तथा कला शक्ति से व्यवस्थित है–लोक का भाव पूर्णत: यथार्थ की संघटना मात्र है। स्वरूप में दोनों एक जैसे हैं–इनकी मूलचेतना बदल जाती है। आचार्य भरत ने इस सन्दर्भ की व्याख्या नाट्यशास्त्र के सातवें अध्याय में नितान्त विस्तारपूर्वक की है। वे इसी अन्तर को स्पष्ट करने के लिए प्रश्न पूछते हैं–

अत्राह-भावा इति कस्मात्

किं भवन्तीतिभावा: किं वा भावयन्तीति भावा:। उच्यते वागङ्ग सत्त्वोपेतान् काव्यर्थाननावयन्तीति भावा।

(कविता में) भाव को भाव क्यों कहा जाए–

''वे यथार्थ या प्रकृत रूप में घटित होते हैं, इसलिए या फिर इसलिए कि भाव को प्रकाशित (भावयन्ति) करते हैं।'' आचार्य भरत का तर्क है कि दोनों

लोक यथार्थ के प्रकृत भाव हो सकते हैं किन्तु कविता में व्यक्त भाव वे नहीं है—जो लोक के हैं वरन् अनुकृति या पुनर्प्रस्तुति द्वारा उन्हीं के साधु प्रयोग रूप हैं। ये कवि या नाटक द्वारा सृजित होकर कविता में या नाटक में लोक यथार्थ के सादृश्य की अनुभूति से व्यंजित करते हैं। काव्यार्थ एवं दृश्यार्थ की प्रतीति कराना ही इन भावों की सीमा तथा सामर्थ्य है। ये दुःखसुखात्मक न होकर चित्त के लिए अनुरंजनात्मक स्वभाव के हैं। यही नहीं, व्यावहारिक सिद्धि ही काव्य के भावों की अन्तिम सीमा तथा उपयोग है।

आचार्य भरत नाट्यशास्त्र में इन्हें बार-बार स्पष्ट करते हुए कहते हैं कि—

विभावैराहृतो योऽर्थो अनुभावैस्तु गम्यते।
वागङ्ग सत्त्वाभिनयैः स भाव इति संज्ञितः॥

विभाव के द्वारा प्रस्तुत अनुभावों द्वारा प्रतीतियोग्य वाणी तथा सात्त्विक अभिनय द्वारा हृदय में आस्वाद्य काव्यार्थ ही भाव है।

आचार्य भरत इसे और भी स्पष्ट करते हुए पुनः कहते हैं—

कवेरन्तर्गतंभावं भावयन्भावमुच्यते।

कवि के हृदय में उसकी प्रतिभा तथा कल्पनाशक्ति से उद्भूत और काव्यार्थ में रस के रूप में अभिव्यक्त भाव जो पाठक की चित्त प्रतीति के विषय बनते हैं, भाव हैं।

आचार्य भरत के मन्तव्य से भिन्न आचार्यद्वय धनिक-धनंजय ने दश रूपक में भाव को 'चित्तवृत्ति विशेषः' कहा है। चित्तवृत्ति विशेष प्रकृति लोकघटित यथार्थ के सन्दर्भ से जुड़ता है—सृजन का भाव प्रकृत लोकधर्मी पाठक की चित्त प्रतीति की सुगमता से जुड़ा है। लोक यथार्थ का भाव काव्य के अन्तर्गत सृजित होकर अवतरित होता है, तो वह पूरी तरह से लोकात्मक किन्तु काव्य में आने पर सम्प्रेषणधर्मिता इसका मुख्य स्वभाव बन जाता है,—लोक यथार्थ में वर्णित भाव केवल सुख-दुःखात्मक हैं।

काव्य के भावों तथा रसों का मनोवैज्ञानिक अध्ययन करते समय इस तथ्य का ध्यान रखना चाहिए कि लोकभावों की प्रकृति घटनाप्रधान या घटनात्मक है किन्तु काव्य में वर्णित भाव व्यापार सर्वथा कवि की सृजनात्मक मौलिकता है—जो लोकात्मक भाव के माध्यम से प्रतीति का विषय बनकर सम्प्रेषित होती है। इस तथ्य को स्पष्ट करते हुए डॉ० रा० भा० पाटणकर ने बताया है कि—

''संवेदना, भाव, भावना का सम्पूर्ण विचार मनोविज्ञान का विषय है, साहित्य का नहीं। यह विचार साहित्य का उपकारक भले ही हो, लेकिन

इसलिए साहित्य मीमांसक वह करे, इस अपेक्षा से कोई अर्थ नहीं है। यह मनोविज्ञान को ही करना चाहिए और साहित्य को वह मनोविज्ञान से स्वीकारना होगा। अत: भरत द्वारा प्रतिपादित भावों का मनोवैज्ञानिक विश्लेषण कर आधुनिक मनोविज्ञान सम्बन्धी ग्रन्थों के विवेचन से उसकी तुलना करने का उद्यम अवांछित है।"[1]

रस का मनोवैज्ञानिक अध्ययन प्रस्तुत करते समय सर्वप्रथम इस दृष्टि को ध्यान में रखना चाहिए कि लोकभावों की प्रकृति घटनाप्रधान है, या भावात्मक सम्प्रेषणधर्मी। लोक का भाव एक यथार्थपरक मानसिक, शारीरिक एवं वासनात्मक घटना मात्र है–किन्तु काव्य में घटना के वर्णन का सन्दर्भ उसके स्वरूप विवेचन से होगा जो ज्ञान प्रक्रिया (process of knowing) से जुड़ता है। काव्य के अन्तर्गत विभिन्न परिस्थितियों तथा मनस् द्वन्द्वों में अन्तस्संघर्ष करते हुए विविध प्राणियों के चित्र है–जो कला, कल्पना, कवि-प्रतिभा एवं व्युत्पन्नता द्वारा गढ़े गये चित्त प्रतीति के विषय बनकर सम्प्रेषणधर्मी एवं आस्वाद्य है। आचार्य भरत द्वारा निर्दिष्ट उनचास भाव लोक प्रतीति एवं जीवन की व्यवहार वृत्ति के बीच पनपकर कवि के सृजन के लिए आधार बनते हैं। लोक का भावात्मक सृजन समवेत् रूप से सुख-दु:खात्मक हैं किन्तु काव्य के भावात्मक परिवेश से उपजी भाव व्यवस्था सर्वथा सुखात्मक या आनन्दधर्मी है।

कविता व्यापार के अन्तर्गत जिस लोक की प्रस्तुति की जाती है, वह प्रतीतिमूलक संभावित यथार्थ है, किन्तु लोक की प्रस्तुति में सब कुछ यथार्थ है। अत: रस के मनोविज्ञान के अध्ययन के सन्दर्भ में यह आवश्यक नहीं कि हम संवेग, शील, भाव आदि का परिचयात्मक अध्ययन करके लोक यथार्थ को समझें किन्तु हमारे लिए मात्र कविता पक्ष के सन्दर्भ में आवश्यक यह है कि उनकी प्रतिक्रिया से पाठक कितना प्रभावी हो रहा है, उसका मूल्यांकन करें। साहित्यकार का दायित्व साहित्य की मीमांसा करना है, जिसमें भाव या भावना एक पक्ष है, उसका कार्य मनोविश्लेषण करना नहीं। डा० आर० पाटणकर इस सम्बन्ध में डॉ० देशपाण्डेय के साक्ष्य से उद्धृत करते हैं कि–

"भरत द्वारा दी गई भावों की सूची लौकिक मनोविकारों की सूची नहीं है, यह ध्यान में रखना चाहिए।"[2]

मनोविज्ञान का भाव विवेचन लोक यथार्थ की यथार्थ एवं प्रत्यक्ष घटनाओं तथा उनके अनुभव से जुड़ा है किन्तु कविता के भाव का यथार्थ या उसकी

---

1. सौन्दर्य मीमांसा–रा० मा० पाटणकर, पृ० 241
2. वही, पृ० 241

पुनर्प्रस्तुति, उसके एहसास कराए जाने से है। रस के मनोविज्ञान का अध्ययन सर्जक के स्तर पर कवि चित्त, सम्प्रेषण दशा तथा आस्वादन प्रक्रिया से सम्बद्ध है। जहाँ तक भाव का प्रश्न है—वह कविता में सर्वत्र भाषा की भावात्मक लय (Rysthenic sequence of emotive language) से जुड़ा रहता हुआ—लोक प्रतीति का विषय बनता है। इस प्रकार रस के सन्दर्भ में दो ही सन्दर्भ महत्त्वपूर्ण हैं—

1. सर्जक की चित्त दशा
2. सहृदय की चित्त दशा तथा आस्वादनधर्मिता

(1) सर्जक की चित्त दशा—प्राय: प्राणि वर्ग के अन्तर्गत मनुष्यों का एक वर्ग ऐसा भी है, जिसके स्वभाव का धर्म आत्मविस्तार है। वह अपने को फैलाना चाहता है, अपनी बातें बताना चाहता है, अपने को बार-बार दूसरों तक सम्प्रेषित करना चाहा है। उसकी यह आत्म विस्तार की नैसर्गिक प्रवृत्ति फैलाव चाहती है। ऋग्वेद के पुरुष सूत्र में वाग्देवी के लिए कहा गया है कि वह अन्तरिक्ष तथा आकाश को क्षण में ही माप कर लेती हैं।[1]

परम्परा में इस सन्दर्भ में शुक्रनीतिसार तथा वस्तुसूत्रोपनिषद (पिप्पिलाद कृत) के अन्तर्गत सर्जक की चित्तदशा का वर्णन मिलता है। वस्तुसूत्रोउपनिषद् में कहा गया है कि—

'ध्यान प्रयोगेन सौष्ठवं भवति'[2]

कलाकार अपने ध्यान में विषय को आक्षिप्त करके उसे देखता तथा उसकी सुन्दर आकृति का निर्माण करता है। शुक्रनीतिसार में सर्जक की सृजन पूर्व की दशा को 'चित्तासन्नता' की दशा कहा गया है। चित्तासन्नता का अर्थ है—अपने सम्पूर्ण सृजन का चित्त में विक्षिप्त करके सृजन के पूर्व देखना। वाल्मीकि रामायण में भी यह सन्दर्भ आता है। नारद के रामकथा का सामान्यत: श्रवण करने के पश्चात् वे समाधि में सम्पूर्ण रामकथा का दर्शन करते हैं—

सन्दर्भ में ब्रह्मा का आशीर्वाद उन्हें इस प्रकार प्राप्त हुआ था—

रहस्यं च प्रकाशं च यद् वृत्तं तस्य धीमतः।
रामस्य सहसौमित्रे राक्षसानां च सर्वशः।

---

1. ऋग्वेद, वाग्सूक्त
2. विशेष के लिए देखें, भारतीय सौन्दर्यशास्त्र की नई परिभाषा : श्री सुरेन्द्र एस० वारलिंगे, पृ० 243

वैदेह्याश्चैव यद्वृत्तं प्रकाशं यदि वा रहः ॥
तच्चाप्यविदितं सर्वंविदितं ते भविष्यति।
न ते वाग्नृता काव्ये काचिदत्र भविष्यति ॥

कवि द्वारा काव्य सृजन के सन्दर्भ में देखा गया कल्पना मंडित स्वप्न दर्शन गोपनीय तथा अप्रत्यक्ष सबको व्यक्त कर देता है, और उसके द्वारा अभिव्यक्त यह कथ्य समाज द्वारा असत्य तथा मिथ्या नहीं समझा जाता। काव्यसृजन के सन्दर्भ के पूर्व सम्पूर्ण सन्दर्भ को स्वप्न दर्शन के रूप में देखना सर्जक का स्वभाव है।

इस सम्बन्ध में शुक्रनीतिसार के अन्तर्गत अधिक विस्तारपूर्वक वर्णन हुआ है। कवि सृजन के पूर्व सृजित वस्तु को अपने चित्त में देखता है—और इस प्रक्रिया को यहाँ चित्तासन्नता की स्थिति बनाई गई है।

भारतीय काव्यशास्त्र में भी इस विषय पर विस्तारपूर्वक चर्चा मिलती है। आचार्य वामन चित्तासन्नता की इस दशा को 'अवधान' के नाम से पुकारा है। इस अवधान के द्वारा सर्जक के चिन्तन की सृजनपूर्व की दशा समाधि जैसी हो उठती है। इस सृजन समाधि की परिभाषा राजशेखर काव्य मीमांसा में देते हैं—उनके अनुसार यह परम्परा के किसी श्यामदेव आचार्य का मत है—

'मनसि एकाग्रता समाधिः'

सृजन के पूर्व सर्जक के चित्त की एकाग्रता ही समाधि है, जो गोचर लोक में वर्तमान है और उसे सर्जक जिस रूप में रखना चाहता है, उसे वह अपनी तन्मयीभूतदशा में चित्तासन्न करता है। तन्मयीभूतदशा में चित्तासन्न करके सर्जक उसमें सृजन की तृप्ति का अनुभव करता है और अपने सृजन के सन्दर्भ में अन्ततः उसकी ही प्रस्तुति में सन्नद्ध रहता है। राजशेखर प्रतिभा, अभ्यास तथा व्युत्पन्नता तीनों से इसे महत्त्वपूर्ण काव्यहेतु मानते हैं। वे तो यहाँ तक कहते हैं कि प्रतिभा, अभ्यास तथा व्युत्पन्नता तो शक्ति है, काव्यहेतु तो केवल 'समाधि' मात्र है। इस समाधि दशा में कवि सृजित वस्तु के मूल में अपनी संदेवना का बीजारोपण करता है—और वही वृत्ति के रूप में अंकुरित विकसित, पल्लवित, पुष्पित एवं फलवान् होकर आस्वादन के रूप में स्फुटित होता है। रस सिद्धान्त का मूल यही है। आचार्य भरत ने इसे लक्षित करते हुए बताया है कि—

यथा बीजाद्भवेत् वृक्षो वृक्षात् पुष्पं फलं यथा।
तथा मूलरसा सर्वे तेभ्यो भावाव्यवस्थिताः ॥[1]

---

1. नाट्यशास्त्र, अध्याय 6, श्लोक 39

"जैसे बीज से वृक्ष तथा फिर क्रमशः उससे पुष्प और फल उत्पन्न होते हैं, वैसे ही मूल संवेदनाधर्मिता से रस तथा काव्यवर्णन के समस्त भाव उसी पर आश्रित हैं।" आचार्य भरत केवल भाव से रस की निष्पत्ति ही नहीं मानते वरन् रस से भावों की निष्पत्ति भी मानते हैं। हिन्दी के कतिपय आचार्यों का यह कहना कि रस से भाव की उत्पत्ति नहीं होती, यह सर्वथा संगत नहीं है।

इस प्रकार, रसास्वादन की प्रक्रिया में सर्वप्रथम सर्जक का पक्ष है, फिर, कृति का और अन्त में पाठक का। सर्जक, कृति तथा पाठक की प्रक्रिया का निषेध करके रसास्वादन की व्याख्या सम्भव नहीं है। इस प्रकार, रस का मनोवैज्ञानिक अध्ययन के सन्दर्भ में सर्जक की चित्त दशा को साक्ष्य में अनिवार्य रूप से रखना चाहिए। हिन्दी काव्यशास्त्र में इस दशा के विषय में सामान्य साक्ष्य मिलता है। कवि की चित्तासन्नता से कृति का जन्म होता है। विभावनुभाव संचारी तथा सात्त्विक भाव उसी स्वप्न दर्शन के प्रतिफल हैं और यदि कहना चाहें तो कह सकते हैं कि सम्पूर्ण कृति ही कवि के समाधिदर्शन का अभिव्यक्त शब्दगत भौतिक स्वरूप है।

(2) सहृदय की चित्तदशा तथा आस्वादनधर्मिता–सामान्यतया पाठक काव्य का सहृदय है और सहृदय की विशेषताएँ अनेक हैं किन्तु सबसे महत्त्वपूर्ण है, 'संवादभाजता' अर्थात् कृति में कवि के मन्तव्य (स्वप्न दर्शन) से तुरन्त ही साक्षात्कार कर लेने की शक्ति एवं सामर्थ्य। सहृदय में यह शक्ति नैसर्गिक होती है। जिस प्रकार, सर्जक में नैसर्गिक प्रतिभा शक्ति है, उसी प्रकार–सहृदय (पाठक) में संवादभाजता। सहृदय की संवादभाजता ही रस है।

रस के सन्दर्भ में कतिपय आलोचकों यथा प्रो० रामस्वरूप चतुर्वेदी आदि ने यह प्रश्न उठाया है कि रस का सम्बन्ध केवल नाटकादि दृश्यकाव्यों से है। यह गलत है। इसका उत्तर संस्कृत साहित्यशास्त्र में ही दिया जा चुका है। आचार्य अभिनवगुप्त आस्वादन प्रक्रिया का उल्लेक करते हुए बताते हैं कि–

"वाक्येभ्यो वाक्यार्थ प्रतिपचेरनन्तरं मानसी साक्षात्कारात्मिकापहसित तत्त्वाक्योपात्त कालादिविभागा तावत्प्रतीतिरूप जायते।"[1]

(काव्य वाक्य के अध्ययन के क्षण) उस काव्य वाक्य के द्वारा वाक्यार्थ प्रतीति के पश्चात् पाठक के चित्त में कवि द्वारा निर्मित विषय की मानसिक साक्षात्कारात्मक वृत्ति उत्पन्न होती है। यह वृत्ति उत्पन्न होते ही उसके चित्त से देश कालादि की संकीर्णता को स्वतः नष्ट कर देती है और उसके बाद जो कुछ भी वर्णित है, वह पाठक की चित्त प्रतीति का विषय बन जाता है।

---

1. नाट्यशास्त्र, पृ० 252

यह पाठक का मनोविज्ञान है, इसका सम्बन्ध केवल नाट्य से नहीं अपितु कविता, चित्र, संगीत, नृत्य आदि कलाओं में भी है। डॉ० कान्ति चन्द्र पाण्डये, डॉ० हिरियन्ना, डॉ० आनन्द कुमार स्वामी इस सिद्धान्त को समस्त कलाओं से सम्बद्ध करते हैं। आस्वादन कला का आधार सहृदय की 'साक्षात्कारात्मक चित्त वृत्ति' से ही है, यह काव्यास्वादन का मनोवैज्ञानिक सत्य है। 'साक्षात्कारात्मक वृत्ति' के अभाव में आस्वादन सम्भव नहीं हैं।

सहृदय की साक्षात्कारात्मिका वृत्ति कल्पित सत्य को वास्तविक सत्य क्यों मान बैठती है, इसके लिए विभिन्न आचार्यों द्वारा अपने तर्क दिए गए हैं।

आचार्य भट्ट लोल्लट आदि इसे अभिनेता द्वारा 'तद्रूपतानुसंधान् वृत्ति का फल मानते हैं। अभिनेता अभिनय काल में वेषभूषा, वाणी, अंगादि द्वारा राम न होते हुए भी अभिमानपूर्वक स्वयं को राम मानने का वातावरण उत्पन्न करते हैं–और उनके इस अभिनय कौशल और रामत्व होने के अभिमान में फँसकर दर्शक 'राम तथा नर' में अभेद स्थापित कर अपनी आत्म-साक्षात्कारात्मिका चित्तवृत्ति से रसास्वादन करते हैं। आचार्य शंकुक 'भ्रम' को इसका आधार बताते हैं। जैसे 'कांच की प्रभा' को रात्रि के प्रकाश में मणि मानकर व्यक्ति (उसे सत्य मानकर) प्राप्ति के लिए दौड़ता है, तथैव (conditioned reflex) द्वारा भ्रमवश असत्य नर राम को दर्शक राम ही मानकर साक्षात्कारात्मिक प्रतीति कर लेता है।

आचार्य भट्टनायक इस सन्दर्भ में तीसरा तर्क देते हैं, वे कहते हैं कि काव्य की अभिधा के सम्पर्क में आते ही उसके कलात्मक प्रभाववश सहृदय तमस वृत्ति को पीछे कर देता है। रजस् व्यक्ति की जागृति के बाद चित्त द्वारा काव्यानुप्रवेश अपनी उच्च मन:दशा में साधारणीकृत करके अन्त में उसके चित्त को सात्त्विक दशा में पहुँचा देती है–और फिर उस सत्त्वदशा में साधारणीकृत अद्वैत प्रतीति का चित्तभोग ही आस्वादन है।

सम्प्रेषणधर्मीवृत्ति के सन्दर्भ में आचार्य अभिनव गुप्त का अपना मत है। यह शैवागम के 'स्वस्पन्दन' सिद्धान्त की एक प्रवृत्ति है। सृष्टि में कोई भी व्यक्ति वासनाशून्य नहीं है–'न वासनाशून्य कश्चित् प्राणी'। लोक में परस्पर सम्पर्क में आकर वासनात्मक अभिव्यक्ति स्वयं स्पन्दनरूप है–यह एक नैसर्गिक वृत्ति है। कविता या कलाएँ लोक की पुनर्भिव्यक्ति है और सहृदय इस पुर्नभिव्यक्ति के सम्पर्क में आकर नैसर्गिक रूप से स्वप्रतीति ग्राह्यता के सम्पर्क में आकर नैसर्गिक रूपसे स्वप्रतीति ग्राह्यता के आधार पर मानसी साक्षात्का-रात्मक वृत्ति द्वारा काव्यार्थ से साधारणीकृत होकर स्वयं, प्रकृतया, स्वभाव-वश, आस्वादन करता है। उनके अनुसार–काव्य के विषय का सम्मुख होना >

काव्यार्थ का प्रतिबिम्ब तथा प्रतीति> सांस्कारिक स्मृति > साक्षारात्मक प्रतीति > भावाद्वैत एवं संवेगात्मक आवेग > आस्वादन > संवित् विश्रान्तिदशा का क्रम बनता है।

पाठक की सम्प्रेषणधर्मी वृत्ति की विशेषता यही है कि वह संस्कारतया सहृदय हो। सहृदय के विषय में आचार्य भरत नाट्यशास्त्र के अन्तर्गत कहते हैं कि–

यस्तुष्टौ तुष्टिमायाति शौकेशोकमुपैति च।
क्रुद्धं क्रोधे भये भीतः स श्रेष्ठ प्रेक्षकः स्मृतः ॥[1]

ऐसे ही सहृदय के लिए काव्यार्थ 'हृदय संवादी' है और उसी के चित्त में शुष्क काष्ठ में अग्नि की भाँति रस व्याप्त हो उठता है।

ध्वन्यालोककार आनन्दवर्धन निरन्तर काव्य के अध्ययन-अनुशीलन तथा अभ्यास में अनुरक्तता को आवश्यक मानते हैं–

एषां काव्यानुशीलनाभ्यासवशाद् विशदीभूते मनोमुकुरे वर्णनीयतन्मयी-भवन योगय्ता ते सहृदयंसंवादभाजासहृदयाः''

आचार्य आनन्दवधर्न सहृदय के निम्नलिखित लक्षण बताते हैं–

1. मनोवृत्ति से साहित्यिक संस्कार से संस्कारित हो और उससे निरन्तर जुड़ा हो।
2. हृदय की विशालता तथा उदारता स्वयं संवेद्य वृत्ति से तन्मयीभूतता की क्षमता रखती हो और उसका चित्त का काव्यार्थ भी साक्षारात्मक प्रतीलि के साथ संवाद स्थापित करने की सामर्थ्य से मण्डित हो।

इस प्रकार का सहृदय या रसिक ही रसास्वादक की अनुभूति के केन्द्र में है और वही इसका प्रमाण भी है। वह रसिक है। इसीलिए रसानुभूति का अपर नाम सहृदयानुभूति है।

यह सहृदय शब्द भरत के पश्चात् प्रायः आनन्दवर्धन के पूर्व प्रचलित रहा है। आचार्य भामह मनीषी शब्द का प्रयोग इसके लिए करते हैं। दण्डी ने काव्यादर्श में विदग्ध, सतां, श्रीमान् सहृदय आदि शब्दों का प्रयोग पाठक के लिए किया है। आचार्य आनन्दवर्धन ने सहृदयालोक (ध्वन्यालोक) की रचना करके इसे पूर्णतः प्रतिष्ठित किया और अभिनवगुप्तपादाचार्य ने सहृदय की रसानुरूप व्याख्या दी। वैसे, वाल्मीकि रामायण में भी 'आनन्दभोक्ता' के लिए

---

1. नाट्यशास्त्र, अध्याय 26, श्लोक 61, 62

सहृदय शब्द का प्रयोग मिलता है।

रस के मनोविज्ञान का विवेचन मूलतः सहृदय के चित्त के आस्वादन-विज्ञान से सम्बन्धित है और चित्त में आस्वादन तभी सम्भव है, जब वह मुक्त तथा वीतविघ्न हो। आचार्य अभिनवगुप्त ने निर्विघ्न चित्त के सन्दर्भ में ही रसास्वादन की चर्चा की है। उनके अनुसार विघ्नयुक्त चित्त से संयुक्त व्यक्ति रसास्वादन नहीं कर पाते और इस विघ्न की सात कोटियाँ हैं–

1. काव्य वर्णन में पूर्ण प्रतीति
2. स्वगत या परगत आवेश से मुक्तता
3. व्यक्तिगत सुख दुःखादि के आवेश मुक्तता
4. विषय की अस्पष्टता
5. प्रतीति की अस्पष्टता
6. काव्य सृजन सौन्दर्य में मूल संवेदना को सहायक एवं सहायक संवेदनाओं को प्रमुख बनाना
7. वर्णित विषयवस्तु का संदेहास्पद न होना।

इनमें से कुछ का सम्बन्ध सहृदय की चित्तदशा से है तो कुछ का सम्बन्ध कृति विशेष से है।

इस सम्बन्ध में, आचार्य भरत के मन्तव्य पर भी भ्रम नहीं किया जाना चाहिए क्योंकि भरत 'निष्पत्ति' शब्द का प्रयोग उत्पत्ति के अर्थ में न करके 'आस्वादन के अर्थ में करते हैं। आस्वादन अपने आप में सहृदय की चित्त दशा को व्यंजित करने वाला शब्द है–अतः रस का मनोविज्ञान पाठक की चित्तदशा के आस्वादन का मनोविज्ञान है। इस के मनोविज्ञान के सन्दर्भ में हिन्दी आलोचकों की भाँति भावों तथा शीलदशा के मनोविज्ञान की चर्चा करना निरर्थक है। कृति तथा पाठक ये दो सन्दर्भ हैं और दोनों के बीच स्थित सन्तुलन से ही यह तादात्म्य सम्भव है।

लोकधर्मी भावव्यापार, चित्तवृत्तियाँ, भाव व्यापार, संवेग, शीलदशाएँ काव्य के धर्म के रूप में सृजन के सन्दर्भ हैं। ये आस्वादन के लिए आधार हैं, आस्वादन नहीं। रस की मनोवैज्ञानिक निष्पत्तियों का विवेचन इनसे सम्भव नहीं है–डा० छैलबिहारी गुप्त राकेश, डॉ० नगेन्द्र, आचार्य रामचन्द्र शुक्ल, आदि आलोचकों ने प्राथमिकता के स्तर पर इन आधारभूत तत्त्वों की मनोवैज्ञानिक व्याख्या की है, जबकि इनका सम्बन्ध कवि के भावसृजन व्यापार से है। रस आस्वादन का पक्ष सहृदय के आस्वादन से सम्बद्ध है। इन भावों में स्थायीभाव या संवेदना ही सबसे अधिक महत्त्वपूर्ण है–जो

लोकवासना तथा पाठक की वासना से सीधी तथा प्रत्यक्षतः जुड़कर अस्वादन रूप में अपने को परिणत करती है। रस के मनोविज्ञान का दायित्व आस्वादन के स्वरूप तथा उसकी प्रक्रिया और प्रकृति का विश्लेषण करना और कलात्मक सौन्दर्य चेतना की निष्पत्तियों की यथार्थमूलक वैज्ञानिक व्याख्या करके निष्कर्ष बद्ध करना है। मुझे यह ज्ञात नहीं है, कि मनोविज्ञान की कोई शाखा कला तथा सौन्दर्य को इन मानसिक अभिव्यक्तियों का विश्लेषण करती है, या नहीं किन्तु यह उसे करना चाहिए क्योंकि यह भी मानव जाति की चित्त दशा की एक परिणति है।

❑

काव्यानुभूति : कलानुभूति (रसानुभूति)

कलात्मक अन्वितियों के सौन्दर्य, उसके चित्तद्रावी प्रभाव तथा लोकधर्मी संवेदना की विलक्षण अभिव्यक्तियाँ जो पाठक के हृदय को विगलित करके तन्मयीभूतदशा में आनन्दभूमि पर प्रतिष्ठित कर देती हैं, उसी को आचार्यों ने रसानुभूति (कलानुभूति या काव्यानुभूति) की चित्तदशा कहा है। काव्य में यह तत्त्व आस्वाद्य रूप में वस्तुमयी है किन्तु पाठक या सहृदय के चित्त में आस्वादन स्वरूप है। इसीलिए इसकी कई परिभाषाएँ कई स्तरों पर गई हैं, किन्तु उनमें परस्पर विरोध नहीं हैं–जैसे–

(1) आस्वाद्यमानत्वात् रसः

(2) आस्वाद्यत्वात् रसः

(3) आस्वादनस्वरूपो रसः–आदि

आस्वादन के दो पक्ष हैं–एक पक्ष कृति का है, और दूसरा पाठक का। कृति के पक्ष के भी दो संदर्भ है–

(क) कलात्मक सौन्दर्भ की अभिव्यक्ति का पक्ष

(ख) काव्य संवेदना के आवरण और उसकी केन्द्रीय व्याप्ति का

(क) भारतीय काव्यशास्त्र में काव्यरचना को चार भावों में विभक्त किया गया हैं–प्रथम काव्यरीति तथा गुण हैं, द्वितीय अलंकरण है, तृतीय वक्रता है और चतुर्थ ध्वनि या अर्थ की व्यंजना है। सभी सिद्धान्त, अपने में एक दूसरे को सन्निविष्ट करना चाहते हैं किन्तु अपने वैशिष्टय के कारण एक दूसरे में आत्मभूत नहीं हो पाते। ध्वनि की पूर्णता इन पूर्व सिद्धान्तों तक पहुँचती है–किन्तु वह वर्णन कौशल से सम्बद्ध सौन्दर्य को भी अपना ही अभिन्न धर्म बताता है। प्रारम्भिक तीनों सिद्धान्त सृजन से उत्पन्न सौन्दर्य का आकर्षण तथा चित्त को द्रवित करने वाली उसकी आह्लादकारी शक्ति का ही समर्थन करते हैं। काव्य सौन्दर्य की चारुता से आह्लादित पाठक के चित्त में उत्पन्न आनन्द (प्रीति) को ये रस न मानकर कलात्मक आह्लाद जैसी स्थिति स्वीकार करते हैं। इन काव्यशास्त्रियों का दृष्टिकोण वस्तुवादी सौन्दर्य चेतना

से सम्बद्ध है और उससे मिलने वाले आनन्द को (चित्त को विगलित करने वाली वृत्ति), चारुत्व, विच्छित्ति, प्रीति आदि जैसी शब्दावली से स्पष्ट करते हैं। इस सम्बन्ध में अलंकारवादियों ने प्राय: बताया है कि–

चारुत्व वैचित्र्य पयार्य प्रकाशमान अलकार: –महिमभट्ट।

शब्दार्थयो: विच्छित्ति: अलंकार: –राजानक तिलक॥

आचार्य वामन सौन्दर्य को ही अलंकरण कहते हैं–

'सौन्दर्यं अलंकार:'

आचार्य भामह ने काव्य के मन्तव्य के विषय में इस प्रकार की टिप्पणी दी है–

धमार्थकाममोक्षेषु वैचक्षण्यम् कलासु च।
करोति कीर्तिं प्रीतिं च साधुकाव्यनिबन्धम्॥

साधु (पूर्ण सन्तुलित तथा परिपुष्ट) काव्य कवि के लिए कीर्ति तथा पाठक के लिए प्रीति (शब्दार्थ सौन्दर्य से निष्पन्न होने वाला अनन्द) प्रदान करता है। शब्द तथा अर्थ रचना कौशल एवं काव्यरूप की सज्जा तथा अलंकरण साथ ही, अर्थ की वैदग्ध्यभंगिमा कृति के सन्दर्भ में उसकी विलक्षण कला विलासमयी अभिव्यक्ति है' सृजन से उत्पन्न आनन्द रचना का आनन्द है। काव्य के स्थापत्य को सजाने वाले ये उपक्ररण विविध तत्वों के समानुपातिक संतुलन (रीति),शैली, पद रचना, रूप रचना एवं कल्पना की महती छाया (शोभा) की अभिव्यक्ति करते हैं। आचार्य भामह, दण्डी, वामन अग्निपुराणकार इसे निरन्तर समझाने की चेष्ट करते हैं–

य: काव्ये महती छाया अनुग्रह्णाति असौ गुण:।

आचार्य वामन कहते हैं–

काव्य शोभाया: कत्तारो धर्मा गुणा:

ये रस का समाहार अलंकार, गुण तथा रीति के अन्तगति करते हैं। आचार्य वामन 'दीप्ति रसत्वं कान्ति:' कहकर कान्तिगुण को रसदीप्ति का हेतु बताते हैं और आचार्य दण्डी रस को गुण के अन्तर्गत समाविष्ट करते हुए उसे रसवत् अलंकार मानते हैं। आचार्य दण्डी का कथन है कि जहाँ गुण भाव में परिणत हो जाता है, वहॉ रसवत् अलंकार है–

''मधुरं रसवत् वाचि वस्तुन्यपि रस स्थिति:''

माधुर्य गुण काव्य के स्थापत्य से जुड़कर पाठक के मन को आह्लादित करता है।

अलंकार का दायित्व काव्य के स्थापत्य को 'छविवान्' बनाना है। अलंकार सज्जित काव्यस्थापत्य अलंकृत युवती की भाँति–रूपोत्कर्ष, मनोमुग्धता, रजंन, कलात्मक कौतुक एवं भावोत्कर्ष उत्पन्न करके चित्त को आनन्दित करता है। इस अलंकृति शब्द, अर्थरचना तथा अभिव्यक्ति वस्तुवादी सौन्दर्यवादी चेतना का प्रभाव निश्चित रूप से पाठ्क के चित्त पर पड़ता है किन्तु इसमें रस जैसी मनस्–द्रवता न होकर विमुग्धता की ही स्थिति दिखाई पड़ती है।

अर्थ संरचनावादी आचार्य कुन्तक शब्द एवं अर्थरचना या अर्थ रचना एवं कथन की भंगिमा की वृत्तियों को एक साथ अलंकार संवेदना तथा रस संवेदना के अपूर्व अदृश्य तत्त्व को उसकी सज्जा से मिलाते हैं। वे शब्द, अर्थ, व्यंजना तथा कृति की संवेदना इन चारों को कृति कर्म मानते हैं। उनके अनुसार यही वाणी विलास है और यहीं वैदग्ध्य भंगीभणिति भी।' उनके अनुसार यही काव्य है।

वे इसे स्पष्ठ करते हुए कहते हैं कि–

''वैदग्ध्यं विदग्थमावः कवि कौशलं तस्य भङ्गी विच्छित्तिः तया भणिति। वैचित्र्यामिधावक्रोक्तिरिव्युच्यते।''

कविता की अपूर्व कला की ओर इंगित करते हुए उन्होंने बताया है कि–

शब्दार्थोसहितौवक्र कविव्यापारशालिनि।
बन्धेव्यवस्थितौ काव्यं तद्विदाह्लादकारिणी॥
चतुवर्ग फलस्वादर्म्यतिक्रम्यतद्विदाम्।
काव्यामृतरसेन अन्तश्चमत्कारो वितन्यते॥

वस्तुवादी आचार्य काव्य के स्थापत्य से उत्पन्न, रसास्वाद की निष्पत्ति की चर्चा अन्त में विवश होकर करते हैं। अन्तश्चमत्कार का विस्तार' ही कविता का लक्ष्य है। काव्य के सम्पर्क में आकर सम्पूर्णतः आवेशित चित्तदशा का विगलन (हृदय के अन्तर्गत आवेश, उल्लास, हर्ष, रोमांच, पुलक का उत्पन्न होकर उसे आवेशित कर लेना ही) अन्तश्चमत्कार है। काव्य में रस निष्पत्ति की दशा भी यही है। रस निष्पत्ति की इस दशा को भाषिक रचना से लेकर काव्य–संवेदना तक की सम्पूर्ण संस्थितियाँ एक साथ मिलकर व्यक्त करती है। भारतीय काव्य चिन्तन में कलावाद की अन्तिम परिणति अन्तश्चमत्कार एवं

चित्त की विवशीभूत विगलनदशा में होना रस सिद्धान्त की ही स्वीकृति है-किन्तु आधार कलासृजन एवं वस्तुवादी सौन्दर्य रचना का है। इसीलिए महाराष्ट्र के आधुनिक रस विवेचक रस को कलावस्तु का अभिन्न तत्त्व मानते हुए उसे प्रथमतः आस्वाद्य वस्तु के रूप में एवं उसके पश्चात् पाठक के सन्दर्भ में आस्वादन रूप में स्वीकार करते हैं। उनके अनुसार 'रस' का सम्बन्ध कृति की वस्तुरचना और पाठक की विषयिगत रचना, दोनों से सम्बन्धित है। उनके अनुसार काव्य की रसानुभूति वस्तुगत एवं विषयिगत दोनों है–किन्तु हिन्दी के आचार्य डॉ॰ नगेन्द्र इसे नहीं स्वीकार करते। पूर्व आचार्यों में भट्टनायक का मत मराठी रसचिन्तकों जैसा है किन्तु आचार्य अभिनवगुप्त इसे केवल विषयिगत अर्थात् पाठक के चित्त की ही भूमिका तक सीमित बताते हैं। इस सम्बन्ध में अभिनवगुप्त के मत पर बिना विचार किए रस के स्वरूप का निवर्चन करना सम्भव नहीं है।

जैसा कि प्रारम्भ में बताया गया है कि वे रसानुभूति के स्वरूप को लौकिक, क्रियात्मक, आध्यत्मिक रूपों आदि से भिन्न मानते हैं। उनके अनुसार ''पाठक के चित्त में स्थित जन्म-जन्मान्तर के प्राक्तन संस्कार संयुक्त भावना तथा कला के संयोग से (विभावादि के संयोग से) स्पन्दित आस्वादन ही रस है। यह न लौकिक है, न मिथ्या है, न आध्यत्यिक है, न लोक सदृश है और न लोकभावों का आरोपण है। यह इन सबसे भिन्न कलानुधर्मिता के संसर्ग में आने वाले सहृदय की वासना विहित चित्तदशा का स्वयं स्पन्दित भावस्फोट है। इस भावस्फोट का आधार 'महारस' है।

उनके अनुसार काव्य में रस की व्याख्या करने के लिए चार संदर्भों की व्याख्या अपेक्षित है। ये इस प्रकार हैं–

(1) काव्य की कलाधर्मी वृत्ति

(2) सहृदय की चित्त दशा

(3) पाठक की निरपेक्ष वासना

(4) भावना का तादात्म्य

1. काव्य की कलाधर्मी वृत्ति–सृजन के संदर्भ में स्वाभावोक्ति भी एक अलंकृति है क्योंकि वह भी अन्तया सृजन का धर्म है। कविता या कलायें कला पहले हैं और उनके सृजन सन्दर्भ में 'उनके संवाद' की सार्थकता द्वारा निर्मित वातावरण आस्वादन के लिए आधारभूमि है किन्तु, उसके बाद 'कला सृजन तथा अर्थ संवाद' ये दो सन्दर्भ कला की अनिवार्यताएँ हैं और

अभिनवगुप्त केवल अर्थ संवाद को विशेष महत्त्व देते हैं। अर्थ संवाद का अर्थ है–काव्यार्थ की संवेदना जो कृति के वैष्ट्यि और उसकी अर्थ संवेदना से पाठक के चित्त में प्रातीतिक तादात्म्य उपस्थित करती है। प्रातीतिक तादात्म्य उत्पन्न कराना कृति का अनिवार्य धर्म है–क्योंकि इसके अभाव में कृति निरर्थक हो जाती हैं। इसी प्रातीतिक तादात्म्य के लिए ही 'सहृदय' की भी अवधारणा की गई है। आचार्य अभिवगुप्त 'प्रतीतिग्रह्यता' को आस्वादन का प्राण मानते हैं क्योंकि यही प्रतीति अर्थ संवाद को 'सहृदय संवाद' में बदलती है।

कविता या कलाओं पर विचार करते समय उसके माध्यम पर भी पुनः विचार कर लेना अपेक्षित हैं। कविता अपनी भाषा सृजन सामर्थ्य से सजधज कर पाठक के चित्त के समक्ष प्रस्तुत होती है। काव्य पाठ या भाषा कविता के स्थापत्य का बाहरी तथा भीतरी (शब्दार्थ तथा अनुभूति) दोनों तत्त्वों का अदृश्य साक्ष्य है। प्रत्येक कलाकृतियों की प्रस्तुति के माध्यम की ही भाँति कविता की भाषा सहज नहीं, एक रची हुई भाषा है और रची हुई भाषा होने के कारण प्रत्येक कला की भाँति कविता ज्ञेय कम अज्ञेय अधिक है। कविता जिस भाषिक पाठ के माध्यम से हमारे समक्ष कलाकृति के रूप में अवतरित होती है, वह अर्थबोध के स्तर पर अपने भौतिक आकर्षणों से चित्त को स्पन्दित करती है। काव्य पाठ कलाधर्मी तत्वों से मण्डित तथा अर्थ संस्कारों में ढलकर ज्ञेय कम अज्ञेय अधिक रहता है। यह कभी पुराना नहीं पड़ता और समय-समय पर पाठक अपने काल सापेक्ष्य संदर्भो की टकराहट से इस पाठ की अर्थ दीप्तियों को व्यक्त करके उसकी कालजयता का निर्धारण करता है। आचार्य भट्टनायक ने इसीलिए स्पष्ट किया है कि–

''तस्मात काव्ये दोषाभावगुणलंकारमयत्वलक्षणेन नाट्ये चर्तुविधा-भिनयरूपेण''

यह रसास्वादन की भूमिका है। आचार्य अभिनवगुप्त इससे एक कदम और आगे बढ़ाते हैं–

''तत्काव्यार्थो रसः''

इसे स्पष्ट करते हुए पुनः कहते हैं कि–

''वाक्योभ्यो वाक्यार्थ प्रतिपयेरनन्तरं मानसी साक्षात्कारात्मिका-पहसितत्तत्त वाक्योपात्तेकालादिविभागा तावत्प्रतीतिरूप जायते।

''काव्य वाक्यों द्वारा प्रतीति के बाद उक्त प्रकार के वाक्यों में गृहीत कालादि (देशादि) के विभाग (सन्दर्भ) की उपेक्षा करने वाली यह मानसी साक्षात्कारात्मक प्रवृत्ति 'होती है''।

इस प्रकार, रस की पीठिका में 'अर्थ संवाद' महत्त्वपूर्ण धर्म है, जो पाठक को वास्तविक देश, काल, स्व-पर आदि भावों से मुक्त कर काव्य के 'देश काल-विभाव' से जोड़ देता है। आधुनिक युग का 'कालान्तराल' सिद्धान्त भी कुछ ऐसा ही है।

इस प्रकार कला के लिए सृजन तथा अर्थ संवाद ही इसका मूलाधार है।

(2) सहृदय की चित्तदशा–कृति के 'अर्थ संवाद' की मूल प्रतीति सहृदय की सार्थकता है। भारतीय परम्परा में आलोचक नहीं था, पाठक या सहृदय था जो काव्य की सार्थकता तथा आस्वाद पर अपनी टिप्पणियाँ देता था।आज आलोचक है और वह अर्थ संवाद की प्रतीतियों का विश्लेषण करता है। आलोचक सहृदय के अर्थ का विस्तार करता है। बिना सहृदयता के आलोचक होना सम्भव नहीं है। परम्परा में आचार्यों ने भावयित्री प्रतिभा से सम्पन्न काव्य के गहन अनुशीलन, अभ्यास से सहृदय को जोड़ने की चेष्टा की है, लक्ष्य है, जो कुछ भी सृजित है, उसकी वह 'साक्षात्कारात्मक प्रतीति' कर सके। प्रतीति के बाद भावावेशित होकर रसमय होना आवश्यक था। आज आस्वादन में 'सक्षात्कारात्मक प्रतीति' आवश्यक है–आस्वादन भी होता है, रसानुभूति भी होती है किन्तु वह सहृदय या आलोचक 'साक्षात्कारात्मक प्रतीति' के सृजित सन्दर्भो का विश्लेषण करता है और इस सृजन के देश, काल, परिवेश, सर्जक के व्यक्तित्त्व, भाषा, शिल्य आदि का विश्लेषण करके आलोचक के दायित्व को पूरा करता है। सहृदय ततश्च आलोचक–काव्यास्वादन तथा कृति के विश्लेषण–के दायित्व से आज जुड़े हैं।

भारतीय काव्यशास्त्र में सहृदय का दायित्व कृति के सापेक्ष्य में सर्वथा महत्त्वपूर्ण है। यदि उसमें अर्थ संवाद को आत्मसात् करने की शक्ति नहीं है, तो वह सहृदय की सीमा से नीचे है। सहृदय का तादात्मीकरण और विनिर्मुक्तता आस्वादन की अपनी शर्त तथा उसकी मनस् चेतना का धर्म है।

भारतीय काव्यशास्त्र ने सहृदय की तादात्मिका मनोदशा को स्थायी नहीं बताया है। यह काव्यानुरूप दीर्घकालीन एवं प्रासंगिक भी हो सकती है। सहृदय के तादात्म्य काल की कई अवस्थाएं इंगित की गई हैं–

(1) तन्मयीभूत शक्ति सामर्थ्य से परिपूर्ण तादात्म्य

(2) अस्थायी समयान्तराल के लिए तादाम्य

(3) तादात्म्य भाव की आभासिक अनुभूति

(4) तादात्म्य के स्थान पर भावबोध

(5) खंड़ित अनुभूति का चक्र प्रवाह

इस प्रकार, तादात्म्य की अनेक अवस्थाएँ सहृदय की चित्तदशा तथा अर्थ रचना की प्रकृति को केन्द्र में रखकर देखी जा सकती हैं।

आचार्य अभिनवगुप्त ने तादात्म्य काल में सहृदय की चित्तदशा को विघ्न विनिर्मुक्त बताया है–'एवं वीतविघ्ना:' पद द्वारा वे उन सात विघ्नों की ओर संकेत करते हैं–जो सहृदय के चित्त या अर्थ संवाद की विकृति के रूप में इसके बाधक हैं। उनके सात विघ्नों में तीन का सम्बन्ध सहृदय से है और चार का अर्थ संवाद से ।

(1) पाठक मतिभ्रम, काव्य तथा कल्पनासंगत वचनों में अविश्वास आदि

(2) सहृदय की स्वदु:ख-सुखानुभूति की अङ्गीभूतता

(3) नट को वास्तविक व्यक्ति मान कर उसके आरोपित कार्य के प्रति अनास्था

ये तीन विघ्न 'संहृदय' से सम्बद्ध है। शेष चार अर्थ संवाद से जुड़ते हैं।

(4) काव्य में प्रयुक्त तादात्यीकरण के उपयों का कमजोर होना

(5) काव्य के लोकधर्मी स्वरूप का अतिक्रमण कथावस्तु में प्रधान तत्त्वों को गौड़ और गौड़ तत्वों को प्रधान बना देना।

(6) मूल संवेदना को गौड़ या संशयात्मक बना कर प्रस्तुत करना

इव प्रकार अर्थ संवाद एवं सहृदय की समझ दोनों मिलकर तादात्म्य का वातावरण प्रस्तुत करते हैं। कला या उसके अर्थ संवाद एवं पाठक के चित्त के साक्षात्कार का मनोविज्ञान लोकानुभूति के यथार्थ मनोविज्ञान से सर्वथा भिन्न है। काव्य के अनुभव के यथार्थ को लोक के ज्यों के त्यों रूप में स्वीकारना गलत हैं, कारण, काव्य की अनुभूति यथार्य होते हुए भी प्रतीतिक यथार्थ की अनुभूति है।

3. पाठक की निरपेक्ष वासना-भारतीय काव्यशास्त्र में वासना को स्थायीभाव कहा गया है। उनकी संख्या आठ बताई गई है और ये मानवीय 'राग' की तृप्ति एवं तृप्तिविघ्नता से जुड़े हैं। शृंगार राग की तृप्ति है तो शोक या करुणा तृप्ति के विघ्न का प्रतिफल है। क्रोध, रौद्र्य भय इसी रूप में हैं, दूसरों ओर शृंगार, हास्य, अद्‌भुत तथा वीर भाव राग तृप्ति के भावात्मक सन्दर्भ हैं, निषेधात्मक नहीं। मानवीय जीवन की सार्थकता दोनों के संयोग में

है और इस दृष्टि से भारतीय काव्यशास्त्रीय चिन्तन में आठ रसों की स्थापना की गई-जो मानवीय वासना से सन्दर्भित हैं। आचार्य अभिनवगुप्त कहते हें कि सृष्टि का कोई भी प्राणी वासना शून्य नहीं है।

काव्य सृजन में कृति की केन्द्रीय दृष्टि वस्तु विषय की संवेदना पर आश्रित होती है और वह संवेदना ही रस का विभाव पक्ष है। इस केन्द्रीय संवेदना को सर्वथा रसनात्मक एवं सहृदय संवादी बनाने के लिए अनुभावों तथा संचारी भावों का प्रयोग किया जाता है। ये उसे सर्वथा सम्पुष्ट करके हृदयग्राही बनाते हैं। आचार्य अभिनवगुप्त का रस के सन्दर्भ में 'सर्वथा रसनात्मक' पद का यही तात्पर्य है। वे रस को परिभाषित करते हुए कहते हैं कि

''एवं सर्वथा रसनात्मकं वीतविघ्नं प्रतीतिग्राह्यो भाव एवं रसः'

यह भाव काव्य में वर्णित या वर्णन से व्यंजित वस्तु है। यह पाठक का चित्तस्थ भाव नहीं है। डॉ० वेडेकर इसी को स्थायी भाव मानते हैं और बताते हैं कि आचार्य भरत नाट्य के संदर्भ प्रथम 'स्थायी भाव' को वस्तु के रूप में वर्णित करते हैं—और यह वस्तु रूप काव्य की मूल संवेदना के रूप में व्यक्त स्थायीभाव निरपेक्ष भाव से पाठक के स्थायी से जुड़कर आस्वादन का धर्म हो उठता है। काव्य में वर्णित भाव—न पाठक का है, न वर्ण्य विषय से सम्बद्ध पात्र का है, न सम्पूर्ण पाठकों या नाट्य दर्शकों का। वह उन सभी से सम्बद्ध है, जो उसके सम्पर्क में है। यदि 'भयभीतमृग का' वर्णन है तो इस संदर्भ में न मृग है, न भय का लोकात्मक स्वरूप है, अपितु भयमूलक निरपेक्ष प्रतीति ही इसका विषय है। यह पाठक की वासना तो है लेकिन कल्पना तथा कला के संसर्ग से स्वार्थ या परार्थ की सीमाओं से मुक्त हो चुकी है।

4. भावना का तादात्म्यकालः भावस्पन्दन तथा भाव स्फोट—

आचार्य भरत ने नाट्यशस्त्र में 'महारस' की अवधारणा व्यक्त की है ओर आचार्य अभिनवगुप्त ने शैवागम के प्रकाश में भावना के स्पन्दन को रस स्फोट कहा है। वासनाएँ प्राणि जगत के संस्कार रूप में अनादिकाल से संचित् है। वे स्पन्दन शब्द के लिए कालिदास के 'अवबोध' का स्मरण करते हैं। कालिदास के अभिज्ञान शाकुन्तलम् के प्रसिद्ध श्लोक **'रम्याणि वीक्ष्य-निशम्यमधुरांश्च शब्दान्'** के संदर्भ में जन्म जन्मान्तर के संस्कारों के आकस्मिक रूप से जगने ओर स्वतः चेतना में संचित् जन्म-जन्मान्तर के संस्कारों से दूसरे में अपना ही प्रतीत होना, भावचैतन्य के स्पन्दन का स्फोट है। डॉ० राममूर्ति त्रिपाठी ने इस संदर्भ की बड़ी ही सुन्दर व्याख्या की है—

''दुष्यन्त के माध्यम से कालिदास और कालिदास के माध्यम से कृति भाग के सम्बन्ध में यह बात कही जा सकती है–

संसार का सुखप्रद माहौल 'अपने को पाने की' अनन्य में बेचैनी पैदा करना है–अपनी आनन्दमयी शक्ति का अवबोधपूर्वक किसी पराचेतना द्वारा **'साक्षात्कारात्मक स्मृति'** करा देता है''। इसका सम्बन्ध केवल कवि से नहीं है, सहृदय पाठक से भी है। आचार्य अभिनवगुप्त इस श्लोक में स्थित 'चेतसाम् स्मरति' का अर्थ केवल स्मृति न लगाकर भावचैतन्य की आत्म-साक्षात्कारात्मक-सांस्कारिक-वासनात्मक प्रतीति बताते हैं–

''अपितु प्रतिमानापरपर्याय साक्षात्कार स्वभावेयमति। सर्वथा तावदेदास्ति प्रतीतिस्वादात्मा''

अर्थात्, यहाँ स्मरण शब्द प्रतिमान नाम वाले प्रसिद्ध साक्षात्कारात्मक स्वभाव रूप अर्थ को ही प्रतीत करवाता है और आस्वादनस्वरूपा यह ऐसी प्रतीति है, जिसमें निर्विघ्न रूप से रति आदि भावों का ही भान होता है।[2]

''आत्मिक भावचैतन्य की साक्षात्कारात्मक-सांस्कारिक वासनात्मक प्रतीति ही रसानुभूति है।''

रस के संदर्भ में आचार्य अभिनवगुप्त का यही मत है। साक्षात्कारात्मक प्रतीति के क्षण ही सांस्कारिक भाव चैतन्य (महारस) के स्पन्दन (चेतना प्रवाह का स्खलन) से आवर्त रूप रसों की उत्पत्ति होती है। स्पन्दन के प्रवहमान कम्पन तथा स्खलन को स्फोट की संज्ञा दी गई है।

आज की मनोवैज्ञानिक शब्दावली में डॉ० नगेन्द्र ने इसे इस प्रकार समझाने की चेष्टा की है–

''प्रत्यक्ष जीवन में प्राय: ये ही तीन प्रकार के संवेदन होते हैं, परन्तु पिछले दो प्रकार के संवेदनों के बीच चौथे प्रकार के भी संवेदन होते हैं–जो स्मृति के भावन से प्राप्त होत हैं। यह भावन का अनुभव न तो स्मृति का प्रत्यक्ष अनुभव होता है और न उसके विश्लेषण आदि का बौद्धिक अनुभव, स्मृति के अनुभव की अपेक्षा यह अधिक सूक्ष्म और दूसरे की अपेक्षा स्थूल होते हैं।'' डॉ० नगेन्द्र ने स्वयं स्वीकार किया है, कि संवेदन प्रक्रिया के आधार पर यह उनकी अपनी कल्पना है। रसानुभूति को वे इसी स्मृति अनुभव से अत्यधिक सूक्ष्य संवेदन का आधार बताते हैं।

आचार्य अभिवन गुप्त भट्टनायक से भिन्न इस अर्थ में भिन्न हैं कि भट्टनायक 'साक्षात्कारात्मक प्रतीति' को साधारणीकरण मानकर उसको कार्यरूप में तथा रस को कारण रूप में स्वीकार करते हैं। अभिनवगुप्त इसी

साक्षात्कारात्मक प्रीति को ही महारस का स्पन्दन मानकर आस्वादन को स्फोट मानते हैं। मूलतः रस महारस है और रस महारस से इस प्रकार जुड़े हैं–

(1) स्फोट के सदृश्य असत्यभूत

(2) अन्विताभिधान के समान उभयात्मक सत्यस्वरूप

(3) अभिहितान्वय के सदृश समुदाय स्वरूप रस है।

आचार्य अभिनवगुप्त ने रस की अभिव्यक्ति को इन तीन संदर्भों द्वारा स्पष्ट करने की चेष्टा की है–

(1) व्याकरणशास्त्र में स्फोट सिद्धान्त का प्रयोग ध्वनि एवं ततश्च अर्थ की अभिव्यक्ति के लिए किया गया है। चित्तस्थ अखण्ड शब्द ब्रह्म चैतन्य के कम्पन के पश्चात् वैखरी वाणी में वाक्य, पद, शब्द आदि ध्वनियों में प्रगट होकर मूल अर्थबोध की प्रतीति कराकर पुनः शून्य में (उस शब्द ब्रह्म में) विलीन हो जाते हैं, ठीक उसी प्रकार काव्य एवं नाट्यादि प्रसंग चित्त के साक्षात्कारात्मक वैशिष्ट्य के कारण शृंगारादि रस महारस से निष्पन्न होकर सन्दर्भ की समाप्ति के पश्चात् उसी महारस में विलीन हो उठते हैं। यही नहीं, जब-जब साक्षात्कारात्मक प्रतीति का प्रकरण उत्पन्न होगा, उसी रूप में पुनः जागृत होकर आस्वादनधर्मी होकर पुनः महारस में विलीन हो उठेंगे। ध्वनि सिद्धान्त का आधार स्फोट सिद्धान्त है और रस ध्वनि की यह सार्थकता इस महारस के स्फोट से सिद्ध हो जाती है–साथ ही, अभिनवगुप्तपादाचार्य के शैव मत का 'स्वयं स्पन्दन' सिद्धान्त भी भाव चैतन्य के स्फोट का साक्ष्य बनकर रस की 'स्वयं अभिव्यक्ति' मान्यता को सार्थक बना देती है।[1] यह रस मीमांसा का व्याकरण दर्शन है।

(2) मीमांसा परम्परा के प्रसिद्ध विद्वान आचार्य प्रभाकर भट्ट के मत को अन्विताभिधानवाद कहा जाता है। शब्द मीमांसा के इस दर्शन को आधार बनाकर अभिनवगुप्तपादाचार्य पुनः कहते हैं कि रस अन्विताभिधान के समान उभयात्मक है। इस शृंगारादि रूप में भी सत्य है और विश्रान्ति (महारस) रूप में भी। यदि केवल विश्रान्ति रूप में साथ सत्य माना जाएगा तो शृंगारादि का अस्तित्व ही नहीं रहेगा। अतः अपने-अपने स्थान पर दोनों सत्य हैं। यदि शब्दों को मिथ्या एवं विकारयुक्त मान लिया जाए तो वेद वाक्य असत्य हो

---

1. देखिए—सहृदय और साधारणीकरण : पृ० 46, 47, 48 तथा रस बिमर्श पृ० 30-34 तक —लेखक डॉ० राममूर्ति त्रिपाठी।

जाएँगे। वेद वाक्य सत्य हैं, और उच्चरित वाक्य भी सत्य है।

(3) मीमांसक आचार्य कुमारिल भट्ट का मत अभिहितान्वयवाद है। आचार्य गुप्तपादाचार्य ने इनके इस मत के आधार पर महारस एवं शृंगारादि रसों के सम्बन्ध पर प्रकाश डाला है। यह सिद्धान्त स्वीकार करता है कि ज्ञान (अभिहित) का मुख्याधार पदान्वय है। पद अपने वाच्यार्थ का बोध कराता है, ततश्च वक्ता की आकांक्षा आदि का परिचय होता है। फिर, निहितार्थ की प्रतीति होती है। भाव से शृंगारादि रस और इन शृंगारादि रसों से विश्रान्ति का अनुभव होता है। इस विश्रान्नि की दशा से 'महारस' का बोध होता है। जैसे अर्थ प्रतीति के बाद वर्ण, वाक्य सभी कुछ पीछे हो जाते हैं और निहितार्थ मात्र बचता है, वैसे विश्रान्ति तथा महारस की अभ्व्यिक्ति के बाद भाव, अनुभाव, संचारी सभी कुछ पीछे दूर जाते हैं–और सत्ता रसबोध की ही बचती है। यही महारसत्व का प्रमाण है।

इस प्रकार, आचार्य अभिनवगुप्त ने 'शान्त रस' की सत्ता के विषय में भी कहा है। उनके अनुसार, शान्त रस से सम्पूर्ण रसों का जन्म होता है और उसी में सम्पूर्ण रस विलीन हो उठते हैं। आचार्य अभिनवगुप्त के अनुसार महारस शान्त रस नहीं, वह नौवाँ रस भेद है, अतः उसे भी महारस में सन्निहित होना होगा।

इसी प्रकार, आचार्य भोज अहंकार या काम-भावना से सम्पूर्ण रसों का उद्‌भव मानते हैं। अपने अस्तित्व को सर्वोपरि मानकर आत्म को संतृप्त करने का भाव ही सम्पूर्ण रस वासना का आधार है। राग के आत्मभोग का भी प्रश्न रस से जुड़ा है। आचार्य कवि कर्णपूरगोस्वामी प्रेम से सम्पूर्ण रसों की निष्पत्ति मानते हैं किन्तु यहाँ प्रेम के अर्थ का विस्तार देना होगा। इस प्रेम का आधार भी राग की सर्वात्मयी वृत्ति ही है।

इस प्रकार,आचार्य भरत, भट्टनायक, अभिनवगुप्त, आचार्य भोज तथा कवि कर्णपूर गोस्वामी के सम्पूर्ण मतों को देखा जाए तो मानवीय चेतना की रागमयी वृत्ति ही रस के लिए केन्द्रीय आधार है। कला तथा कविता अपने सम्पर्क में आने वाले सहृदय के सृजन के आवेश से जागृत रागात्मक-उन्मेष का आश्रय लेकर, उन्हें तन्मयीभूत करके, स्व तथा पर या लोक संसक्ति की वासना से मुक्ति दिलाकर अपनी आस्वाद कक्षा में प्रतिष्ठित कर देती है। पाठक के लोकात्मक तथा आध्यात्मिक दोनों से विलक्षण यह कलासृजन साहचर्य का प्रतिफल है। यह सर्जक के समाधिदर्शन से उत्पन्न संवेदना तथा कवि प्रतिभा एवं कल्पनाशक्ति से स्थापित अपर्व लोक है, जो सहृदय को

सहज ही प्रतीतिगम्य कराकर अपने में स्तम्भित कर लेता है–और जबतक या जब–जब सहृदय उसके सम्पर्क में आता है, उसी स्तम्भन में विवश अपने को बँधा पाता है, सर्जक द्वारा रचा हुआ शब्दों का संसार केवल कविता तक नहीं है। यह काव्य तथा नाट्य की विधाओं तक ही सीमित नहीं अपितु कहानी उपन्यास एवं अनेक सृज़नधर्मी साहित्य रूपों साथ ही, वाद्य, नृत्य, संगीत आदि कलाओं से मिलने वाले आस्वादन तत्त्वों के व्यापक भावचक्र तक इसका फैलाव है।

और इस दृष्टि से आज पुनः आस्वादन–प्रक्रिया ओर रसधर्मी साहित्य–वृत्ति पर विचार करने की आवश्यकता है।

❑

रस की सुख-दुःखात्मकता

भारतीय तथा पाश्चात्य, दोनों साहित्यों में कला स्वाद की अनुभूति के स्वभाव-सुख-दुःखात्मकता की पर्याप्त रूप से चर्चा की गई है। भारतीय चिन्तन के अन्तर्गत इस समस्या का प्रारम्भ आचार्य भरत से होता है और उनके द्वारा रचित नाट्यशास्त्र के अन्तर्गत इस सम्बन्ध में अनेक टिप्पणियाँ मिलती हैं। इन टिप्पणियों को आधार बनाकर रस को सुख दुःखात्मक स्वीकार करने का तर्क दिया जा सकता है किन्तु वह सर्वथा उचित नहीं है।

1. आस्वादयन्ति सुमनसः प्रेक्षकाः हर्षादीश्चाधिगच्छन्तिः।

× × ×

2. सोऽयं स्वाभावो लोकस्य सुख दुःख समन्वितः।
सोडगाद्याभिनयोचेतो नाट्यमित्यधीयते॥

× × ×

3. व्यंजनौषधि संयोगो यथान्नं स्वादुतां नयेत्॥
एवं भावारसाश्चैव भावयन्ति परस्परम्॥

× × ×

4. यस्तुष्टौ तुष्टिमायाति शोकेशोकमुपैति च।
क्रुद्धः क्रोधे भये भीतः स श्रेष्ठ प्रेक्षकः स्मृतः॥

5. स्थाय्येव रसः

1. आचार्य भरत के इस वाक्य का अर्थ भ्रम उत्पन्न करता है। सहृदय प्रेक्षक आस्वादन करते हुए हर्षादि भावों को प्राप्त करते हैं। 'हर्षादि' शब्द से हर्ष एवं अन्यभाव शोक की व्यंजना इसके साथ सहज ही लग सकती है। इस दोष को बचाने के लिए अभिनवगुप्तपादाचार्य ने इसे स्पष्ट करते हुए बताया है कि–

अन्ये तु आदि शब्देन शोकादीनामत्र सग्रहः। स च न युक्तः। सामाजिकानां हि हर्षफलं हि नाट्यम्॥

इस प्रकार, आचार्य भरत के इस वाक्य से यह सिद्ध नहीं होता कि नाटक या काव्य की अनुभूति सुख-दुःखात्मक होती है। यह केवल सुखात्मक एवं

हर्षमूलक है। नाटक का फल हर्षप्रदायी है।

2. आचार्य भरत का दूसरा उद्धरण भी इसी प्रकार भ्रमास्पद है। वे उक्त श्लोक में बताते हैं कि–

''सुख-दु:ख से समन्वित जो लोक का स्वभाव है, वह वाचिक, सात्त्विक, आहार्य आदि रूप में आङ्गिक अनुभवों द्वारा नाट्य में व्यंजित किया जाता है।''

इस वाक्य की यह भी व्यंजना निकाली जा सकती है कि जैसे लोक में सुख-दु:ख हैं, सम्पूर्ण सन्दर्भ सुख-दु:खात्मकता से परिपूर्ण हैं, उसी की अनुकृति होने के कारण नाटक में भी वही सुख-दु:खात्मकता वर्तमान है या व्यक्त किया जाता है। नाट्य या काव्य में सर्वत्र सुख-दु:खात्मकता व्याप्त है, अत: उसका आस्वादन कैसे केवल सुखात्मक हो सकता है? आचार्य भरत के अनुसार नाट्य लोकधर्मी है–लोकधर्मी का अर्थ है, लोकभाव की पुनर्प्रस्तुति और आस्वादन की दृष्टि से दर्शक या पाठक के लिए क्रमश: नाट्यास्वादन या काव्यास्वादन की यथार्थ अनुभूति न होकर अनुभूति की अनुभूति है और इसलिए आस्वादन की अनुभूति लोकानुभूति से भिन्न सृजनधर्मी प्रकृति के अनुसार है। आगे इस सन्दर्भ की विस्तारपूर्वक चर्चा की जाएगी।

3. आचार्य भरत ने रसास्वादन को रसनास्वादन के दृष्टान्तों द्वारा स्पष्ट किया है। उन्होंने बताया है कि जैसे नाना प्रकार की औषधियों के संयोग से या नाना प्रकार के अन्नों के संयोग द्वारा भोक्ता स्वाद सम्बन्धी आस्वादन का आनन्द उठाते हैं तथैव भाव एवं रस परस्पर मिलकर पाठक को भावित (आस्वादित) करते हैं। 'रसनास्वाद तथा काव्यास्वाद' दोनों को परस्पर आमने-सामने रखकर दृष्टान्तगम्यता द्वारा भरत के समझाने का यह आशय कदापि नहीं है कि काव्यास्वाद एवं रसनास्वाद एक जैसे हैं। रसनास्वाद के द्वारा भरत स्वाद की विलक्षणता का वर्णन करते हैं काव्यास्वाद की विलक्षणता को व्यंजित करने के लिए–लोकात्मक सुख-दु:खात्मक (मधुर एवं कटु-तिक्तादि) जैसी दशा का वर्णन करना उनका मन्तव्य नहीं है। वे बताते हैं कि अनेक भोग्य पदार्थों के संयोग से भोक्ता जैसे उनके संयोग से उत्पन्न विलक्षण आस्वाद का अनुभव करता है तथैव विभावानुभाव व्यभिचारी सात्त्विक आदि के संयोग से रसिक भी विलक्षण आस्वादन की अनुभूति करता है। भरत के मन्तव्य को आचार्य रुद्रट ने उसे इस प्रकार बताया है–

रसनाद्रसत्वमेषां मधुरादीनां इवोक्त: आचार्य:

अर्थात्, मधुर, तिक्त, काषाय आदि रसनास्वादों की भाँति रसों के आस्वाद को आचार्यों (भरत आदि) ने बताया है। आचार्य रुद्रट का मत

सुख-दुःखात्मकता को इंगित करता है, जिसका विवेचन आगे किया जाएगा।

4. आचार्य भरत के इस श्लोक को आधार बनाकर सुख-दुःखावादी आचार्यगण बताते हैं कि वर्ण्य संवेदना की जो प्रकृति होगी, संवादभाजक एवं परिपक्व सहृदय उसी के अनुरूप तत्काल अपनी चित्त दशा को आवेष्ठित कर लेगा। आनन्द के प्रकरण में आनन्द एवं शोक के प्रकरण में शोक-ग्रस्तता उसकी विशेषता है। यह सत्य है किन्तु केवल भावतादात्म्य ही रस नहीं है, रस की कक्षा में पहुँचकर सम्पूर्ण शोक आनन्दपर्यवसायी हो उठता है, यही आस्वादन की विशेषता है। आचार्य भरत ने इस श्लोक के माध्यम से आस्वादन पूर्व की चित्त दशा का वर्णन किया है, न कि आस्वादन दशा का। लोक का यथार्थ शोक और कविता में साक्षात्कारात्मक स्मृति के बाद अनुभूत होने वाला भाव लोक की भाँति शोकपर्यावशायी नहीं है–वह लोक के शोकभाव से सर्वथा विलक्षण है। अतः आचार्य भरत के इस वाक्य को दृष्टान्त बनाकर काव्यानुभूति के आस्वादन को लोकास्वादन की भाँति निरूपित करना उचित नहीं है।

5. लोकवादियों का यह तर्क है कि आचार्य भरत एक स्थल पर कहते हैं कि 'स्थायिभावो रसः' अर्थात् स्थायीभाव ही रस है। आचार्य भरत कहते हैं कि–

''विभावानुभाव व्यभिचारि परिवृतः स्थायिभावो रसनाम् लभते।''

अर्थात्, विभावानुभाव संचारी भावों से आवृत स्थायीभाव ही रसदशा को प्राप्त करते हैं।''

विभावादि मूलतः लोकात्मक स्वभावयुक्त सुख-दुःखात्मक हैं और स्थायीभाव भी राग तथा शोक की दो श्रेणियों के हैं अतः ऐसी स्थिति में स्थायीभाव जो रस रूप में परिणत होते हैं, यथासमय सुख-दुःखात्मक नहीं होते, आखीरकार क्यों?

इस सम्बन्ध में आचार्यों का एक दूसरा वर्ग भी है, जो यह धारणा रखता है कि–

'स्थायिभाव विलक्षणो रसः'

अर्थात्, रस स्थायीभाव से विलक्षण है।

यही नहीं, यदि स्थायीभाव को ही रस मान लेते हैं तो लोक के रति, शोक आदि प्रकृत भावों को ही रस मानना पड़ेगा और फिर लोकात्मक तथा कलात्मक अनुभूतियों का अन्तर समाप्त हो उठेगा।

इस प्रकार, आचार्य भरत को साक्ष्य मानकर रस के लिए सुख-दुःखात्मक का तर्क देना उचित नहीं है।

रस की सुख-दुःखात्मकता के विषय में आचार्य रुद्रट की 'रस कलिका' का साक्ष्य दिया जाता है। वहाँ कहा गया है कि–

रसस्य सुख दुःखात्मतया तदुभयलक्षणत्वेन उपपद्यते।

भोज ने भी एक स्थल पर एक उद्धरण दिया है–

''रसा हि सुख दुःखावस्था रूपा।''[1]

''येन त्वभिधायि सुख-दुःख जननशक्यियुक्ता विषयसामग्री वाह्येव सांख्यसदृशा सुख दुःखरूपा स्वभावो रस।ः''

आचार्य वामन ओज, प्रसाद, माधुर्य से सम्बद्ध रस को सुख-दुःखात्मक मानते हैं–

करुण प्रेक्षणीयेषु सम्प्लवः सुख दुःखयो।
यथानुभवतः सिद्धः तथैवोज प्रसादतः॥

करुण से सम्बन्धित नाटकों को देखने पर जिस प्रकार सुख-दुःखात्मकता का अनुभव होता है, उसी प्रकार, सहृदय जनों के लिए ओज तथा प्रसाद के चित्रण का अनुभव होता है।

दश रूपक के अन्तर्गत धनिक-धनंजय आनन्द के समर्थन के पूर्व प्रचलित सुख दुःखात्मकता के इस सिद्धान्त का उल्लेख इस प्रकार करते हैं–

''तादृश एवासौ आनन्दः सुख दुःखात्मकः।''

भगवद्भक्ति रसायन के अन्तर्गत मधुसूदन सरस्वती रसों में रजस् तथा तमस् के मिश्रण के कारण उन्हें सुख-दुःखात्मक मानते हैं–

सत्त्वगुणस्य सुखरूपत्वात् सर्वेषां भावनां सुख-रूपत्वेऽपि रजस्तमोऽशंम् मिश्रणात् तारतम्याम् अवगन्तव्यम् अतो न सर्वेषु रसेषु तारतम्य सुख दुः खानुभव।''

रस की सुख-दुःखात्मकता के सिद्धान्त के प्रबल समर्थक आचार्य रामचन्द्र गुणचन्द्र हैं। वे नव रसों में शृंगार, हास्य, अद्‌भुत, वीर एवं शान्त को सुखात्मक एवं करुण, आदि शेष को दुःखात्मक स्वीकार करते हैं। इस सन्दर्भ में उनके तर्क इस प्रकार हैं–

1. भयानक आदि रस क्लेश को व्यक्त करते हुए पाठकों में घबड़ाहट उत्पन्न करते हैं, अतः उनको सुखात्मक कैसे माना जाए?

2. कवि एवं नटों के कौशल एवं उनकी शक्ति से उत्पन्न कार्यों के भ्रम में पड़कर बुद्धिमान सहृदय भ्रमवश करुणादि की पीड़ा से अभिभूत हो उठते

---

1. भोजाज्ञ सृंगार प्रकाश, पृ० 471

हैं, यह पीड़ा दुःखात्मक ही है। हरिश्चन्द्र की चाण्डाल के यहाँ दासता, रोहिताश्व मरण के अभिनयदृश्य दर्शक को सुख का आस्वाद कैसे करा सकते हैं?

3. अनुकार्य के विलापादि से परिपूर्ण होने के कारण दर्शकों को उसका होने वाला साक्षात्कार कभी भी आनन्दमूलक नहीं हो सकता क्योंकि यदि विलाप नहीं है तो अनुकरण की वास्तविकता नहीं है और यदि इसे सुखात्मक माना जए तो विलाप नहीं हो सकता।

4. इष्टजनों के विनाश से उनके स्वजनों के समक्ष करुणादि का वर्णन या अभिनय किए जाने पर जो दुःखास्वाद है, वह वास्तविक दुःखास्वाद है। दूसरे व्यक्ति दूसरे व्यक्ति की दुःखवार्ता में सान्त्वना रूप सुख का अनुभव करता है किन्तु वह दुःखरूप ही है। अतः करुणादि का स्वाद सान्त्वनामूलक होने पर सुख जैसा लगता है कि किन्तु वह दुःखात्मक ही है।

आचार्य रामचन्द्र गुणचन्द्र द्वारा दिए गए उनके नाट्यदर्पण शीर्षक ग्रन्थ में ये तर्क रस की सुख-दुःखात्मकता से सम्बद्ध हैं।

रस की इस सुख-दुःखात्मकता के विरोध में भी अनेक तर्क मिलते हैं।

आचार्य धनिक धनंजय ने इस सन्दर्भ में यह तर्क दिया है कि-

तस्य च सामान्यात्मकत्वेऽपि प्रतिनियत विभावादिकरणजन्येन सम्भेदेन चतुर्धा चित्तभूमयो भवन्ति तद्यथा शृंगारे-विभासः, वीरे विस्तारः वीभत्से क्षोभः रौद्रे विक्षेपः....।

दीप्ति, व्याकुलता, संकोचादि वृत्तियाँ काव्य तथा नाट्यादि के सन्दर्भ में लोकात्मक न होकर चित्त की आनन्दधर्मी भूमिकाओं से सम्बन्धित हैं और वे पाठक या दर्शक के आस्वादभाव की विविध चित्तभूमियाँ हैं।

रस की सुखात्मक वृत्ति के सन्दर्भ में अनेक तर्क दिए गए हैं, जिनमें प्रमुख इस प्रकार हैं-

(1) मानव जाति का यह स्वभाव या प्रकृति है कि वह दुःख से मुक्ति एवं सुख या आनन्द की कामना तथा उसके अनुकूल आचरण बार-बार करता है। ठीक इसके विपरीत वह कविताओं को बार-बार पढ़ना चाहता है और उन नाटकों को अनेक बार देखने के उत्सुक रहता है-जिनकी अभिव्यक्ति दुःखात्मक है। 'शोक' की प्रतिष्ठा करने वाले भवभूति के उत्तरचरितम् की हम बार-बार सराहना ही नहीं करते अपितु उसके अभिनय से अपने को बार-बार जोड़ना चाहते हैं। पाठकों तथा दर्शकों की यह उत्कण्ठा कलाकृतियों की सुखात्मकता या दुःखात्मकता के लोक यथार्थ का खण्डन करती है।

(2) सामान्यतया यह कहा जाता है कि सहृदयों में करुणादि दृश्यों या काव्यप्रसंगों के सन्दर्भ में स्तम्भ, वैवर्ण्य या अश्रुपात जैसी दशा रस की दुःखात्मकता का प्रमाण है। यह अवधारणा गलत है। चित्त की सात्त्विक दशा की भी ये अवस्थाएँ प्रमाण हैं। हर्ष में अश्रुपात शोक का लक्षण नहीं, सत्त्वोद्रेक का फल है। आचार्य धनिक धनंजय इसका उत्तर देते हुए इस सन्दर्भ में कहते हैं कि–

अश्रुपातादमश्चेतिवर्णनाकर्णनेन विनिपाति तेषु लौकिक वैकल्यव्य-दर्शनादिवत् प्रेक्षकाणां प्रार्दुभवन्तो न विरुद्धयते....।

"कथा का वर्णन सुनने पर सहृदय सामाजिक दुःख का अनुभव (लोक सन्दर्भों जैसा अनुभव) करके अश्रुपात करते हैं। ऐसे वर्णनों को सुनकर सहृदयों द्वारा आँसू गिराना रस या आनन्द का विरोधी नहीं है।"

इस सन्दर्भ में एक प्रश्न उठाया गया है, वह यह कि यदि कलात्मक आस्वाद की यह स्थिति है तो शृंगार या करुण का आस्वादन एक जैसा होगा। प्रतीति में, दोनों का अनुभव भिन्न प्रकार का है। आचार्य अभिनवगुप्त इसका उत्तर देते हुए कहते हैं कि–इस स्थिति में शृंगार रस का आस्वादन आनन्दमूलक है और करुणरस के आस्वादन को आस्वादन (विशेषमूलक) मात्र समझना चाहिए–

"तस्मात् करुण इति शोकस्य सर्वसाधारणत्वेन प्राक् उक्त्या आस्वादनस्य संज्ञा"

कृति या कलाओं में करुण प्रसंग में आस्वादन नहीं है, यह मानना सर्वथा अनुचित है।

आचार्य अभिनव गुप्त ने 'महारस' स्फोट की विविध अवस्थाओं के रूप में स्वीकृति दी है। आचार्य भरत के नाट्यशास्त्र में अत्यन्त प्रसिद्ध वाक्य है–

"महारसं महाभोगं उदात्तवचनान्वितम्"

अभिनव गुप्त इस पर टिप्पणी इस प्रकार देते हैं–

'ततश्च मुख्यभूतान्महारसात्मस्फोट सदृशी' आदि रस उस महारस के स्फोट की स्फुटित अवस्थाएँ हैं–स्फोट रूप में होने के कारण वे विकृतियाँ हैं। शृंगारादि महारस की विकृति के कारण स्थायी जैसी लगती हैं किन्तु स्थायी नहीं है। भक्ति, राष्ट्रप्रेम आदि भाव रसत्व को प्राप्त करते हैं–केवल राग या शृंगार के फैलाव के रूप में। 'महारस' मूलतः आस्वादनधर्मी प्राणिमात्र का भावात्मक चैतन्य है। करुणादि इस भावात्मक चैतन्य की स्फुट दशाएँ हैं। कला या काव्य-नाट्य के सन्दर्भ में ये दशाएँ सहज ही स्फुरित होती हैं। आचार्य अभिनवगुप्त ने कलास्वाद की इस विलक्षणता को अनेक

नामों से पुकारा है। उनका मत है कि लोक में विघ्नों से रहित कला या आस्वादमूलक चित्त प्रतीतियाँ ही निरन्तर काव्य में रस के रूप में स्वीकृत हैं और उन्हें नाना नामों से पुकारा गया है–

तत्र विघ्नापसारका विभाव प्रभृतयः। तेषां हि लोके सकल विघ्न विनिर्मुक्ता संवितिः एवं चमत्कार, निर्वेश, रसनास्वानद भोग समापत्तिलय-विश्रान्त्यादिशब्दैरभिधीयते॥

अर्थात्, लोक में विघ्नों से रहित जो चित्त-प्रतीतियाँ हैं, उन्हें चमत्कार, निर्वेश, रसन्, आस्वादन, भोग, समापत्ति, लय तथा विश्रान्ति आदि शब्दों से जाना जाता है।

इस प्रकार, करुण, रौद्र, भयानक, वीभत्स आदि रसों की अनुभूति को हम केवल चमत्कार, विश्रान्ति या आस्वादन आदि चित्त प्रतीति की संज्ञा देते हैं, लोकात्मक दुःख की नहीं। सत्त्वस्थ करके पाठक के चित्त को विश्रान्ति दशा में स्थिर करने वाले भाव को लोकात्मक दुःख क्यों माने, कोई औचित्य नहीं है।

3. रसनात्मक आस्वादन का स्वभाव क्या है, हमें, रस के इस प्रसंग में विचार करन। चाहिए। आचार्य अभिनवगुप्त कहते हैं कि–

1. यह न लोकात्मक है
2. यह न विषयानुभूति है
3. यह न भ्रमानुभूति है।
4. यह न अनिर्वाच्य (अलौकिक) अनुभूति है
5. न यह लोकानुभूति जैसी अनुभूति है।
6. यह न लौकिकता से आरोपित होकर उससे परिपूर्ण अनुभूति है, उनका वाक्य इस प्रकार है–

''सर्वथा तावदेदास्ति प्रतीतिरास्वात्मा यस्यां रतिरेवभाति। तत एव विशेषान्तरानुपहितत्त्वात्सा रसनीया सती...न लौकिकी न मिथ्या नानिर्वाच्या न लौकिकतुल्या न तदारोपितादिरूपा।''

इस प्रकार, लोक यथार्थ से उत्पन्न होने के कारण वह कलात्मक अनुभूति लोकात्मक जैसी लगती है–किन्तु उससे वह प्रकृत्या भिन्न है, सत्त्वदशा में अनुभूत होने के कारण वह अनिर्वाच्य तथा अलौकिक-सी लगती है, किन्तु उससे भिन्न है। यह कलात्मक जगत की एक विलक्षण अनुभूति है–जो सत्य है, न मिथ्या है, न भ्रमात्मक और काव्य कलाओं के लोकधर्मी होने के कारण यह लोकादि अरोपित भी नहीं है–क्योंकि यह सर्जक की सृजन सम्बन्धी मौलिक विलक्षणता का प्रतिफल है।

अतः कलास्वाद अपने में सर्वथा भिन्न लोकात्मक तथा आध्यात्मिक अनुभूति से पृथक् सर्वथा विलक्षण आस्वादन तथा अनुभूति है।

दुःखानुभूति की ही भाँति सुखानुभूति की भी स्थिति है। दुःख और सुख शब्दों का प्रयोग सामान्यतया यथार्थ जगत में अनुकूल या प्रतिकूल वेदनीयता से सम्बद्ध है। कविता या कला के आस्वाद का इससे कोई सम्बन्ध नहीं है। वह अपने में एक तृप्तिकारी आस्वाद है—जिसकी सीमा में सुख-दुःख बौने शब्द बन गए हैं। आचार्य अभिनवगुप्त ने चमत्कार, निर्वेश, रसन्, अस्वादन, समापत्ति, लय, भोग, विश्रान्ति आदि शब्दों का प्रयोग किया है—वे कलाजनित आस्वादन से सम्बद्ध हैं और यह आस्वादन लोकात्मक सुख-दुःख से विलक्षण है। डॉ० नगेन्द्र ने इस आस्वादन या रस की प्रवृत्ति को और अधिक स्पष्ट करते हुए कहा है कि—

''इस प्रकार, संस्कृत काव्यशास्त्र के प्रतिनिधि आचार्यों के अनुसार शब्दार्थ के माध्यम से विशुद्ध भावभूमिका में आत्मचैतन्य के आस्वाद का नाम रस है।''

आचार्य रामचन्द्र शुक्ल की इस सम्बन्ध में दी गई टिप्पणियाँ निश्चित रूप से विरोधाभासों से ग्रस्त हैं। वे एक स्थल पर कहते हैं कि—

''मेरी समझ में रसास्वादन का प्रकृत स्वरूप आनन्द शब्द से नहीं व्यक्त होता।''

वे पुनः एक दूसरे स्थल पर कहते हैं कि।''इसी को चाहे लोकोत्तरत्व कहिये या ब्रह्मानन्द सहोदरत्व कहिये, चाहे विभावन व्यापार की अलौकिकता।''

आचार्य शुक्ल रस की दुःखात्मकता के पक्ष में एक ओर संकेत तो देते हैं किन्तु दूसरी ओर उसकी आनन्दधर्मीवृत्ति का खण्डन करते हैं तो तीसरी ओर रसानुभूति के आस्वादन की अलौकिकता के साथ भी सहमति जताते हैं। अतः आस्वादन के सन्दर्भ में उनकी टिप्पणी को अन्तिम नहीं माना जा सकता।

❑

रस का अङ्गिन् स्वरूप और अंग रस

महारस और स्फोट रूप नित्यभाव के रूप में उत्पन्न होने वाले रसों की समस्या से भिन्न भारतीय काव्यशास्त्र में रसों के अंगरस एवं अंगिन् रस की चर्चा आचार्य भरत से ही मिलने लगती है। यह अङ्गिन् रस की समस्या प्रमुखता, गौड़ता, पोष्य-पोषक तथा निष्पन्न-निष्पादक भाव सन्दर्भ से जुड़ी है।

आचार्य भरत ने इस सम्बन्ध में एक श्लोक में इस प्रकार रखा है–

यथा बीजात् भवेत् वृक्षो वृक्षात् पुष्पं फलं यथा।
तथा मूल रसाः सर्वे तेभ्यो भावाव्यवस्थिताः॥

जैसे बीज से वृक्ष, वृक्ष से पुष्प और पुष्प से फल निष्पन्न होते हैं, ठीक उसी प्रकार मूल (महारस) से सभी रस और उनसे भाव व्यवस्थित होते हैं।

उनके अनुसार मूल में चार रस निष्पन्न होते हैं–

तेषां उत्पत्ति हेतवश्चत्वारो रसाः

ये चार रस हैं–शृंगार, रौद्र, वीर एवं वीभत्स रस। इन चार रसों से क्रमशः हास्य, करुण, अद्‌भुत, भयानक से निकलते हैं–

शृंगार	रौद्र	वीर	वीभत्स
↓	↓	↓	↓
हास्य	करुण	अद्‌भुत	भयानक

आचार्य भरत ने यह नहीं बताया है कि इस निष्पन्न-निष्पादक रसों के बीच क्या सम्बन्ध है, किन्तु इतना स्पष्ट है कि ये परस्पर एक दूसरे के सहयोगी एवं प्रभावी बनाने में सक्षम हैं।

इस सन्दर्भ में सर्वाधिक विस्तारपूर्वक चर्चा आचार्य अभिनवगुप्त एवं आनन्दवर्धन के द्वारा की गई है। आचार्य आनन्दवर्धन रस की केन्द्रीयता को ध्यान में रखकर अपना मन्तव्य इस प्रकार प्रगट करते हैं–

''व्यंग्यव्यंजक भावेऽस्मिन् विविधेसम्भवत्यपि।
रसादिमय एकस्मिन् कविः स्यादवधानवान्॥

तथा च रामायण महाभारतादिषु संग्रामादयः पुनः पुनरभिहिता अपि तव नवा प्रकाशन्ते।

प्रबन्धेचाङ्गी रस एकएवोनिबध्यमानोऽर्थ–
विशेषलाभं छायाऽतिंशम् च पुष्णाति
कस्मिन्ननेति चत् यथा रामायणे, यथा वा महाभारते।
रामायणे हि करुणो रसः

महाभारतेऽपि शास्त्रकाव्य रूपच्छायाऽन्वमिति वृष्णिपाण्डव विरसवासानवैमनस्यादीनां समाप्तिमुपनिबन्धनता महामुनिना वैराग्यजनन तात्पर्य प्राप्यान्येन स्व प्रबन्धदर्शयिता मोक्षलक्षणः पुरुषार्थः शान्तोरसस्य मुख्यतया।"

अङ्गागिभावश्च यथा रसानां तथा प्रतिपादितमेव॥

आचार्य आनन्दवर्धन अपने इस कथन के माध्यम से यह प्रश्न उठाते हैं कि प्रबन्धकाव्यों के कलेवर विस्तार के कारण उसमें एकाधिक रसों की स्थितियाँ आती हैं–किन्तु उनमें केन्द्रीय संवेदना चिह्न से जुड़ा एक अङ्गिन् या केन्द्रीय (प्रमुख) रस होता है और शेष उसके पोषक अङ्गरस।

इस दृष्टि से यह प्रयोगकर्ता या कवि की अपनी दृष्टि है कि वह कथावस्तु में मुख्य रस एवं सहायक रसों का नियोजन कैसे करे, किन्तु यह योजना उसके लिए अनिवार्य है। रामायण जैसे विशालकाव्य में करुण रस तथा महाभारत जैसे दीर्घ कलेवर सम्पन्न कृति में 'शान्त रस' मुख्य या केन्द्रीय रस के रूप में है, शेष उसके सहायक हैं। सामान्यतया प्रबन्धकाव्य की केन्द्रीय चेतना एक समूचे व्यवहार को केन्द्र में रखकर रची जाती है–जैसे वाल्मीकि-रामायण। श्रीराम का वनवास, वन में नाना प्रकार के संकटों को झेलना, पत्नी का अपहरण एवं तज्जन्य वियोग, राम-रावण का भयंकर युद्धादि सारे सन्दर्भों को मिलाकर रचना की एक केन्द्रीय चेतना का निर्माण करते हैं। आचार्य आनन्दवर्धन उसी कड़ी में सीता परित्याग तथा उनका भूमि प्रवेश जैसे प्रसंगों को भी जोड़कर इसकी सृजनात्मक निष्पत्ति को करुण रस बताते हैं। ठीक इसी सन्दर्भ में भवभूति भी कहते हैं–

एको रसः करुण अन्य तु निमित्तभेदात्।
भिन्न पृथक् पृथक् इव श्रयते विवर्तान्॥

आचार्य भरत रौद्र्य कार्य के भीषण परिणामों से 'करुण' की निष्पत्ति बताते हैं, जबकि करुण रस का स्थायीभाव 'शोक' है। क्या यह शोक रौद्र की परिणति है, यह एक अपने में विचारणीय प्रश्न है।

इस सम्बन्ध में परम्परा में अन्य कई मत हैं–

1. चमत्कार की अङ्गिन् तत्त्व के रूप में प्रतिष्ठा

2. शान्त रस की अङ्गिन् तत्त्व के रूप में प्रतिष्ठा
3. शृंगार की अङ्गिन् तत्त्व के रूप में प्रतिष्ठा
4. भक्ति रस की अङ्गिन् तत्त्व के रूप में प्रतिष्ठा

(1) चमत्कार का अङ्गिन् रस के रूप में प्रतिष्ठा–

साहित्य दर्पण के अन्तर्गत आचार्य विश्नाथ ने किसी नारायण भट्ट नामक आचार्य के मत का उल्लेख करते हुए बताया है कि–

रसो सारः चमत्कारः सर्वत्राप्युभूयते।
तश्चमत्कारम्भूभूत्वे सर्वत्राप्यनुभूयते।

आचार्य नारायण की इस कृति का नाम 'चमत्कार चन्द्रिका' बताया गया है। इसके अनुसार रसों का सार तत्त्व चमत्कार है और सृजन की भावात्मक प्रतीति में सर्वत्र चमत्कार को ही स्वीकृति प्रदान करना, अपने आप में एक विशिष्ट चिन्तन है। कृति में उपलब्ध न होने से नारायण भट्ट के चमत्कार सम्बन्धी दृष्टिकोण को स्पष्टतया नहीं बताया जा सकता क्योंकि रस सिद्धान्त के अन्तर्गत उस शब्द की व्यापक अवधारणा वर्तमान है। सृजन स्वयं में एक अद्‌भुत सृष्टि है किन्तु अनुभूति के स्तर पर वह साधारणीकरण के बाद पाठक के चित्त में पुलकादि भाव का भी व्यंजक तत्त्व है। ऐसी स्थिति में, नारायण भट्ट 'चमत्कार' शब्द से क्या अभिप्राय ग्रहण करते हैं, बिना सम्पूर्णतः साक्ष्य के इस विषय पर कुछ कहना सम्भव नहीं है।

इस चमत्कार के सम्बन्ध में चैतन्य चमत्कार की भी चर्चा शास्त्रों में की गई है। यह बताया गया है कि ईश्वर का 'आनन्द' तत्त्व साहित्य के माध्यम से चैतन्य को चमत्कृत करके रस तत्त्व बन जाता है–

अक्षरं परमं तत्त्वं सनातनामजं विभुम्।
वेदान्तेषु वदन्त्येकं चैतन्यं ज्योतिरीश्वरम्॥
आनन्द सहजस्तस्य व्यंज्यते स कदाचन्।
व्यक्तिः सा तस्य चैतन्यचमत्कार रसाह्वया॥

ब्रह्म का आनन्दधर्मी तत्त्व ही चेतना का चमत्कार बनकर रस रूप में उत्पन्न होता है, किन्तु इस सन्दर्भ में कोई स्पष्ट तर्क नहीं मिलता। जैसा कि कहा गया है, चमत्कार तथा चमत्कृति के अनेक अर्थ हैं, बिना पूर्ण स्पष्टता के इस सम्बन्ध में अन्तिम रूप से निष्कर्ष निकालना सम्भव नहीं है।

शान्त रस–आचार्य अभिनवगुप्त ने आचार्य भरत कृत नाट्‌यशास्त्र की टीका 'अभिनव भारती' में शान्त रस पर विस्तारपूर्वक चर्चा की है। उनके

अनुसार 'शान्त रस' सम्पूर्ण रसों का अधिष्ठान है क्योंकि इसी से समस्त रसों की निष्पत्ति होती है और इसी में सभी विलीन हो जाते हैं। उनके अनुसार शान्तेतर शेष रस विकार के रूप में हैं। उनके अनुसार समस्त विकार अपने मूल (शान्त) से उत्पन्न होकर उसी में विलयन प्राप्त करते हैं–

भावाविकारा रत्याद्याः शान्तस्तु प्रकृतेर्मतः
विकारः प्रकृति जातः पुनस्तत्रेवालीयते॥
स्वं स्वं निमित्तमास्वाद्य शान्ताद्भावः प्रवर्तते।
पुर्ननिमित्तापाये शान्ते एवोपलीयते॥

रत्यादि स्थायीभाव विकार रूप में हैं और शान्त रस प्रकृत रूप में। विकार प्रकृति से उत्पन्न होते हैं और निमित्त का अभाव हो जाने पर पुनः शान्त रस में विलीन हो जाते हैं।[1]

आचार्य अभिनवगुप्त के अनुसार चित्त का निर्विकारत्व जिससे अन्य रस एवं भाव निःसृत होते हैं, मनोवैज्ञानिक दृष्टि से रागशून्यता है और यह रागशून्यता 'शमत्व' की दशा है। इसे उन्होंने प्रकृति के नाम से पुकारा है। जैसे प्रकृति में तमस्, रजस् एवं सत्त्व विषयक विकार उत्पन्न होकर उसी में विलीन हो जाते हैं, वैसे ही विविध वासना रूप रसात्मक वृत्तियाँ शान्त से उत्पन्न होकर अपने चरमोत्कर्ष के बाद समापन काल में 'शमत्व' में पर्यवसित हो उठती हैं। उनके अनुसार चित्त की समत्वदशा रागशून्य नहीं है। चित्त की यह एक संकल्पात्मक दशा है, क्योंकि संकल्पात्मक अनुभूतिदशाएँ ही रसत्व के लिए हेतु हैं। आचार्य अभिनवगुप्तपादाचार्य इसीलिए अपना तर्क देते हैं कि रसों के उत्कर्ष तथा समापन में सर्वत्र शान्ति की ही अनुभूति होती है–

"तत्र रसानां शान्तप्राय एवास्वादः"

अर्थात्, समस्त रसों के समापन के बाद 'शान्त रस ही आस्वाद्य होता है।'

आचार्यपाद ने 'शान्त रस' की स्थापना में उसके अङ्गिन् होने का जो तर्क दिया है, वह उन्हीं के मतों से खण्डित हो जाता है–

(क) भरत के नाट्यशास्त्र के अध्याय छः के श्लोक संख्या सोलह की व्याख्या करते हुए उन्होंने महारस की कल्पना की है और बताया है कि महारस ही सम्पूर्ण रसों की केन्द्रीय चेतना का आधार ही है। 'शान्तोऽपि'

---

1. अभिनवभारती, पृष्ठ 610

नवमो रसो कहकर और शान्त को महारस न कहकर रस ही मानते हैं, अतः 'शान्त रस महारस नहीं हो सकता–और फिर यह कहना कि समस्त रस एवं भाव शान्त से निकलते हैं और उसी में विलीन हो उठते हैं, तर्कसंगत नहीं प्रतीत होता।

(ख) चित्त की शून्यता की दशा, निर्विकारत्व की दशा, विश्रान्तिमयी दशा, समाधि की दशा सब परस्पर भिन्न-भिन्न हैं। आचार्य अभिनवगुप्त 'शान्त रस' को तृष्णाक्षयमुख या विश्रान्तिमूलक मानते हैं। तृष्णाक्षय सुख या विश्रान्तिमूलकता और चित्त की निर्विकारत्वदशा में अन्तर है। सम्पूर्ण भाव तथा रस चित्त की शून्यदशा निर्विकारत्व से निष्पन्न होते हैं, तृष्णाक्षय सुख की दशा से नहीं। अतः शान्त को शेष रसों का अङ्गिन् धर्म मानना उपयुक्त नहीं है।

शृंगार–आचार्य भोज ने शृंगार प्रकाश में इस विषय पर विस्तारपूर्वक चर्चा की है। उन्होंने बताया है कि–

रसोऽभिमानोऽहंकारः शृंगार इति गीयते।
योऽर्थो तस्यान्नयात् काव्यं कमनीयत्वमुश्नुते॥
विशिष्टदृष्टजन्मायं जन्मिनामन्तरात्मसु।
आत्मसम्यग्गुणोभूतेः एकोहेतु प्रकाशते॥

अभिमान या अहंकार ही शृंगार है और यह काव्यार्थ में व्यक्त होकर कमनीयता को व्यक्त करता है। यह हमारी अन्तरात्मा में जन्म-जन्मान्तरों से चला आता हुआ संचित् संस्कार है–जो आत्मस्थ गुणोभूतता से समन्वित एक तत्त्व विशेष (आत्मासक्तिः, आत्मरति) के रूप में उत्पन्न होता है। आत्मासक्ति या आत्मरति का यही उदात्तरूप रसत्व का आधार है। डॉ० वी० राघवन् अपने शोध प्रबन्ध 'भोजाज़ शृंगार प्रकाश' में पूर्व श्लोक पर भट्ट नृसिंहाचार्य की व्याख्या का उद्धरण इस प्रकार देते हैं–

(येन) रस्यते यः (येन) अनुकूलवेदनीयता दुःखमपि सुखत्वेन् (येन) रसिकैरहं क्रियते (येन) शृंगम् उच्छ्रयोरीयते स खलु तादृशोऽस्ति–

डॉ० वी० राघवन् की इस सन्दर्भ में टिप्पणी इस प्रकार है–

Poetry is beautiful because of the presence of Rasa is called Shringar (शृंगार) Abhiman (अभिमान) and Ahankar (अहंकार) Is tis the reason of the experence of many births that we get in our souls. It is the germ from which other qualities grow. It is the inner Tattva of ego, the idea in man of 'I'—Ahankar (अहंकार) It is man's love for his ownself. It is that which makes him take even pain as pleasure.''[1]

यहाँ सर्वाधिक महत्त्वपूर्ण तत्त्व शृंगार है। आचार्य भोज यहाँ शृंग् या शृंगार रस से शृंगार भाव का अर्थ नहीं लेते। यह आत्माहंकार के लिए प्रयुक्त शब्द है। सम्पूर्ण कृतित्व के भोक्ता का केन्द्रीय आत्म-स्व तृप्ति का हेतुभूत अहंकार अर्थात् सर्वत्र मैं ही भोक्ता हूँ–प्रत्येक व्यक्ति का आत्ममोह (राग) से परिपूर्ण आत्माभिमान ही रस का हेतु है। साहित्य में प्रयुक्त शृंगार का अर्थ उन्होंने मथनोद्भेद से लिया है किन्तु प्रथम अर्थ में 'शृंग्' शब्द का अर्थ है, व्यक्ति का **'अहमेव कर्त्ता, अहमेव भोक्ता, अहमेवेसर्वम्'** जैसा अनुभव करना। यही आत्मराग है, यही आत्ममोह है–और इस प्रकार शृंगार शब्द आत्मरतिमूलक चेतना का अर्थ प्रदान करता है।

डॉ॰ वी॰ राघवन् ने फ्रायड की अहन्ताग्रस्त काम वासना Ego libido (इगो-लिबिडो) से तुलना करते हुए बताया है कि यहाँ भोज का मन्तव्य अहन्ताग्रस्त काम वासना से अधिक व्यापक तथा उदात्त है। उन्होंने शृंगार का अर्थ आत्मरति, कामरति, कामासक्ति, आत्मराग जैसे शब्दों से लिया है जो उपनिषद् साहित्य में प्रयुक्त सूत्रों की व्यंजना कराता है–

'आत्मानं तु कामाय सर्वंप्रियं भवतु'

इस प्रकार, शृंगार केवल भोज की कामासक्ति मात्र नहीं है–वरन् वह समस्त रागात्मक चेतना का पर्याय है। रस का अर्थ केवल हास्यभाव नहीं हास्य के प्रति आत्मप्रेम की तुष्टि, वीरत्व के प्रति आत्मासक्ति की तुष्टि वीर भाव है–आदि। डॉ॰ वी॰ राघवन् निष्कर्ष निकालते हुए बताते हैं कि–

.....Therefore Bhoja's libido of Ahankar (अहंकार) comprises much more than what has how given above by the psycho analysis of comprehended by his libido.

वस्तुतः आचार्य भोजराज 'शृंगार' का व्यापक अर्थ में प्रयोग करते हैं। वे बताते हैं कि–

''शृंगारो हि नाम.....आत्मगुण सम्पदाम् उत्कर्षवीजम्''

निष्कर्षतः, शृंगार का अर्थ है, 'आत्मकामिता' यह प्रायः अग्निपुराण एवं आचार्य भोजराज की मान्यताएँ एक-सी प्रतीत होती हैं किन्तु आचार्य भोज का मत अधिक व्यापक एवं शैवागम की परम्परा एवं ब्रह्मवादी अद्वैतवाद दोनों के संयोग से बना है। अग्निपुराणकार के मत की शुरुआत अद्वैत वेदान्त

---

1. देखिए : भोजाज शृंगार प्रकाश, पृ॰ 399

से होती है–क्योंकि वह ब्रह्म के धर्म आनन्द से रस को जोड़ता है। बाद में, अग्निपुराणकार उसे आचार्य भोज के मत से सम्बद्ध कर देता है।

आचार्य भोज के अनुसार सम्पूर्ण रसों का केन्द्रीय या अङ्गिम् धर्म 'आत्मकामिता' है–और सभी रस उसी से निकलते हैं।

भक्तिरस–भक्ताचार्यों ने रस के अङ्गागि सम्बन्ध पर विचार करते हुए भक्ति रस तथा काव्यरसों के अन्तर्सम्बन्धों पर अपने ढंग से प्रकाश डाला है।

भक्ति रस का सम्बन्ध भागवत लीला से जुड़ा हुआ है। भागवत लीला के अन्तर्गत सम्पूर्ण लोकसम्बन्ध ईश्वरार्पित होकर सार्थकता प्राप्त करते हैं। लीला प्रभु की विलासेच्छा है–किन्तु इस विलासेच्छा में भक्त उसके लोक सन्दर्भ के प्रति आत्यान्तिक भाव से समर्पित उसे अन्तिम सत्य मानता है। कृष्ण लीला के चार सन्दर्भ हैं–दास्य, सख्य, वात्सल्य एवं कान्तासक्ति। इन कवियों ने 'शान्त' को प्रीतिमूलक स्वभाव स्वीकार करके उसे भी राग की कोटि में रखने का प्रयत्न किया है और कृष्ण वासना से सम्बद्ध करके इन पाँचों भावों को भक्ति रस का आधार बनाया है।

भक्त कवियों तथा आचार्यों ने 'भागवत् प्रीति' को वासना का रूप देने का प्रयत्न किया है। इसके लिए उन्होंने तीन तर्कों का निर्देश किया है–

भक्ति के लिए भागवत व्यसन अनिवार्य है। भागवत व्यसन भागवत प्रेम से उत्पन्न होता है। यह प्रेम निष्काम है। यही प्रेम ज्यों-ज्यों परिपुष्ट होता है, त्यों-त्यों सान्द्र होकर चित्त को द्रवित करता है। मानसिक द्रवता ही भक्ति रस का आधार है। यही आगे चलकर 'भागवत राग' में परिणत हो जाता है। जीवन के सम्पूर्ण विकार यथा–हास्य, अद्‌भुत, करुण, रौद्र, वीभत्स, भयानक एवं वीर ये सभी इस 'भागवत राग' के पोषक बन जाते हैं।

सम्पूर्ण लोक वासनाएँ कृष्णार्पित होने के कारण कृष्णराग का भागवत राग में समाहित होकर उसका पोषण उसी प्रकार करती हैं, जैसे काव्य में संचारी आदि सम्बन्धित रस का। भक्तिरस भक्ति साहित्य में प्रमुख एवं अङ्गिन् है तथा अंग है–काव्य रस। सभी काव्य भाव तथा रस 'भक्ति रस' का पोषण करते हैं।

भक्त कवियों ने भी प्रायः कृष्ण तथा राम को केन्द्र में रखकर इसी भावना को स्पष्ट किया है। गोस्वामी तुलसीदास धनुर्भंग प्रसंग में श्रीराम को सम्पूर्ण रसों का अङ्गिन् तत्त्व स्वीकार करते हैं–

जिन्हकी रही भावना जैसी। प्रभु मूरति देखी तिन्ह तैसी॥
देखहिं भूप महारन धीरा। मनहुँ **वीर रस** धरे सरीरा॥
डरे कुटिल नृप प्रभुहिं निहारी। मनहुँ **भयानक** मूरति भारी॥

नारि विलोकत हरिहिं हिय निज निज रुचि अनुरूप।
जनु सोहत **सिंगार** धरि मूरति परम अनूप॥
विदुषन्ह प्रभु **विराटमय** दीसा। बहु मुख कर पद लोचन सीसा॥
सहित बिदेह विलोकहिं रानी। **सिसु सम प्रीति** न जाइ बखानी॥
जोगिन्ह परम तत्त्व मय भासा। **सान्त** सुद्ध सम सहज प्रकासा॥

भक्ति रस के मूल अङ्गिन् भाव के पीछे मन्तव्य यह है कि सृजन की कोई केन्द्रीय चेतना सम्पूर्ण भावों को अपने पोषण के लिए प्रयुक्त कर सकती है। आचार्य अभिनवगुप्त ने शान्त रस[1] के प्रकरण में इस सन्दर्भ को निर्दिष्ट किया है कि काव्य के समस्त शृंगारादि रस विशिष्ट अवस्थाओं में शान्त की अभिव्यक्ति करते हैं।

कला मनोविज्ञान की दृष्टि से यह अङ्गिन् समस्या ग्सलिए महत्त्वपूर्ण है कि लोक की कोई एक वासना सृजन की मूल संवेदना हो सकती है और सम्पूर्ण तथाकथित रस भाव रूप में प्रयुक्त होकर उसका सम्पोषण करते हैं। केवल शृंगार, भक्ति, शान्त, करुण आदि के ही अङ्गिन् होने का प्रश्न नहीं उठता। यह कवि के सृजन कौशल का धर्म है और वह आवश्यकता के अनुरूप मूल तथा अङ्गिन् एवं सहयोगी तत्त्वों को रस के रूप में इनका प्रयोग करता है। वैसे, सत्य तो यह है कि, लोक विलक्षण कला सृजन की भावसृष्टि का शास्त्र द्वारा सीमांकन करना सम्भव नहीं है।

❑

1. देखिए : प्रस्तुत लेखक कृत हिन्दी वैष्णव भक्ति काव्य : काव्यादर्श तथा काव्य सिद्धान्त, पृ० 169

भक्तिरस एवं काव्यरस

वासनाएँ प्राकृतिक हैं तथा समस्त प्राणियों में उनकी सत्ता अनिवार्य है। मानव अपने भोग के सन्दर्भ में इन्हें तृप्ति के रूप में देखता है और ये अपूर्ति के क्षण में क्षोभमूलक प्रवृत्ति से भी जुड़ती हैं। रागात्मक तृप्ति इनका मुख्य सन्दर्भ है। काल प्रवाह के साथ मानव जाति के विकास के फलस्वरूप विकसित सामाजिक प्रचलनों, मान्यताओं आदि के कारण मानव जाति के सांस्कारिक व्यवहारों, तौर-तरीकों एवं भावनाओं की केन्द्रीयता में परिवर्तन दिखाई पड़ता है। मानव जाति की न सहज प्रवृत्तियाँ बदलती हैं और न मूल प्रवृत्तियाँ। यही नहीं, इनसे जुड़ी सामाजिक प्रवृत्तियाँ भी अपने मूल में ज्यों-की-त्यों हैं। यदि 'काम भावना' मानव जाति की एक प्रवृत्ति (Instict) है तो सभ्यता एवं संस्कृति के विकास के साथ उसको अभिव्यक्त करने के तौर-तरीकों में परिवर्तन होता रहता है किन्तु 'कामभावना' ज्यों-की-त्यों मूल प्रवृत्ति के रूप में बनी रहती है। हाँ, यह सत्य अवश्य है, इसमें निहित कामजनित रागात्मकता कालक्रमानुसार अपने को विविध रूपों में रूपायित करती चलती है। नारी के प्रति व्यक्त रागात्मकता, आलम्बन के बदलाव से अपना भिन्न स्वरूप बदलती जाती है और रागात्मक परिवर्तन का अर्थ-विकास अपनी दिशाओं में होता चलता है। नारी के प्रति रागात्मकता से श्रृंगार भाव, ईश्वर के प्रति रागात्मकता से भक्तिरस भाव, पुत्र के प्रति रागात्मकता से वात्सल्यभाव, मित्र के प्रति रागात्मकता से सख्यभाव, स्वामी के प्रति रागात्मकता से दास्यप्रीति भाव, देश के प्रति रागात्मकता से राष्ट्रभाव आदि का विकास होगा और यह विकास क्रम आगे-आगे सभ्यता के विकास के साथ चलता रहेगा। इन वासनाओं की विशेषता यह है कि इनमें आत्म भावनात्मक तीक्ष्णता का जितना विकास होता चलेगा रागात्मकता, अपने शीर्ष पर मिलेगी। यहाँ वासनाएँ सृजन का विषय बनकर जिस तीव्रता एवं निरपेक्षता के साथ व्यक्त होंगी, साहित्य में आस्वादन की उत्कटता या इनकी सामान्यता प्रतीत होगी। विषयानुसार काव्याभिव्यक्ति की प्रणालियों की अपनी रूढ़ियाँ बन जाती हैं और ये मानक रूढ़ियाँ अपने ढंग से आस्वादन प्रक्रिया में विकास और उसकी अनुभूति में मदद करती हैं।

रस साहित्य का मूलधर्म है, प्रचलित मानकों के अनुरूप भावानुकीर्तन या प्रतीतिमूलक लोक की अभिव्यक्ति जो सहजता तथा तीव्रता दोनों रूपों में पाठक के चित्त से जुड़ती है, भावास्वादन के लिए आधार है। संस्कृत तथा हिन्दी साहित्य के अन्तर्गत भक्तिरस के सन्दर्भ में भी यही अवधारणा देखी जा सकती है।

'भक्ति रस' की निष्पत्ति शान्त रस से हुई अथवा नहीं यह एक विवादास्पद प्रश्न है। सामान्यतः यह स्वीकार किया जाता है कि भक्ति रस का विकास स्वतन्त्र रूप से हुआ और बाद में अद्वैत वेदान्त सिद्धान्त में भक्ति की स्थापना के बाद भक्त साधकों ने शान्तभक्ति रति या शान्तभक्ति रस जैसी एक मान्यता स्थापित करके उसे अपने में अन्तर्मुक्त कर लिया। इसका सबसे बड़ा साक्ष्य यह है कि शान्तरस के प्रथम समर्थक अभिनवगुप्त भक्ति रस का भिन्न रूप में उल्लेख करते हैं और इस भक्ति रस को रस नहीं मानते। आचार्य आनन्दवर्धन ने भी महाभारत या रघुवंश महाकाव्य के सन्दर्भ में इसी प्रकार की बात कही थी। उनका कथन है कि–महाभारत, गीता तथा हरिवंश पुराण में कृष्ण का चरित्र तृष्णाक्षय सुख का निष्पत्तिदायक शान्त रस से ही परिपूर्ण है। यही नहीं, उन्होंने महाभारत की केन्द्रीय संवेदना 'शान्त रस' के रूप में स्वीकार की है।

प्रारम्भिक दिनों में वैराग्योन्मुखता ही वैष्णवी मन्तव्य को व्यंजित करने वाली मूलवृत्ति थी। वैराग्य का निर्वेद जो सर्वथा त्यागमूलक भावना से सम्बद्ध है, योगसमाधि के आनन्द से सम्बद्ध होकर वह तृष्णाक्षय सुखमूलक हुआ। बाद में, यह ब्रह्म के आनन्दस्वभाव का पर्यायवाची बन गया। दूसरी ओर उपासनावाद के साथ जुड़ी भक्ति का विकास जब रागात्मकता के साथ हुआ तब वह शान्त रस से भिन्न आधारभूमि पर विवेचित की जाने लगी। ईश्वर में परानुरक्ति ने कविता को लोकव्यापी आधार दिया और वह वैराग्योन्मुखता से मुक्त होकर सीधे लोकभावना से जुड़ी। भागवतपुराण का सम्पूर्ण सन्दर्भ ईश्वर विषयक रागात्मक रति से जुड़ा दिखाई पड़ता है। सर्वप्रथम नारदभक्ति सूत्र ने ईश्वरविषयक संसक्तियों को एकादश भावों में विभक्त किया, जिनमें चार प्रमख हैं–दास्यसक्ति, सख्यासक्ति, वात्सल्यासक्ति, कान्तासक्ति। आगे चलकर, आचार्य निम्बार्क ने इन्हें रति का नाम दिया। वे इस प्रकार हैं–दास्यरति, सख्यरति, वात्सल्यरति, उज्ज्वलरति। भक्ति रस के विवेचक आचार्य रूप गोस्वामी ने इन्हें स्थायीभाव मानकर भक्ति रस की स्थापना की–

दास्यभक्तिरस, सख्यभक्तिरस, वात्सल्यभक्तिरस, उज्ज्वलरस या मधुरा-भक्ति रस

इस सन्दर्भ में शान्ति जो निर्वेद या तृष्णाक्षय सुख का पर्याय था शान्ति-भक्ति रति तथा शान्तिभक्ति रस के रूप में स्थापित हुआ। इस शान्तभक्ति रस का अर्थ परम विश्रान्तिदायी ब्रह्मानन्द से लिया गया है। इस विश्रान्तिमयी आनन्द को कवि कर्णपूरगोस्वामी ने समस्त रसत्व एवं आध्यात्मिक आस्वादन का मूल हेतु बताया–

रसस्य आनन्दधर्मत्वात् एकध्यम् भाव एव हि।
उपाधिभेदानानात्वम् रत्यादय उपाधयः॥

रस की मूल चेतना आनन्द है। वह एकमात्र अर्थात् केवल एक (अकेली) है। रसों के जो भी नाम भेद दिखाई पड़ते हैं अर्थात् रत्यादि से निःसृत रस के विविध रूपभेद केवल उपाधि मात्र हैं। वे आनन्द का आधार प्रेम मानते हैं। इसी प्रेम से ही सम्पूर्ण रस निष्पन्न होते हैं और उसी में विलीन हो जाते हैं। प्रेम सृजन का महासमुद्र है, जिसमें सम्पूर्ण रस तथा भाव तरंगों की भाँति उन्मज्जित तथा निमज्जित होते रहते हैं। वे कहते हैं–

प्रेम रसे सर्वे रसान्तर्भवन्ति, महीमानेव प्रपंचः। केषंचिन्मते श्रीराधा-कृष्णयोः श्रृंगार एव रसः। श्रृंगारोऽङ्गी प्रेमाङ्गः..........वयं तु प्रेमाङ्गी श्रृंगारो न इति विशेषः तथा च–

उन्मज्जन्ति निमज्जन्ति प्रेमयखण्डसत्त्वतः।
सर्वेरसा भावाश्च तरङ्गारिव वारिधौ॥[1]

इस प्रकार रागात्मकता के संदर्भ में शान्त, भक्ति तथा प्रेम ये क्रमशः विकसित होकर काव्यास्वादन के लिए आधार बने।

यहाँ एक बात और भी विचारणीय है। नई कविता के आलोचक प्रायः यह कहते दिखाई पड़ते हैं कि परम्परित रस सिद्धान्त द्वारा छायावादी काव्य तक की तो खींचतान कर व्याख्या की जा सकती है, किन्तु नई कविता की व्याख्या परम्परित रस सिद्धान्त के आधार पर सम्भव नहीं हैं। भक्ति साहित्य के संदर्भ में यही समस्या है। भक्त आचार्य कहते हैं कि श्रृंगारादि का सम्बन्ध लोकवासनाओं से है, हम तो सगुण ब्रह्म की रागात्मक संसक्ति की बात करते हैं। लोक के सम्पूर्ण आलम्बन, उद्दीपन, सात्त्विक संचारी यहाँ गौणभाव से संचारी बनकर भक्ति रस का पोषण कर सकते हैं किन्तु ये भक्ति रस नहीं हो सकते। भक्ति रस मुख्य या अङ्गिन् रस है और लोकभाव तथा रस संचारी या अंग बनकर उसको सामर्थ्यवान् बनाते हैं। लोकवासना आध्यात्मिक वासना

---

1. अलंकार कौस्तुभ : पंचम किरण, पृ० 148, 149

को स्पष्ट करने के लिए आध्यात्मिक विभ्रान्तिभाव में विलीन होकर या अपने सहयोग द्वारा प्रगाढ़ बना सकती है–भक्ति साहित्य की विवेचना परम्परित रस सिद्धान्त से सम्भव नहीं है।

रस सन्दर्भ में, आज जो तर्क नई कविता की व्याख्या के संदर्भ में नये आलोचक प्रस्तुत करते हैं, ठीक वैसा ही तर्क भक्ताचायों ने भक्ति साहित्य के विवेचन के प्रकरण में रखा था और इस प्रकार उन्होंने भक्ति काव्य के आस्वादन की व्याख्या परम्परित ढंग से भिन्न रूप में की।

इस प्रकरण में एक बात और भी विचारणीय है। प्रभु लीला तथा उसके सम्पर्क में आकर भक्तों को आस्वादित होने वाला आनन्द काव्य का प्रतिफल न होकर ब्रह्मानन्द का उन्मेष बताया गया है। रस विवेचकों ने तो रस को ब्रह्मानन्द सहोदर बताया है। आचार्य अभिनवगुप्त ने उसे समाधिजन्य आनन्द ही कहा है। भक्त विवेचकों एवं आस्वादकों ने भक्ति काव्य के आस्वाद को ब्रह्मानन्द का उच्छलन ही माना है तब क्यों भक्तिरस का आधार 'ब्रह्मरति' है–

विभावैरनुभावैश्च सात्त्विके व्यभिचारिभिः
एषा कृष्णारतिः स्थायीभावो भक्तिरसो भवेत्॥

और इस ब्रह्मविषयक आस्वादन का स्वरूप बताते हुए अभिनवगुप्त ने तृष्णाक्षय सुख-मूलक शान्तरस के विषय में कहा है कि–

"**ब्रह्माद्वैत सुखात्मकः परम विश्रान्तो हि शान्तो रसः।**" अर्थात्, अद्वैत ब्रह्म के आस्वादन से जुड़ा यह परम विश्रान्तिदायक एवं आनन्दधर्मी है। परम्परा में कहा गया है कि देवादि विषयक रति शृंगार का रसाभास है। आचार्य मधुसूदन सरस्वती इसका खंडन करते हुए कहते हैं कि देवादि रति विषयक रस दोष इन्द्रादि देवों के लिए हैं, न कि सगुण एवं निर्गुण आराध्य ब्रह्म के लिए। भागवत आनन्द या राधा कृष्णा की शृंगार लीलाएँ लोक प्रतीति के विषय हैं, और भक्तगण सामान्य लोक घटनाओं की भाँति प्रतिक्षण उनका अवलोकन तथा प्रतीति करते हैं।

इस प्रकार, **भक्ति रस का केन्द्रीय आधार लीलाभाव है।** यह लीला लोकाशक्तियों का विकास है। सम्पूर्ण रागद्वेष, प्रभु को समार्पित करके उनकी विकासमयी लीला में आत्यन्तिक संशक्ति भक्त की अन्तिम कामना है। प्रभु ने अपनी विलासमयी लीला प्रमुखतः अपने भक्तों में आनन्दधर्म को विखेरने के लिए की है। प्रभु के अवतार की परम्परा में जो भी हेतु दिखाए गए हों किन्तु मध्यकालीन लीला के संदर्भ में उनके अवतरण के हेतु भक्तों को आनन्दित करके उनके आनन्दित मन में लीला को बिखेरना मात्र है। भक्त भी, इसीलिए

जीवन पर्यन्त और जीवन के बाद आत्ममुक्ति की कामना नहीं करते वह इहलोक और अपने जन्म-जन्मान्तर में प्रभु के लीला की ही कामना करते हैं। इन्हें मुक्ति नहीं, लीलाभक्ति चाहिए और इस लीला की आधार है, कृष्ण या राम की लोकात्मक वासना से जन्म-जन्मान्तर की अनुरक्ति। भक्त आचार्यों ने लीलासक्ति के लिए परम्परित साहित्य रस से जुड़े वासना तंत्र से भिन्न एवं शाश्वत् वासना तंत्रों की तलाश की है, ये हैं–वात्सल्यासक्ति, सख्यासक्ति दास्यासक्ति एवं मधुरासक्ति। लोक जीवन का यदि बटवारा करना चाहें तो समग्र सामाजिक वासना इन्हीं रूपों से जुड़ी दिखाई पड़ती है। भक्त जीवन की इन समग्र वासनाओं को प्रभु में समर्पित कर देने के पश्चात् भक्त उनसे मुक्ति नहीं लेता, उन्हीं में संसक्तिभाव से तन्यमीभूत होता है। भक्त की यही तन्यमीभूतता ही भक्ति रस है–

आचार्य मधुसूदन सरस्वती कहते हैं कि–

भक्ति विषयक विभाव, अनुभाव एवं संचारी भावों के संयोग से सुखमूलक (आनन्दमूलक) स्थायीभाव निर्मित होकर भक्ति रस को व्यंजित करता है। आचार्य मधुसूदन सरस्वती ने सुखमूलक स्थायीभाव पद का प्रयोग इसीलिए किया है ताकि उसके आनन्दमूलक स्वभाव को स्पष्टतापूर्वक रस के अन्तर्गत विवेचित किया जा सके।

रूपगोस्वामी ने अपनी भक्तिरसविषयक परिभाषा में इस आनन्दधर्मिता के लिए 'कृष्णरति' शब्द का प्रयोग किया है। उनके अनुसार कृष्णरति है और स्थायीभाव विश्रान्तिमयी प्रभु की आसक्ति ही भक्तिरस है।

इस प्रकार, लौकिक साहित्य में शृंगारादि रस के समानान्तर भक्ति साहित्य में भक्ति रस की परिकल्पना की गई है, क्योंकि लोकभाव भक्ति साहित्य में एक सशक्त माध्यम है और लौकिक साहित्य में भी यह एक अनिवर्याता है क्योंकि लोकानुकीर्तन ही काव्य है। लोक की अनुभूति की अनुभूति की अनुभूति ही लौकिक कविता है–जबकि भक्ति साहित्य में लोक एक उपलक्षण एवं बहाना मात्र है। कृष्ण की लीला से सम्बद्ध होने के कारण ही वह ग्राह्य है और जहाँ उससे असम्बद्ध है, वह भक्ति साहित्य की सीमा से बाहर है। भक्त प्रभु के लोकात्मक आचारण को लीला के रूप में स्वीकृति देकर और उससे अपने चित्त का तादात्म्य स्थापित करके उसी में अभिभूत तथा तन्मयीभूत हैं। अभिनय व्यापार में उनकी इस लीला को देखकर भक्त विश्रान्तिभाव से उनमें तन्मय हैं। भक्ति काव्य में अपने सृजन कौशल से उन्हें काव्यबद्ध तथा उसका मनन, श्रवण एवं पाठ करके तन्मयीभूत होने का सन्दर्भ मिलता है। अपने मन के राग एवं ससंक्ति को इन भक्तों ने इस प्रकार

विकसित कर लिया है कि ये भक्त श्रीकृष्ण या श्री राम के नाम श्रवण से रोमांचित हो उठते हैं। इस प्रकार, अपनी सम्पूर्ण कामनाओं, से संसक्तियों, लोक सम्बधों, एषणाओं तथा लोकात्मक आचरण को प्रभु में अन्तरण करके उस सत्ता में निरन्तर विलीन रहना इनका धर्म है। साधक की इस चित्त दशा में लिखा गया भक्ति साहित्य भारतीय आस्थाशील समाज तथा जीवन को विश्वास, आस्था, उत्साहपूर्वक जीवन यापन तथा आतंकवादियों एवं अत्याचारियों के बीच में भी निर्भयतापूर्वक बिना किसी भय के रहने की अमर कामना से ओतप्रोत हैं। भक्ति रस की आस्वादन वृत्ति जो साहित्य में 'ब्रह्मस्वाद सहोदर' रही है उसे इन कवियों ने 'ब्रह्मस्वाद से आत्मसिक्त बना दिया। प्रसिद्ध सौन्दर्य शास्त्री आनन्द कुमार स्वामी इस पर अपनी टिप्पणी देते हुए कहते हैं कि–

The Aesthetic concept of आनन्द and spiritual concept of आनन्द are brought together that we are able to realise this interation in a manner whieh western throught has ever knorn.

भारतीय साहित्य में **आनन्द , चिति** एवं **सत्य** की स्थापना का प्रयास प्रारम्भ से ही मिलता है। यह पश्चिमी साहित्य के 'सत्यम्, शिवम्, सुन्दरम्, की अवधारणा से भिन्न है। रसास्वादन का सिद्धान्त भक्ति काल में लोक वासनाओं के आध्यात्मिक अन्तरण के कारण पूर्ण चिति (चैतन्य), पूर्ण सत्य एवं पूर्ण आनन्द की अभिव्यक्ति है। 'सत्यं, शिवं, सुन्दरं' के सन्दर्भ में अभी तक ऐसी कोई व्याख्या नहीं मिलती।

❑

भक्ति एवं काव्यरस के अङ्गाङ्गिसम्बन्ध विषयक भक्ताचार्यों के मत एवं उनकी आलोचना

भारतीय रस सिद्धान्त के क्षेत्र में रस के अङ्गाङ्गि सम्बन्ध की चर्चा आचार्य भरत से प्राप्त होती है। यहाँ इस चर्चा का अभिप्राय रस विशेष की महत्ता तथा कृति की केन्द्रीय संवेदना को स्थापित करना रहा है। भरत का शृंगार रस को महत्व देना मूलतः इसी दृष्टिकोण का सूचक है। आचार्य भरत के अनुसार रस की आन्तरिक संवेदना मन की रति एवं विरतिमूलक मनोवृत्ति पर आधृत है। इस दृष्टिकोण को स्पष्ट करते हुए अग्निपुराणकार भरत की भाँति चार रसों की स्वीकृति देता है–शृंगार, वीर, रौद्र वीभत्स। शृंगार एवं वीर रतिमूलक भाव हैं तथा रौद्र एवं वीभत्स विरतिमूलक। यही चार रस उसके अनुसार काव्य में अंगीभूत हैं। शेष, हास्य, अद्‌भुत तथा करुण, भयानक, क्रमशः चित्त-विकास, विस्तार, विक्षोभ एवं विक्षेप के अन्तर्गत रख कर इन्हें इसके परिणामरूप के रूप में प्रतिष्ठित किया है। परवर्ती रसवादी आचार्य इसके मूल में इन्हीं मानसिक वृत्तियों को प्रमुखता प्रदान करते हैं। किन्तु, इस चर्चा से पृथक् भी रस के अङ्गाङ्गि सम्बन्ध विषयक मतवाद संस्क़त साहित्य में चलते रहे हैं। नाट्‌यशास्त्र के छठें अध्याय के शान्तरसविषयक प्रक्षिप्त अंश को ही इसकी चर्चा का मूल श्रेय मिलना चाहिए। अभिनवभारती में शान्तरस प्रकरण की व्याख्या करते हुए आचार्य अभिनव गुप्त ने सिद्ध किया कि शांत ही रसों का मूलकारण है। उन्होंने समस्त भावों एवं मनोविकारों के शान्त रस से निष्पन्न होने की बात कही है। अभिनवगुप्त को परवर्ती धार्मिक मतवाद का अधिक समर्थन मिला है। आचार्य शंकर ने 'सौन्दर्यलहरी' तथा भर्तृहरि ने 'भर्तृहरि निर्वेद' में शान्त को ही एकमात्र कारणभूत रस स्वीकार किया है। अभिनवगुप्त के पूर्व भोज ने शृंगार को अंगीभूत रस के रूप में स्वीकार किया। 'भोज का शृंगार प्रकाश' इस दृष्टि से अभिनवगुप्त कृत 'अभिनव भारती' के 'शान्तरस प्रकाश' की ही भाँति महत्त्वपूर्ण ग्रंथ है। भोज की यह परम्परा संस्कृत काव्शास्त्र के क्षेत्र में महत्त्वपूर्ण थी। भानुदत्त एवं पंडितराज जगन्नाथ

इसी परम्परा से सम्बद्ध हैं। भवभूति ने 'उत्तररामचरितम्' नाटक में 'करुण'को ही एकमात्र अंगीरस स्वीकार किया है तथा 'साहित्यदर्पण' में उद्धृत नारायण भट्ट के मतानुसार चमत्कार ही रस का मूलतत्त्व है। इस प्रकार, निश्चित ही वैष्णवाचार्यों के पूर्व संस्कृत-साहित्य में रस की अङ्गाङ्गि-सम्बन्ध विषय चर्चा आरम्भ हो चुकी थी। इस चर्चा में प्राथमिकता इस तथ्य को दी जाती थी कि किसी कृति की केन्द्रीय संवेदना के आधार पर किस रस-विशेष को प्रधान स्वीकार किया जाय।

संस्कृत साहित्य में भक्तिविषयक काव्यों के प्रणयन एवं भक्तिचेतना के सम्यक् विकास होने के बाद, रस के अङ्गाङ्गि सम्बन्ध का प्रश्न मौलिक रूप में उठाया गया। कारण स्पष्ट थे–संस्कृत के आचार्य भक्ति को रस मानने के पक्ष में नहीं थे। वे भक्ति को मात्र भाव की श्रेणी में रखते थे। भक्त आचार्यों को इस तथ्य को निर्मूल एंव असंगत सिद्ध करने के लिए कई दिशाओं में प्रयत्न करना पड़ा। रस का अङ्गाङ्गि निरूपण भी इसी आग्रह का प्रतिफल है। अपने काव्य की स्वतंत्र रूप से व्याख्या करने के लिए 'भक्तिरस' के स्वतंत्र स्थायित्वभाव की चर्चा पूर्णतः संगत थी। इस स्वतंत्र व्याख्या के लिए वे संस्कृत काव्यशास्त्र का आश्रय लेने के लिए तैयार नहीं थे। इन आचार्यों ने ललित काव्य की आलोचना करते हुए स्पष्ट रूप से लिखा है–संस्कृत का ललित काव्य प्रकृत जीवन-व्यापारों से सम्बद्ध है। उसमें अलौकिकता कहाँ? इसके विपरीत कृष्ण की मधुर लीला, उसका स्वरूप एवं आस्वादन सर्वथा अलौकिक एवं ग्राह्य है। इसकी व्याख्या काव्यरस से नहीं हो सकती है–यदि होती है, तो वह संगत नहीं है। इसके अतिरिक्त भी, भक्ति काव्य के भावों की संगति, उसके विशिष्ट महत्त्व का प्रतिपादन, रचना-प्रक्रिया का स्पष्टीकरण आदि अनेक कारणों से प्रभवित होकर भक्तिरस की विशिष्टता का प्रतिपादन भक्त्याचार्यों ने किया है। इस संदर्भ में इनकी मूल कल्पना यह रही है कि काव्यरस गौण है तथा भक्तिरस अंगी। परस्पर अंगांगि सम्बन्ध में प्रमुख-गौण, कार्य-कारण आदि के भी भाव निहित हैं। इस संदर्भ में निम्नलिखित आचार्यों के मत अधिक महत्त्वपूर्ण हैं।

मधुसूदन सरस्वती– इसके अनुसार भक्तिरस प्रमुख है। इन्होंने एतद्विषय विचार 'भक्तिरसायन' नामक ग्रंथ में प्रस्तुत किया है। शृंगार रस की तुलना में इन्होंने भक्ति को सहस्रगुणा विस्तृत स्वीकार किया है। इन्होंने उन आचार्यों का खण्डन किया है जिनका कथन है कि भक्ति भाव है, रस नहीं। संस्कृत के अनेक आचार्यों ने भक्ति को देवादि विषयकरति मानकर रसदोष या भाव के अन्तर्गत रखा है। इस तर्क का उत्तर देते हुए उन्होंने लिखा है कि यह

देवादिरति वस्तुतः इन्द्रादि देवताओं से सम्बद्ध भाव के लिए है न कि भगवद् आनन्द के लिए। भक्तिजन्य भगवद् आनन्द की तुलना में शृंगार रस सूर्य के सम्मुख खद्योत प्रकाश की भाँति क्षुद्र है। संक्षेप में, अङ्गाङ्गि रस के विषय में उनकी धारणा इस प्रकार है–

भक्ति का मूल भाव रति है। यह रति प्रेममूलकआसक्ति भाव है न कि शृंगार का स्थायी भाव। यह रति तीन प्रकार की है–विशुद्धभक्ति रति, वत्सलभक्ति रति, प्रेयोभक्ति रति। इन्हीं से क्रमशः विशुद्ध, प्रेय एवं वात्सल्य भक्तिरस की निष्पत्ति होती है। इस रति में जब लौकिक भावों का मिश्रण हो जाता है तो उसे मिश्रित रति कहा जाता है। भक्तिरसायनकार के अनुसार भक्तिरस में शृंगार रस मिश्रित होकर उसे बलवत्तर बनाता है। इसीलिए मिश्रित भाव–न्यून, तीव्र, शुद्धभक्तिरस तीव्र एवं शृंगार रति मिश्रित भक्तिरस तीव्रतर हो जाता है। उन्होंने सम्पूर्ण शृंगार रसविषयक भावों को दो भागों में विभक्त किया है।

काव्यरस	**भक्तिरस**
1. संकीर्ण भाव	2. शुद्ध भाव
3. संकीर्ण मिश्रित भाव	4. केवल (शुद्ध) मिश्रित भाव

रसायनकार के अनुसार भाव दो ही हैं–संकीर्ण तथा शुद्ध। संकीर्ण मिश्रित एवं केवल मिश्रित परस्पर इन्हीं दोनों के संयोग से बनते हैं। उनके अनुसार काव्यरसों की स्थिति इस संदर्भ में इस प्रकार है–

संकीर्ण भाव– रौद्र, भयानक, धर्मवीर, दयावीर, वीभत्स एवं शान्त इसके अन्तर्गत आते हैं।

संकीर्ण मिश्रित भाव– रसायनकार के अनुसार अन्य काव्यरस इन भावों में परस्पर संकीर्ण मिश्रित भाव बन जाते हैं। ये क्रमशः शृंगार, करुण, हास्य, भयानक, अद्‌भुत, वीभत्स एवं शान्त हैं।

मधुसूदन सरस्वती के अनुसार भगवद् आलम्बन से सम्बद्ध हो जाने पर इन भावों की संकीर्णता समाप्त हो जाती है तथा वे **केवल मिश्रित भाव** रह जाते हैं। इस दृष्टि से शुद्ध भाव भक्तिरस है तथा काव्य रस संकीर्ण भाव। संकीर्ण भावों का परस्पर मिश्रण संकीर्ण भाव मिश्रण कहलाता है। ये संकीर्ण भाव से भी गौण महत्त्व के हैं किन्तु संकीर्ण एवं संकीर्णताजन्य भाव जब शुद्ध भाव का आश्रय ग्रहण करते हैं तो स्वतः शुद्ध होकर भक्ति के पोषक बन जाते हैं। इस प्रकार काव्य के संकीर्ण भाव या संकीर्ण मिश्रित भाव शुद्ध (भक्ति रस) के संयोग से पवित्र एवं ग्राह्य (केवल मिश्रित भाव) बनते हैं। इस

दृष्टि से शुद्ध भाव [भक्ति रस] में इतनी शक्ति है कि वह संकीर्ण एवं मिश्रित भाव को पुष्ट करके अपना अंग बना लता है।

रूप गोस्वामी–रूप गोस्वामी ने भक्तिरसामृतसिन्धु के रस निरूपण अध्याय के अन्तर्गत भक्तिरस की व्याख्या की है। इसके उपरान्त उन्होंने काव्य के सात रसों–शृंगार, हास्य, करुण, रौद्र, भयानक, वीर एवं अद्‌भुत के अंगभूत होने का समर्थन किया है। उनके अनुसार दास्य, सख्य, वात्सल्य एवं मधुर ये ही मूल रस हैं। प्रकारान्तर से उन्होंने शान्त को भी इसी में ही रखा है। संक्षेप में रस के अंगित्व एवं अंगत्व के विषय में उनके तर्क इस प्रकार हैं।

भक्तिकाव्य की मूलात्मा भक्तिरस है। भक्ति से पृथक् व्यंजना भक्ति-काव्य के लिए दोष है। भक्तिकाव्य में काव्यरस की प्रधानता होने पर उसमें लौकिक भावों–शृंगार, हास्य, करुण आदि की अभिव्यक्ति होगी–जो उसके लिए दूषण है। जिन काव्यों में लौकिक भावों की मूल ध्वनि या रस ध्वनि निकलेगी–वे भक्ति के समर्थक हो नहीं सकते । इन भावों की प्रधानता से भक्ति की अखण्डता को आघात् पहुँचता है। इस दृष्टि से भक्तिकाव्य की मूलध्वनि या मूलरस भक्तिरस है तथा अन्य काव्य रस गौण अंगभूत मात्र। इस संदर्भ में वे तर्क देते हुए काव्य रसों को इस प्रकार परिभाषित करते हैं, उदाहरण के रूप में वे हास्यभक्ति का उदाहरण देते हैं। वे कहते हैं कि–

भक्तों में हास्यविषयक कृष्णालम्बन एवं इसी परिवेश में हास्यादि चेष्टाओं से पुष्ट हास्यभक्तिरति से हास्य भक्तिरस की निष्पत्ति होती है। चूँकि इस भाव के आलम्बन आश्रय कृष्ण हैं तथा विषय भक्तगण–अतः यह स्वतः में स्वतंत्र न होकर भक्तिरस का आश्रित है। इसी प्रकार की व्याख्याएँ, वे अन्य रसों के विषय में भी करते हैं। करुण, रौद्र, भयानक, वीर, अद्‌भुत एवं वीभत्स भक्ति के प्रभाव से क्रमशः करुणभक्तिरस, रौद्रभक्तिरस आदि भी भक्तिरस के रूपों में परिणत हो जाते हैं। रूप गोस्वामी ने इस संदर्भ में शृंगार एवं शान्त को छोड़ दिया है। इस प्रकार उनके अनुसार भक्तिरस मुख्य है तथा शान्त एवं शृंगार को छोड़कर समस्त सात काव्य रस भक्तिकाव्य में अंगभूत रस के रूप में प्रयुक्त होते हैं। इस शृंगार रस की व्याख्या उज्ज्वल नील मणि में की है और राधा, गोपवधुओं एवं कृष्ण के शृंगार को उज्ज्ल रस मानकर परम्परा के समस्य नायिकाभेद सन्दर्भ को भक्ति रस के सापेक्ष्य में विवेचित किया है। इनका शान्त न समाधिगत निर्वेदमूलक है और न कृष्णपक्ष में शम मूलक, अपितु कृष्ण तत्त्व के ज्ञान होने के बाद लोक संसक्ति के मुक्ति के रूप में है।

कविकर्णपूर गोस्वामी– रसों के अङ्गागि निरूपण के सम्बन्ध में तीसरा

मत कवि कर्णपूर गोस्वामी का है। इनकी कृति 'अलंकार कौस्तुभ' इस दृष्टि से महत्त्वपूर्ण है। इनका मत संस्कृत के अलंकारवादी आचार्यों की श्रेणी में आता है, फिर भी, रस-निरुपण के संदर्भ में इन्होंने भक्तिरस की महत्ता स्वीकार की है। उनका विचार है कि रस मस्तिष्क की सात्विक दशा से निष्पन्न विशिष्ट प्रकार का भावबोध है। यह रजस् एवं तमस् से भिन्न सात्त्विक मनः स्थिति से अनुभूत होता है। इस दृष्टि से रस सात्त्विक एवं अनुभवैक्यगम्य मनः स्थिति से अनुभूत होता है। इस रस की मूलात्मा प्रेम है। इस प्रेम का लक्षण आनन्द है। मन की इसी आनन्दमूलक स्थिति से समस्त रस निष्पन्न होते हैं। जिस प्रकार स्फटिक जवादि के संसर्ग से अनेक रंगों में परिवर्तित हो जाता हैं—उसी प्रकार रजस् एवं तमस् से प्रभावित—यह सात्त्विक मनः स्थिति नाना भावों में परिणत होती है। अनेक स्थायिभावरूप धर्म नानाविध भावों के संसर्ग से उत्साह, विस्मय, हास तथा शोक आदि भावों में परिवर्तित होते रहते हैं। यही आनन्दमय प्रेम रस की मूल स्थिति है—

रसस्य आनन्दधर्मत्वात् एकध्यम् भाव एव हि।
उपाधिभेदानानात्वम् रत्यादय उपाधयः॥

इसके आगे वे भक्तिरस की सर्वतोत्कृष्टता को प्रमाणित करते हैं। लौकिक शृंगार रस प्रेम से सम्बद्ध होने के कारण रसराज माना जाता है किन्तु जब यह प्रेम कृष्णादि लीला या भक्ति से सम्बद्ध हो जाता है तो समस्त रसों की तुलना में वह सान्द्र एवं उत्कट बन जाता है। उनके अनुसार राधा-कृष्ण की केलि से सम्बद्ध उत्कृष्टतम भक्तिरस श्रृंगार के कारण नहीं अपितु प्रेम के कारण है। उनके अनुसार यह भक्तिरस समस्त रसों से उत्कृष्ट है। शेष काव्य रस इनकी तुलना में गौण हैं।

आचार्य वल्लभ तथा बोपदेव—आचार्य वल्लभ तथा बोपदेव के एतद्-सम्बन्धी मत भागवत पर आधारित हैं। यही कारण है कि दोनों सिद्धांतों में पर्याप्त एकरूपता मिलती है। वल्लाभाचार्य ने इससे सम्बन्धित अपना विचार 'रासपंचाध्यायी' की सुबोधिनी टीका एवं बोपदेव ने 'मुक्ताफल' के 'रस प्रकरण' में प्रगट किया है। दोनों राधाकृष्ण की शृंगार लीला को अत्यधिक महत्ता देते हैं। उन्होंने कृष्ण की इस शृंगार लीला को 'लीलारस' कह कर अभिहित किया है। उनके अनुसार इस लीलारस की पुष्टि भागवत से होती है। राधाकृष्ण से सम्बन्धित शृंगार लीला रस काव्य रस से श्रेष्ठ है क्योंकि लौकिक काव्यरस में उदात्तता, भक्तिमत्ता, पवित्रता, अलौकिकता आदि कोई भी ऐसा तत्त्व नहीं है। लीला रस में अनिवार्य रूप से कितने तत्त्व प्राप्त है।

आचार्य वल्लभ की एतद्सम्बन्धी व्याख्या मात्र सूत्रात्मक है जबकि बोपदेव ने भक्तिरस या लीला रस पर गंभीरतापूर्वक विवेचन करके यह सिद्ध करने का प्रयत्न किया है कि काव्यरस भक्ति की तुलना में हीन तथा गौण है। यही नहीं, एक स्तर विशेष पर काव्यरस भक्तिरस के स्वतः अंग बन जाते हैं।

रूप गोस्वामी के परवर्ती गौडीय भक्त आचार्यों में कृष्णदास एवं जीवगोस्वामी ने भी इस संदर्भ में अपना विचार प्रस्तुत किया है किन्तु उनके मतों में पूर्ववर्ती मतों की पुनरावृत्ति मात्र मिलती है।

आलोचना–

इस आचार्यों के मतों के सन्दर्भ में इस प्रश्न का उठना स्वाभाविक ही है कि क्या वास्तविक रूप में भक्तिरस प्रमुख या अंगी है तथा काव्यरस अंग, या दूसरे शब्दों में वैष्णवाचर्चों द्वारा प्रतिपादित भक्तिरस की महत्ता में कहाँ तक स्थायित्व है, इन आचार्यों ने मूलतः भक्तिरस की प्रमुखता के लिए निम्नलिखित तर्क दिए हैं–

1. काव्य रस के भाव संकीर्ण तथा भक्तिरस के भाव प्रमुख हैं। भक्तिरस का आश्रय ग्रहण करने के कारण ही काव्य रस के भाव पवित्र एवं ग्राह्य होते हैं।

2. भक्ति के आलम्बन कृष्णब्रह्म विषयक आसक्ति अलौकिक है। सामान्य काव्य में वर्णित आलम्बन लौकिक हैं। अतः अलौकिक आलम्बन से सम्बन्धित यह रस अलौकिक होगा। लौकिक आलम्बन से सम्बन्धित काव्य रस इस दृष्टि से लौकिक है। इस प्रकार अलौकिक भक्तिरस लौकिक काव्यरस से तीव्र, उत्कट एवं अपेक्षाकृत अधिक प्रभावशाली होगा।

3. ब्रह्म का स्वभाव आनन्दमृलक है और उपनिषदों में उसे 'रसो वै सः' आदि नामों से पुकारा गया है। इस दृष्टि से रस वस्तुतः ब्रह्म के आनन्दमूलक स्वभाव को ही कहना चाहिए। काव्य रस इस ब्रह्मानन्द का उच्छलन मात्र है। भक्तिरस का आस्वादन ब्रह्मानन्द का आस्वादन है जो काव्य रस से कहीं अधिक सान्द्र एवं उत्कट है।

भक्ति एवं काव्य रस में मूलतः यह पार्थक्य दृष्टिभेद के ही कारण है। वस्तुतः सबसे बड़ी भ्रमात्मक स्थिति भक्त आचार्यों ने भक्ति एवं काव्य रस के अङ्गाङ्गि सम्बन्ध निरूपण के ही माध्यम से खड़ी की है। काव्य से पृथक् भक्ति एक भाव है किन्तु यह भक्ति भाव जब काव्य के माध्यम से अभिव्यक्त होता है, तो वह काव्यरस हो जाता है, भक्तिरस नहीं। काव्य दृष्टि से भक्ति रस इतना महत्त्वपूर्ण नहीं है जितना कि उसके द्वारा पुष्ट होने वाली काव्यात्मकता। भक्ति काव्य में भक्ति से अधिक स्थान उस काव्यात्मकता का

है जो अपने पोषण के लिए उसे रसरूप में ग्रहण करती है। इस दृष्टि से इन तीनों तर्कों की संगति पर विचार किया जा सकता है।

काव्य के भाव इन आचार्यो द्वारा संकीर्ण बताए गए हैं। रस भावों एवं मनोविकारों की मर्यादित स्थिति विशेष है जिनका बोध मानव मस्तिष्क को उसकी सामान्य अनुभव प्रक्रिया की ही भाँति होता है। भक्त आचार्यों के अनुसार भक्ति के भाव इसलिए प्रमुख हैं क्योंकि उनका सम्बन्ध आत्मा से है। किन्तु आज का मनौवैज्ञानिक किसी भी भाव-प्रक्रिया को मानसिक अंग से पृथक् स्वीकार करने के लिए तैयार नहीं है। भाव एवं मनोविकार मानव मन के अनिवार्य अंग हैं तथा मनुष्य की समस्त चेष्टाएँ इन्हीं पर आधृत हैं। इस दृष्टि से भक्ति मनुष्य की किसी भी सहजात अनुभूति Innate Idea का अंग नहीं है। वह अभ्यासजन्य व्यवहार (एक विशिष्ट आदत या स्वभाव) पर आधारित कृत्रिम कोटि के भावों (Co-Relate Idea) का एक रूप मात्र है। भक्ति को अभ्यास के माध्यम से सहजात अनुभूतियों के सह-सम्बद्ध किया जाता है। इसी सह-सम्बद्धता के कारण उसमें मानसिक एकता की विशिष्टता परिलक्षित होती है। मूलतः भक्ति में मानव की सहज भावनाओं के शोधन, दमन, परिष्करण आदि के उपरान्त हम उनका नैतिकीकरण करते हैं। लीलावादी कवियों ने भक्ति के नैतिकीकरण के स्थान पर नैतिक भाव प्रच्छन्नता पर विशेष बल दिया है। वे बार-बार कहते हैं कि लीला का कोई प्रयोजन नहीं है, और न उसमें कोई कार्य-कारण या अन्वय-व्यतिरक का सम्बन्ध ही है फिर भी, वे आलम्बन, उद्दीपन, आश्रय, विषय सभी को सामान्य लोक व्यापार से उत्कृष्ट मानते हैं। यही उत्कृष्टता की भावना उन्हें सामान्य लोक व्यवहार से पृथक् कर देती है। इसीलिए ये इसे सामान्य नायक-नायिका का रोमांस न मानकर लीला की संज्ञा देते हैं।

रूपगोस्वामी, मधुसूदन सरस्वती आदि समस्त आचार्य भक्तिरति की उत्पत्ति के लिए एक विशिष्ट प्रकार की निश्चित प्रक्रिया को अनिवार्य बताते हें। उदारण के लिए मधुसूदन सरस्वती एवं रूप गोस्वामी के अनुसार क्रमशः भक्तिरति एवं भक्तिरस की उत्पत्ति के लिए ये प्रक्रियाएँ हैं–

रूप गोस्वामी–श्रद्धा > साधुसंग > भजनक्रिया > निष्ठा > रुचि > आसक्ति भाव > प्रेम > रति > भक्तिरस

मधुसुदनसरस्वती–महतां सेवा > पात्रता > श्रद्धा > हरिगुणश्रुति > रत्यङ्कुरोत्पति > प्रेमवृद्धि > भगवद्धर्मनिष्ठा > परम प्रेम की उत्पत्ति >भक्तिरस।

इस प्रकार दोनों आचार्यों के अनुसार रस तक पहुँचने के लिए नैतिक एवं धार्मिक या साम्प्रदायिक आचरण अनिवार्य हैं। यह स्थिति विभावानुभाव

संचारि से पर्याप्त भिन्न है! इस प्रक्रिया में मानसिक निरपेक्षता असम्भव है जबकि रस के लिए यह निरपेक्षता अनिवार्य शर्त है।

दूसरी तथा तीसरी धारणा का हल इसी तर्क से हो जाता है। भक्ति के आलम्बन अलौकिक हैं किन्तु इस बोध के लिए इस अलौकिक तत्व को लौकिक एवं इन्द्रियगम्य होना अनिवार्य है। काव्य के स्तर पर इस बोध को लौकिक होना ही पड़ेगा। यही कारण है कि लीला की स्थिति में स्वतः अलौकिक ब्रह्म की लौकिक रति का आचरण करना ही पड़ता है। लौकिक संदर्भ में ही हास्य, सख्य, प्रीति, मधुर की अनुभूति होती है। अतः यह कहना कि अलौकिक आलम्बन की अनुभूति भी अलौकिक होगी–सर्वथा भ्रामक है। अलौकिक आलम्बन इसी प्रकार है–जैसे वंध्या पुत्र, शशक शृंग या आकाश-कुसुम हो। आलम्बन के लिए लौकिकता अनिवार्य लक्षण है।

तीसरी समस्या इनके उत्कट आनन्दानुभूति की है। भक्ताचार्य उसे परम आनन्दमय स्वीकार करते हैं। लोकात्मक अनुभूति की तुलना में इन्होंने इसे सूर्य के सम्मुख खद्योत प्रकाश ही भाँति तुच्छ बताया है। किन्तु जब न हमारे भाव-ग्राहक मस्तिष्क के संस्थान अलौकिक हैं और न इन्द्रिय के प्रत्यक्ष विषय ही, फिर, अनुभूति की अलौकिकता भी संभव नहीं है। वस्तुतः यह एक प्रकार की अनुभूति के दो स्तर मात्र हैं। इन स्तर भेदों से भक्तिरस हमें अलौकिक की भाँति प्रतीत होता है।

प्रथम स्तर पर भक्ति काव्य के माध्यम से भक्त एक सामान्य पृष्ठभूमि से भिन्न-विशेष प्रकार के वातावरण की सृष्टि करते है। भक्तिरस की भूमिका के लिए कहे गये श्रद्धा, साधुसंग, भजन क्रिया आदि से इस विशिष्ट वातावरण को पुष्टि मिलती हे। जिस प्रकार उदात्त आदि भावों के संदर्भ में ग्राहक मन–सामान्य भावबोध से उसका पार्थक्य करता है; ठीक उसी प्रकार भक्तिकाव्य भी अन्य वातावरणों की तुलना में अपने वातावरण के अलगाव की सूचना मस्तिष्क को देता है।

दूसरी स्थिति में भक्तिरस के ग्राहक मस्तिष्क की भी एक विशिष्ट दशा हो जाती है। वह अभ्यास के माध्यम से समस्त भावों का एकीकरण ईश्वरोन्मुख रति में कर लेता है। जब ईश्वरोन्मुख रति से प्रभावित मस्तिष्क उस विशिष्ट वातावरण में अपने ग्राहक तत्वों की सहायता से भावबोध की स्थिति में पहुँचता है–तो उसे उसमें विशेष उत्कट अनुभूति प्रतीत हेाने लगती हे। रहस्यवादियों में यह मस्तिष्क एवं वातावरण कुछ भिन्न कोटि का होता है। यही करण है कि उनकी अनूभूति सरल एवं स्पष्ट न होकर ऐन्द्रजालिक

हो जाती है। निश्चित ही, नास्तिकों के लिए भक्ति रस में उतनी उत्कटता नहीं है। भक्त कवि एवं आचार्य भक्ति के क्षेत्र में शंका को गर्हित मानकर अंध श्रद्धा को अनिवार्य बताते हैं। सती का प्रायश्चित एवं भुशुण्डि का कागयोनिगमन इसी शंका का प्रतिफल है।

इस दृष्टि से भक्ति रस की अनुभूति अलौलिक न होकर अलौकिकत्व का आभास मात्र है।

भक्ति से सम्बद्ध भावात्मक द्वन्द्व का चमत्कार इस साहित्य की अपनी विशिष्टता है। लीला अर्थात् लोक यथार्थ की व्यंजना द्वारा आध्यात्मिक संदर्भ का सृजन यहाँ एकसाथ मिलता है। सम्पूर्ण लोकभाव लीला के साथ जुड़े है– शृंगार, हास्य, करुण आदि अपनी सीमा में अपना रसात्मक प्रभाव डालते हैं– रामवनगमन या सीता वियोग का प्रसंग पाठक को करुणरस से ओत-प्रोत करता है किन्तु प्रसंग के समापन के क्षण इन पात्रों की आध्यामिक दिव्यता में घुलमिलकर यह लोकभाव मन्द पड़ जाता है। लोकभाव या उससे सम्बद्ध रसों का आध्यात्मिक अनुभूति में विलयन इस साहित्य में निरन्तर भावात्मक द्वन्द्व के चमत्कार का सृजन करता है। आध्यात्मिक एवं लोकभावना के द्वन्द्व से उत्पन्न चमत्कार ही इस काव्य की मूल काव्यात्मक रस चेतना है–जिसे भक्त कवियों ने 'भक्तिरस' का नाम दिया है। इसीलिए भक्त आचार्य कहते हैं कि भक्ति साहित्य में भक्तिरस प्रमुख है, लोकभाव एवं शृंगारादि गौण–क्योंकि भक्ति रस में विलीन होकर ये अपनी सत्ता समाप्त कर लेते हैं।

भक्ति तथा काव्य में स्वीकृत शृंगारदि रसों के बीच प्रमुखता तथा गौणता के प्रश्न पर विचार करने से जो महत्त्वपूर्ण तथ्य प्रकाश में आता है, वह यह कि सामाजिक व्यावस्था में बदलाव तथा सामाजिक रुचि के परिवर्तन से काव्यास्वाद में रूपात्मक परिवर्तन उपस्थित होते रहते हैं। मनुष्य तथा उसकी स्थायी वृत्तियाँ निरन्तर स्थिर हैं–और उनके व्यावहारिक परिवर्तन से लोक जीवन की भावात्मक तथा रसात्मक प्रतीतियों में बदलाव काव्य और प्रकारान्तर भाव से काव्यास्वाद दोनों व्यवस्थाओं में विविधताएँ उत्पन्न करते हैं। आज के युग में प्रकृति प्रेम को तथा राष्ट्रीयता को क्रमशः प्रकृति रस या राष्ट्र प्रेमरस मान लेने का संदर्भ भी यही है। मानवीय अनुभूति अर्थात् भावरस का विस्तार सृजन क्षेत्र एवं रस अर्थात् काव्यास्वादन की सौन्दर्य चेतना दोनों से सम्बद्ध है। मानवीय रति या रागवासना ईश्वर , प्रकृति एवं राष्ट्र से जुड़कर सामाजिक बदलाव तथा रुचि परिवर्तन के साथ सामाजिक सौन्दर्यानुभूति बन जाती है। इसलिए रस के प्रकरण में यह स्वीकार करना होगा कि उसमें सांस्कारिक परिवर्तन नहीं होते, उचित नहीं है। सामाजिक बदलाव के कारण

वासनाओं एवं संस्कारों की अनुभूति के दायरे में विस्तार ही नहीं आता, उसकी सान्द्रता भी टूटती और विच्छिन्न होती चलती है। कविता के पैटर्न के बदलाव में ये सारे तत्त्व कारण के रूप में हैं किन्तु इन सबके होते हुए भी इतना सार्वभौम सत्य है कि कलात्मक प्रकृति से सम्बद्ध होने के कारण इसको आस्वादनधर्मिता या रसानुभूति से मुक्त नहीं किया जा सकता है, क्योंकि प्रत्येक कविता की एक केन्द्रीय संवेदना है, अन्य भाववृत्तियाँ आकर इस केन्द्रीय संवेदना का पोषण करती है—और अन्त में अपनी सम्पूर्ण प्रस्तुति में कविता भावचक्र से जुड़ जाती है। सम्पूर्ण भावचक्र के साथ जुड़ी कृति की केन्द्रीय संवेदना पाठक के चित्त में प्रतीति का विषय बनकर आस्वादनधर्मी बनती है। यही आस्वादनधर्मिता भक्तिकविता में लोकभाव एवं आध्यात्मिकता के द्वन्द्व से भावात्मक चमत्कृति की रचना करती है—जिसे भक्ति रस के नाम से पुकारा गया है।

❑

नयी कविता का आस्वादन पक्ष और अज्ञेय की चिंतन दृष्टि

अज्ञेय ने दूसरे सप्तक की भूमिका में रस (काव्यास्वादन) के विषय में वक्तव्य द्वारा अपने विचारों को रखा है और वह भूमिका लोकभारती प्रकाशन, इलाहाबाद से सन् 1983 में 'काव्यदृष्टि' शीर्षक उनके संकलित निबन्धों के अन्तर्गत प्रकाशित है। इसके अतिरिक्त डॉ॰ नगेन्द्र ने रस सिद्धान्त शीर्षक अपनी पुस्तक के अन्तर्गत अज्ञेय जी के अभिभाषण के आधार पर उनके रसविषयक मन्तव्यों को प्रस्तुत किया है।[1] डॉ॰ नगेन्द्र की इसी प्रस्तुति का उल्लेख डॉ॰ नामवर सिंह ने भी 'कविता के नये प्रतिमान' शीर्षक ग्रन्थ में में किया है।[2] डॉ॰ गणपति चन्द्र गुप्त की कृति (रस सिद्धान्त का पुनर्विवेचन) भी उसी की पुनर्प्रस्तुति करती है।[3] इस सम्बन्ध में एक महत्त्वपूर्ण साक्ष्य और है—वह है प्रो॰ (डॉ॰) विश्वनाथ प्रसाद तिवारी का। उन्होंने अपनी प्रसिद्ध कृति 'अज्ञेय' में अज्ञेय के साक्षात्कार का अंश 'अज्ञेय के साथ बातचीत' शीर्षक से संकलित किया है, जिसमें रसास्वादन की धारणाएँ उभरकर उनके रस-चिन्तन का साक्ष्य हमारे सामने रखती है।[4] इस प्रसंग में अज्ञेय के लेखों का एक अन्य संग्रह 'सर्जना और सन्दर्भ' भी देखा जा सकता है।[5]

इन प्राप्त साक्ष्यों के आधार पर अज्ञेय की रसविषयक अवधारणा को इस प्रकार प्रस्तुत किया जा सकता है। उनकी इस सम्बन्ध में धारणाओं का मूल्यांकन करें तो वह 'स्वीकार तथा नकार' दो पक्षों में आन्दोलित दिखायी पड़ती है। काव्य-दृष्टि में संकलित निबन्ध 'अर्थ प्रतिपत्ति और अर्थ सम्प्रेषण' के अन्तर्गत वे बताते हैं—

---

1. रस सिद्धान्त, पृ॰ 343
2. कविता के नये प्रतिमान, पृ॰ 46
3. रस सिद्धान्त की पुनर्विवेचन, पृ॰ 309
4. अज्ञेय : देखिये, पृ॰ 5 से 37 तक तथा 298
5. सर्जना और सन्दर्भ, अज्ञेय, नेशनल पब्लिशिंग हाउस, दरियागंज, नई दिल्ली, पृ॰ 303,317

"जैसे-जैसे वाह्य वास्तविकता बदलती है, वैसे-वैसे हमारे उससे रागात्मक सम्बन्ध जोड़ने की प्रणालियाँ भी बदलती हैं और नहीं बदलती तो उस वाह्य आवश्यकता से हमारा सम्बन्ध टूट जाता है।"[1]

इस सन्दर्भ में अज्ञेय यह बताते हैं कि आज जो नये कविसत्य उभरकर सामने आ रहे हैं, उनका रागात्मक सम्बन्ध पहले की अपेक्षा कुछ जटिल हो उठा है। कवि एवं पाठक दोनों के लिए वह आज चुनौती बनी हुई है। कवि की चुनौती के सन्दर्भ में वे कहते हैं–

"कवि नये तथ्यों को उनके साथ नये रागात्मक सम्बन्ध जोड़कर नये सत्य का रूप दे, उन नये सत्यों को प्रेष्य बनाकर उनका साधारणीकरण करें, यही नयी रचना है। इसे नयी कविता का कवि नहीं भूलता।"[2]

इस सन्दर्भ को और अधिक स्पष्ट करते हुए अज्ञेय पुनः अपनी टिप्पणी देते हैं–

"राग वही रहने पर भी रागात्मक सम्बन्धों की प्रणालियाँ बदल गयी है और कवि का क्षेत्र रागात्मक सम्बन्धों का क्षेत्र होने के कारण इस परिवर्तन का कवि-कर्म पर बहुत गहरा असर पड़ा है।"[3]

कवि-पक्ष को स्पष्ट करने के पश्चात् वह आलोचक का पक्ष रखने का प्रयत्न करते हैं। वे कहते हैं–

"कहना होगा कि आलोचक इस अन्तर को आज के परिवेश में बदलते हुए नये रागात्मक सम्बन्धों को समझ नहीं पा रहे हैं, जो कि आज की वास्तविकता है। इससे रागात्मक सम्बन्ध जोड़ने में असमर्थ वे, उसे केवल बाह्य वास्तविकता मानते हैं, जबकि हम उससे वैसा सम्बन्ध स्थापित करके उसे आन्तरिक सत्य बना लेते हैं और इस विपर्यय से साधारणीकरण की नयी समस्याएँ प्रारम्भ होती हैं।"[4]

अज्ञेय यहाँ रागात्मक सम्बन्ध को काव्य का मूलाधार बताते हैं, किन्तु उसके बदलाव को भी इंगित करते हैं। रागात्मक भावना के साथ वे कवि एवं आलोचक (जिसमें पाठक स्वतः निहित है) के लिए साधारणीकरण तथा सम्प्रेषणधर्मिता जैसे सन्दर्भों का उल्लेख करते हैं। वे आस्वादन-सिद्धान्त को नकारते नहीं वरन् नयी रचनाधर्मिता की मूलभूत तात्त्विकता और उसके उससे

1. काव्यदृष्टि-अज्ञेय, पृ० 73
2. काव्यदृष्टि पृ० 78
3. वही, अज्ञेय, पृ० 76
4. वही, पृ० 76-77

उपजे रागात्मक-भावात्मक सन्दर्भों को फिर से जाँचने, विचार करने तथा अनुभूति का विषय बनाने की बात कहते हैं। अज्ञेय का यहाँ रस-चिन्तन निषेधात्मकता की ओर न जाकर स्वीकार्यता की ओर हमें ले जाता है। इस लेख के द्वारा वे न रसवाद का विरोध करते हैं और न उसकी प्रक्रिया से जुड़े साधारणीकरण के प्रति अपनी असहमति प्रकट करते हैं।

यहाँ अज्ञेय की रसविषयक अवधारणा के सन्दर्भ में डॉ० विश्वनाथ प्रसाद तिवारी की बातचीत का साक्ष्य रखा जा सकता है। यह भी साक्ष्य उनकी रसविषयक अवधारणा की स्वीकृति से ही जुड़ा है। अज्ञेय इस बातचीत में एक स्थान पर कहते हैं–

''फिर भी, सम्प्रेषणता हर रचनाधर्म का अंग होती है। यह रचना-प्रक्रिया का एक अविभाज्य अंग है।''[1]

कवि तथा पाठक (सहृदय) के सम्बन्ध में टिप्पणी देते हुए वे कहते हैं–

''जो लेखक अपने काल के विवेकवान् पाठक को नहीं छू सकता, वह भविष्य के बारे में किसी अनुमान के सहारे खड़ा नहीं हो सकता।''[2]

आचार्य भरत तथा अभिनवगुप्तपादाचार्य जैसी सृजन की सामान्य प्रतीति तथा पाठक के चित्त द्वारा उसकी सहज स्वीकृति जैसी समस्या को तद्वत् स्वीकार करते हुए अज्ञेय कहते हैं–

''यानी सवाल यह नहीं होता, कविता में जो कुछ है, उसे कवि की अनुभूति कहाँ तक प्रभावित करती है और वह कहाँ तक कवि की अनुभूति को प्रभावित करता है। सवाल यह बनता है कि वह कहाँ तक सामाजिक की अनुभूति से प्रभावित होता है, जो कि साधारणीकरण की एक साधारण समस्या का पहलू है।''[3]

इस प्रश्न को रखते हुए आचार्य अभिनवगुप्त ने उत्तर दिया था–''एवं रसनात्मकं वीतविघ्नं प्रतीति ग्राह्यो भाव एव रसः।'' वस्तुविषय हमेशा सामान्यप्रतीतिग्राह्यता का सन्दर्भ पाकर ही रसवान् होता है, अज्ञेय इस तथ्य की यहाँ सामान्य की स्वीकृति देते हैं। अज्ञेय यद्यपि रस शब्द का प्रयोग नहीं करते, किन्तु काव्यविषयक सामाजिक की अनुभूति, पद का प्रयोग करते हैं–जिसका तात्पर्य रस या आस्वादन से ही है। उनके द्वारा स्वीकृत साधारणी-

---

1. अज्ञेय के साथ एक बातचीत, पृ० 301
2. वही, पृ० 302
3. अज्ञेय के साथ एक बातचीत, पृ० 390

करण, काव्यास्वादन, सामाजिक की अनुभूति, सहृदय (पाठक) की योग्यता आदि शब्दों के प्रयोग रस सिद्धान्त की स्वीकृति के ही सापेक्ष्य में है।

अज्ञेय कविता के पाठक (सहृदय) के सम्बन्ध में निरन्तर टिप्पणी देते हैं। वे अज्ञेय के साथ एक बातचीत में एक स्थान पर कहते हैं–

"विडम्बनाओं में यह भी है कि आज लेखक जिस भारतीय समाज के लिए लिखता है, उसका दो-तिहाई या तीन-चौथाई भाग निरक्षर है। एक-तिहाई साक्षरों में भी बहुत से साक्षर उसकी अपेक्षया अधिक विद्याहीन हैं, लेकिन वे पारम्परिक सभी कसौटियाँ खो चुके हैं।"[1]

इस प्रकार, अज्ञेय रस सिद्धान्त की स्वीकृति देते हुए उसके साथ 'नयी कविता' द्वारा स्वीकृत उन मान्यताओं की विवशता बताते हैं–जो परम्परित रस-दृष्टि से थोड़ी कटकर चलती है।

अज्ञेय के इस स्वीकार के पक्ष के साथ-साथ उनके रस-चिन्तन का अस्वीकार पक्ष भी है, जिसकी ओर डॉ० नगेन्द्र, डॉ० नामवर सिंह एवं डॉ० गणपति चन्द्र गुप्त इंगित करते हैं। डॉ० नगेन्द्र रस सिद्धान्त के अन्तर्गत अज्ञेय के अभिभाषण का सन्दर्भ देकर कहते हैं–

"क–रस का आधार है, समाहिति, अद्वन्द्व, किन्तु उनकी नयी कविता-द्वन्द्व और असामंजस्य की कविता है।

ख–नयी कविता वर्तमान पर केन्द्रित है, जबकि रस की दृष्टि अतीतोन्मुख रहती है। नयी कविता का विषय है, क्षण की अनुभूति, जबकि रस का आधार है, (जन्मान्तर्गत?) वासना और स्थायी भाव।[2]

अज्ञेय का यहाँ दृष्टिकोण पहले सो थोड़ा-सा भिन्न अवश्य है। नयी कविता वर्तमान पर केन्द्रित है, का क्या आशय है, इसको न डॉ० नगेन्द्र ने स्पष्ट किया है और न अज्ञेय ने। जहाँ तक समझा जा सकता है, इसका अर्थ हैं, वर्तमान के, अर्थात् समसामयिक भोगे जाते हुए क्षण की यथार्थानुभूति, क्योंकि श्री लक्ष्मीकान्त वर्मा आदि ने वर्तमान या समसामयिकता की व्याख्या इसी प्रकार की है। अतीत का अर्थ है, वस्तुपरकता। भारतीय संस्कृति में काव्यरचना के प्रारम्भ से छायावाद युग के पूर्व तक रचना का विषय 'मैं' नहीं मुझसे भिन्न कोई अन्य है–राम, कृष्ण, सीता, कोई आदर्श मूल्य आदि-आदि। छायावाद युग से नयी कविता तक सृजन का विषय 'मैं' से जुड़ता गया और

---

1. अज्ञेय., पृ० 5 से 37 तक
2. रस सिद्धान्त, डॉ० नगेन्द्र, पृ० 343, कविता के नये प्रतिमान, पृ० 46

व्यक्तिवादिता अपने चरम शिखर पर दिखायी पड़ती है—'मैं' में भी वर्तमानकालिक सामयिक यथार्थ को भोगता 'मैं'—अज्ञेय कहते हैं कि यह अपने भोगने के क्षण की अनुभूति का 'रस' से कोई वास्ता नहीं है। 'समाहिति एवं अद्वन्द्व' का अर्थ है, एक बँधा-बँधाया आदर्श तथा उसकी अनुभूति की मुक्ति से 'रस' से कोई वास्ता नहीं है। 'समाहिति एवं अद्वन्द्व' का अर्थ है, एक बँधा-बँधाया आदर्श और निर्धारित मानक के अनुसार उस आदर्श पर चलती हुई काव्य-व्यवस्था। यदि 'सती साध्वी' का सृजनादर्श है तो वह कुलटा नहीं चित्रित की जा सकती। राम का अर्थ राम है, भरत का अर्थ भरत है, किन्तु नयी कविता में प्रतिक्षण यथार्थ के द्वन्द्व से जूझते 'मैं पन' या 'मेरे पन' का अन्तिम घटित सत्य का कथावसान पूर्वनिश्चित तथा निर्धारित नहीं है—और सम्पूर्ण कथा सन्दर्भ यथार्थ के द्वन्द्व के आघातों के बीच बढ़ता है। इस आधुनिक साहित्य में इतिहास प्रमाण न बनकर अनुभव प्रमाण बनता है। यहाँ इतिहास का कोई निर्धारित पूर्व व्यवस्थावाद या नियमवाद (Determinism) नहीं है और सब कुछ स्वविवेकानुसार चालित है। अज्ञेय का विचार है कि यहाँ 'रस' का प्रश्न ही नहीं उठता।

अज्ञेय की रसविषयक मान्यताओं के सम्बन्ध में इतना ही कुछ प्राप्त है। जैसा कि प्रारम्भ में कहा गया है कि अज्ञेय की अपनी रसविषयक धारणा स्वीकार तथा अस्वीकार के बीच दिखायी पड़ती है। अज्ञेय की इन मान्यताओं के प्रकाश में भारतीय रस चिन्तन की वस्तुस्थिति पर विचार करना अपेक्षित प्रतीत होता है। इस पर विचार करने के पूर्व रससम्बन्धी आवधारणा पर सर्वप्रथम विचार करना आवश्यक है—

1. काव्य या कलाएँ सृजित होकर सामने आने पर अखण्डित एवं सम्पूर्णता से संयुक्त होती है। उन्हें कहीं से तोड़कर पेश भी किया जाता है तो अपने मूल से पृथक् नहीं होती। उसमें एक विषयवस्तु है, उस विषयवस्तु के साथ संवेदना है—संवेदना तक पहुँचानेवाले तत्त्व भाषिकसृजन, कलाधर्मी सन्दर्भ, कविप्रतिभा, सभी के सभी पाठक के मन तक सम्प्रेषित करने के लिए तत्पर दिखायी पड़ते हैं। सृजन के बाद कलाएँ समाज या पाठक से जुड़ती है।

2. रस का अर्थ है, काव्यास्वाद। शृंगार, वीर, करुण आदि रस आदि आस्वादन के विकार हैं—जो मूल रस के साथ आस्वादनधर्मी होकर उस आस्वादन में विलीन हो जाते हैं। आचार्य भरत एवं अभिनवगुप्तपादाचार्य 'महारस' की अवधारणा रखते हैं। 'महारस' का अर्थ है—चित्त द्वारा किया गया अखण्ड काव्यास्वादन मात्र शृंगारादि भेद तो उस काव्यास्वादन के विविध आवर्त एवं भंगिमाएँ हैं।

3. पाठक के चित्त का स्वभाव है, कृति या कलाकृति के सम्पर्क में आकर उसकी अर्थ-संगति को खोजने का सहज उपक्रम करना। इस प्रयत्न में अर्थ की प्रतीति होने पर स्मृति आदि द्वारा उसके चित्त में विषयवस्तु का विम्बात्मक अवतरण तथा उससे जुड़ी संवेदना की चित्त-प्रतीति काव्यपाठ की एक अनिवार्यता है। संवेदना की इस चित्त-प्रतीति को काव्यास्वादन या रस के नाम से पुकारा गया है। यह प्रतीति एक पल के लिए भी हो सकती है और उसमें थोड़ी-बहुत आस्वादनगत दीर्घता भी हो सकती है। यह प्रातीतिक भी हो सकती है और स्थायी भी।

4. कलाकृतियों के सम्पर्क में आने पर पाठक की चित्तदशा में अर्थबोध से उत्पन्न अनुभूति का नाम ही आस्वादन या रस है। यह अनुभूति काल के अन्तर्गत बाँधी नहीं जा सकती। यह क्षणांश भी हो सकती है और लम्बे अन्तराल तक थी। इसकी सघनता का मानक यही है कि वह पाठक की बोधवृत्ति को तन्मयीभूत कर लेती है। इस तन्मयीभूत दशा में भावना का आवेश ही सजग रहता है। इस आस्वादन को 'बौद्धिक रस' कहना असंगत है तथा इसे 'ज्ञान तथा भावना' का मिश्रित रूप एवं 'सह-अनुभूति' भी कहना असमीचीन है। यह काव्यास्वादन अनुभूति रूप है। संस्कृत साहित्य में इस काव्यास्वादन की अनुभूति को रस, आनन्द, समापत्ति, निर्वेश, आस्वादन, भोग, रसन्, लय, विश्रान्ति आदि नामों से पुकारा गया है। नयी कविता के विवेचक आचार्य इसके लिए अनुभूति, काव्यानुभूति, काव्यास्वादन, स्वाद, भोग, आनन्द, आनन्दा-नुभूति, सौन्दर्यानुभूति आदि नामों से पुकारते हैं। लक्ष्मीकान्त वर्मा 'नये प्रतिमान पुराने निकष' में एक स्थल पर इसके लिए इंगित करते हुए कहा है—

"सौन्दर्यानुभूति के विषय में जो बात विशेषरूप से जानने की है, यह एक सक्रिय भोग की स्थिति है।....सौन्दर्य का अनुभव वही कर सकता है जो उसे तादात्म्य कर सके, उसके साक्षात्कार के क्षणों में, उसकी रचना-प्रक्रिया में उसके सम्भोग की स्थिति में सक्रिय रूप से अपनी चेतना की समग्रता के साथ उसे भोग सके।"[1] श्री लक्ष्मीकान्त वर्मा बीसवीं शती में जिस चित्त तादात्म्य के साथ भोग की बात करते हैं, उसे छठीं शती में ही आचार्य भट्टनायक रस-सन्दर्भ में पहले ही कह चुके हैं—

"रस्यमानोदित चमत्कार अतिरिक्तात्वाद् भोगस्येति" अर्थात्, रस्यमान चमत्कार व्यापार भोग के अतिरिक्त और कुछ भी नहीं है।

---

1. नये प्रतिमान : पुराने निकष पृ० 226

कुल मिलाकर, चाहे नयी कविता हो चाहे पुरानी, चाहे वह समाहित की कविता हो, चाहे असमाहित की, चाहे द्वन्दात्मक से नियंत्रित हो या न हो, अन्ततया वह एक भाषिक कला-सृजन है। वह भाषा के उपादानों द्वारा सम्प्रेष्यधर्मी गढ़ी गयी कृति कविता, कविता ही होगी। यदि कविता, कविता है तो उसमें भाषिकसृजन, कविप्रतिभा, विषयवस्तु, संदेवना और कवि का मन्तव्य सब कुछ साथ मिलेगा। कविता के उस सृजन को योग्य और सक्षम पाठक अपनी चित्तवृत्ति के आलोक में उसका आस्वादन करेंगे। आस्वादन-धर्मी होना सृजन का स्वभाव है। इस सम्बन्ध में आचार्य आनन्दवर्धन के ध्वन्यालोक में इस प्रकार मन्तव्य प्रकट किया गया है–

''तत्र तु रसादीनामविषयत्वं स काव्यप्रकारो न सम्भवत्येव। यस्मादवस्तु संस्पर्शिता काव्यस्थनोपपाद्यते अन्ततो विभावत्वेन। चित्तवृत्ति विशेषा हि रसादयः न च तदस्ति वस्तु किंचित् चित्तवृत्ति विशेषमुपजनयति तदपुत्वादने वा कवि विषयतैव तस्य न स्यात्।''[1]

अर्थात्, ''काव्य का ऐसा कोई प्रकार हो नहीं सकता, जहाँ रस का विषय न हो, कारण काव्यमात्र में किसी-न-किसी वस्तु का संस्पर्श तो होगा और वस्तुमात्र जो संसार में है, किसी-न-किसी वस्तु तथा भाव का अंग होगी, किसी-न-किसी प्रकार की मानसिक प्रक्रिया को तो उत्पन्न करेगी ही और यही मनोवृत्ति या चित्तवृत्ति रस है।''

संसार में ऐसी कोई कविता नहीं है, जो किसी विषयवस्तु पर आधारित न हो, ऐसी कोई विषयवस्तु नहीं है–जिसमें कोई संवेदना न हो, यदि दोनों नहीं हैं, तो फिर वह कविता ही नहीं है और यदि कविता है, तो उसका पाठक है, उसकी अर्थबोध शक्ति और चित्तवृत्ति सामर्थ्य आस्वादन करेगी–यही रस है। कोई आवश्यक नहीं कि वह शृंगारादि रूप हो–आस्वादन वैचित्र्य तो लोकव्यवहार है–जो विषयवस्तु की अन्तरंगता से सम्बद्ध है। इस प्रकार, ध्वन्यालोककार के मत से भी इसकी पुष्टि होती है कि कविता तथा रस (आस्वादन) व दोनों पारस्परिक अभिन्नतायें तथा अनिवार्यताएँ हैं।

अब उद्देश्य कथित नयी कविता की रसविषयक जटिलताओं का प्रश्न सामने रखा जा सकता है।

कविता की विषयवस्तु में निहित संवेदना से पाठक के चित्त का आत्म-साक्षात्कार ही साधारणीकरण है। इस आत्मसाक्षात्कार का कारण है, अर्थ

---

1. रस सिद्धान्त : नये सन्दर्भ, नन्ददुलारे वाजपेयी (पातनिका : डॉ० राममूर्ति त्रिपाठी), पृ० 16-16

प्रतीति। नयी कविता के साथ 'अर्थ प्रतीति' की जटिलता का प्रश्न उठाया जाता है। यह पाठक या सहृदय या अज्ञेय के शब्दों में ग्रहीता की मूल समस्या है। काव्य के निरन्तर अध्ययन, अनुशीलन तथा अभ्यास से जिनकी प्रज्ञा (ग्राहक बोधशक्ति) अत्यन्त प्रखर हो–यह ग्रहीता की विशेषता है। काव्य का ग्रहीता कहाँ से आता है। सामाजिक वातावरण से–सामाजिक वातावरण में नयी, कविता का ग्रहीता कौन है–अज्ञेय स्वीकार करते हैं, अतिअल्पांश रूप में–शायद कवि स्वयं पाठक या ग्रहीता बन गया है। अपनी समस्या को रखते हुए वे कहते हैं–

''आज जब प्रत्यक्ष नहीं है कि पढ़ेगा कौन तो कल्पित श्रोता का ही सम्बोधन सम्भव है। कवि अपने ही अंश को एक श्रोता मानकर कविता कहता है, उसी को जानता है।''1

यहाँ प्रश्न है कि जहाँ कविता का सर्जक कवि ही उस कविता का पाठक है, उसको कविता का आस्वादन होता है या नहीं, निश्चित रूप से ऊपर की पंक्तियाँ यह इंगित करती है कि उसी को कविता का आस्वादन होता है। निश्चित ही, सर्जक भी काव्यसृजन के बाद उस कृति का सच्चा पाठक है–और उसके कृति को पढने का वह क्षण सृजन के क्षण से भिन्न आस्वादन का ही क्षण है। अतः अज्ञेय साधारणीकरण के प्रश्न को उठाते हैं, रस-व्यवस्था को स्वीकृति देते हैं–किन्तु समस्या पाठक की है, कृति में आस्वादन के विषय में उन्हें भी शायद कोई सन्देह नहीं है। अज्ञेय के साधारणीकरण की इस समस्या पर आचार्य नन्ददुलारे वाजपेयी ने बखूबी ध्यानाकर्षित किया है। वे कहते हैं–काव्य में साधारणीकरण के प्रश्न पर मत देते हुए अज्ञेय एक स्थान पर कहते हैं–''उसे (कवि को) अभी कुछ कहना है, उसे वह महत्त्वपूर्ण मानता है, इसलिए वह उसे उनके लिए कहता है, जो उसे समझें, जिन्हें वह समझा सके, साधारणीकरण को उसने छोड़ नहीं दिया है–वह जितनी तक पहुँच सके, उन तक पहुँचता रहकर आगे जाना चाहता है–उनको छोड़कर नहीं।'' इस अभिमत में लेखक भाव और भाषा दोनों ही क्षेत्रों में एक सार्वजनिक अग्राह्यता की आशंका करता है।....युग चेतना के निर्माता कवियों को इतनी लम्बी सफाई नहीं देनी पड़ती है। समाज के सामने उनका अद्यतन काव्य रहता है, उनकी अक्षुण्ण अनुभूति रहती है और उनकी मर्मस्पर्शिनी अभिनव भाषा रहती है, इन विविध सम्पत्तियों से सम्पन्न कवि को

1. अज्ञेय के साथ एक बातचीत : प्रो० विश्वनाथ तिवारी, पृ० 302

साधारणीकरण की हिचकिचाहट भरी प्रतीक्षा नहीं करनी पड़ती।''[1]

महाकवि अज्ञेय के जिस सृजन को आचार्य जी सन्देह से देख रहे हैं, वह साधारणीकरण और आस्वादन की दृष्टि से सन्देह का विषय नहीं है। वह काल विशेष की एक समस्या है—कवि विशेष की भी—भवभूति ने भी ऐसे ही क्षणों में कहा था—''कालो हि निरवधि विपुला च पृथ्वी।'' अपने सृजन काल के सजग पाठक और कवि उस कृति का आस्वादन कर रहे हैं, भविष्य में, समाज का बहुसंख्यक वर्ग आस्वादनधर्मी होगा। प्रश्न यहाँ आस्वादन (रस) की समस्या का है, नयी कविता में रस है, क्योंकि वह आस्वादनधर्मी है, क्योंकि वह स्वयं में एक भाषिक सृजन है। अज्ञेय की इन टिप्पणियों में नकार का सन्दर्भ निरर्थक है। डॉ० नगेन्द्र एवं डॉ० गणपतिचन्द्र गुप्त ने उनके नकार के सम्बन्ध में टिप्पणियाँ दी हैं—वे भी यहाँ विचारणीय है—

डॉ० नगेन्द्र ने अज्ञेय तथा डॉ० जगदीश गुप्त द्वारा नयी कविता में रस की सम्भावनाओं के नकार के प्रति उनकी पाँच आपत्तियाँ रखकर उन्हें खारिज की है, जिसमें दो प्रमुख हैं। इन दोनों का उल्लेख पहले किया जा चुका है। अज्ञेय के अनुसार नयी कविता में रस की सम्भावना इसलिए नहीं है, क्योंकि वह द्वन्द्व और असामंजस्य की कविता है। नयी कविता, उनके अनुसार, अतीत पर केन्द्रित न होकर वर्त्तमान पर केन्द्रित है, जबकि रस की स्थिति अतीतोन्मुख रहती हैं। सृजन का कालान्तराल सिद्धान्त इतिहास के अतीत और वर्तमान में भेदभाव नहीं करता। कृति एवं पाठक के बीच निर्विघ्न तादात्म्य देश-काल के समस्त अन्तरालों को तोड़कर दोनों को एकात्मक कर देता है।

इस रूप में अज्ञेय का रसविषयक मन्तव्य स्वीकार नहीं किया जा सकता, क्योंकि वे रस का अर्थ अतीतकालीन शास्त्रबद्ध रोमानित भारी व्यवस्था से लगाते हैं। रस सृजन का निरन्तर प्रवहमान फल है—जो रचना के सम्पर्क में आनेवाले पाठक को निरन्तर मिलता है। यह पाठक और कलाकृति के सम्पर्क से उत्पन्न आस्वादन है, यह कलावृत्ति का मनोवैज्ञानिक सत्य है—जो देश तथा कालातीत है। यदि कृति है तो पाठक भी है और पाठक है, तो काव्यास्वादन है। काव्यास्वादन रूप रस कृति का सृजन धर्म है, जो पाठक

1. रस सिद्धान्त : नये सन्दर्भ, पृ० 122, 123 तथा सर्जना और सन्दर्भ अज्ञेय, पृ० 304, 305, 306 आदि।

द्वारा काव्य के ग्रहीता द्वारा निरन्तर भोगा जाता है। डॉ० नगेन्द्र इस सन्दर्भ में अपना मत देते हैं–"नयी कविता यदि अनुभूति को मानकर चलती है तो रस से उसकी मुक्ति नहीं। रस के पाश से वह यह कहकर भी नहीं निकल सकती कि हमारी अनुभूति शुद्ध मानव अनुभूति है–आनन्दानुभूति नहीं है, क्योंकि प्रत्येक सच्ची अनुभूति की कलात्मक अभिव्यक्ति या प्रत्येक कलात्मक अनुभूति–तीव्र-से-तीव्र द्वन्द्व की कलात्मक अनुभूति भी समंजित अर्थात् अद्वन्द्वमयी ही हो सक़ती है। द्वन्द्व प्रक्रिया में हो सकता है, परिणति में नहीं अन्यथा 'सचाई' और 'ईमानदारी' या 'अभिव्यक्ति की सफलता' की बात करना व्यर्थ होगा।"[1]

इस प्रकार निष्कर्ष रूप से कहा जा सकता है कि अज्ञेय रस-चिन्तन के संघर्ष में निरन्तर एक द्वन्द्व की स्थिति में है और एक ओर उनकी दृष्टि अपने सहयोगीगण भी लक्ष्मीकान्त वर्मा, डॉ० जगदीश गुप्त आदि की ओर है–जो रस को प्राचीन शास्त्र मानकर उसे खारिज करने के पक्ष में है, किन्तु दूसरी ओर वे जब कविता की सम्प्रेषणधर्मिता तथा आस्वादन के सन्दर्भ को उठाते हैं तो रस-चिन्तन अपने-आप में उनमें प्रकट होता है। यह चिन्तन उनकी काव्यानुभूति का स्वानुभव है, जो अधिक प्रामाणिक बनकर उनके और उनके सहयोगियों के मतों का खण्डन करता है।

❑

---

1. रस सिद्धान्त : डॉ० नगेन्द्र, पृ० 344, रस सिद्धान्त का पुनर्विवेचन : डॉ० गणपतिचन्द्र गुप्त, पृ० 309, रस सिद्धान्त : नये सन्दर्भ, पृ० 122, कविता के नये प्रतिमान, पृ० 46 आदि-आदि।

डॉ० जगदीशगुप्त : सह-अनुभूति बनाम रसानुभूति

नयी कविता की बात शुरू करते समय सामाजिक चिन्तन की जिस धुरी को केन्द्र में रखकर विचार करना आवश्यक है, वह है, भारतीय आस्थावाद तथा पश्चिम की भौतिक एवं भोगवादी संस्कृति का सामाजिक द्वन्द्व। आस्थावादी आध्यात्मिक चिन्तन, जिसे नकार कर अपना प्रथम पदन्यास करता है, वहाँ पश्चिम की भोगवादी संस्कृति अपने विकास के शीर्ष को देखती है। आस्थावादी आध्यात्मिक संस्कृति, जिसमें दान एवं निवृत्ति मानवीय जीवन की अन्तिम निष्कृति है, ठीक उसके विपरीत अर्थसंचय, आकांक्षाएँ, भोग एवं भौतिक तृप्ति, अर्थार्जन की होड़ में विकसित वर्गवाद, तार्किक बौद्धिकता, यथार्थ एवं स्वकेन्द्रित वैयक्तिकता आदि जिन सबको हम भारतीयों ने पश्चिम की उद्योगवादी तथा उपनिवेशवादी चेतना के प्रतिफल के रूप में प्राप्त किया है, उनको आज हमने आधुनिकता के अर्थ में प्रयोग करना चाहा है। उद्योग तथा उपनिवेशवादी चेतना के इस दाय का हमारा दायरा यूरोप एवं अमेरिका के साहित्य, शिक्षा, शिक्षा-केन्द्र, उद्योग-केन्द्र, जीवन-शैली, प्रवास-गमन के अनुभव-विस्तार के कारण दिनोदिन बढ़ता जा रहा है और इस भोगवादी सांस्कृतिक चेतना के परिवेश में तथाकथित हम भारतीय अपने को अधिक सभ्य, आधुनिक एवं विकसित अनुभव करने लगे हैं। सन् 1940 के बाद हिन्दी कवियों तथा साहित्यकारों का ध्यान इस उद्योगवादी व्यवस्था से उत्पन्न सामाजिक मूल्यों की ओर आकर्षित हुआ और हजारों वर्षों से चली आ रही आस्थाशील भारतीय चेतना के स्थान पर हमने इस नयेपन के लिए नये साहित्य और नयी कविता की बात करनी प्रारम्भ की। इस नये साहित्य के अगुआ अज्ञेय जी ने तार सप्तक (पहला, दूसरा, तीसरा, चौथा) के माध्यम से अपनी स्थापनाओं पर बल दिया। 'नयी कविता' सहित अनेक पत्रिकाएँ प्रकाशित हुईं। हिन्दी के नये कवियों की एक लम्बी तालिका सामने आयी। इस नयी कविता के व्याख्याता-आलोचक स्वयं अज्ञेय जी तथा उनके साथ मुक्तिबोध, श्री लक्ष्मीकांत वर्मा, डॉ० रघुवंश, डॉ० जगदीश गुप्त, प्रो०

रामस्वरूप चतुर्वेदी, विजयदेवनारायण 'साही' आदि ने इसके सैद्धान्तिक पक्षों की विविधि कोणों से व्याख्याएं कीं और उनके इसी चिन्तन-क्रम में ही रस सिद्धान्त की भी चर्चा शुरू हुई। डॉ० रामस्वरूप चतुर्वेदी-पश्चिमी प्रभाव के दबाव में भारतीयों को जिस खतरे से बचने के लिए कहते हैं, वह है, यांत्रिकता के दबाव से मनुष्यत्व को बचाये रखने की सचेष्टता, प्रविधि सभ्यता में अन्तर्निहित गति से बचाव, मनुष्य, प्रकृति और यंत्र के बीच उचित अनुपात विकसित करना।'' नयी कविता के आस्वादनपक्ष पर विचार करनेवालों में डॉ० जगदीश गुप्त अग्रगण्य हैं। उन्होंने नयी कविता की आस्वादन भूमि के विविध पक्षों पर विचार करते हुए उसे पूर्व इंगित सन्दर्भों से जोड़कर देखने की चेष्टा की है। रसानुभूति और नयी कविता के पक्ष पर अपनी लम्बी टिप्पणी देते हुए उन्होंने बताया है कि–

''विचार संयुक्त भावाभिव्यक्ति द्वारा मानव व्यक्तित्व के प्रति अधिक-से-अधिक विश्वास उत्पन्न हो, यह आज की कविता और कला का वास्तविक लक्ष्य है। स्त्री-शूद्र की भर्त्सना और जर्जर वर्ग व्यवस्था की तद्वत् पुनः स्थापना के उद्देश्य से प्रेरित होकर लिखी गयी परम रसात्मक कविता भी आधुनिक चेतना से मुक्त भारतीय सहृदय को असम्पृक्त अथवा खिन्न छोड़कर जायगी, यह एक कटु सत्य है।''[1]

इस सन्दर्भ में अपनी बात की पुष्टि के लिए उन्होंने अंग्रेजी साहित्य का एक उद्धरण भी दिया है–

"You modern poet does except you to use your Brains". अथवा A monstrous new conception of poetry which requires one to think before one can begin to enjoy" तो इसमें कौन-सा अपराध है।''[2]

यहाँ डॉ० जगदीश गुप्त का मन्तव्य है कि परम रसात्मक कविता स्त्री-शूद्र की भर्त्सना और जर्जर वर्णव्यवस्था से भिन्न सामाजिक परिवेश से जुड़ी है और आज की कविता की आवश्यकता है, जर्जर वर्णव्यवस्था एवं स्त्री-शूद्र को यथार्थ के धरातल पर स्थापित करना और इस परिवेश की कविता, उनके अनुसार, परम रसात्मक नहीं होगी।

शायद इसीलिए उन्होंने शान्ता तथा शम्बूक वध नामक दो खण्डकाव्य लिखे। उनके अनुसार आस्थावादी समाज का सहृदय पाठक, ऐसी कविताओं

---

1. हिन्दी साहित्य और संवेदना का विकास, पृ० 115
2. नयी कविता का सैद्धान्तिक पक्ष, सम्पादक—डॉ० जगदीश गुप्त तथा अन्य, पृ० 25

में रसानुभूति न पाकर खिन्न होगा। इस प्रकार, उनके अनुसार नयी कविता का सम्बन्ध रसानुभूति की कविता से नहीं है, क्योंकि वह एक भिन्न सामाजिक व्यवस्था 'विचार संयुक्त भावाभिव्यक्ति से जुड़े समाज' से सम्बद्ध है। डॉ० जगदीश गुप्त की धारणा के अनुसार आधुनिकता की पहचान में भावात्मकता भी वैचारिकता से ओतप्रोत है और पूर्ववर्ती समाज, उसके संस्कार एवं साहित्य में ऐसा कुछ भी नहीं था, क्योंकि उनके अनुसार वह रूढ़िवादी है, आधुनिक नहीं। डॉ० जगदीश गुप्त का पाठक या सहृदय आनन्दवर्धन, अभिनवगुप्त एवं मम्मट का सहृदय नहीं है–वह नयी कविता का सहृदय, 'वैचारिकता से आक्रान्त भावज्ञानमंडित सहृदय' है।

डॉ० जगदीश गुप्त रस के सन्दर्भ में निम्नलिखित निष्कर्ष निकालते हैं। यह निष्कर्ष आज की नयी कविता से नहीं, नयी कविता की पूर्ववर्ती कविता की आस्वादनधर्मिता से सम्बद्ध है। उनके अनुसार परम्परित रस–

1. मानवीय संवेदना से सम्बद्ध है।
2. रसानुभूति आनन्दानुभूति की पोषक है।
3. वह आवेगप्रधान होने के कारण बौद्धिक चेतना को उपेक्षित या पराजित करके उसके ऊपर हावी है।
4. बुद्धि की क्रियाओं पर आवरण डालकर यह रसानुभूति उससे सम्बद्ध चित्तवृत्ति को स्थायी भाव से सम्बद्ध करती है।

इस सन्दर्भ में उनकी टिप्पणी इस प्रकार है–

"रसपरक समाधान इस सब की अपेक्षा (रीति, अलंकार, वक्रोक्ति एवं ध्वनि आदि) अधिक मानवीय है, परन्तु जहाँ एक ओर वह अलौकिक आनन्दानुभूति का पोषक है, वहाँ अनिवार्य रूप से उसकी स्थिति भावावेग के समक्ष बौद्धिक चेतना को उपेक्षित अथवा पराजित माने बिना सम्भव नहीं है। बुद्धि की क्रियाओं पर आवरण डालकर चित्तवृत्ति को स्थायीभाव से सम्पृक्त करके चरम आनन्द की दशा तक ले जाना, उसकी प्रक्रिया का निश्चित क्रम माना गया है।"[1]

डॉ० जगदीश गुप्त ने भारतीय काव्यशास्त्र के अन्तर्गत स्थापित रसानुभूति सिद्धान्त पर विस्तारपूर्वक विवेचन करते हुए उसके स्वभाव को आचार्य पं० रामचन्द्र शुक्ल के शब्दों में रखकर उसके प्रति अपनी सहमति जताते हुए उसे नयी कविता के सन्दर्भ में सर्वथा कालातीत घोषित किया है, साथ ही, अपनी

---

1. नयी कविता, खण्ड 1, सैद्धान्तिक पक्ष, पृ० 24, 25

बात कहने के लिए उन्होंने चिन्तामणि : भाग 1 के 'साधारणीकरण और व्यक्ति वैचित्र्यवाद'[1] के निबन्ध में व्यक्त शुक्ल जी के उस कथन को आधार बनाया है, जहाँ वे बताते हैं कि रस की उत्कृष्ट तन्मयीभूतता की दशा से भिन्न, एक वह भी आस्वादन सन्दर्भ है–जहाँ पाठक या श्रोता तन्मयीभूत न होकर अपनी पृथक् सत्ता सँभाले रहते हैं। आचार्य शुक्ल ने इसे रसानुभूति का निकृष्ट रूप कहा है।

डॉ० जगदीश गुप्त का नयी कविताविषयक रस-चिन्तन यहाँ से ही शुरू होता है, किन्तु उसे उन्होंने निम्नस्तरीय एवं निकृष्ट न मानकर नई कविता काव्य का श्रेष्ठतम एवं एकमात्र आस्वादन माना है।

इस सन्दर्भ को आगे बढ़ाते हुए वे अपना 'सह-अनुभूति' विषयक सिद्धान्त स्थापित करते हैं। सह-अनुभूति को परिभाषित करते हुए वे कहते हैं कि–

"नयी कविता भी ऐसी ही विधा में विश्वास रखती है, जो प्रज्ञा को विचलित किये बिना विवेक की जागृत अवस्था में भावक को यथार्थ-अनुभूति के तल पर पहुँचा देने की क्षमता रखती हो। यही विधा रसानुभूति से नयी कविता की भावानुभूति को मूलतः पृथक् कर देती है, रसानुभूति के समकक्ष उसे 'सह-अनुभूति' की संज्ञा दी जा सकती है।"[2]

डॉ० जगदीश गुप्त नयी कविता के सन्दर्भों में सह-अनुभूति को स्पष्ट करते हुए उसके निम्नलिखित पक्षों को रखते हैं। ये इस प्रकार हैं–

"रसानुभूति, सम्पर्क काल में पाठक की प्रज्ञा को विचलित करती है, किन्तु नयी कविता का पाठक काव्य के सम्पर्क में आकर तथा विवेकजागृत रहकर क्षणभर के लिए भी भावात्मक बन्धन में नहीं बँधता और उसकी प्रज्ञा लेशमात्र भी विचलित नहीं होती।" सह-अनुभूति का पाठक काव्य के अध्ययन काल में 'सह-अनुभूति' अर्थात् सर्जक के अनुभव और अपने स्वयं के (सहृदय के) अनुभव के बीच तादात्म्य नहीं स्थापित करता। कविता और पाठक दोनों में किसी यह विशिष्टता है, जो तादात्म्य बन्धन में बाँधने के लिए या बँधने के लिए विवश नहीं हो पाते–डॉ० जगदीश गुप्त कविता-पक्ष से ही अपने पक्ष को रखते हैं–रसानुभूति पाठक को होती है, किन्तु यदि कृति में सामर्थ्य हो तो–डॉ० गुप्त कृति के वैशिष्ट्य पर बल देते हैं, पाठक के

---

1. चिन्तामणि : भाग 1, पृ० 159
2. नयी कविता : सिद्धान्त पक्ष, पृ० 42

वैशिष्ट्य पर नहीं। कृति अर्थात् सर्जक या कवि का व्यक्तित्व तथा दूसरी ओर भावक या पाठक की प्रज्ञा दोनों में रसात्मक तादात्म्य न होकर 'सह-अनुभूतिमूलक' तादात्म्य होता है, जहाँ पाठक का चित्त, 'स्वात्म चैतन्य' से पल भर के लिए भी विचलित नहीं होता। इस सह-अनुभूति की पारिभाषिक शब्दावली को स्पष्ट करते हुए वे कहते हैं कि–

''कवि और भावक (पाठक-श्रोता) दोनों के व्यक्तित्वों के सह-अस्तित्व में अनुभूति की प्रेषणीयता सम्भव होने के कारण इसे 'सह-अनुभूति' कहना न निराधार है और न अनुपयुक्त''[1]

वे सह-अनुभूति को और अधिक स्पष्ट करते हुए उसी क्रम में पुनः बताते हैं कि–

(1) कवि ने जो कुछ भी वस्तु विषय या ज्ञान संवेदना के रूप में प्रस्तुत किया है तथा पाठक की चित्तदशा या डॉ० गुप्त के शब्दों में 'प्रज्ञा' दोनों के बीच तादात्म्य नहीं होता। दोनों सत्ताएँ इस दशा में अपने-अपने में बिना एक-दूसरे को प्रभावित किये अडिग भाव से वर्तमान रहती है। इसका नाम डॉ० गुप्त ने 'सह-अस्तित्व' दिया है।

(2) इस 'सह-अस्तित्व' की दशा में भी प्रेरणीयता समान है–ऐसा डॉ० जगदीश गुप्त का मत है।

(3) सर्जक कवि द्वारा प्रस्तुत काव्यकृति एवं उसमें निहित केन्द्रीय संवेदना से पाठक का चित्त सम्पर्क में तो आता है, किन्तु उसमें निर्लिप्तता बनी रहती है। इसी निर्लिप्तता को उन्होंने सह-अनुभूति का नाम दिया है। उनके अनुसार नयी कविता पाठक की 'सह-अनुभूति' की कविता है, किन्तु प्राचीन आस्थावादी भारतीय समाज का लिखा गया काव्य-साहित्य रसानुभूति से सम्बद्ध है, जिसमें 'सह-अनुभूति' नहीं, क्योंकि रसानुभूति में तादात्म्य आवश्यक है।

उनके अनुसार आज की नयी कविता में रसानुभूति के स्थान पर सह-अनुभूति होने के निम्नलिखित कारण हैं–

(1) प्राचीन कविता में श्रेष्ठ जाति, वंश, रूप, शील, गुण आदि से विभूषित करके एक पैटर्न खड़ा किया गया था, जबकि आधुनिक कविता ने उस सामाजिक पैटर्न को तोड़कर उसे यथार्थ एवं घटित यथार्थ के धरातल पर ले आकर खड़ा कर दिया गया है।

---

1. नयी कविता : सिद्धान्त पक्ष : रसानुभूति और सह-अनुभूति, पृ० 42

(2) परम्परित कविता में अपनी अनुभूति को वस्तु (Object) के माध्यम से व्यक्त करने की परम्परा थी, किन्तु आज की कविता में उसे सीधे आत्मपरक या वैयक्तिक स्तर (Subjective) पर सृजित करने की दृष्टि बनी है। उन्हीं के शब्दों में–

"सारा-का-सारा आत्मपरक काव्य, जिसमें काव्य की यथार्थता और व्यक्ति सापेक्ष्यता अनिवार्य रूप से समाविष्ट रहती है, रसानुभूति के स्तर पर ग्रहण नहीं की जा सकती।"[1]

(3) "सह-अनुभूति के स्तर पर लिखी गयी कविता रसानुभूति के स्तर पर लिखी गयी कविता की अपेक्षा कवि से भिन्न प्रकार के कवि-कर्म की माँग करती है। यह स्वाभाविक ही है, क्योंकि रसानुभूति को जहाँ भाव-विस्तार ही अभीष्ट रहता है, वहाँ सह-अनुभूति के लिए 'भाव और दृष्टिकोण' दोनों का विस्तार अपेक्षित है।"[2]

इस प्रकार 'सह-अनुभूति' की कविता जहाँ भाव-विस्तार की कविता है, वहीं वह उसी बिन्दु पर दृष्टिकोण की अभिव्यक्ति की ी कविता है। इस प्रकार, उनके अनुसार, नयी कविता सामयिक यथार्थ की बौद्धिक चेतना से अनुप्राणित अनुभूति तथा वैयक्तिकता के ताने-बाने से बुनी हुई है। भारतीय संस्कार एवं आस्थाबद्ध परम्परागत नैतिक तथा आध्यात्मिक मूल्यों से विजड़ित जीवन की यह अभिव्यक्ति नहीं है। अपनी वर्तमान सामाजिक मूल्यवत्ता तथा नये मनुष्य की स्थापना के प्रति सजग उनकी कविता में व्यक्त, जिस मनुष्य की पहचान प्रस्तुत करती है, वह इस प्रकार है–

"नया मनुष्य रूढ़िग्रस्त चेतना से मुक्त, मानव-मूल्यों के स्वातन्त्र्य के प्रति सजग, अपने भीतर आरोपित दायित्व को स्वयं अनुभव करनेवाला, समाज को समस्त मानवता के हित में परिवर्तित करके नया रूप देने के प्रति कृत संकल्प, कुटिल स्वार्थ भावना से विरत, मानवमात्र के प्रति स्वाभाविक सह-अनुभूति से युक्त....आदि-आदि।"

उनके अनुसार नयी कविता या नये साहित्य का नायक कुछ इस प्रकार है या होगा और उनके अनुसार इस सृजित व्यक्तित्व और उसके कृत्यों के प्रति पाठकों में रसानुभूति न होकर 'सह-अनुभूति' जैसी स्थिति प्राप्त होगी।

डॉ० जगदीश गुप्त ने नयी कविता के स्वरूप, कवि कर्म तथा पाठक पर उसके प्रभाव का विश्लेषण इस रूप में किया है, किन्तु यह नहीं बताया कि

---

1. नयी कविता—सिद्धान्त पक्ष, रसानुभूति और सह-अनुभूति, पृ० 45
2. वही, पृ० 45

नयी कविता के प्रबुद्ध पाठक या श्रोता (भावक) की क्या विशेषता होगी, क्योंकि रसानुभूति या सह-अनुभूति कृति के सापेक्ष्य में उसके सम्पर्क में आनेवाले पाठक या श्रोता (भावक) की चित्तवृत्ति से सम्बद्ध है। शायद यहाँ यह उत्तर स्वयं निकलता है कि कवि जैसी चित्तवृत्ति से सम्पन्न प्रज्ञावान् पाठक को नयी कविता का साक्षात्कार करना पड़ेगा और जैसा कि एक स्थल पर अज्ञेय ने बताया है कि नयी कविता में पाठक के अभाव में या कमी होने के कारण स्वयं उसका कवि ही पाठक है। जब कवि अपनी कविता को भावक के रूप में पढ़ता है तो क्या वह अपने सृजित काव्य की भावना के पक्ष से आन्दोलित नहीं होता, चित्त प्रतीतियुक्त होकर चमत्कृत नहीं होता। क्या वह अपनी सर्जक की संवेदना से आत्म-तादात्म्य नहीं करता....आदि-आदि प्रश्न ठीक सह-अनुभूति के सिद्धान्त के विरुद्ध उठ खड़े होते हैं। 'सह-अनुभूति' के प्रश्न पर विस्तारपूर्वक विचार करने के पूर्व भारतीय रसचिन्तन को एक बार अति संक्षेप में पुनः समझ लेना होगा।

(1) रस कविता की व्याख्या का एक भारतीय दृष्टिकोण है। रसानुभूति के माध्यम से हमारे भारतीय आचार्यों ने कविता के सौन्दर्य के आस्वादन के सिद्धान्त को किसी विदेशी नहीं, अपने तरीके से समझाने की चेष्टा की है। सम्पूर्ण कविता लोक की अनुकृति या पुनर्प्रस्तुति है और इस पुनर्प्रस्तुति के माध्यम से सृजित काव्य के रूप में एक अनुभूत लोक हमारी आँखों के सामने आकर खड़ा हो जाता है। आँखों के सामने खड़ा हुआ यह लोक कविता या भाषामाध्यम से भावक को उसमें प्रवेश करने के लिए विवश करता है।

(2) इस लोक में प्रवेश करते ही हमने जिस संसार को देखा है, भोगा है, भोग रहे हैं, उसका आत्मसाक्षात्कारात्मक स्वरूप बरबस हमारी स्मृति-चेतना एवं अनुभूति को आत्मसात् करने के लिए विवश करने लगता है।

(3) अनुभूति को आत्मसात् करते ही पाठक या श्रोता (भावक) का ज्ञान चैतन्य, कर्म चैतन्य पीछे हो जाता है और उसके सनातन संस्कारों का भावचैतन्य स्पन्दित हो उठता है। जैसे–जल को देखकर प्यासे व्यक्ति की प्यासतृष्णा, भोजन देखकर क्षुधित व्यक्ति की भोजन तृष्णा स्पन्दित होती है, ठीक उसी प्रकार, काव्य के संसार में प्रवेश करते ही, काव्य-संवेदना का साक्षात्कार करते ही, संवेदना का भावमयी संस्कार स्पन्दित हो उठता है। भावमयी चेतना के स्पन्दन के स्फोट का नाम ही रस है। कलात्मक चेतना विशेषरूप से सृजित काव्यलोक, इस भावचैतन्य के स्फोट से जो अभिव्यक्ति देता है, वही रस है, शृंगार-हास्य-करुण आदि इस भावचैतन्य के सागर की विवर्तमान तरंगे हैं। लोकानुभूति की प्रतीति से चित्त को आह्लादित करनेवाली

श्रृंगारादि जैसी वृत्तियाँ न श्रृंगार है, न रति है, अपितु रति एवं श्रृंगार के काव्यलोक में प्रतीतिगम्यता की एक विलक्षण अनुभूति है–अन्य वैकल्पिक शब्दों के अभाव में या काव्यलोक में लोक प्रतीति की ग्राह्यता के वाह्य सादृश्य के आधार पर 'श्रृंगार रस' जैसा नाम दे दिया गया है, जो उसी अर्थ में रूढ़ होकर प्रचलित होते हुए भी सही मायने में काव्य की सम्बद्ध अनुभूति का वाचक नहीं है।

काव्यलोक में भावक के चित्त में भावस्पन्दन से उत्पन्न रसात्मक स्फोट के क्षण वस्तु एवं विषयी (काव्य की संवेदना तथा पाठक का चित्त) दोनों में अद्वैतभाव उत्पन्न हो उठता है, चाहे वह एक क्षण के लिए ही क्यों न हो। अर्थ प्रतीति के क्षण भावक की चित्तदशा, जिस शीर्ष बिन्दु पर पहुँचती है, वह भावाद्वैत की दशा है। रस तथा भाव दशा दोनों प्रतीति के स्तर पर अद्वैतता उत्पन्न करते हैं, ऐसा भारतीय काव्यचिन्तकों का मत है, क्योंकि भारतीय चिन्तन के अनुसार काव्यार्थ स्थिति तथा उस काव्यार्थ में निहित केन्द्रीय संवेदना अनुभूति के स्तर पर रसास्वादन या भावास्वादन का कार्य सम्पन्न करती है। काव्यार्थ ही रस है या भाव ही रसत्व को प्राप्त होते हैं, यह भारतीय काव्य सौन्दर्य के आस्वादन सिद्धान्त का मूलाधार है।

इस प्रकार भारतीय चिन्तन में जिसे रस कहा जाता है, यह काव्य सौन्दर्य के आस्वादन से सम्बन्धित एक सिद्धान्त है और नाट्य, वाद्य, संगीत, चित्र आदि कलाओं में भी उसकी स्थिति वर्तमान है। जिसे हम लोक में श्रृंगार, हास्य, करुण, रौद्र आदि रूपों में पुकारते हैं, वे उस काव्यानुभूति के वैविध्य को समझाने तथा प्रतीति कराने के माध्यम मात्र है।

भारतीय काव्य चिन्तन के इस 'रस सन्दर्भ' को केन्द्र में रखकर डॉ० जगदीश गुप्त की 'सह-अनुभूति' के सिद्धान्त पर विचार करना अपेक्षित है–

1. रस-चिन्तन यह इंगित करता है कि जो काव्य संसार रचा जाकर सामने आया है, वह न वस्तुपरक है और न आत्मपरक। वह शुद्ध कविता है, कविता को वस्तुपरक (Objective) जैसे–रामायण) या आत्मपरक (Subjective–जैसे सरोज स्मृति) का विभाजन रस-सिद्धान्त को मान्य नहीं है। भारतीय सिद्धान्त यह स्वीकार करता है कि जैसे प्रतितिलतैलमिव (–प्रत्येक तिल में तेल है), वैसे चाहे व्यक्तिपरक कविता हो या आत्मपरक उसके प्रति वर्णविन्यास, शब्द, पद, वाक्य, प्रकरण प्रबन्ध में निरन्तर कविप्रतिभा या स्वयं कवि का व्यक्तित्व सनातनभाव से वर्तमान रहता है, अतः देखने में जो वस्तुपरक कविता है, केवल ऊपर से उसमें व्यक्तिपरकता है, अन्यथा सम्पूर्ण कृति सर्जक की आत्मप्रतिकृति है।

भारतीय चिन्तन इसे दूसरे पक्ष से भी देखता है। उसके अनुसार कृति जब तक सर्जक के चित्त से सम्बद्ध है, वह उसकी व्यक्तिगत धरोहर है, किन्तु अभिव्यक्ति के बाद वह सबकी अर्थात् सम्पूर्ण समाज की समान प्रिय सम्पत्ति हो उठती है। पाठक या श्रोता चाहे राजा हो, चाहे रंक, प्रत्येक भावक की वह अध्ययनकाल में निजी धरोहर बन जाती है। सार्वजनिक, सार्वदेशिक तथा सार्वकालिक स्वभाव की काव्यकृतियों का वस्तुपरक तथा आत्मपरक विभाजन कैसा? इस विभाजन पर आधारित–'सह-अनुभूति' के आस्वादन सिद्धान्त की स्थिति कैसे ग्राह्य होगी?

भारतीय दृष्टि से काव्यसृजन का संसार सर्जक का अपना सृजित संसार है। इस प्रतिकृति के लिए वह एक दृष्टिकोण रचता है। भावना तथा दृष्टिकोण दोनों सृजन के साथ अवतरित होते हैं–सामाजिक मूल्य एवं आस्वादन कृति की अन्तरंग अभिव्यक्ति के जुड़वे शिशु हैं–सर्जक की इन अनुभूतियों में भावक किसकी अनुभूति पहले करता है, आस्वादन की या मूल्य की, यह एक विचारणीय प्रश्न है। आचार्य मम्मट ने इंगित किया है कि 'सद्यः परिनिवृत्ति' पहले होती है और 'कान्तासम्मिततयोपदेशयुजे' बाद में। कलाधर्मी कृतियाँ चित्त को अभिभूत पहले करती है–दृष्टिकोण बाद में आता है। डॉ० जगदीश गुप्त 'सह-अनुभूति' के सन्दर्भ में बताते हैं कि भाव-विस्तार तथा दृष्टिकोण दोनों का विस्तार नयी कविता में अपेक्षित है और भावक का चित्त एक साथ दोनों पर दो पृथक् अनुभूति या विवेकपूर्ण अनुभूति के साथ बोध का विषय बनाता है। प्रश्न है, क्या व्यावहारिक रूप से या कला की मान्यताओं या सम्प्रेषण सिद्धान्त या निर्वैयक्तिकता के सिद्धान्त से यह सम्भव है। उत्तर है, नहीं। डॉ० जगदीश गुप्त कविता की सृजन-प्रक्रिया को ज्ञानात्मक नहीं, भावात्मक प्रक्रिया मानते हैं। वे कहते हैं कि–

''जो कथन सृजनात्मकता (Creativity) तथा संवेदनीयता (Emotivity) से रहित हो, उसे किसी भी स्तर पर कविता नहीं कहा जा सकता[1] वे अपनी बात का समर्थन के लिए मुक्तिबोध का साक्ष्य भी देते हैं, जो यह स्वीकार करते हैं, 'ज्ञानात्मक संवेदन एवं संवेदनात्मक ज्ञान' कविकर्म का मूलाधार है। मुक्तिबोध का कथन है कि–

''जीवन जगत् के संवेदनात्मक ज्ञान और ज्ञानात्मक संवेदन में समायी हुई मार्मिक आलोचना-दृष्टि के बिना कविकर्म अधूरा है।''[2] फिर वे जिस

---

1. नयी कविता, कविता और अकविता—नयी कविता सिद्धान्त पक्ष, पृ० 60
2. नयी कविता : सिद्धान्त पक्ष, पृ० 168

कविता की बात करते हैं, भारतीय चिन्तक भी तो काव्य को उसी प्रकार विवेचित करता है, भावात्मक सृजन यदि यहाँ कविता है तो उसका भावक कविता में अभिव्यक्त भावना एवं दृष्टिकोण का भिन्न-भिन्न आस्वादन कैसे करेगा? यह मनोवैज्ञानिक दृष्टि से भी सम्भव नहीं है और न कला-सिद्धान्त की दृष्टि से यह उचित है, क्योंकि कविता के साथ ही अन्य कलाओं का प्रथम साक्षात्कार भावोन्मेषकारी है। भारतीय चिन्तन के अन्तर्गत भावेग के ही क्रोड में चित्त से सृजित मूल्य का सहज साक्षात्कार होता है। भावना तथा दृष्टिकोण-सृजन में पृथक्-पृथक् आस्वादन के समय प्रतीत नहीं होते, क्योंकि सृजन-संसार अपनी भावात्मक एवं रंजनकारी प्रतीति से दृष्टिकोण एवं मूल्य सभी को स्वयं में अन्तनिर्हित किये रहते हैं।

डॉ० जगदीश गुप्त के अनुसार–'सह-अनुभूति' की दशा में पाठक का चित्त भावाद्वैत से न प्रभावित होकर वह प्रज्ञात्मक बोध द्वारा कविता के भावतल तक पहुँच जाता है। कविता के भावतल तक पहुँच जाने के बाद भी वह भावात्मकता से अभिभूत नहीं होता। वह संवेदना की भाव-सत्ता से भिन्न अपनी समझ की सत्ता सँभाले रहती है। सह-अनुभूति, जो उनकी दृष्टि में काव्यास्वादन का ही एक प्रकार और रसानुभूति के भी समानान्तर है–वह काव्यचिन्तन के रूप में आस्वादन के चिन्तन से भिन्न है। कारण कि, उनके अनुसार नयी कविता के सम्पर्क में आकर न तो भावक के व्यक्तित्व का काव्य में परिहर होता है, न उसकी प्रज्ञा अपने ज्ञानपथ से विचलित होती है और न भावलोक में जाकर उसके विवेक का ही परिहार सम्भव है। इन सबके न होने के बाद भी उसमें प्रेषणीयता है। उनका इस सम्बन्ध में उनका वाक्य इस प्रकार है–"कवि और भावक दोनों के व्यक्तित्व के सह-अस्तित्व में अनुभूति की प्रेषणीयता सम्भव है। इस प्रकार 'सह-अनुभूति' और उसके आस्वादन के सन्दर्भ में वे तीन शर्तें रखते हैं–

(क) कवि द्वारा सृजित वस्तु तथा उसकी संवेदना एवं पाठक की प्रज्ञा के पारस्परिक साक्षात्कार के बाद दोनों की भिन्न-भिन्न समझ बनी रहती है।

(ख) पाठक चित्त विगलन, भावाद्वैत एवं अपने व्यक्तित्व, विवेक तथा प्रज्ञा का परिहार किये बिना काव्यानुभूति से सम्प्रेणीयता स्थापित कर लेता है।

(ग) काव्य-संवेदना तथा पाठक के चित्त के बीच आस्वादनधर्मी तत्त्व का उदय तो होता है, किन्तु तादात्म्यभाव नहीं होता। यहाँ पाठक अपनी प्रज्ञा सँभाले रहता है और वह कविता की संवेदना में डूबने नहीं पाती–यदि यह प्रज्ञा संवेदना में विलयन कर जाती तो रसानुभूति की स्थिति होती, चूँकि वह स्थिति घटित नहीं होती, इसलिए वह 'सह-अनुभूति' की आस्वादन सत्ता है।

डॉ० जगदीश गुप्त द्वारा रखी गयी ये तीन शर्तें अपने में न तर्कसंगत है, न नैसर्गिक और न भावात्मक चैतन्य के साक्ष्य से ही प्रमाणित। 'भावचैतन्य के स्पन्दन' का काल प्रज्ञा के विलयन का काल है और कविता की संवेदना के सम्पर्क में चित्त के आते ही भावचैतन्य का स्पन्दन प्रारम्भ हो उठता है। भावना का यह स्वयं स्पन्दन सम्पूर्ण प्रज्ञा को आत्मभूत कर लेता है, फिर विवेक, प्रज्ञा और व्यक्तित्व एवं स्वयं के बोध होने का प्रश्न पाठक के लिए सम्भव नहीं है। यदि कविता कवि के समाधिदर्शन से आत्मसात् की हुई उसकी प्रतिभा के प्रकाश से भाषिक माध्यमों द्वारा अभिव्यक्त होकर प्रकाशित होती है, तो उसकी अर्थरचना एवं उससे अभिव्यक्त केन्द्रीय संवेदना निश्चित ही पाठक के भावचैतन्य को स्पन्दित करके अपने आस्वादन धर्म को व्यक्त करेगी और भावचैतन्य के स्पन्दन के स्फोट रूप आस्वादनकाल में पाठक के व्यक्तित्व, विवेक एवं प्रज्ञा सभी का उसमें विरोधान होगा, क्योंकि मानव चित्त का यह मनोविज्ञान है कि उसकी सक्रियता के कालखण्ड में यदि भाव है तो ज्ञान नहीं रहेगा, यदि ज्ञान है तो भाव का उसमें अस्तित्व नहीं होगा। 'सह-अनुभूति' का सिद्धान्त एक साथ दोनों के अस्तित्व को स्वीकार करते हुए भी सम्प्रेषण की बात कहता है, जो न नैसर्गिक प्रवृत्ति के अनुकूल है, न तर्कसम्मत है, और न सौन्दर्यास्वाद के सिद्धान्त के अनुकूल। नयी-कविता भी आस्वादन की कविता है और यदि वह आस्वादनधर्मी नहीं है तो कविता ही नहीं है। कविता होने या सृजित किये जाने के सन्दर्भ में पश्चिम तथा पूरब का अलगाव भी कोई अर्थ नहीं रखता। डॉ० गुप्त की 'सह-अनुभूति' का चिन्तन भारतीय भावबोध की कोटि में भी नहीं आता जबकि आचार्य शुक्ल रसात्मक बोध के विविध रूपों का विवेचन भाव कोटि में ही करते हैं।

❑

श्री लक्ष्मीकान्त वर्मा : अनुभूति का भोग बनाम रस

आज पश्चिमी साहित्य एवं सैद्धान्तिक समीक्षा के प्रभाव के फलस्वरूप हिन्दी आलोचना की कतिपय प्रवृत्तियाँ विशेष रूप से सक्रिय दिखायी पड़ती हैं–जिनमें प्रथम यह है, मूल्यांकन के लिए मानक पश्चिम से तलाश किये जा रहे हैं। पश्चिम के आलोचना-मानकों का यह प्रभाव आज सम्पूर्ण हिन्दी साहित्य को अपने प्रभाव से रँग चुका है। इसी के साथ, दूसरी विशेषता और भी महत्त्वपूर्ण है, वह है, भारतीय सैद्धान्तिक समीक्षा या काव्य चिन्तन के मानकों का इस पश्चिमी आलोचनाशास्त्र में विलयन कराने की प्रवृत्ति। इन्हीं दोनों प्रवृत्तियों के साथ कमोवेश एक तीसरी विशेषता भी हमारे सामने आती है, वह है, पूरी ईमानदारी के साथ भारतीय काव्य चिन्तन को आधार बनाकर कृतित्व को विश्लेषित करने की दृष्टि। रस का विवेचन बाद के इन दोनों दृष्टिकोणों के साथ घुलमिलकर अवश्य आता है।

आज जब काव्यास्वाद या काव्यानुभूति या काव्यास्वादन की आनन्दमयी अनुभूति की व्याख्या शुरू की जाती है तो इस प्रकरण में पश्चिमी सौन्दर्यशास्त्र के आलोचक तथा उनके सिद्धान्त उसके प्रमाण के रूप में सामने रखे जाने लगे हैं। इस विवेचन से किसी को कोई न आपत्ति है और न होनी चाहिए, क्योंकि इससे चिन्तन के आयामों में विस्तार की सम्भावनाएँ निहित हैं। किन्तु, इस सन्दर्भ में भारतीय रस सिद्धान्त को बिना किसी तर्क के नकारने एवं उसे पूरी तरह से खारिज करके पश्चिमी मानकों की स्थापना करना वैदुष्य का उदाहरण नहीं कहा जा सकता। रसानुभूति एवं भारतीय चिन्तन के विषय में पश्चिम के सिल्वाँ लेवी जैसे सौन्दर्यशास्त्री का मत है कि "जहाँ पाश्चात्य विचारक रंगमंच के अन्तर्गत संवेगों के विविध पक्षों में घपला (कनफ़्यूज़न) कर देते हैं, हिन्दू आलोचक उनमें पारम्परिक सम्बन्धों को कहीं अधिक स्पष्टता से समझाते हैं।"[1]

1. रस सिद्धान्त और सौन्दर्यशास्त्र, डॉ० निर्मला जैन, पृ० 8–12

आधुनिक हिन्दी नयी कविता के सन्दर्भ में भी कई समीक्षकों द्वारा यह विशेष प्रयास किया गया है कि इस सामयिक कृतित्व के आस्वादन पक्ष का विश्लेषण भारतीय पद्धति से न करके सौन्दर्यशास्त्रीय चिन्तन दृष्टि से किया जाय। इन विवेचकों में श्री लक्ष्मीकान्त वर्मा अग्रगण्य हैं। उनके इस चिन्तन को उनकी कृति 'नये प्रतिमान : पुराने निकष' में देखा जा सकता है।

श्री लक्ष्मीकान्त वर्मा के इस विवेचन में दो बातें विशेष रूप से उभरकर आयी हैं–

1. परम्परित रस सिद्धान्त के प्रति अनास्था तथा उपेक्षा
2. सृजन एवं काव्यस्वादन के दोनों पक्षों की तात्त्विकता का विश्लेषण

श्री लक्ष्मीकान्त वर्मा 'नये प्रतिमान : पुराने निकष' नामक कृति में अनेक स्थलों पर भारतीय रस चिन्तन को नयी कविता के सन्दर्भ में निरर्थक या अपूर्ण बताते हैं। एक स्थल पर टिप्पणी देते हुए वे कहते हैं कि–

"हिन्दी साहित्य के वर्तमान सन्दर्भ को देखते हुए यह स्पष्ट हो जाता है कि जिस प्रकार की अनुभूतियों से हमारी वर्तमान पीढ़ी गुजर रही है, वह इतनी जटिल है कि प्राचीन मानदण्डों के आधार पर या तो उसकी अभिव्यक्ति अनर्गल लगेगी, या फिर उसे मूल्यांकन करने के लिए नये माध्यम एवं मानदण्ड को अपनाना पड़ेगा। आजकल जो रस सिद्धान्त के अनुसार नयी कविता का मूल्यांकन करना चाहते हैं, वे रीति परम्परा के आधार पर नयी कविता में उन तत्त्वों को ढूँढ़ना चाहते हैं, जिनमें काव्य मात्र अलंकार बनकर रह गया है।"[1]

इस प्रसंग को आगे बढ़ाते हुए वे पुनः कहते हैं कि–

रस सम्प्रदाय में भरत मुनि ने केवल आठ ही रस माने थे। कालान्तर में, उसमें नवाँ रस भी जुड़ा–ठीक उसी प्रकार से आज स्थिति यह है कि रस सम्प्रदाय के आचार्य यदि उसमें दो सौ रस और जोड़ लें, फिर भी, यह नयी कविता और आज के नये साहित्य के उचित विश्लेषण में सफल नहीं हो सकेंगे।"[2]

यहाँ श्री लक्ष्मीकान्त वर्मा रस सिद्धान्त का अर्थ परम्परित रसभेदों से लगाते हैं और जैसा कि कहा जा चुका है कि रसभेद (शृंगारादि) काव्यानुभूति की एक विशेष परिस्थिति का नामकरण मात्र है। लोकात्मक अनुभूति के प्रकाश में आस्वादन की प्रतीति एवं वैविध्य को इंगित करने के

---

1. नये प्रतिमान : पुराने निकष, पृ० 3
2. वही, पृ० 4

लिए रस भेदों का निरूपण किया गया है। काव्यास्वाद तो एक ही है और वह अपने में सर्वथा विलक्षण (Unique)–उसे रसभेद के रूप में सीमित स्वयं में एक दुराग्रह या नासमझी है। रसभेद के कई कारण हैं–लोकात्मक अनुभूति से जुड़े शृंगार एवं हास्य के काव्यप्रसंग भावक को भिन्न-भिन्न काव्यानुभूति देते हैं–उनके मूल में काव्यानुभूति ही है, किन्तु उनकी पहचान कैसे करायी जाय–इसके लिए आधार ग्रहण किया लोकात्मक अनुभूति से जुड़े प्रसंगों का। काव्यानुभूति (Poetic taste) तो अन्ततया अपने में एक एवं अद्वितीय है, किन्तु प्रातीतिक व्यवहार में स्वादवैभिन्य है, मुख्य है, आस्वाद। रस आस्वाद है, शृंगार, हास्य, करुणादि तो उसकी लोकात्मक प्रतीति के वैविध्य हैं। आचार्य भरत ने जिसे आठ रस या नौ रस कहा है वह मात्र भावक की आस्वादन अनुभूति है, जो लोक से जुड़े मानवीय व्यवहार तथा मानव स्वभाव की विविधता के सूचक हैं। ये यही सिद्ध करते हैं कि रस एक निरन्तर सजीव तथा जीवन्त प्रक्रिया है–क्योंकि जिस भी देश-काल, परिवेश का मानव अपनी प्रवृत्ति तथा स्वभाव के रूप में जैसा भी आचरण करेगा, जब भी वह साहित्य में अवतरित होगा–भावक के आस्वादन का विषय होकर रसानुभूति के रूप में स्वीकार किया जाएगा। ध्वनिवादियों ने इसीलिए लोकात्मक अनुभूति की विविधता के कारण काव्यानुभूति या भावक की आस्वादन अनुभूति (काव्यानुभूति) को आठ भागों में विभक्त किया है–रस, भाव, रसाभास, भावाभास, भावशान्ति, भावशबलता, भावोदय एवं भावसन्धि। अत: काव्यास्वादन मात्र शृंगारादि रस रूप है, इसका खण्डन तो आचार्यों ने बहुत पहले ही कर रखा है। (लगभग आठवीं शती में), फिर शृंगारादि ही काव्यास्वादन रूप है, इसको मानक मानकर रस विवेचन करना सर्वथा उचित नहीं है। यही नहीं, काव्यास्वादन काल में चित्त पर कलात्मक विन्यास का विशिष्ट प्रभाव भी पड़ता है और भावक का मन लोक व्यवहार के अनुभव-भोक्ता से किंचित् भिन्न हो उठता है। इस मन:दशा को हमारे भारतीय आचार्यों ने चित्त विकास, चित्त विस्तार, चित्त विक्षेप एवं चित्त विक्षोभ आदि नामों से पुकारा है। लोक व्यवहार से प्रभावित मानव मन की भी ये दशाएँ होती हैं, किन्तु, क़ाव्य प्रतीति के क्षण भावक के चित्त के विगलन से उत्पन्न ये दशाएँ लोकात्मक न होकर लोक विलक्षण या कलात्मक रूप की बन जाती है। आठ, नौ या दो सौ रसों की बात करना पूरी तरह से भारतीय रस चिन्तन प्रक्रिया का नामसझी भरा परिहास मात्र है। यहाँ मूल समस्या दो दौ रसों को स्थापित करने की न होकर काव्यास्वादन की है–उस आस्वादन का परिवेश सृजन में है और सृजन-लोक की पुनर्प्रस्तुति है। लोक और लोक मानस में

व्याप्त भाव, लोक मानस के व्याप्त भाव की कविसृजन कौशल द्वारा पुनर्प्रस्तुति और इस पुनर्प्रस्तुति का भावक द्वारा आस्वाद–भारतीय रस चिन्तकों की अवधारणा का साक्ष्य है। कवि द्वारा पुनर्प्रस्तुति के कलात्मक परिवेश की प्रक्रिया क्या आज की कविता का सन्दर्भ नहीं है। नयी कविता के जिस सामाजिक परिवेश की अभिव्यक्ति की बात आज जिस रूप में रखी जा रही है, उसका रस या आस्वादन सिद्धान्त से विरोध कहाँ है? भारतीय रस चिन्तन की पुनर्प्रस्तुति के भावास्वाद का सिद्धान्त नयी कविता में क्यों अस्वीकार है, रस पर प्रतिकूल टिप्पणी न अज्ञेय ही करते हैं, न डॉ० जगदीश गुप्त, न श्री लक्ष्मीकान्त वर्मा, न प्रो० रामस्वरूप चतुर्वेदी। जैसा कि, कहा जा चुका है, श्रृंगार, हास्य, करुण आदि सारे-के-सारे नाम कलास्वादन के सामाजिक वैविध्य की विविध दशाएँ हैं–और आस्वादनधर्मी सन्दर्भ में अन्य नामों के अभाव में लोकात्मक प्रतीति से जोड़कर उनका नामकरण किया गया है।

भारतीय काव्य विवेचकों ने काव्यास्वादन की समस्या पर जितना गम्भीर, जितना व्यापक एवं जितना वैज्ञानिक चिन्तन प्रस्तुत किया है, बिना उसके सम्पूर्ण पार्श्वों पर गम्भीरतापूर्वक विचार किये, परम्परित रूढ़ियों को ध्यान में रखकर रस सिद्धान्त के विषय में टिप्पणी देना सर्वथा असंगत है। श्री वर्मा एक अन्य स्थल पर परवर्ती रस चिन्तन की रूढ़ियों को ध्यान में रखकर टिप्पणी देते हुए कहते हैं कि–

"यह प्रश्न उठ सकता है कि ऐसा क्यों है, मेरा अपना विचार है कि ऐसा इसलिए है कि रस, ध्वनि, अलकंार आदि में काव्यदृष्टि भिन्न रही है और आज की काव्यदृष्टि तो और भी अधिक भिन्न है। यह भिन्नता न आकार की और न रूपविधान की है। यह भिन्नता मन:स्थितियों की है और इन सबसे बढ़कर परिवेश की है। नई कविता के आस्वादन पक्ष पर टिप्पणी देते हुए पुन: कहते हैं कि–

"निराला जब 'सरोज स्मृति' में सरोज के रूप का वर्णन करते हैं तो वह पिता द्वारा पुत्री का रूप वर्णन है और शायद समस्त नायिका भेद को यदि सरोज स्मृति की व्याख्या में लगा दिया जाय तब भी उस मन:स्थितियों का बोध हमें नहीं हो पायेगा–जो निराला के उस काव्य में विद्यमान है। ठीक उसी प्रकार कुकुरमुत्ता में कौन-सा रस है, इसकी व्याख्या करना और उसके लिए रस सम्प्रदाय की पोथी बाँच जाना व्यर्थ है।"

रस विषयक श्री लक्ष्मीकान्त वर्मा की दृष्टि यहाँ नितान्त स्पष्ट है परम्परित रूढ़ि चाहे नायिकाभेद या लक्षण ग्रन्थों में उल्लिखित रस परम्परा की हो, वे उतने तक को ही रस मानते हैं। वे संस्कृत साहित्य में बारहवीं

शती पूर्व अपने चिन्तन के शीर्ष तक पहुँचे काव्यास्वादन या रस सिद्धान्त पर दृष्टि तक नहीं डालते–जिसकी धारणाओं का समर्थन पशिचमी देशों के प्रसिद्ध सौन्दर्यशास्त्री स्वीकार करते हैं। काव्यास्वाद या रसः काव्य विद्या का अपना अनूठा चिन्तन है, जिसका शीर्ष विकास आचार्य भट्टनायक, अभिनव गुप्त एवं भोज के 'श्रृंगार प्रकाश' तक हुआ है। बाद में, इस रस चिन्तन ने रीतिनिष्ठ रूढ़िधर्मिता शास्त्रीयता का रूप धारण करके समग्र मौलिकता को अपने में पचा ले गयी और इस पचे हुए उच्छिष्टों के आधार पर रस चिन्तन की समस्या उठाना भारतीय मनीषा के साथ स्पष्ट एवं खुला हुआ अन्याय है। ऊपर के श्री लक्ष्मीकान्त वर्मा के कथन में निराला कृत 'सरोज स्मृति' के सन्दर्भ का जो उपवांक्य प्रस्तुत किया गया है, कि "उससे मन:स्थिति का बोध" हमें नहीं हो पायेगा, जो निराला के उस काव्य में विद्यमान है।" यह वाक्य इस सिद्धान्त को नायिका भेद सन्दर्भ से उन्होंने जोड़ा है। आचार्य भट्टनायक तथा अभिनवगुप्त दोनों बताते हैं कि रस के बोध के लिए हमें किसी अन्य पोथी को पढ़ने की जरूरत नहीं है–वह जो काव्य में अभिव्यक्त सन्दर्भ है–सीधे-सीधे पाठक के चित्त से टकराकर उसकी मन:स्थिति के बोध का अनन्य अंग बन जाता है–काव्य का आस्वादन प्राप्त करने के लिए न कोई नायिकाभेद या रस सिद्धान्त की पोथी रखता है और न किसी आचार्य को अपने समीप बैठाकर 'मन:स्थिति के बोध' का मर्म पूछता है। यहाँ सीधे-सीधे आमने-सामने कृति का पाठ्य सन्दर्भ है और भावक का सहृदय संवादभागी चित्त। वे परस्पर अपनी पारस्परिक भावात्मक आत्मीयता से ऐक्य का अनुभव करते हैं–यहाँ न कोई शास्त्र है और न नायिकाभेद का ग्रन्थ। श्री लक्ष्मीकान्त वर्मा के इस प्रश्न पर आचार्य भट्टनायक एवं अभिनव गुप्त की ओर से उत्तर है–किसी कविता में रस माडेल के रूप में बनाकर पहले से ही नहीं स्थापित किया जाता। काव्यास्वादन के क्षणों में कविता में निहित संवेदना सहृदय भावक के चित्त में उतरकर आत्म साक्षात्कारात्मक प्रतीति द्वारा उसके भावचैतन्य को स्पन्दित करती है। अर्थ का दृश्यात्मक भाव चित्र (बिम्ब रूप) लोकानुभूति का सजीव रूप धारण करके भावचैतन्य को जागृत करने में सहायता पहुंचाता है। अर्थ रूप भावचित्र ही रसस्पन्दन का आधार है। स्पन्दन की यही अभिव्यक्ति काव्यास्वाद के रूप में आस्वादित होती है। 'सरोज-स्मृति' में निराला का श्रृंगार वर्णन करुणा के पुंज का विगलन बनकर एवं भावक मर्म पीड़ा से स्पन्दित होकर जिस मार्मिक पैथास (मार्मिक करुण भाव की चित्त द्रावक मन:दशा) को चित्त भोग या भावाद्वैत से जोड़ता है, वही उसका रस है, वही उसका काव्यास्वाद है। अभिनव गुप्त बताते हैं कि हृदय-

संवाद का आस्वाद ही रस है। यह पाठक या श्रोता अर्थात् भावक की प्रत्यक्ष भोगी जाती हुई चित्तदशा है, इसका आधार नायिकाभेद या रसशास्त्र का कोई ग्रन्थ नहीं है। यह सत्य है कि प्रारम्भिक स्तर पर श्री लक्ष्मीकान्त वर्मा रसानुभूति का विरोध करते हैं किन्तु, जब उसे सौन्दर्यानुभूति के द्वारा समझाते हैं, तो वे भी वही और वैसी ही बातें करने लगते हैं, जैसा कि आठवीं से बारहवीं शती पूर्व हमारे रसाचार्यों ने कहा है। हमारे इन आचार्यों जैसी बातें करते हुए वे नयी कविता की भावानुभूति एवं आस्वादन के विषय में टिप्पणी इस प्रकार देते हैं–

"सौन्दर्यानुभूति के विषय में जो बात विशेष रूप से जानने की है वह यह कि यह एक सक्रिय भोग की स्थिति है। अलौकिक रूप से या किसी चमत्कारिक रूप से न तो हम सौन्दर्य का अनुभव कर सकते हैं, और न उससे किसी प्रकार की उपलब्धि प्राप्त कर सकते हैं। सौन्दर्य का अनुभव वही कर सकता है जो उससे तादात्म्य कर सके। उसकी रचना प्रक्रिया में, उसके सम्भोग की स्थिति में सक्रिय रूप से अपनी चेतना की समग्रता के साथ भोग सके।....भोग की बात से प्रायः लोग यह समझते हैं कि यह निम्न स्तर की केवल दैहिक भोग की स्थिति है। वस्तुतः भोग की प्रक्रिया ही उपलब्धि की प्रक्रिया है।.....इसलिए सुन्दर और असुन्दर, उदात्त और कृत्रिम दोनों अर्थबोध से सम्बद्ध है। सौन्दर्य की उपलब्धि इसीलिए पूर्णभोग की उपलब्धि है।"[1]

श्री लक्ष्मीकान्त वर्मा के इस कथन को रस सिद्धान्त के व्याख्याता भट्टनायक के भोग सिद्धान्त के प्रकाश में देखें तो एक प्रकार से वह उसी की पुनरावृत्ति मात्र है। नयी कविता के व्याख्याकार एवं सैद्धान्तिक समीक्षक श्री लक्ष्मीकान्त वर्मा की ही भाँति कई उनके अन्य सहयोगी सैद्धान्तिक चिन्तक रस सिद्धान्त की रीतिदृष्टि को रस विवेचन का आधार स्वीकार करके ऐसा ही निष्कर्ष निकालते हैं। बारहवीं शती के बाद की भारतीय संस्कृति के पतन काल की काव्यशास्त्रीय उपलब्धियों के आधार पर हम यदि इस चिन्तन की नयी चर्चा करेंगे तो हमें ऐसे ही निष्कर्षों का सामना करना पड़ेगा। आधुनिक हिन्दी साहित्य में जब इस पुनरावृत्ति की पुरावृत्ति शुरू होती है, तो निश्चित ही यह हास्यास्पद स्थिति बन जाती है। सौन्दर्यशास्त्र पाश्चात्य और आधुनिक चिन्तन है, इसलिए ग्राह्य है और भारतीय रस सिद्धान्त भारतीय और प्राचीन है, इसलिए अग्राह्य है, यह सर्वथा असंगत है और बिना गुण-दोष का सम्यक् परीक्षण के किसी निष्कर्ष को स्थापित करना उचित नहीं है। श्री लक्ष्मीकान्त

1. नये प्रतिमान : पुराने निकष, पृ० 226

वर्मा की भारतीय रस सिद्धान्त के प्रति अनास्था तथा उपेक्षा का यह एक पक्ष है और अधिक विस्तार भय से इस पर अधिक विवेचन सम्भव नहीं है।

जैसा कि, कहा गया है, पश्चिम की सौन्दर्यानुभूति के आलोक में नयी कविता के काव्यास्वादन की मीमांसा का विवेचन श्री वर्मा के चिन्तन का दूसरा पक्ष है। रस को नकारने के बाद काव्यानुभूति की सौन्दर्यशास्त्रीय व्याख्या के पक्ष के समर्थन के लिए वे इतस्ततः टिप्पणियाँ देने के साथ अत्यन्त सुविचारित निम्नलिखित तीन निबन्धों को प्रस्तुत करते हैं, वे हैं–

1. सौन्दर्यतत्व, अनुभूति और व्यवस्था
2. अनुभूति, प्रज्ञा और दृष्टि
3. अनुभूति एवं बोध

नये प्रतिमान : पुराने निकष के खण्ड तीन के ये तीनों निबन्ध सर्जक की विविध मन:दशाओं तथा सृजन के भावात्मक विश्लेषण से सम्बद्ध है। इन्हीं लेखों में इतस्ततः रसविषयक टिप्पणियाँ भी मिलती है जो सौन्दर्यानुभूति या काव्यानुभूति से जुड़ी हुई है। अतः इन्हीं तीन निबन्धों के द्वारा उनके काव्यास्वादन तथा सौन्दर्यबोध सम्बन्धी अवधारणा के भावात्मक पक्ष का मूल्यांकन अभीष्ट है।

इस सौन्दर्य चिन्तन के सन्दर्भ में श्री लक्ष्मीकान्त वर्मा ने 'सौन्दर्यतत्त्व, अनुभूति और व्यवस्था' शीर्षक लेख में सर्जक के सौन्दर्यबोध तथा आत्म-साक्षात्कार की बात कही है। सामान्यतया भावक के सन्दर्भ में उन्होंने सर्जक की सौन्दर्यानुभूति के सहसम्भोग या सहभोग की मान्यता रखी है। वे इस प्रकरण में कहते हैं कि–

''ताजमहल और पिरामिड सुन्दर है और उसकी सुन्दरता उसके अपने रचना विधान में निहित है, किन्तु उनका बोध और उनका सम्पूर्ण व्यक्तित्व हमारी मानसिक स्थिति पर प्रभाव डालता है और हमारे मानस पटल पर उनकी छाप एक बोध के रूप में पड़ती है। इस प्रकार उनका अस्तित्व हमारी चेतना के आयामों की नयी परतों से जोड़ देता है, उसका सहभोग करा देता है। हम केवल अपने नहीं रह जाते वरन् अपने परिवेश के अंश और उसके सह-सम्भोगी हो जाते हैं।''[1]

रसानुभूति की प्रक्रिया एकांगी पाठक का आस्वादन मात्र नहीं है, वरन् वह कला सृजन की समग्र भव्यता है। यह भव्यता सर्जक के अनुभूति-पुंजों के रूप में बोध का विषय बनकर भावक के चित्त में साक्ष्य बनती है। आस्वाद

1. नये प्रतिमान : पुराने निकष, पृ० 222

एक प्रकार से समग्र सृजन का फल है और हिन्दी के वे आलोचक जो यह कहते हैं कि रसानुभूति की विस्तृत काव्य समीक्षा सम्भव नहीं है, उन्हें इस पक्ष पर पुनः विचार करना चाहिए कि क्योंकि साथ ही मूल्यवता सहित जो परीक्षण है, वह रससिद्धि को प्रामाणिक बनाने के लिए ही है। वह जो कवि का है, उसका भावक के चित्त में अवतरण या तादात्म्य या भोग या सहभोग या सह-सम्भोग सर्जन तथा आस्वादन के परस्पर मिलन एवं भावाद्वैतमय हो उठने के कलाजगत से जुड़ी वास्तविकता है। भावक के चित्त द्वारा इसी प्रतीति एवं आस्वादन को रस का नाम दिया गया है।

एक अन्य स्थल पर श्री वर्मा भावक तथा काव्यानुभूति (आस्वादन पक्ष : रसानुभूति) के सन्दर्भ को स्पष्ट करते हुए पुनः कहते हैं कि–रचनाकार के लिए साहित्य आत्मोपलब्धि है, श्रोता या पाठक के लिए काव्यानुभूति के माध्यम से भावान्तरित अनुभूति है।"[1]

भारतीय रस चिन्तन में भावक का सन्दर्भ भी यही है और जिसे वे आधुनिक सौन्दर्यवादी शब्दावली में स्थापित करते हैं, उसको भारतीय रस विवेचकों ने दो हजार वर्ष पूर्व कह रखा है। भावक के चित्त में सृजन की संवेदना के साक्षात्कार से 'भावान्तरण' क्या है? सौन्दर्यशास्त्र की शब्दावली में सृजन का वह सुन्दरतम तत्त्व, जो भावक की संवेदना से जुड़कर अपनी क्षमता के कारण भावलयता जैसी मनःदशा उत्पन्न कर देता है, वह आनन्द है। आचार्य अभिनवगुप्त ने भावलयता के लिए 'संवाद' शब्द का प्रयोग किया है और रसानुभूति, जिसे सौन्दर्यशास्त्री काव्य की आनन्दमयी अनुभूति की संज्ञा देते हैं–उसी को आचार्यपाद भी कहते हैं–

"हृदयसंवाद आस्वादः आह्लादः (आनन्दो)"।

इसीलिए पश्चिमी सौन्दर्यशास्त्री भारतीय रस चिन्तन की इस उपलब्धि एवं उसकी व्यवस्थित व्याख्या के लिए भूरि-भूरि प्रशंसा करते हैं।

डॉ० निर्मला जैन ने आर० लोनी (इटली) के काव्य मन्तव्य का सन्दर्भ इस प्रकार रखा है–"यही नहीं कि उन प्राचीन आचार्यों के विचार आज भी वैध हैं, बल्कि पाश्चात्य विचारों की तुलना में वे अपेक्षाकृत नवीन भी हैं।"[2] सौन्दर्यशास्त्र, जिसे काव्य की सौन्दर्याभिव्यक्ति के आनन्द का पाठक के चित्त में भोग या भावान्तरण कहता है, रस चिन्तक उसे रसदशा कहते हैं। श्री वर्मा

---

1. वही, पृ० 64
2. रस सिद्धान्त और सौन्दर्यशास्त्र–(मुखबंध), पृ० 10

कविता की इस आनन्दमयी अनुभूति की व्याख्या करते हुए एक स्थल पर लिखते हैं कि–

"कला का अस्तित्त्व जिस गतिशीलता के साथ आत्मसाक्षात्कार के क्षणों में, एक पिघलते, गहरी और आन्दोलित प्रवाह बनकर प्रस्तुत होता है–उसमें परम्परा, इतिहास, संस्कार सबके सब पिघलकर, टूटकर इतने दुर्गम आवेग के अनुगामी हो जाते हैं कि उनको किसी भी स्थिर, जड़ और सम्बन्धहीन बन्धन में नहीं बाँधा जा सकता।"[1]

आस्वादन के भोग के क्षण की इस चित्तदशा का वर्णन आचार्य भट्टनायक, अभिनवगुप्तपादाचार्य, आचार्य विश्वनाथ, आचार्य मम्मट, भोजराज, पण्डितराज जगन्नाथ ने जिन रूपों में प्रस्तुत किया है, उसको दुहराना उचित नहीं होगा। इस सन्दर्भ में मात्र इतना ही इंगित करना काफी होगा कि श्री वर्मा के उक्त कथन के मन्तव्य को हमारे भारतीय आचार्यों ने हजारों वर्षों पूर्व रखकर उसकी कलात्मक, मनोवैज्ञानिक, आस्वादनमूलक तथा अध्यात्मोन्मुखी व्याख्या कर रखी है। कृति के आस्वादनविषयक भारतीय रस सिद्धान्त की व्याख्या तथा विश्लेषण पश्चिम के सौन्दर्यशास्त्री चिन्तक वर्षों से करते चले आ रहे हैं। डॉ० निर्मला जैन ने अपने 'शोधप्रबन्ध'–'रससिद्धान्त और सौन्दर्यशास्त्र' के मुखबन्ध में इसकी एक लम्बी तालिका प्रस्तुत की है। वर्तमान परिवेश में रस चिन्तन की प्रासंगिकता तथा प्रामाणिकता पर किसी भी सौन्दर्य चिन्तक ने सन्देह नहीं प्रकट किया है। रसविषयक इस सम्पूर्ण भारतीय सन्दर्भ का परिशीलन किये बिना, उसकी निरर्थकता या कालातीत होने का प्रश्न उठाना सर्वथा अनुचित है। मेरे कहने का तात्पर्य यह नहीं है कि पश्चिमी सौन्दर्यानुभूति के सिद्धान्त द्वारा काव्यास्वादन की व्याख्या न की जाय, किन्तु भारतीय रस चिन्तन को नकारा और निरर्थक करार करके, बिना उस पर गम्भीरता से विचार किये केवल पश्चिमी सौन्दर्यशास्त्री मानदण्डों के आधार पर काव्यास्वादन की अनुभूति का विश्लेषण बहुत समीचीन नहीं है और पश्चिमी आलोचकों के ये मन्तव्य विस्मृत नहीं किए जाने चाहिए कि भारतीय रस चिन्तन पर जितना गम्भीर एवं व्यवस्थित विवेचन भारत में किया गया है, अभी क पश्चिमी सौन्दर्यशास्त्र तथा सैद्धान्तिक समीक्षा में नहीं हो सका है।

❑

1. नये प्रतिमान : पुराने निकष, पृ० 285

आचार्य रामचन्द्र शुक्ल : रस चिन्तन की वापसी और पुनर्प्रस्थान

काव्यास्वादन की भारतीय व्याख्या को रस के नाम से पुकारा गया है। पश्चिमी सौन्दर्यशास्त्रीय चिन्तकों ने इस काव्यस्वादन तथा उससे सम्बद्ध पाठक की मनः दशा को क्रमशः एस्थेटिक एक्सपीरियंस, ऐस्थेटिक प्लेजर, पोएटिक एसेंस, पोएटिक रेलिश तथा रसानुभूति की अवस्था को व्यक्तित्व की निसंगता, अहम् का विसर्जन, वैयक्तिकता का परिहार, कालान्तराल, जनरलाइजेशन, इम्पैथी, कम्यूनिकेशन जैसे नामों से पुकारा है। भारतीय काव्यास्वादन के पश्चिमी एवं भारतीय विवेचकों–यथा, प्रो० नोली, श्री अ्र० जोग, डॉ० आनन्द कुमार स्वामी, श्री कुप्पू स्वामी, डॉ० पाटणकर, श्री सुरेन्द्र वारलिंगे, डॉ० सुरेन्द्र दास गुप्त, डॉ० मर्ढेकर, डॉ० एस० के० डे, प्रो० निर्वणे, श्री पी० वी० कणे, डॉ० जे० एल० मैसन, डॉ० वी० एम० कुलकर्णी, डॉ० वी० राघवन्, डॉ० नगेन्द्र, प्रो० डॉ० निर्मला जैन, डॉ० राममूर्ति त्रिपाठी आदि–आदि की एक ही धारणा है कि काव्यास्वादन सिद्धान्त पर जितना व्यवस्थित, तर्कसंगत एवं प्रामाणिक विवेचन भारतीयों का रहा है, उतना पश्चिम का नहीं। इस सम्बन्ध में एक दृष्टान्त मात्र पर्याप्त होगा–"Judging Sankrit criticism by the standards of universal application there can be no doubt that is the greatest contritbution that india has made the world literature"[1]

काव्यास्वादन की इस महत्त्वपूर्ण एवं सार्वभौम व्याख्या तथा भारतीय चिन्तन की इस श्रेष्ठतम मनीषा को आज नयी कविता के आलोचक, कवि तथा चिन्तक संदेह की दृष्टि से देखते हैं। हिन्दी की नयी कविता के कई समीक्षकों ने तो रस को मृत जैसा घोषित कर रखा है और वह भी, आचार्य रामचन्द्र शुल्क की रस व्याख्या के बाद। आचार्य शुक्ल की इस व्याख्या के मूल में न जाकर आचार्य नन्ददुलारे वाजपेयी, आचार्य विद्यानिवास मिश्र, डॉ०

---

1. Essays on Indian Aesthetics by V. S. Seturaman, पृ० 153

नगेन्द्र, डॉ० राममूर्ति त्रिपाठी आदि उनके बाद के विवेचकों ने उस चिन्तन को आगे विकसित करने में विशेष योगदान नहीं दिया है। इन आधुनिक आचार्यों ने काव्यास्वादन को केवल परम्परागत मान्यताओं के प्रकाश में ही इसे देखा है। डॉ० नगेन्द्र एवं डॉ० राममूर्ति त्रिपाठी के सम्बन्ध में इतना अवश्य कहा जा सकता है कि उन्होंने अपने ढंग से नयी कविता के समीक्षकों की रसविषयक धारणाओं का उत्तर अवश्य दिया है, किन्तु आचार्य रामचन्द्र शुक्ल के चिन्तन को सामयिक काव्य परिवेश में उन्हें और आगे ले जाना आवश्यक था। यह अभी तक नहीं हो सका है। यदि काव्य है, तो उसके पाठक-श्रोताओं का भी होना आवश्यक है—और उसका पाठक या श्रोता उस काव्य के सम्पर्क में आता है तो आस्वादन भी अनिवार्य है। इस आस्वादन को आज की परिस्थिति में शुक्ल जी ने 'रस दशा' कहा है—इस 'रस दशा' का गम्भीर तथा विस्तृत विवेचन ध्वनि सिद्धान्त के अन्तर्गत भारतीयों ने आठवीं शती में ही किया था—आज शुक्ल जी के साथ मिलकर उसको पुनर्विवेचित करना अपेक्षित है। आचार्य रामचन्द्र शुक्ल का रस चिन्तन एक बार फिर से देखा जाना आवश्यक है।

आचार्य रामचन्द्र शुक्ल के रस चिन्तन की चार दिशाएँ हैं—

(1) लोक की प्रत्यक्ष भावात्मक अनुभूति जो रस नहीं है, स्थिति विशेष में वह रसानुभूति जैसी हो उठती है और उनके अनुसार उसे रसानुभूति मानने में कोई संकोच नहीं होना चाहिए।

(2) रसानूभूति का दूसरा पक्ष स्मृति रूप विधान का है—यह भारतीय चिन्तन का मूलाधार है और उसी रूप में इसे आचार्य शुक्ल जी भी स्वीकार करते हैं।

(3) आचार्य शुक्ल रस को शीलदशा से जोड़कर उसकी अपने ढंग से व्याख्या करते हैं, किन्तु उसके मूल में भारतीय रस चिन्तन ही है।

(4) सामयिक साहित्य एवं लोकानुभूति के प्रकाश में उन अवस्थाओं का विवेचन जहाँ पाठक एवं कृति के बीच पूर्ण तादात्मय नहीं हो पाता, शुक्ल जी उसे व्यक्तिवैचित्र्यवाद के नाम से पुकारते हैं।

आचार्य शुक्ल का रस विवेचन इस प्रकार एक ओर परम्परावादी है तो दूसरी ओर वह उससे मुक्त लोकानुभव तथा आधुनिक मनोविज्ञान और परिवेश के प्रकाश में विश्लेषित किया गया है। यही नहीं, आचार्य शुक्ल के रसबोध के विवेचन को पश्चिम के सामयिक आलोचकों तथा सौन्दर्य-शास्त्रियों के प्रकाश में भी देखने का प्रयास है। आचार्य शुक्ल अपने रससम्बन्धी चिन्तन एवं विश्लेषण को इस प्रकार रखने का प्रयास करते हैं ताकि वह आज भी

साहित्यिक समस्याओं के प्रकाश में काव्य विवेचन का आधार बन सके। संक्षेप में, शुक्ल जी की इन मान्यताओं पर विमर्श अपेक्षित है।

आचार्य शुक्ल रूपविधान को रसाधार मानते हैं और रसाधार के क्रम में रूपविधान से उनका अभिप्राय इस प्रकार है–

"सुन्दर, मधुर, भीषण का क्रूर लगने वाले रूपों या व्यापारों से भिन्न सौन्दर्य–माधुर्य, भीषणता या क्रूरता कोई पदार्थ नहीं, सौन्दर्य की भावना जगना, सुन्दर वस्तुओं या व्यापारों का मन में आना ही है। इस प्रकार मनोवृत्तियों या भावों की सुन्दरता, भीषणता आदि की भावना भी रूप होकर मन में उठती है। किसी को दयाशीलता या क्रूरता की भावना करते समय दया या क्रूरता के किसी विशेष व्यापार या दृश्य का मानसिक चित्र मन में उठता है। तात्पर्य यह कि मानसिक रूपविधान का नाम ही सम्भावना या कल्पना है।"

इस प्रकार रूपविधान का अर्थ है, काव्य या सृजन का वह संदर्भः जो काव्य की मूल संवेदना या कवि के अभिप्राय से जुड़ा हुआ काव्य पाठ जिसे कवि ने अपनी प्रतिभा एवं कल्पना शक्ति द्वारा रचा है, या श्रवण की स्थिति में स्मृति रूप (बिम्बात्मक चेतना के रूप में) में पाठक या श्रोता के भावात्मक तादात्म्य का वह बिम्ब जो कवि द्वारा रचा गया है, विषय बनता है। आचार्य अभिनव गुप्त ने इसे साक्षात्कारात्मक प्रतीति का नाम दिया है। वे इसे स्पष्ट करते हुए कहते हैं कि–

वाक्यार्थ प्रतिपत्तेरन्तन्तरं मानसी साक्षात्कारात्मिकापहसिततत्तद्वाक्योपात्त कालादि विभागा तावत्प्रतीतिरूप जायते। तस्यां च मृगपोतादिभीति तस्य विशेषरूपत्वाभावाद्भीत इति।

सुखदुःखादिकृतभावादि बुध्यन्तरो दयानियमवत्तया विघ्नबहुलेभ्यो विलक्षणं निर्विघ्नप्रतीति ग्राह्यं साक्षादिव हृदये निविशमानं चक्षुक्षोरिव विपरिवर्तमानं भयानको रसो।[2]

"काव्य वाक्यों द्वारा वाक्यार्थ की प्रतीति के बाद देश कालादि के विभाग की उपेक्षा करने वाली मानसीसाक्षात्कारात्मिका वृत्ति (रूपविधान) का उदय होता है और (कालिदास के अभिज्ञान शाकुन्तलम् के ग्रीवाभंगाभिरामनयनं जैसे श्लोक के) भीत हिरण के रूप की विशेष प्रतीति उसे होती है।

यह प्रतीति लौकिक प्रतीति के सुखदुःखात्मक ज्ञान बुद्धि से सर्वथा भिन्न है।

इस साक्षात्कारात्मक बिम्ब प्रतीति के अन्तर्गत कवि के संवेदनाभिप्राय रूप में वर्णित रूप (विषय) निर्विघ्न बोध के द्वारा हृदय में प्रविष्ट होता हुआ–सा, चित्त के नेत्रों के सामने घूमता हुआ–सा भयानक रस उपस्थित हो जाता है।"

आचार्य मम्मट रूप की चित्त प्रतीति को और अधिक रोमांचक भाषा में व्यक्त करते हैं–

पानकरसन्यायेन चर्व्यमाणः पुर इव परिस्फुरन्, हृदयमिव प्रविशन्, सर्वाङ्गीणमिवालिंगनम् अन्यत्सर्वमिव तिरोधत् ब्रह्मस्वादमिवानुभावयन् अलौकिक चमत्कारकारी शृंगारादिको रसः।''[3]

'पानक रस के समान चर्व्यमाण, सामने स्फुरित होता हुआ-सा, हृदय में प्रवेश करता हुआ-सा समस्त अंगों में व्याप्त आलिंगन करता हुआ-सा' आदि-आदि।

आचार्य अभिनवगुप्त तथा काव्यप्रकाशकार मम्मट की साक्षारात्मिका प्रतीति ही आचार्य शुक्ल द्वारा प्रतिपादित रसात्मक बोध का रूपविधान हैं। आचार्य अभिनवगुप्त इस रसात्मक बोध (साक्षारात्मिकता प्रतीति) को काव्य श्रवण या काव्य पाठ के समय श्रोता या पाठक के चित्त में उभरे स्मृति रूप दृश्यविधान के बिम्बात्मक चित्र हैं, जो तन्मयीभूत करके उन्हें रसन् व्यापार से जोड़ देते हैं। आचार्य शुक्ल द्वारा स्थापित स्मृतिरूपविधान ही वास्तविक रूप में साक्षारात्मिका वृत्ति है। अभिनवगुप्तपादाचार्य साक्षात्कारात्मिका रूप विधान की निम्नलिखित शर्तें बताते हैं–

(1) इस रूपविधान की पहली शर्त सहृदय के चित्त की ग्रहणशीलता है। जिसका सम्बन्ध प्रतिभाशील हृदय-सम्पन्न सामाजिक से है।

(2) वाक्यार्थ की विघ्नरहित प्रतिपत्ति (सिद्धि) हो।

(3) चित्त साधारणीकृत दशा अर्थात् बुद्धि व्यापार या ज्ञान संस्कार से मुक्त होकर देशकाल नियमादि एवं शत्रु, मित्र-तटस्थ से जुड़े अहम् भाव से विनिर्मुक्त हो।

(4) रूप की (स्मृति रूप बिम्बात्मक वर्ण्य-विषय) साक्षात्कारात्मक प्रतीति प्रत्यक्ष जैसी हो।

साक्षारात्मक प्रतीति की परिणति आस्वाद में रूपाधारित हो–आचार्य भरत के अनुसार कवि के चित्त में उत्पन्न भाव कृति में रूपविधान बनकर पाठक की प्रतीति का विषय बने–"कवेः अन्तर्गतं भावं भावयन् भावमुच्यते।" यह रूपविधान मूलतः काव्यार्थ सिद्ध कवि का अभिप्राय रूप भाव है।

इस प्रकार, आचार्य रामचन्द्र शुक्ल जिसे रसात्मक बोध के विविध रूप कहते हैं, उससे उनका आशय कवि द्वारा सृजित रूप विधान से है–जिसे शब्दार्थ द्वारा कवि गढ़ता है–शब्दार्थ सृजन द्वारा एक मन्तव्य देकर पाठक के चित्त में उतारता है. कवि के इसी सृजन का पाठक के चित्त द्वारा आस्वादन

ही रस है। आचार्य शुक्ल एवं संस्कृत के परम्परित रस चिन्तन में इस विन्दु पर प्राय: संगति दिखायी पड़ती है। शुक्ल जी, स्मृतरूपविधान के द्वारा इसी सिद्धान्त की चर्चा करते हैं।

शुक्ल जी के रस चिन्तन की मूल समस्या स्मृतिरूपविधान एवं प्रत्यक्ष-रूपविधान के बीच अन्तर न करना है। वे प्रत्यक्षविधान को भी रस का आधार मानते हैं। वे अपना मन्तव्य प्रकट करते हुए कहते हैं कि–"रसानुभूति प्रत्यक्ष या वास्तविक अनुभूति से सर्वथा पृथक् कोई अन्तर्वृत्ति नहीं है, बल्कि उसी का एक उदात्त-अवदात स्वरूप है।"

इस प्रत्यक्ष अनुभूति के साथ-साथ आचार्य शुक्ल व्यक्ति के व्यक्तिगत प्रत्यक्ष स्मृतिविधान को भी रस की श्रेणी में रखते हैं। वे कहते हैं कि–

"ये (प्रत्यक्ष स्मृति विधान के) रूप और व्यापार हमारे जिस रागात्मक भाव के आलम्बन होते हैं, उनसे हमारे व्यक्तिगत योगक्षेम से कोई सम्बन्ध नहीं, अत: उनकी रसात्मकता स्पष्ट है।"[1]

आचार्य शुक्ल लोक जीवन के प्रत्यक्ष 'प्रत्यभिज्ञान' को भी रस की सरणि में रखते हैं। इसे स्पष्ट करते हुए वे कहते हैं कि–"स्मृति के समान प्रत्यभिज्ञान में भी रस संचार की गहरी शक्ति होती है। बाल्य या कौमार्य जीवन के किसी साथी के बहुत दिनों पीछे सामने आने पर कितने पुराने दृश्य उमड़ पड़ते हैं। और हमारी वृत्ति उनके माधुर्य में किस प्रकार मग्न हो जाती है।"[2]

इस प्रत्यक्ष रसात्मक बोध की चर्चा करते हुए वे अपने चिन्तन को पराकाष्ठा पर पहुँचाने की चेष्टा करते हैं और इस चेष्टा में भोगी जाती हुई प्रकृति के साक्षात्कार का सन्दर्भ उनकी दृष्टि में सर्वथा आगे है। जीवन में प्रकृति को देखकर मानव जाति की अभिभूतता भी उनके अनुसार रस है–

"अब प्रकृति के नाना रूपों पर आइये। अनेक प्रकार के प्राकृतिक दृश्यों को सामने प्रत्यक्ष देखकर जिस मधुर भावना का अनुभव करते हैं, क्या उसे रसात्मक न मानना चाहिए।

अपनी बात आगे बढ़ाते हुए वे कहते हैं कि–

"यह रस दशा नहीं तो और क्या।"[3]

आचार्य शुक्ल के इन समस्त उद्धरणओं तथा मन्तव्यों से स्पष्ट है कि वे

---

1. चिन्तामणि : रसात्मक बोध के विविध रूप, पृ० 173
2. वही, पृ० 178
3. वही

जीवन में घटित होने वाली यथार्थ घटनाओं से सम्बद्ध मानवीय अभिभूतता को रस दशा के रूप में स्वीकार करने के पक्षपाती हैं।

आचार्य शुक्ल जी इस प्रकार रसात्मक बोध के विविध रूपों अर्थात् कविसृजित, कल्पनामण्डित, शब्दार्थ रचना द्वारा संरचित से भिन्न लोक-जीवन के यथार्थपरक सुख-दुःखात्मक प्रपंचों से संयुक्त भावनाबोध को रस की श्रेणी में रखते हैं। वे इस प्रत्यक्ष रूपविधान से जुड़ी मानवीय संवेदनाओं की पूर्ण व्याप्ति तक अपने रस-चिन्तन को ले जाते हैं। समग्र इन्द्रियबोध और उससे सम्बद्ध यथार्थपरक भावानुभूति उनके अनुसार रस सीमा के अन्तर्गत आती है। वे इसे स्पष्ट करते हुए कहते हैं–

"प्रत्यक्ष से हमारा अभिप्राय केवल चाक्षुष ज्ञान से नहीं है। रूप शब्द के भीतर शब्द, गन्ध, रस और स्पर्श भी समझ लेना चाहिए।"[1]

आचार्य रामचन्द्र शुक्ल का यह दृष्टिकोण सर्वथा विचारणीय है। भारतीय रस सिद्धान्त की परम्परा में आचार्य भट्ट लोल्लट, दण्डिन् एवं आचार्य रामचन्द्र गुणचन्द्र आदि कुछ थोड़े-से आचार्य हैं, जो रस को लोकानुभूति से जोड़ते हैं। आचार्य शुक्ल अपने रस चिन्तन की मूल भूमिका में प्रत्यक्ष लोकानुभूति के यथार्थ को रसानुभूति मानते हैं। यह उनके रस चिन्तन का प्रथम आयाम है।

आचार्य शुक्ल के अनुसार रसानुभूति का दूसरा आयाम है, विभाव के शीलपक्ष के साधारणीकरण का, हिन्दी साहित्य में इस पक्ष पर पर्याप्त विवाद रहा है और डॉ० आनन्दप्रकाश दीक्षित तथा डॉ० नगेन्द्र क्रमशः इसकी सहमति एवं असहमति के प्रकाश में अपना पक्ष रखते हैं। यहाँ प्रश्न, यह है कि आचार्य शुक्ल साधारणीकरण सिद्धान्त को क्यों दो घटकों में बाँटना चाहते हैं, जबकि आचार्य भट्टनायक एवं अभिनव गुप्त इसके लिए एक ही सरणि रखते हैं। आचार्य शुक्ल रसानुभूति से जुड़े साधारणीकरण को दो पक्षों में विभक्त करते हैं–

(1) अपनी पृथक् सत्ता का कुछ क्षणों के लिए विसर्जन कर आश्रय की भावात्मक सत्ता में मिल जाना।

(2) रसानुभूति के काल में भी अपनी पृथक् सत्ता को कुछ क्षणों के लिए सम्हाले रहना किन्तु तत्पश्चात् पात्रों की शीलदशा के साथ तन्मयीभूतता की वृत्ति स्थापित कर लेना। आचार्य शुक्ल का विचार है कि रसानुभूति के प्रथम पक्ष को संस्कृत-साहित्य में साधारणीकरण सिद्धान्त के रूप में पर्याप्त बल

1. चिन्तामणि : रसात्मक बोध के विविध रूप, पृ० 173

देकर स्थापित किया गया है, किन्तु दूसरे पक्ष के विषय में पर्याप्त चर्चा नहीं मिलती। पात्र या आश्रय के शील के साथ तादात्म्य सन्दर्भ प्रबन्धकाव्य, उपन्यास एवं कथा साहित्य या नाटकों से जुड़ी समस्या है और इस ओर निरन्तर संकेत मिलता है–किन्तु आचार्य शुक्ल के द्वारा उठाये गये विस्तृत तथा सामयिक साहित्य चिन्तन के सन्दर्भ को उनके बाद के रस चिन्तकों द्वारा इसे नहीं उठाया जा सका है।

आचार्य शुक्ल सामयिक तथा पश्चिम में लिखे जा रहे काव्य, नाट्य एवं कथा–साहित्य की आस्वादन समस्या का सन्दर्भ अपने रस चिन्तन से जोड़ना चाहते थे। वे अपने प्रसिद्ध निबन्ध 'साधारणीकरण और व्यक्ति वैचित्र्यवाद' के अन्तर्गत व्यक्ति वैचित्र्यवाद की तीन श्रेणियाँ रखते हैं–

(1) आश्चर्यपूर्ण प्रसादन

(2) आश्चर्यपूर्ण अवसादन

(3) कुतूहल मात्र

1. आश्चर्यपूर्ण प्रसाधन–आश्चर्यपूर्ण प्रसादन से उनका तात्पर्य शील के उत्कर्ष एवं नैतिक सात्त्विक भावों के समक्ष या उनके शीर्ष विकास पर मानवीय चित्त के समर्पण भाव से है। वे उसका उदाहरण देते हुए कहते हैं कि राम की पादुका आदि के प्रकरण नैतिक उदात्त मूल्यों के सम्पर्क में आकर पाठक या श्रोता के चित्त में आश्चर्य मिश्रित श्रद्धा या भक्ति के भाव का संचार करते हैं।

2. आश्चर्यपूर्ण अवसादन–पात्रों के सम्पर्क में आकर जहाँ मानवीय चित्त क्लेश तथा पीड़ा का अनुभव करता है। भरी सभा में गुरुओं, परिवार के वृद्धों तथा पतियों के समक्ष द्रौपदी का चीर हरण इसी अवसादन का प्रतीक है, जहाँ कुकृत्य से पाठक के चित्त का कोई तादात्म्य नहीं होता किन्तु कुकृत्य करने वालों के प्रति क्षोभ एवं दूसरी ओर पीड़ित किए जाने वालों के प्रति आत्मीयता भरी कथा का भाव उत्पन्न होता है।

3. कुतूहल मात्र–कृतियों में ऐसे अनेक सन्दर्ब आते हैं जहाँ कोई आश्वादन नहीं होता, वरन् एक सामान्य चमत्कार उत्पन्न होकर ओझल हो जाता है। कल्पना की झूठी उड़ान और वाग्जाल को वे इसी श्रेणी में रखते हैं।

आचार्य शुक्ल इस प्रकार रसानुभूति को दो सन्दर्भों द्वारा समझाते हैं– प्रथम है, परम्परित व्यवस्था एवं ऐतिहासिक सिद्धान्तों द्वारा और द्वितीय है, रस चक्र–जहाँ शील की प्रतीति तथा तादात्म्य के बाद रसात्मक अनुभूति

उत्पन्न होती है। शीलदशा को आधार बनाकर वे अपने रस चिन्तन को विकसित करते हैं। आधुनिक समीक्षा में जिस प्रश्न को चरित्र या पात्र विधानों के अन्तर्गत उठाया गया है, आचार्य शुक्ल यहाँ उसका रसात्मक समाधान प्रस्तुत करते हैं। आज 'रस सिद्धान्त' काव्य तक ही सीमित नहीं है, उपन्यास, कहानी एवं नाटक से भी इसका प्रत्यक्ष सम्बन्ध है और शुक्ल जी आश्चर्यपूर्ण प्रसादन, अवसादन एवं कुतूहल की समस्या द्वारा आस्वादन प्रक्रिया को जोड़कर सामयिक चिन्तन को आगे बढ़ाने का प्रयास करते हैं।

आचार्य शुक्ल के रस विश्लेषण की एक और भी प्रकृति इंगित की जा सकती है वह है, पश्चिम की साहित्य सर्जना तथा उसके प्रभाव पक्ष को भारतीय रस सन्दर्भ से जोड़ना। वह एक स्थल पर इसकी ओर इंगित करते हुए कहते हैं कि–

"कल्पना को रूप योजना के लिए प्रेरित करने वाले और कल्पना में आयी हुई वस्तुओं में श्रोता या पाठक की आनेवाली रति, करुणा, क्रोध, उत्साह, आश्चर्य इत्यादि भाव या मनोविकार होते हैं। इसी से भारतीय दृष्टि ने भावपक्ष को प्रधानता दी है और रस सिद्धान्त की प्रतिष्ठा की। पर पश्चिम में कल्पना की पुकार के सामने धीरे-धीरे समीक्षकों का ध्यान भाव-पक्ष से हट गया और बोध-पक्ष पर भिड़ गया।"[1]

आचार्य शुक्ल रसवादी समीक्षक होते हुए भी मूल्यवादी सन्दर्भों को मान्यता देते हैं। पश्चिम के आई० ए० रिचर्ड्स का स्मरण इस सन्दर्भ में उन्होंने अपने समीक्षा ग्रंथों में कई बार किया है। आचार्य शुक्ल जब पात्रों के शील का तादात्म्य स्वीकार करके रस की व्याख्या करते हैं तो उनके मन में मूल्य की अवधारणाओं का रसात्मक आधार निर्मित करने का भाव वर्तमान है। भारतीय सृजन दृष्टि, जिसके संस्कार में नैतिक मूल्यों का परम्परित तथा व्यापक बीजांकुर सामर्थ्य वर्तमान है, वह मूल्यवादी कविता का श्रेष्ठ मानक है। राम, भीष्म, युधिष्ठिर आदि रस मानक के प्रतीक या शील हैं और कविता में (विशेषकर भारतीय प्रबन्ध काव्यों में जो मूल्य सापेक्ष्य हैं) इस प्रकार, मूल्यनिष्ठा कविता का सर्वोपरि तत्त्व बनकर प्रतिष्ठित है। इसीलिए आचार्य शुक्ल इस शील तथा मूल्य के पारस्परिक रसात्मक बोध या साधारणीकरण के विवेचन का मानक परिवर्तित करते हैं। रस मीमांसा की टिप्पणी में वे इसे स्पष्ट करते हुए कहते हैं कि–

---

1. चिन्तामणि, भाग-1, रसात्मक बोध के विविध रूप, पृ० 167

"The two possible interpretations of—

(1) The Identitity of object, (2) generalisation of the object."[1]

प्रथम वस्तुप्रतीति का और द्वितीय भावप्रतीति का साधारणीकरण है। वस्तु-प्रतीति के अन्तर्गत विविध भावों के शील हैं, जो पाठक और श्रोता में प्रेम, करुणा, स्नेह, दया आदि के महत्तम प्रतीक पुरुषों के बोध के साथ तादात्म्यीकृत होते हैं। आचार्य शुक्ल भाव-तादात्म्य के सिद्धान्त को इससे इसलिए भिन्न कर देते हैं ताकि प्रबन्ध काव्यों तथा पश्चिम के चारित्रिक व्यवस्थाओं से समृद्ध सृजन कहानी, उपन्यास, नाटक की व्याख्या इसके प्रकाश में कर सके और इनके प्रभाव में आकर किये गये भारतीय साहित्य को भी रसात्मक भावभूमि पर विश्लेषित कर सकें। आचार्य शुक्ल द्वारा निरूपित वैचित्र्यप्रधान एवं कुतूहलधर्मी साहित्य भूमियों का विश्लेषण भी रसभूमि पर आधारित है। इस प्रकार, आचार्य शुक्ल मूल्यवादी आलोचक होते हुए भी भारतीय रस चिन्तन को प्राथमिकतापूर्वक स्वीकृति देते हैं।[2]

रस विवेचन के सन्दर्भ में एक बात और भी ध्यान देने योग्य है। संस्कृत और हिन्दी का रस चिन्तन साहित्य उद्धरणों की भरमार से आक्रान्त है—और आक्रान्त होने का परिणाम यह हुआ कि जीवन का यह व्यावहारिक भावाचरण केवल साहित्य चर्चा का विषय मात्र बना रहा। संस्कृत तथा हिन्दी के रीतिकालीन रस साहित्य का अध्ययन करने पर यह ज्ञात होता है कि जैसे लोक-जीवन से इसका कोई सम्बन्ध नहीं है, आचार्य शुक्ल परम्परा के इस मिथक को तोड़कर रस को मानव जाति की व्यावहारिक भावभूमि पर खड़ा करते हैं। रस के सन्दर्भ में शील निरूपण, मानव जगत् का मनोविज्ञान तथा लोक-जीवन के व्यवहार का पदेन-पदेन उद्धरण उनके रस विवेचन का आधार है। उनकी रसमीमांसा का एक महत्त्वपूर्ण पक्ष मानवीय भाव व्यवस्था तथा सम्बद्ध मनोविज्ञान का विवेचन भी है। चिन्तामणि भाग एक में वे भाव तथा मनोविकार के साहित्यिक सन्दर्भों की ही व्याख्या करते हैं। आचार्य शुक्ल के रस चिन्तन की सबसे बड़ी उपलब्धि है—रस सिद्धान्त को लोकभाव की यथार्थपरक भावभूमि पर खड़ा करना क्योंकि सृजन का मूलाधार मानव है, उसके आचरण तथा सम्बद्ध भाव जगत् है जो लोक में दर्शनीय है, आचरणीय है, व्यवहार एवं भाव का विषय है, वही सब कुछ तो साहित्य में

---

1. देखिए, रसमीमांसा का परिशिष्ट

2. साधारणीकरण और वैचित्र्यवाद, चिन्तामणि, पृ० 163

भी अभिव्यक्ति प्राप्त करता है। आचार्य शुक्ल मानवीय व्यवहार से शील तक के विकास की यात्रा का खाका इस प्रकार तैयार करते हैं–

लोक का आचरण तथा मनोभाव

|

शुद्ध तथा यौगिक भाव

|

भाव चक्र

|

रामादि पात्रों में भाव चक्र की बार-बार आवृत्ति

|

रामादि की शील दशा का निर्माण

|

राम के आलम्बन धर्म के रूप में शील का साधारणीकरण एवं काव्यास्वादन

आचार्य शुक्ल का 'वस्तु की प्रतीति' का प्रथम साधारणीकरण सिद्धान्त इसी शील के तादात्म्य से सम्बद्ध है। यद्यपि यह सन्दर्भ भारतीय रस विवेचन की परम्परा में मिलता है, किन्तु शुक्ल जी का जैसा स्पष्ट निरूपण नहीं है। इसी सन्दर्भ में दी गयी आचार्य मम्मट की टिप्पणी देखी जा सकती है। वे कहते हैं कि–

"लोकोत्तरवर्णनानिपुण कविकर्म तत् कान्तेव सरसतापदनेनाभिमुखी कृत्य रामादिवद्वर्तितव्यं रावणादिवदित्युपदेशं च यथायोगं कवेः सहृदस्य च करोति"

"लोकोत्तर वर्णना में निपुण कवि की कृति प्रिया के समान सरसता उत्पन्न करके अपने विषय की ओर सहृदय पाठक को पूर्णतः अभिमुखी (तन्मयीभूत) करके राम के समान आचरण करना चाहिए–रावण की भाँति नहीं, इस संस्कार को जाग्रत करके उसे विवशीभूत कर देती है।"[1]

आचार्य मम्मट भी उस तथ्य की ओर इंगित करते हैं, जिसकी व्याख्या आचार्य शुक्ल ने अपने मौलिक चिन्तन द्वारा स्थापित किया है। आचार्य मम्मट के चिन्तन में न उतनी व्याप्ति है, न स्पष्टता और न सम्पूर्ण प्रबन्धकाव्यों की व्यवस्था का व्यापक आधार–जिसे शुल्क जी अपने मौलिक सिद्धान्त द्वारा प्रतिष्ठित करते हैं। आचार्य रामचन्द्र शुक्ल का रस चिन्तन वर्तमान सामाजिक परिवेश, मानव जाति के भाव जगत् की मनोवैज्ञानिक पृष्ठभूमि, लोकाचरण,

---

1. रस मीमांसा–परिशिष्ट–पृ० 483

भारतीयता का परम्परित संस्कार, पश्चिमी साहित्य की नयी दिशाएँ और सामयिक साहित्य की प्रासंगिता, इन सबको एक साथ जोड़े चलता है।

आचार्य शुक्ल के मत की समीक्षा

जैसा कि इस लेख का प्रथम वाक्य है—रस काव्यास्वादन का भारतीय दृष्टिकोण तथा सिद्धान्त है, अतः इसे भारतीय आस्वादन सिद्धान्त के प्रकाश में शुक्ल जी के रस चिन्तन की प्रासंगिकता पर सर्वप्रथम विचार किया जाना अपेक्षित है।

आचार्य शुक्ल रसात्मक-बोध के विविध रूपों पर विचार करते हुए सर्वप्रथम प्रत्यक्ष रूपविधान की चर्चा करते हैं। भारतीय काव्य चिन्तन में रस-बोध प्रकरण में स्मृति रूपविधान की चर्चा है—और प्रत्यक्ष रूपविधान उसकी सम्पुष्टि के लिए एक साक्ष्य है। आचार्य शुक्ल यद्यपि इस साक्ष्य को भी मानते हैं, किन्तु गौणभाव से। प्रमुखतः वह प्रत्यक्ष रूपविधान को भी रसात्मक-बोध के रूप में स्वीकृति दैते हैं। वे कहते हैं कि—

"हमारा कहना है कि जिस प्रकार काव्य में वर्णित आलम्बनों की कल्पना में उपस्थित होने पर साधारणीकरण होता है, उसी प्रकार हमारे भाव के आलम्बनों के प्रत्यक्ष सामने आने पर भी उन आलम्बनों के सम्बन्ध में लोक के साथ या कम-से-कम सहृदयों के साथ हमारा तादात्म्य रहता है।.... साधारणीकरण के प्रभाव से काव्य-श्रवण के समय व्यक्तित्व का जैसा परिहार हो जाता है, वैसा ही, प्रत्यक्ष या वास्तविक अनुभूति के समय में भी होता है।"[1]

आचार्य रामचन्द्र शुक्ल के इस अभिमत को संस्कृत के एकाध दो आचार्य यथा आचार्य दण्डिन्, रामचन्द्र गुणचन्द्र, आचार्य भट्ट लोल्लट आदि के समीप रखा जा सकता है, अन्यथा यह अपने में सर्वथा स्वतंत्र है। आचार्य शुक्ल का यह निर्दिष्ट कथन किसी भी रूप में स्वीकार्य नहीं हो सकता कि—

"रसानुभूति प्रत्यक्ष या वास्तविक अनुभूति से पृथक् कोई अन्तर्वृत्ति नहीं है।"[2]

आचार्य शुक्ल अपने इस अभिमत की पुष्टि के सन्दर्भ में पश्चिम के प्रसिद्ध आलोचक आई० ए० रिचर्ड्स के 'प्रैक्टिकल क्रिटिज़्म' नामक ग्रंथ का एक उद्धरण भी देते हैं—

---

1. काव्य प्रकाश : प्रथम उल्लास-द्वितीय श्लोक की वृत्ति
2. रस-मीमांसा, पृ० 269-270

"There is no gap between our everyday emotional life and the matter of poetry. The verbal expression of this life at its finest is forced to use technique of poetry."

इस उद्धरण में आई० ए० रिचर्ड्स महोदय जीवन के व्यवहार तथा अनुभूति संवेगों की विवशता को कविता के रूप में ढलने की बात बताते हैं। यही स्थिति भारतीय रस चिन्तन में भी कही गयी है–लोक में जो कुछ घटित हो रहा है, वही सृजन का आधार है, किन्तु वह सृजन नहीं है। अभिनव भारती के अन्तर्गत आचार्य अभिनवगुप्तपादाचार्य कहते हैं कि–

''रसना च बोधरूपैव किन्तु बोधान्तरेभ्यो लौकिकेभ्यो विलक्षणैव उपायानां विभावादीनां लौकिकवैलक्ष्यणात्''

''काव्यगत रसनाबोध रूप होने पर भी विभावों की लौकिक विलक्षणता के कारण वह अलौकिक रूप की प्रतीति होती है।''[1]

लोक जीवन में रस तथा रसानुभूति अभिधामूलक शब्द है। विभाव, अनुभाव एवं संचारी भी लोक व्यवहार में अभिधेय अर्थ की सूचना देते हैं, किन्तु काव्य आस्वादन (रसना), विभावानुभाव संचारी, ये सभी लाक्षणिक शब्द हैं। इसलिए जीवन के व्यावहारिक प्रयोगों की भाँति इनका अर्थ करना तर्कसंगत नहीं है। लोकरचना एवं काव्यरचना दो भिन्न प्रतिपत्तियाँ हैं–एक का सर्जक विधाता है तो दूसरे का कवि विधाता। आचार्य मम्मट काव्य प्रकाश के प्रथम श्लोक में ही इस कवि विधाता की प्रेरक सरस्वती की वन्दना करते हुए कहते हैं कि–

''नियतिकृत नियमरहितां ह्लदैकमयीमनन्य परतंत्रताम्।
नवरसरुचिरां निर्मितिमादधती भारती कवेर्जयति॥

आचार्य मम्मट के अनुसार–

(1) विधाता की सृष्टि प्रकृति नियमों से नियंत्रित है, किन्तु कवि कृति नियति-नियमों से रहित है।

(2) विधाता की कृति सुख-दु:ख रूप होने के कारण मोहात्मक है, किन्तु कवि कृत काव्य-जगत् मोहात्मक नहीं है।

(3) विधाता की सृष्टि समवादी, असमवादी तथा निमित्त कारणों के अधीन है–किन्तु कवि-सृष्टि सर्वथा इससे विलक्षण है।

(4) विधाता की सृष्टि में मधुर, कटु, आम्ल, कषाय, तिक्त एवं लवण छ: ही रस होते हैं, किन्तु कवि-सृष्टि में नवरस हैं।

---

1. रस-मीमांसा, पृ० 267-270, 272

पश्चिम के सौन्दर्यशास्त्रियों ने भी इस विषय पर विस्तारपूर्वक चर्चा की है और काव्यानुभूति के क्षेत्र को लोकानुभूति के क्षेत्र से भिन्न माना है। यह सत्य है कि काव्य जगत् लोक की पुनर्प्रस्तुति या लोकानुकीर्तन ही है। आचार्य शुक्ल तथा डॉ० नगेन्द्र आदि ने इस जगत् के भावात्मक स्वरूप के साक्ष्य में ही भावों के मनोविज्ञान का विवेचन किया है, किन्तु यह तथ्य दूसरी ओर नितान्त स्पष्ट है कि रस का सृजित ससार एवं उसकी भावात्मक निष्पत्तियाँ कलात्मक सृजन से सम्बद्ध है और उनके विवेचन के लिए लोक स्वयं में एक साक्ष्य मात्र है–अन्तिम आधार नहीं। काव्य का लोक यथार्थ होते हुए भी यथार्थ नहीं है, वह यथार्थ की प्रतीति का परामर्श है, जैसे आपका मुख एक प्रत्यक्ष यथार्थ है–और वही दर्पण में बिम्बित भी हो रहा है–किन्तु प्रतिबिम्ब मुख का परामर्श (पलटवार अभिव्यक्ति) दर्पण का बिम्ब है–आपका मुख नहीं। यहाँ गोस्वामी तुलसीदास जी ने ठीक ही कहा है–

जिमि मुख मुकुर मुकुर निज पानी।
गहि न जाइ तस अद्भुत बानी॥

काव्य का अद्भुत शब्दार्थ दर्पण-बिम्ब की भाँति लोक का यथार्थ होते हुए भी यथार्थ की पकड़ के बाहर हैं। प्रत्यक्ष अनुभूति आत्मविश्रान्ति देती है–किन्तु इस आत्मविश्रान्ति का स्वरूप, प्रकृति, प्रतिफल काव्यविश्रान्ति से सर्वथा भिन्न है। प्रकृति के मनोरम दृश्यों से उत्पन्न आनन्दमयी अभिभूतता यदि रस है तो लोक की भोगात्मक वासनाओं की तृप्ति को हम महारस कहेंगे। जैसा कि, कहा जा चुका है, लोकानुभूति एवं काव्यानुभूति दोनों की अभिव्यक्तियों के अनुभव की शब्दावली के अभाव में एक का प्रयोग हम अभिधेयार्थ में करते हैं, तो दूसरे का लक्ष्यार्थ में। दोनों के अर्थ भिन्न-भिन्न हैं। अतः आचार्य शुक्ल का यह कथन स्वीकार्य नहीं है कि–

"रसानुभूति प्रत्यक्ष या वास्तविक अनुभूति से सर्वथा पृथक् कोई अन्तर्वृत्ति नहीं है।"

आचार्य शुक्ल स्वयं इस प्रश्न पर गम्भीरतापूर्वक विचार स्वयं नहीं कर पाये। लोक यथार्थ की अनुभूति को रसात्मक स्वीकार कर लेने पर उनकी 'कविता' की परिभाषा खण्डित हो उठेगी–क्योंकि हृदय की मुक्तावस्था जो रस दशा के रूप में है–उसी की मुक्ति की साधना के लिए किया गया मनुष्य द्वारा 'वाणीविधान' ही काव्य है। यहाँ सम्पूर्ण पद का केन्द्रीय तत्त्व वाणीविधान है–लोक यथार्थ नहीं। इस वाणीविधान से मनुष्य जिस भावयोग की सिद्धि तक पहुँचता है, वही शुक्ल जी के अनुसार रस माना जाना चाहिए, यथार्थ की अनुभूति के आनन्द को नहीं।

आचार्य शुक्ल के रस चिन्तन का दूसरा महत्वपूर्ण पक्ष है, 'व्यक्ति वैचित्र्यवाद'। डॉ० जगदीश गुप्त ने उनके इसी व्यक्ति वैचित्र्यवाद पर अपनी 'सह-अनुभूति' का सिद्धान्त खड़ा किया है। सभ्यता के विकास के फलस्वरूप मानवीय चरित्र और क्रियाकलाप एवं सांस्कारिक परिवर्तन भावात्मक इयत्ता से सम्बद्ध है। उन्होंने इसे स्वीकार करते हुए यह बताया है कि–

"हमारे यहाँ आचार्यों ने स्पष्ट सूचित कर दिया है कि वासना रूप में स्थित भाव ही रस रूप में जगा करते हैं। यह वासना या संस्कार वंशानुक्रम से चली आती हुई दीर्घ भाव परम्परा का मनुष्य जाति की अन्तर्प्रकृति में निहित संचय है।"[1]

आचार्य शुक्ल 'रस चिन्तन' के मूल में जाकर एक ओर संस्कार की चर्चा करते हैं तो दूसरी ओर सभ्यता के विकास के साथ-साथ उन संस्कारों पर घिरनेवाले आच्छादनों को भी इंगित करते हैं। अपने प्रसिद्ध लेख 'कविता क्या है' शीर्षक के अन्तर्गत 'सभ्यता के आचरण और कविता' के उपशीर्षक के अन्तर्गत वे कहते हैं कि–

"सभ्यता की वृद्धि के साथ-साथ ज्यों-ज्यों मनुष्यों के व्यापार बहुरूपी और जटिल होते गये त्यों-त्यों उनके मूल रूप बहुत कुछ आच्छन्न होते गये.........इस प्रकार बहुत से ऐसे व्यापारों से मनुष्य घिरता गया–जिनके साथ उसके भावों का सीधा लगाव नहीं।"[2]

आचार्य शुक्ल सभ्यता के इस विकास के साथ कविता की जटिलता का प्रश्न उठाते हैं, कारण कि–सभ्यता के विकास से मानव जाति का भावनात्मक स्वरूप की छिन्नता निरन्तर बढ़ती जाती है। वे कहते हैं कि–"ज्यों-ज्यों सभ्यता बढ़ती जायेगी, त्यों-त्यों कवियों के लिए यह काम बढ़ता जायेगा। मनुष्य के पदों को हटाना पड़ेगा। इससे स्पष्ट यह है कि ज्यों-ज्यों हमारी वृत्तियों पर सभ्यता के नये आवरण चढ़ते जायेंगे त्यों-त्यों एक ओर तो कविता की आवश्यकता बढ़ती जायेगी दूसरी ओर कवि कार्य कठिन होता जायेगा।"[3]

आचार्य शुक्ल सभ्यता के इस विकास के साथ कविता की रसात्मक बोधवृत्ति की समस्या को रखते हुए उस पर अपना अभिमत प्रस्तुत करते हैं।

---

1. रस सिद्धान्त और सौन्दर्यशास्त्र, डॉ० निर्मला जैन, पृ० 113
2. रस मीमांसा, पृ० 275
3. चिन्तामणि : भग : 1, पृ० 98

उनका यह अभिमत कोई जरूरी नहीं कि नये कवियों को स्वीकार हो– आचार्य शुक्ल का यह अभिमत अपनी जगह स्थित है–

"आज विचारणीय यह है कि क्या कविता को भी सभ्यता का एक अंग होकर आज कुछ और, कल कुछ और होते हुए चलना चाहिए अथवा सभ्यता के बाहरी और भीतरी दोनों स्वरूपों को वाह्य आचरण के रूप में रखकर एकरसधारा के रूप में चलना चाहिए। हमारा कहना है कि दूसरा मार्ग ही सच्ची कविता का हो सकता है। सभ्यता के साथ वह चलेगी पर उसी का एक विधान होकर नहीं. वह अपनी मूल सत्ता स्वतंत्र रखेगी। किसी काव्य की सभ्यता की नकल करना, केवल नवीनता दिखाने के लिए पुरानी से भिन्न लगनेवाली बातें खड़ी करना–रेल, तार, हवाई जहाज, क्लब, सिनेमा का उल्लेख कर देना ही आधुनिक कविता नहीं है।"[1]

आचार्य शुक्ल वैसे स्वीकार करते हैं कि सभ्यता के विकास एवं सुरुचि-परिवर्तन का प्रभाव रसवृत्ति पर पड़ता है। आचार्य शुक्ल पश्चिम की नयी कविता में कल्पना के वाग्जाल को मात्र 'कौतूहल' मानते हैं और विविध चारित्रिक वृत्तियों के भावात्मक वैषम्य में तीव्रता होते हुए भी उस रस की निचली अवस्था अर्थात् आश्चर्यपूर्ण अवसादन कहते हैं। उनके अनुसार नृशंस की क्रूरता के चित्रण में क्रूरता का आस्वादन घृणा या क्लेश के रूप में व्यक्त होकर पीड़ित व्यक्ति के प्रति चित्त की सहानुभूति से जुड़ता है। सभ्यता के विकास से जुड़ा रसात्मक बोध का सिद्धान्त शुक्ल जी के अनुसार साधारणीकरण से कौतूहल तक चलता है। आज कल्पना और वादों की इमारतें शुक्ल जी के अनुसार केवल कौतूहलभाव को जाग्रत करके मौन हो जाती हैं, फलतः उनमें रसाभिव्यक्ति की स्थिति नितान्त उथली है। कविता का, उनके अनुसार, मुख्य दायित्व है, मानवजाति को अभेदभावभूमि पर खड़ा करना। कविता साधारणीकरण तथा रस के द्वारा मानव जाति को समानता तथा समता के मंच पर स्थित करती है–और व्यक्तिवादी नयी कविता इसे तोड़कर वादों के घोंसले बनाती है, जो थोड़े अन्तराल में ही टूटकर गिर जाते हैं।

आचार्य रामचन्द्र शुक्ल के चिन्तन का यह पक्ष विचारणीय है। कविता को भावात्मक, संवेदना एवं अनुभूति प्रक्रिया से विच्छिन्न करके अस्तित्व देना उसकी हत्या करना है–जो सम्भव नहीं है। नयी कविता के आन्दोलन एवं

---

1. चिन्तामणि : भग : 1, पृ० 99

उसकी व्यवस्था काल में आचार्य शुक्ल का रसचिन्तन आज पुनः प्रासंगिक होकर सामने आता है। कला की पहचान आस्वादनधर्मिता से होती है और यह आस्वादनधर्मिता सर्जक की सृजन चेतना है जो कृति में आदि से अन्त तक, वर्ण से पूरी रचना तक कलात्मक चैतन्य में सँवरे अभिप्राय के रूप में व्याप्त है। यही पाठक तथा श्रोता का आस्वाद्य है। कवि की निजता, कृति के वैशिष्ट्य एवं पाठक की मानस भूमि तक फैली कविता की आस्वादनभूमि (रस चेतना) पर शुक्ल जी का यह अभिमत आज भी प्रासंगिक है और यही चिन्तन ही आस्वादन के आगामी अध्ययन के लिए प्रस्थान बिन्दु का भी कार्य करेगा। आज रस चिन्तकों को आचार्य शुक्ल का यह पक्ष विकसित करना चाहिए था किन्तु वें परम्परा की पुनर्व्यवस्था में बराबर ही उलझे दिखाई पड़ते हैं।

❑

परिशिष्ट

भारतीय रस चिन्तन का इतिहास

रस–नाट्यशास्त्र के साक्ष्य के अनुसार 'रस एवं भाव' सन्दर्भों का प्रयोग नितान्त प्राचीन है। भरत ने एक स्थल पर कहा है–

जग्राह पाठ्यमृग्वेदात् सामभ्यो गीतमेव च।
यजुर्वेदानभिनयान् रसानर्थवर्णादपि।

इस साक्ष्य के अनुसार रस सामग्री अथर्वण अर्थात् अथर्ववेद से ली गई है। इस सम्बन्ध में अधिकांश विद्वानों की धारणा है कि नाट्यशास्त्र के दैवत् स्वरूप को प्रतिष्ठित करने की दृष्टि से भरत ने रस का सम्बन्ध अथर्ववेद से जोड़ा है। वैसे अथर्ववेद में एक स्थल पर हास्य भाव रसादि के प्रकरणों का उल्लेख अवश्य है–

नृत्ताय सूतं, गीताय शैलूषं, नर्मायरेमं (आमोद के लिए हिंजड़े) हासाय-कारिम्, (विदूषक) आसदभ्यो कुब्जः प्रमुदः वामनम्.....

आचार्य भरत ने रस की संख्या का निरूपण करते हुए 'महात्मा द्रुहिण' का उल्लेख किया है–

शृङ्गारहास्यकरुणारौद्रवीरभयानकाः।
वीभत्सादभुतसंज्ञौ चेत्यष्टौ नाट्ये रसाः स्मृताः।
एते ह्यष्टौ रसाः प्रोक्ता द्रुहिणेन महात्मना।

भरत के साक्ष्य से आचार्य द्रुहिण का नाम इस परम्परा में सबसे प्राचीन है। द्रुहिण का अर्थ है, ब्रह्मा। राजशेखर ने काव्यमीमांसा में बताया है कि काव्य विद्या को शिव ने ब्रह्मा को दिया तथा ब्रह्मा ने उसे अट्ठारह अधिकरणों में विभक्त करके भिन्न-भिन्न ऋषियों को सौंपा और उन ऋषियों ने इसका प्रचार किया। रूपक तथा रस का उल्लेख करते हुए बताया है–**रूपक निरूपणीयं भरतः, रसाधिकारिक नन्दिकेश्वरः।** रस सम्बन्धी अधिकरण का सम्बन्ध नन्दिकेश्वर से है। अधिकांशतया विद्वान राजशेखर की इस सूची के नामों को काल्पनिक मानते हैं–किन्तु भरत एवं नन्दिकेश्वर ये दोनों नाम पूर्णतया काल्पनिक नहीं हैं। नन्दिकेश्वर का नामोल्लेख भारतीय वाङ्मय में

बाद में हुआ है। पौराणिक परम्परा के अनुसार ये शिव के प्रमुख गण नन्दि हैं किन्तु सम्भव है, इस नाम से कोई ऋषि या अन्य आचार्य भी रहे हों। नाट्यशास्त्र के एक संस्करण में उसकी समाप्ति के बाद यह वाक्य मिलता है–''नन्दि भरत संगीतपुस्तकम्''। कामसूत्र के वैशिक प्रकरण के सन्दर्भ में नन्दिकेश्वर सुवर्णनाम एवं कुचुमार ऋषियों के नामोल्लेख मिलते हैं। नाट्यशास्त्र के उल्लेख के अनुसार ब्रह्मा के अनुरोध पर सर्वप्रथम शिव ने 'नन्दि' को ही नाट्यविधान का आदेश दिया था और तभी से नाटक की निर्विघ्न समाप्ति तथा पूर्ण फल प्राप्ति के लिए नान्दीपाठ को नाटकों में स्थान दिया जाने लगा। आचार्य नन्दि ने तण्डु आदि का इस नाट्य विधान में सहयोग लिया था। तण्डु ने आचार्य भरत को नाट्य के आयोजन का दायित्व सौंपा। नन्दी पाठ की परम्परा आचार्य नन्दिकेश्वर से ही मानी जाती है। नान्दी पाठ के बाद ही नाटकों में सूत्र आता है–नान्द्यन्ते ततः प्रविशति सूत्रधारः॥'' 'संगीतरत्नाकर' में भी 'नन्दिकेश्वर' का नाम उसके प्रारम्भिक आचार्यों में लिया जाता है। काव्यादर्श की श्रुतिपालिनी टीका में कश्यप, ब्रह्मदत्त तथा नन्दि स्वामी को दण्डी के पूर्वाचार्यों की सूची में रखा गया है। ऐसा प्रतीत होता है कि आचार्य भरत के पूर्व रस सिद्धान्त की मान्यता पूर्णतया प्रतिष्ठित थी और नन्दिकेश्वर एवं द्रुहिण का सम्बन्ध किसी-न-किसी रूप में इस सिद्धान्त से जुड़ा रहा होगा।

नाट्यशास्त्र के साक्ष्यों से ज्ञात होता है कि आचार्य भरत के पूर्व रस सिद्धांत पर व्यापक चर्चा हो चुकी थी। आचार्य भरत रस सिद्धान्त से सम्बन्धित आर्याओं एवं श्लोकों के विषय में बहुत स्पष्टतापूर्वक बताते हैं कि वे उनकी लिखी हुई नहीं हैं, अपितु वे उनके संकलनकर्ता हैं। नाट्यशास्त्र के छठें अध्याय के अनेक अंश इस प्रकार द्रष्टव्य हैं–

सूत्रानुबद्धे आर्ये भवतः

x x x

भवन्ति चात्र श्लोकाः

x x x

ऋषयः उचुः

यही नहीं, इस सम्बन्ध में वे आनुवंश्य श्लोकों की भी चर्चा करते हैं, जिसका अर्थ परम्परागत श्लोकों से ही है। नाट्यशास्त्र की रस सामग्री सूत्र, श्लोक, आर्या रूपों में प्राप्त सामग्री से अपनी प्रकृति के अनुसार इतनी भिन्न हैं कि उन्हें एक ग्रंथ के अंश के रूप में कह सकना सम्भव नहीं है, साक्ष्यों के

अभाव में शायद यह न सिद्ध किया जा सके कि आचार्य भरत पूर्व 'रस सिद्धांत' का स्वरूप क्या था किन्तु इतना स्पष्ट रूप से कहा जा सकता है कि इस सिद्धान्त पर सूत्र शैली में लिखा गया 'रस सूत्र' सम्बन्धित कोई ग्रन्थ अवश्य था, साथ ही, इसका प्रभाव उस युग विशेष में प्रचलित तथा अन्य कलाओं पर था।

यह नहीं, पौराणिक दृष्टि से रसोत्पत्ति के विषय में दो मत हैं–आचार्य भरत के अनुसार शिव ने इसे अथर्ववेद से संकलित करके तण्डु एवं भरत को प्रदान किया। शारदातनय कृत भाव प्रकाशन में बताया गया है कि वासुकि इसके आदि आचार्य हैं और उन्होंने इसे नारद को दिया था तथा नारद ने आचार्य भरत को–

उत्पत्तिस्तु रसानां या पुरा वासुकिनोदिता।
नारदस्योच्यते सैषा प्रकारान्तर कल्पिता॥

आचार्य पाणिनि ने अष्टाध्यायी में रस के सम्बन्ध में इस प्रकार का उल्लेख किया है–

रसादिभ्यश्च

रसभोक्ता के सम्बन्ध में 'इक' प्रत्यय का लगना और महर्षि पतंजलि द्वारा इसका भाष्य कि "रसिको नटः" नितान्त स्पष्ट रूप से 'रसभोक्ता नट' की ओर संकेत करता है? इस व्याख्या के द्वारा आचार्य भट्ट लोल्लट का प्रारम्भिक सिद्धान्त कि रस का वास्तविक भोक्ता नट ही है कि ओर संकेत किया गया है। महर्षि पाणिनि तथा पतंजलि का समय 'नाट्यशास्त्र' से पूर्व है? ई० पू० पाँचवीं शती यदि पाणिनि का समय है तो काव्य में वर्णित 'रस' का अस्तित्व इस कालखंड में पूर्णतः वर्तमान था।

इधर विद्वानों की दृष्टि रस के इतिहास के अन्वेषण के सन्दर्भ में वात्सयायन कृत कामसूत्र पर गई है। कामसूत्र का अस्तित्व आचार्य भरत के पूर्व रहा है और स्वय्रं आचार्य भरत ने अपने को उससे प्रभावित होने का अनेक स्थानों पर निर्देश किया है–

उपचार विधिः सम्यक् कामसूत्र समुत्थितम्।

x x x

एतेषां चैव वक्ष्यामि कामतन्त्रमनेकधा॥

नायिका-नायक भेद का आचार्य भरत कृत प्रारूप अनेक रूपों में कामशास्त्र से प्रभावित है।

डॉ० नगेन्द्र ने धीरेन्द्र वर्मा विशेषांक तथा अपनी महत्वपूर्ण कृति 'रस सिद्धान्त' में बताया है कि–

''भारतीय सौन्दर्यशास्त्र के दो प्रमुख हैं हैं : रस और अलंकार। इनमें से अलंकार का मूलाधार है, व्याकरण और रस का मूलाधार है, कामसूत्र। उन्होंने रस के सम्बन्ध में 'अथर्वण' वेद की मान्यता की पुष्टि भी की है, साथ ही, यह भी बताया है कि रस का एक कामशास्त्रीय अर्थ भी है–

रसोरतिः प्रीतिर्भावो रागोवेगः समाप्तिरिति रति पर्यायः

यही नहीं, जयमंगल टीका को केन्द्र में रखकर उन्होंने कामसूत्र के 'तदिष्टभावलीलानुर्वतनम्' की व्याख्या[1] के बाद यह सिद्ध किया है कि रस के सम्बन्ध की सामग्रियाँ भी कामशास्त्र में उल्लिखित हैं। जयमंगल की टीका आठवीं शती की है और तब तक रस की सामग्रियों पर विधिवत् विचार हो चुका था फिर भी कामसूत्र में 'रस सिद्धान्त' विशेषकर शृङ्गार की सामग्रियाँ पर्याप्त रूप में बिखरी पड़ी हैं।

आचार्य भरत ने वृत्ति का सम्बन्ध रस से जोड़ा है और इस सन्दर्भ में वे पुनः वेदों तक इस क्रम को ले जाते हैं–

ऋग्वेद	यजुर्वेद	सामवेद	अथर्ववेद
।	।	।	।
भारती वृत्ति	सात्त्वती वृत्ति	कैशिकी वृत्ति	आरभटी वृत्ति
।	।	।	।
करुण वीररस	शान्तरस	शृङ्गार रस	रौद्र, भयानक, वीर, अद्भुत वीभत्स रस

यह सत्य है कि 'नाट्यशास्त्र' में शान्त रस की अवधारणा बहुत बाद की है, फिर भी, यहाँ तथ्य दिखाई पड़ता है कि रस-सिद्धान्त को वैदिक परम्परा से जोड़ा जा सकता है।

अनेक विद्वान आचार्य भरत के 'औषधि' एवं 'व्यंजन' रसों से सम्बन्धित साक्ष्यों के आधार पर 'रसनास्वाद' की उपलक्षणता एवं 'व्यंजन' रसों से सम्बन्धित साक्ष्यों के आधार पर 'रसनास्वाद' की उपलक्षणता या औषधि रस (रसायन) क्रम से इसकी उत्पत्ति को जोड़ने का प्रयास करते हैं। आचार्य भरत का वाक्य इस प्रकार है–

---

1. नायकस्य शृङ्गारादिषु य इष्टो रसो भावः स्थायि सञ्चारिसात्त्विकेषु लीलाचेष्टितानि तेषामनुवर्तनम् इति।

व्यंजनौषधि संयोगे यथान्नं स्वादुतानयेत्।
एवं भावारसाश्चैव भावयन्ति परस्परम्॥

रसना रस (व्यंजन रस) का साक्ष्य आचार्य रुद्रट कृत काव्यालंकार में मिलता है–

"रसनाद्रसत्वमेषां मधुरादीनां इवोक्तमचार्यैः"

अर्थात्, मधुर तिक्त काषायादि रसना स्वाद की भाँति रस के आस्वाद को आचार्यों ने बताया है, किन्तु इसका अर्थ यह नहीं कि 'रसनास्वाद' से रसास्वाद सिद्धान्त का जन्म हुआ। 'पानक रस' या 'प्रपाणक न्याय' से जिस रस के आस्वाद को समझाया गया है, उसका अर्थ यह नहीं है कि औषधि या पारद रस (रसायन) शोधन व्यापार से रस-व्यापार की निष्पत्ति हुई है। इस सम्बन्ध में अन्य कोई साक्ष्य भी चरकादि ग्रन्थों में नहीं मिलता। इन विद्वानों का कहना है कि 'विभाव' एवं अनुभाव' ये दोनों शब्द औषधि विज्ञान से आए हैं।

रस सिद्धान्त के विवेचन में संस्कृत काव्यशास्त्र के परवर्ती कालखण्ड में साम्प्रदायिक दृष्टि अवश्य दिखाई पड़ती है, विशेष रूप से, कविराज विश्वनाथ, पण्डितराज जगन्नाथ आदि रस का विवेचन तथा महत्त्वनिरूपण जिस आग्रह से करते हैं, उसमें उनकी इस सिद्धान्त के प्रति मोहाविष्ट दृष्टि अवश्य है, किन्तु रस सिद्धान्त का प्रारम्भिक इतिहास विशिष्ट सम्प्रदाय के रूप में उभरता नहीं दिखाई पड़ता। आचार्य भरत नाट्यशास्त्र के अन्तर्गत, रीतिकार-वामन रीति-विवेचन के अन्तर्गत, आचार्य रुद्रट अलङ्कार, ध्वनिकार ध्वनि विवेचन तथा वक्रोक्तिकार वक्रोक्ति विवेचन के अन्तर्गत इसके महत्त्व और आवश्यकता को अपरिहार्य रूप से स्वीकार करते हैं। आचार्य दण्डी रसवत् अलङ्कार के अन्तर्गत इसकी समग्रता की ओर संकेत करते हैं। संक्षेप में, रस सिद्धान्त सम्बन्धी ऐतिहासिक सामग्री का विवेचन अधोलिखित क्रम में रखकर विचार कर सकते हैं–

1. विभिन्न सम्प्रदायों के अन्तर्गत सामान्य रूप से चर्चित रस सामग्री
2. रस सिद्धान्त के स्वतन्त्र विवेचक ग्रंथ

1. जैसा कि कहा जा चुका है, संस्कृत काव्यशास्त्र के सभी संप्रदाय रस-सिद्धान्त की वास्तविक सत्ता को प्रकारान्तर से स्वीकार करते हैं।

अलङ्कारवादी आचार्यों में भामह, उद्भट, रुद्रट आदि विशेष रूप से प्रख्यात् हैं। इन्होंने किसी-न-किसी रूप में 'रस-सिद्धान्त' की ओर संकेत किया है। आचार्य भामह ने महाकाव्यलक्षण का निर्देश करते हुए रस को अपरिहार्य तत्त्व की ओर संकेत किया है–

युक्तं लोकस्वभावेन रसैश्च सकलैः पृथक्।

उन्होंने आचार्य दण्डी आदि की परम्परा में स्वीकृत रसवत्, प्रेयस्, उर्जस्वित का वर्णन किया है। उद्भट ने काव्यालंकारसारसंग्रह ग्रंथ के अन्तर्गत रसवत् आदि भावमूलक अलङ्कारों का अत्यधिक विस्तारपूर्वक वर्णन किया है। उन्होंने प्रेयस्वत्, रसवत्, ऊर्जस्वित् तथा समाहित का वर्णन करते हुए रसवत् के अन्तर्गत स्वीकृत नव रसों की चर्चा की है–

शृङ्गारहास्यकरुणरौद्रवीरभयानकाः।
वीभत्साद्भुतशान्ताश्च नव नाट्ये रसास्मृताः॥

अलङ्कारवादी आचार्य रुद्रट रस-मान्यताओं के प्रति उदार थे। उन्होंने रस को रसवत् आदि अलङ्कारों की कक्षा से मुक्त करते हुए उनके स्वतन्त्र अस्तित्व तथा महत्त्व को निष्पक्ष भाव से घोषित किया है–

ननु काव्येन क्रियते सरसानामवर्गमश्चतुर्वर्गे।
लघु मृदु च नीरसेभ्यस्ते हि यस्यन्ति शास्त्रेभ्यः॥
तस्मात् तत्कर्तव्यं यत्रेन महयीसा रसैर्युक्तम्॥

गुणवादी आचार्य दण्डी की मान्यताएँ रस सिद्धान्त की समीपवर्तिनी स्थित हैं। उन्होंने रसवत् अलङ्कार का वर्णन करते हुए काव्य के आठ रसों की चर्चा की है। उन्होंने बताया है–

प्रेयः प्रियतराख्यानं रसवत् रसपेशलम्।
ऊर्जस्विरूढाहङ्कारं युक्तोत्कर्ष च तत्त्रयम्॥

इसके बाद क्रमशः शृङ्गार के संयोग, रौद्र, युद्धवीर, करुण (करुणात्मक विप्रलम्भ) तथा अन्त में अलङ्कारों की ओर संकेत करते हैं–

इति कारुण्यमुद्रिक्तमलङ्कारतया स्मृतम्।
तथा परेऽपि वीभत्सहास्यादभुत भयानकाः॥

अन्त में, निष्कर्ष निकालते हुए बताते हैं–

वाक्यस्याग्राम्यतायोनिर्माधुर्ये दर्शितो रसः।
इह त्वष्टरसायत्ता रसवत्ता स्मृता गिराम्॥

गुण विकास के लिए 'रस-संयोग' दण्डी के अनुसार अपरिहार्य है। रीतिवादी आचार्य वामन ने रस सत्ता को प्रकारान्तर से स्वीकार किया है। वैदर्भी रीति, पाक तथा कान्ति के सम्बन्ध में रस-सिद्धान्त का उनमें आवेश देखा जा सकता है। कान्ति अर्थगुण की व्याख्या करते हुए वे कहते हैं–

रीप्ति रसत्वं कान्तिः

दीप्ता रसा शृङ्गारदयो यस्य स दीप्त रसः। तस्य भावो दीप्ति रसत्वं कान्तिः। ध्वनिवादी आचार्य आनन्दवर्धन ध्वनि के रूप में रस को ही प्रच्छन्नतः स्थापित करते हैं। इन्होंने रस सिद्धांत एवं उसके महत्त्व को निर्भ्रान्त शब्दों में प्रतिष्ठित करते हुए अविवक्षित वाच्यध्वनि के अंतर्गत असंलक्ष्यक्रम व्यंग्य के दो रूपों में रस की व्याख्या की। वह यहाँ अनेक रूप-क्रम में व्यक्त होता है—यथा रस, भाव आदि और द्वितीय वे संदर्भ जहाँ वह अभिव्यक्ति पाता है—पद में लेकर प्रबन्ध तक। यही नहीं, प्रथम बार आनन्दवर्धन ने यह भी सिद्ध किया कि गुण, रीति तथा अलङ्कार ये सभी मिलकर रस को दीप्त भी करते हैं। वे वाचक रूप में व्यंग्यरस को प्रकाशित करने में अपने अस्तित्व का भी समर्पण करते हैं। ध्वनि सिद्धांत के विवेचक आचार्य अभिनवगुप्त ने तो यहाँ तक बताया कि काव्य की आत्मा ध्वनि है तो ध्वनि की आत्मा रस है। आचार्य मम्मट ने रसास्वादन से उद्भूत आनंद का आस्वाद ही काव्य का अंतिम प्रयोजन स्वीकार किया है।

सकलप्रयोजन मौलिकभूतं समन्तरमेव रसास्वादनसमुद्भूतं विगलित-वेद्यान्तरमानन्दम्।

वक्रोक्तिवादी आचार्य कुन्तक भी रस सिद्धांत एवं उसके प्रभाव का स्पष्ट रूप से समर्थन करते हैं। वक्रोक्तिजीवित के अंतर्गत एक स्थल पर वे काव्यरस के आनंद वो धर्मार्थकाममोक्ष के आनंद से अधिक लोकोत्तर मानते हैं—

चतुर्वर्गफलास्वादमप्यतिक्रम्य तद्विदाम्।
काव्यामृतरसेनान्तश्चमत्कारो वितन्यते॥

आचार्य कुन्तक काव्यमार्ग का विवेचन करते हुए बार-बार रस की ओर संकेत करते हैं। डॉ० नगेन्द्र का मत है कि ध्वनिवादियों ने जो महत्त्व रस को दिया है, वैसा ही महत्त्व उसे आचार्य कुन्तक ने भी दिया है।

कुन्तक से अनुसार काव्य वक्रोक्ति अर्थात् कला है। इस कला की रचना के लिए कवि शब्द अर्थ की अनेक विभूतियों का उपयोग करता है—अर्थ की विभूतियों में सबसे अधिक मूल्यवान है, रस। अतएव रस वक्रोक्तिरूपिणी काव्यकला का परमतत्त्व है।''[1] डॉ० वी० राघवन ने शृङ्गार प्रकाश में रुद्रट कृत 'रस कलिका' नामक ग्रंथ का उल्लेख भी किया है था, जो अब प्रकाशित है।

---

1. रससिद्धांत, डॉ० नगेन्द्र, पृष्ठ 51

नाट्य शास्त्र तथा रस सिद्धान्त–नाट्य के अंतर्गत रस तत्त्व को अनिवार्यता के रूप में ग्रहण किया गया है। आचार्य भरत ने नाट्यशास्त्र के छठें तथा सातवें अध्याय में रस विषयक समग्र सामग्रियों का संकलन करते हुए उसके महत्त्व का निरूपण इन शब्दों में किया–

सत्त्व प्रयोजितो ह्यर्थो प्रयोगोऽत्र विराजते,
येत्वेते सात्विका भावा नानाभिनयं संश्रिताः
रसेष्वेतेषु सर्वे ते ज्ञेया नाट्य प्रयोक्तृभिः।
नाना भावार्थ सम्पन्नाः स्थायी सत्त्वाभिचारिणः।
पुष्पावकीर्णा कर्तव्याः काव्येषु हि रसा बुधैः॥

आचार्य अभिनवगुप्त ने अपने गुरु भट्टतौत के मत का उल्लेख करते हुए नाट्य एवं रस की अभिन्नता का प्रबल शब्दों में समर्थन किया है–

नाट्य समुदायरूपाद्रसाः। यदि वा नाट्यमेव रसाः, रस समुदायो हि नाट्यम् नाट्य एवं च रसा, काव्येऽपि नाट्यमानः एव रसः।

नाट्य परम्परा की दूसरी कृति धनञ्जय कृत दशरूपक है। इन्होंने सांकेतिक ढंग से रूपकों की रचना के संदर्भ में रसविधान की चर्चा की है। वे एक स्थल पर कहते हैं–

'न रसादीनां काव्येन सह व्यंग्य व्यंजक भावः कि तर्हि भाव्यभावक सम्बन्धः।'

इसी प्रकार नाट्य पम्परा के अन्तर्गत रामचन्द्र गुणचन्द्र कृत (12वीं) शती नाट्यदर्पण भी उल्लेखनीय है। इन्होंने तृतीय विवेक के अंतर्गत नाट्य में प्रयुक्त होने वाले रस का विस्तारपूर्वक विवेचन किया है। प्रथम विवेक की प्रस्तावना में लक्षणकार ने रसयुक्त तथा 'रस कल्लोल संकुल' नाटक की प्रशंसा की है–

अलङ्कार मृदुः पन्थाः कथादीनां सुसंचरः।
दुःसंचरस्तु नाट्यस्य रस कल्लोसंकुलः।
स विस्तरस्य काव्येन मर्त्या अपि सुधांधसः
रसोर्मिघूर्णिता नाट्ये यस्य नृत्यति भारती।

शारदातनय कृत 'भाव प्रकाशन' (13वीं शती) में रस के सम्बन्ध में अत्यधिक आत्मीयतापूर्वक विचार किया गया है।

रस सिद्धांत के शास्त्रीय ग्रंथ–भरत के रस सूत्र के व्याख्याकारों को या तो नाट्यशास्त्रीय ग्रंतों या रसशास्त्रीय ग्रंथों के रचनाकारों की सरणि में रखा

जाता है। भट्ट लोल्लट एवं शंकुक के ग्रंथों के विषय में कहीं कोई स्पष्ट उल्लेख नहीं मिलता है, केवल भट्टनायक कृत 'हृदय दर्पण' या 'सहृदयदर्पण' का उल्लेख प्राप्त है। ऐसा अनुमान किया जाता है कि ध्वनि सिद्धांत के शैवाल में उलझे हुए रस-सिद्धांत को बाहर निकालकर उसे अपने स्वतंत्र रूप में प्रतिष्ठित करने का कार्य इस ग्रंथ के माध्यम से भट्टनायक ने किया था। इस संदर्भ में भट्टलोल्लट तथा शंकुक के विषय में भी अनुमान है कि उन्होंने अपने किसी रसशास्त्रीय ग्रंथ के अंतर्गत ही मुनि-सूत्र की व्याख्या की थी। आचार्य लोल्लट का समय पी० वी० कणे ने 900 शती स्वीकार किया है। आचार्य शंकुक का समय भट्टनायक एवं भट्ट लोल्लट के बीच का है। मुनिसूत्र के तीसरे व्याख्याता आचार्य भट्टनायक का समय 10वीं शती माना जाता है। उनकी कृति सम्भवतया 'सहृदय दर्पण' थी। आचार्य भट्टनायक के आसपास ही अभिनवगुप्त के गुरु भट्टतौत ने 'काव्य कौतुक' नामक ग्रंथ की रचना की थी। अभिनवगुप्त ने अत्यन्त स्पष्ट रूप से टिप्पणी की है कि उनके गुरु ने इस काव्य कौतुक के अंतर्गत रस का विवेचन कई श्लोकों में किया है–

'यत्तूपाध्यायैः काव्यकौतुके रसोद्देशपरे श्लोके निरूपितं'

x x x

काव्यार्थविषये हि प्रत्यक्षकल्पसंवेदनोदयो रसोदयः इत्युपाध्यायः।

आचार्य अभिनवगुप्त द्वारा स्वीकृत 'शान्त रस' की अखण्डता तथा सर्वाङ्गिभूतता का निर्वचन सर्वप्रथम आचार्य भट्टतौत ने ही किया था।

सामान्यतया ज्ञात रूप में भोजराज कृत शृङ्गार प्रकाश (11वीं शती) रस विषयक प्रथम ग्रंथ है जिसमें काव्य के शेष तत्त्वों के विवेचन के साथ-साथ रस को भी स्थान मिला है। भोज द्वारा शृङ्गार रस को सम्पूर्ण रसों का अंगिन् स्वीकार करना तथा नाट्य के सापेक्ष्य में नायक-नायिका भेदादि को उससे सम्बद्ध करना, उनकी अपनी उपलब्धि है। यद्यपि भोज की मान्यताएँ अग्नि पुराण के मत के समीप हैं, फिर भी, भोज के विवेचन को मौलिक माना जाता है। कविराज विश्वनाथ कृत साहित्य दर्पण (17वीं शती) रस विवेचन की दृष्टि से महत्त्वपूर्ण है। इनकी काव्यविषयक परिभाषा तथा रस विवेचन से सम्बन्धित अंशों को देखकर यह ज्ञात होता है कि इनकी रस सिद्धांत में पूर्ण आस्था थी तथा उसे ये काव्य का मूल तत्त्व स्वीकार करते थे। इन्होंने किसी नारायण नामक आचार्य के मत का उल्लेख कियाहै, जिसके अनुसार चमत्कार अङ्गिन्-रस है।

इस परम्परा में भानुदत्त कृत रसतरंगिणी तथा रस मंजरी (15वीं शती) का उल्लेख किया जाता है। इन ग्रंथों के अन्तर्गत इन्होंने रस से सम्बन्धित रस-

रत्नदीपिका (अल्लराज) एवं शृङ्गार तिलक का भी उल्लेख किया है। शिङ्भूपाल कृत रसार्णव भी स्वतन्त्र रूप से रस विवेचन की इसी परम्परा से सम्बद्ध है।

उन्होंने इस ग्रन्थ की उद्‌भावना की ओर संकेत करते हुए बताया है कि शुष्क विषयों के विवेचन करने वाले शास्त्ररूपी वन से थकी हुई सरस्वती को शीतलता देने वाली यह रसयुक्त 'रसतरंगिणी' है–

भारत्या शास्त्रकान्तार श्रान्तयाः शैत्यकारिणी।
क्रियते भानुना भूरिरसा रसतरंगिणी॥

अल्लराज कृत 'रसरत्नदीपिका' भानुदत्त की ही परम्परा का रस विषयक ग्रंथ है और भानुदत्त के द्वारा उल्लिखित होने पर यह रसतरंगिणी के पूर्व का सिद्ध होता है। इसी प्रकार भानुदत्त के रस विषयक परवर्ती ग्रंथों में शिङ्भूपाल कृत रसार्यव का उल्लेख किया जा सकता है। इन संपूर्ण ग्रंथों की विशेषता यह दिखाई पड़ती है कि सभी-के-सभी रस को ब्रह्म विषयक अखण्डानुभूति से जोड़ते हैं।

सर्वाङ्गनिरूपक आचार्यों में पण्डितराज जगन्नाथ ने विस्तारपूर्वक 'रसगंगाधर' के अन्तर्गत रस का विवेचन किया है। उनका रस विवेचन अनेक अर्थों में मौलिक प्रतीत होता है। विशेष रूप से रसनिष्पत्ति एवं साधारणीकरण के सम्बन्ध में किया गया उनका विचार परम्परा से भिन्न प्रकार का है।

संस्कृत वाङ्मय के अन्तिम दिनों में वैष्णव भक्ति के व्यापक प्रचार, प्रसार तथा भिन्नता के कारण सम्बद्ध काव्यों की परम्परागत रस सिद्धान्त से व्याख्या सम्भव नहीं थी। सामान्यतया काव्यरस के विषय लोक एवं लोकात्मक चेतना के अन्तर्गत मानवीय वासनाओं से जुड़े भाव-समूह हैं किन्तु भक्ति काव्य में लोकात्मक भाव को साधन के रूप में स्वीकार किया है। संस्कृत साहित्य में लोकात्मक भाव रस के लिए साधन और साध्य दोनों हैं, किन्तु भक्ति काव्य में लोकात्मक भाव आध्यात्मिक आनन्दानुभूति तक पहुँचने के लिए साधन या माध्यम का कार्य करता है। 'लीला' इन दोनों के बीच में आकर लोक भाव को आध्यात्मिक रस की प्रतीति कराने में माध्यम का कार्य करती है, इसलिए भक्त आचार्यों ने परम्परा से चले आते हुए रस सिद्धान्त से भिन्न हटकर भक्तिरस की कल्पना की।

भक्तिरस की परम्परा का सर्वाधिक प्राचीन ग्रन्थ श्रीधर कृत 'रसचन्द्रिका' है, जिसकी ओर रूपगोस्वामी ने श्रहरिभक्तिरसामृतसिन्धु के अन्तर्गत संकेत किया है। अन्य तालिकाओं में सम्प्रति इसकी कोई सूचना नहीं मिलती।

रूपगोस्वामी कृत 'श्रीहरिभक्तरसामृतसिन्धु' एवं 'उज्ज्वलनीलमणि' ये दोनों ग्रन्थ भक्तिरस की सामग्री को प्रथम बार व्यवस्थित ढंग से प्रस्तुत करते हैं। कवि कर्णपूर गोस्वामी ने भी अलंकार कौस्तुभ के अंतर्गत विशेष विस्तारपूर्वक भक्तिरस पर प्रकाश डालने की चेष्टा की है। मधुसूदन सरस्वती ने भिन्न रूप से भक्तिरस के स्वरूप और उसकी आवश्यकता का प्रतिपादन 'भक्तिरसायन' शीर्षक ग्रंथ में किया है। उसकी 17वीं शती से लेकर 18वीं शती तक विकसित वैष्णव भक्ति से सम्बन्धित प्रायः सभी सम्प्रदायों ने इस्ततः चर्चा की है। इनका दृष्टिकोण शास्त्रीय परम्परा के विवेचन से मूलतः भिन्न रहा है।

हिन्दी साहित्य के अध्ययन से स्पष्ट ज्ञात होता है कि भक्तिकाव्य की लोकात्मक चेतना के ठीक समानान्तर शास्त्रीय चेतना का विकास क्रम एक सुनियोजित प्रवाह के रूप में गतिशील है।

हिन्दी भक्तिकाल में भी शास्त्रीय चेतना से प्रेरित रस सिद्धांत विषयक निम्नलिखित ग्रंथ लिखे गये–

1. कृपाराम–हिततरंगिणी
2. सूरदास–साहित्यलहरी (नायिका भेद)
3. नन्ददास–रसमंजरी
4. केशवदास–रसिक प्रिया
5. कविराज सुन्दर–सुन्दर शृङ्गार (शाहजहाँ के दरबारी कवि)

रस सिद्धान्त पर ग्रंथ प्रणयन का प्रवाहमान क्रम 17वीं शती से आज तक देखा जा सकता है। हिन्दी के शास्त्रनिष्ठा में विश्वास रखने वाले आचार्यों ने शृङ्गार रस एवं नायक-नायिका भेद को विशेष आस्था के साथ ग्रहण किया है। 20वीं शती तक निरन्तर प्रवाहित शास्त्रीय चेतना के अंतर्गत रस-विषयक निम्नलिखित ग्रंथ लिखे गये–

रीतिकाल के रस विषयक ग्रन्थ

1. चिन्तामणि–कविकुल कल्पतरु, शृङ्गार मंजरी
2. तोष–सुधानिधि
3. मतिराम–रसराज, ललित ललाम
4. कुलपति–रस रहस्य
5. देव–शब्द रसायन, रसविलास, भावविलास
6. कुमारमणि–रसिक रसाल
7. रसलीन–रस प्रबोध

8. भिखारीदास—रस सारांश, शृङ्गार निर्णय
9. रमनेस—रसिक विलास
10. पद्माकर—पद्माकर पंचामृत
11. रसिक गोविन्द—रसिक गोविन्दानन्द धन
12. कृष्णाभट्ट देव ऋषि—शृङ्गार रस माधुरी
13. याकूब खाँ—रसभूषण
14. सोमनाथ—शृङ्गार विलास
15. उदयनाथ कवीन्द्र—रस चन्द्रोदय
16. शोभाकवि—नवल रस चन्द्रोदय
17. रामसिंह—रस निवास
18. ग्वाल—रसरंग

हिन्दी साहित्य इतिहास ग्रन्थों में उल्लिखित कवि तथा आचार्य

19. मोहनलाल—शृङ्गार सागर—सं० 1616
20. बलभद्र मिश्र—रसविलास—सं० 1640
21. ब्रजपति भट्ट—रसभावभाधुरी—सं० 1680
22. सुन्दर कवि—सुन्दर शृङ्गार—सं० 1688
23. शम्भुनाथ सोलंकी—नायिका भेद—सं० 1707
24. तुलसीदास—रस कल्लोल—सं० 1711
25. मण्डन—रसरत्नावली—सं० 1720
26. गोपालराम—रस सागर—सं० 1726
27. सुखदेव मिश्र—रसरत्नाकर, रसार्णव, शृङ्गार लता—सं० 1730
28. श्रीनिवास—रस सागर—सं० 1754
29. बलबीर—दम्पत्ति विलास—सं० 1759
30. लोकनाथ चौबे—रस तरंग—सं० 1760
31. खड्गराम—नायिका भेद—सं० 1765
32. बेनी प्रसाद—रस शृङ्गार समुद्र—सं० 1765
33. श्रीपति—रस सागर—सं० 1770
34. आज़म—शृङ्गार रस दर्पण—सं० 1768
35. कुन्दन—नायिका भेद—सं० 1792
36. गुरुदत्त सिंह 'भूपति' = रसरत्नाकर, रसदीप—18वीं शती का अन्त

37. उदयनाथ कवीन्द्र–रस चंद्रोदय–सं० 1804
38. शम्भुनाथ–रसतरंगिणी, रसकल्लो–सं० 1806
39. चन्द्रदास–शृङ्गार सागर–सं० 1811
40. शिवनाथ–रसवृष्टि–सं० 1828
41. दौलतराम उजियारे–रसचंद्रिका, शृङ्गार चरित
42. बेनी बंदीजन–रस विलास–सं० 1994
43. यशवन्त सिंह–शृङ्गार शिरोमणि–सं० 1856
44. यशोदानन्दन–बरवै नैयिका भेद–सं० 1872
45. करन कवि–रस कल्लोल–सं० 1890
46. कृष्ण कवि–गोविन्द विलास–सं० 1890
47. नवीन–रंगतरंग–सं० 1899
48. जगदीशलाल–ब्रजविनोद नायिका भेद–19वीं शती का अन्त
49. गिरिधरदास–रसरत्नाकर–19वीं शती का अन्त
50. नारायण भट्ट–नाट्य दीपिका–19वीं शती का अन्त
51. चन्द्रशेखर–रसिक विनोद–सं० 1903
52. वंशमणि–रसचन्द्रिका–अज्ञात
53. सेवक कवि–अज्ञात
54. नंदराम–शृङ्गार दर्पण अज्ञात[1]

19वीं तथा 20वीं शती में प्राचीन भारतीय काव्यशास्त्र की रसविषयक समस्याओं पर अनेक दृष्टि से विचार किया गया है। इधर हिन्दी साहित्य के अंतर्गत शोधपरक दृष्टिकोण के विकास के साथ-साथ रस सिद्धान्त पर गम्भीरतापूर्वक चिंतन किया गया। इसके परिणामस्वरूप रस से सम्बन्धित महत्त्वपूर्ण निम्नलिखित मौलिक ग्रन्थ प्रकाश में आये–

1. रस मीमांसा–आचार्य पण्डित रामचन्द्र शुक्ल
2. रस सिद्धान्त–डॉ० नगेन्द्र
3. रस सिद्धान्त : स्वरूप विश्लेषण–डॉ० आनन्द प्रकाश दीक्षित
4. रस गंगाधर का शास्त्रीय अध्ययन–डॉ० प्रेमस्वरूप गुप्त

---

1. यह सूची डॉ० सत्यदेव चौधरी, काव्यशास्त्रीय निबन्ध के आधार पर तैयार की गई है। दे० उक्त ग्रन्थ, पृ० 48 से 53 तक।

5. रस सिद्धान्त और सौन्दर्य शास्त्र—डॉ. निर्मला जैन
6. काव्यशास्त्र में रस सिद्धान्त—सच्चिदानन्द चौधरी
7. रीतिकालीन कविता तथा शृङ्गार का रस विवेचन–डॉ० राजेश्वर चतुर्वेदी
8. रस का मनोवैज्ञानिक अध्ययन–डॉ० छैल बिहारी गुप्त राकेश
9. भक्ति रसार्णव (संस्कृत)–श्री हरिहरानन्द सरस्वती (करपात्री जी)
10. रस विमर्श–डॉ० राममूर्ति त्रिपाठी
11. साधारणीकरण–डॉ० राममूर्ति त्रिपाठी
12. रस सिद्धान्त : नये संदर्भ : आचार्य प० नन्ददुलारे वाजपेयी
13. भारतीय सौन्दर्य सिद्धान्त की नई परिभाषा–सुरेन्द्र एस० वारलिंगे
14. सौन्दर्य दर्शन विमर्श–डॉ० गोविन्द चंद्र पाण्डेय
15. राग बोध और रस : आचार्य विद्या निवास मिश्र
16. लीला तथा भक्ति रस–योगेन्द्र प्रताप सिंह

❑